Schwarzwald

Reisetips	Tour 8
Tour 1	Tour 9
Tour 2	Tour 10
Tour 3	Tour 11
Tour 4	Anhang
Tour 5	
Tour 6	
Tour 7	

Urlaubshandbuch

Wir drucken auf CHLORFREIEM PAPIER

Der
Reise Know-How Verlag Peter Rump GmbH
ist Mitglied der
Verlagsgruppe

REISE KNOW-HOW

Cornelia Ziegler
Schwarzwald

Sie sagen, man sieht dort nur Finstres
Weil Tannen vorm Lichte stehn:
Wir aber haben dort unten
Das Schauspiel der Welt gesehen.

Bertolt Brecht

Cornelia Ziegler
Schwarzwald

erschienen im:
Reise Know-How Verlag Peter Rump GmbH
Hauptstr. 198
33647 Bielefeld/Brackwede

© *Peter Rump*
1. Auflage 1996

Umschlaggestaltung: M. Schömann, Köln
Layout: FaktorZwo, Günter Pawlak
Karten, Pläne: Catherine Raisin
Fotos: die Autorin
Druck, Bindung, Lithographie: Fuldaer Verlagsanstalt GmbH, Fulda

Dieses Buch ist erhältlich in jeder Buchhandlung der BRD, Österreichs,
der Niederlande und der Schweiz. Bitte informieren Sie Ihren
Buchhändler über folgende Bezugsadressen:
BRD: Prolit GmbH, Postfach 9, 35461 Fernwald (Annerod)
oder über die Barsortimente KNOe/KV, Libri,
Umbreit, Könemann, Wegener & Co.
Schweiz: AVA-buch 2000, Postfach 89, CH-3910 Affoltern
Österreich: Mohr-Morawa Buchvertrieb GmbH,
Sulzengasse 2, A-1230 Wien
Niederlande und Belgien: Nilsson & Lamm bv,
Postbus 195, NL-1380 AD Weesp

Wer im Laden trotzdem kein Glück hat, bekommt unsere Bücher
gegen Voreinsendung des Kaufpreises plus 4,50 DM für Porto und
Verpackung (Scheck im Brief) direkt bei:
Rump-Direktversand
Heidekampstr. 18, 49809 Lingen (Ems)

Wir freuen uns über Kritik, Kommentare und Verbesserungsvorschläge.

PRINTED IN GERMANY
ISBN 3-89416-611-8

Inhalt

Allgemeine Reisetips

Ortsbeschreibungen

Anhang

Exkurse zwischendurch

Vorwort

Der Schwarzwald meiner Kindheit ist nicht der des Professor Brinkmann aus der "Schwarzwaldklinik". Mein Schwarzwald ist noch heute bevölkert von den Nixen des Mummelsees und von Waldmännlein, mein Schwarzwald war eine undurchdringliche Welt schwarzer Tannen, in der ich hinter jedem Baum ein Abenteuer vermutete.

Heute weiß ich, daß eine geknickte Tanne eine kranke Tanne ist, und heute weiß ich auch, daß die meisten Tannen keine Tannen sind, sondern Fichten.

Viele Jahre hatte ich den Schwarzwald verloren, inzwischen bin ich dort wieder auf Entdeckungsreise gegangen. Die Welt, die ich vorgefunden habe, ist fern von der harmoniesüchtigen Possierlichkeit einer Teleschwarzwaldklinik. Sie ist auch keine Welt, der allenfalls biedere Rentner ihren Reiz abgewinnen können – wie unlängst einige flotte Werbeleute äußerten.

Diejenigen, für die der Reiz eines Urlaubsziels nicht in der Zahl der vom Heimatort zurückgelegten Kilometer liegt, können süchtig werden nach dieser Gegend mit dichten Wäldern, tiefen Bergseen, halbverfallenen Burgen und den vielen Sagen und Mythen.

Es ist noch gar nicht so lange her, daß sich die Menschen vor diesem dunklen, dichten Meer von Bäumen fürchteten. Wer darin leben und bestehen wollte, mußte mutiger, tüchtiger und einfallsreicher als andere sein.

Diese Zeiten haben sich geändert, eine Schwarzwaldreise ist nicht mehr allzu gefährlich, aber noch heute erfährt man mehr, wenn man sich vorher kundig gemacht hat, noch heute kann man viel Ärger vermeiden, wenn man seine Urlaubsreise sorgfältig vorbereitet und weiß, was einen erwartet.

Dabei möchte Ihnen dieser Reiseführer mit all seinen praktischen wie anregenden Informationen helfen.

Hinweise zur Benutzung

●Die Orte und Sehenswürdigkeiten des Schwarzwaldes sind in *elf Touren* unterteilt, die von Norden nach Süden durch den Schwarzwald führen. Selbstverständlich sind die vorgeschlagenen Routen nur jeweils eine von unzähligen Möglichkeiten, mit Hilfe der Übersichtskarte kann man sich natürlich problemlos eine neue Route zusammenstellen.

●Für einen ersten *Überblick* sind auf den Einführungsseiten der einzelnen Routen die Hauptcharakteristika und Sehenswürdigkeiten der jeweiligen Tour angegeben.

●Unter den Ortsüberschriften sind die jeweilige *Postleitzahl*, die *Vorwahlnummer,* die *Einwohnerzahl* und die *Höhenlage* einiger Ortsteile angegeben. Bei Städten mit mehreren Postleitzahlen ist die Postleitzahl des Fremdenverkehrsamtes oder der Kurverwaltung unter dem Kapitel „Information" aufgeführt. An *Ortsteilen* wurden nur diejenigen genannt, auf deren touristische Einrichtungen und Sehenswürdigkeiten im Folgetext näher eingegangen wird.

●Für Autofahrten sollte man eine *Straßenkarte* im Maßstab 1:200.000 oder größer (z.B. Generalkarte Blatt 21 und 24) mitnehmen. Spezielle Karten für Wander- und Fahrradtouren sind im Anhang aufgeführt.

●Im mit *Unterkünften und gastronomischen Betrieben* außerordentlich gut bestückten Schwarzwald können die aufgeführten Häuser nur eine Auswahl darstellen. Lediglich die Jugendherbergen, Campingplätze und Naturfreundehäuser wurden – im Rahmen der im Buch aufgeführten Orte – möglichst komplett erfaßt. Die bei den Unterkünften genannten *Preise* können nur ein Anhaltspunkt sein, da sie je nach Zimmerart und Aufenthaltsdauer variieren. Alle Preise sind pro Person angegeben und beziehen sich grundsätzlich auf Zimmer mit Dusche/WC und Frühstück, bei Kurorten muß pro Tag und Person noch zusätzlich mit einer *Kurtaxe* von ca. 1,50 DM gerechnet werden. Bei Betrieben, die sowohl als Übernachtungsmöglichkeit als auch als gastronomischer Betrieb empfehlenswert sind, ist der *Ruhetag* angegeben. Er bezieht sich n u r auf das Hotelrestaurant.

Die bei den gastronomischen Betrieben angegebenen *Sternchen* kennzeichnen das Preisniveau:

* – preiswert (Hauptgerichte meist unter 15 DM)

** – durchschnittlich (Hauptgerichte meist über 15 DM)

*** – teuer (Hauptgerichte meist über 25 DM und weit darüber)

●*Eintrittspreise* für Museen und Sehenswürdigkeiten wurden nur dann genannt, wenn sie den Betrag von 10 DM übersteigen. Im allgemeinen ist der Eintritt bei fast allen Heimatmuseen kostenlos, ansonsten muß man mit einem Eintrittspreis zwischen 2 und 4 DM rechnen.

Allgemeine
Reisetips

Schwarzwälder Superlative

Weltweit
- Die umfangreichste und wertvollste *Trompetensammlung:* im Trompetenmuseum in Bad Säckingen
- Die *zweitgrößte Schwarzwalduhr:* Bei Schonach steht die etwa 50fache Vergrößerung einer normalen Kuckucksuhr. Die weltweit größte Kuckucksuhr ist seit kurzem an der B 333 bei Hornberg zu bewundern.
- Die schönste *Spielbank:* in Baden Baden
- Das einzige Museum, das ausschließlich Fundstücke aus dem Müll zeigt: *"Unser kleines Museum aus dem Müll"* in Bad Säckingen
- Die erste *Funk-Solar-Armbanduhr* der Welt: die Junghans MEGA SOLAR
- Die meisten *Schnapsbrennereien:* Es gibt rund 14.000 in Südbaden.
- Die *größte Auktion des Jahrhunderts:* Der "Sommer-Schloß-Verkauf" des *Markgrafen Max von Baden;* der 25.000 Einzelstücke umfassende "Fürsten-Nippes" brachte im Oktober 1995 70 Millionen Mark ein.

In Europa
- Die *drittgrößte Kuppelkirche:* der Dom von St. Blasien (nach Rom und Florenz)
- Die *größte Heißluftballonflotte:* in Baden-Baden (mit fast zwei Dutzend Ballons)
- Die *größte Kellerei:* in Breisach am Rhein
- Der *größte Marktplatz:* in Freudenstadt (219 x 216 m)
- Der einzige *nur von Zeit zu Zeit auftauchende See:* der Eichener See bei Schopfheim
- Das einzige Vorkommen des *Tanymastix Lacunae:* Das *krebsartige Lebewesen* lebt im Eichener See.
- Der *schönste Po:* Er gehört einer steinernen, leicht bekleideten Dame vor dem Karlsruher Schloß.
- Die *längste gedeckte Holzbrücke* Europas: die Brücke von Bad Säckingen (200 m lang)

In Deutschland
- Der *kleinste Kirchturm:* der Kirchturm von Marbach bei Villingen-Schwenningen (3,80 m hoch)
- Die flächenmäßig *größte Gemeinde:* Baiersbronn (19.000 ha Gesamtgemarkung)
- Der *höchste Wasserfall:* die Triberger Wasserfälle (mit 163 m Fallhöhe)
- Das *schönste Naturwunder:* der Triberger Wasserfall (ganz offiziell!)
- Der einzige *Lehrstuhl für "Grenzgebiete der Psychologie"* (Parapsychologie): in Freiburg

● Die *älteste Weintrotte:* in Lauf im Laufbachtal (aus dem 16. Jh.)

● Die *größte historische Uhrensammlung:* im Uhrenmuseum in Furtwangen

● Das *beste Bier:* das ungefilterte Pils der Karlsruher *Vogelbräu* (über Geschmack läßt sich nun mal nicht streiten ...)

● Das einzige *Sensenmuseum:* in Achern

● Die *größte Glocke:* die 100 Zentner schwere, 1258 gegossene *Hosanna* im Freiburger Münsterturm

● Das *älteste Gasthaus:* der *Löwen* in Seelbach im Schuttertal (1370 erstmals urkundlich als "Schänke" erwähnt)

● *Noch ein älteres Gasthaus: Zum Bären* in Freiburg (Streitet sich mit dem *Löwen* in Seelbach um den Titel. Das Gasthaus tauchte zwar erst 1387 urkundlich als "Schänke" auf, wurde aber laut dem Freiburger Verkehrsamt schon 1327 als "Biengershus" erwähnt. Laut dem Freiburger Verkehrsamt soll in besagtem Hus auch Bier ausgeschenkt worden sein, womit es eine Gaststätte war und daher doch der älteste Gasthof Deutschlands.)

● Die *älteste öffentliche Toilette:* in der alten, aus dem 18. Jahrhundert stammenden Hauptwache neben dem Freiburger Münster

● Der *ökologischste Fußballclub* der Bundesliga: der SC Freiburg (Stadiondach mit Solarzellen; Anteilseigner an der Solaranlage werden bei der Vergabe von Dauerkarten bevorzugt)

● Die meisten *Solaranlagen:* auf Freiburgs Dächern (mehr als 2000 m≈)

● Der *sonnigste Ort:* Ihringen am Kaiserstuhl mit durchschnittlich 1850 Sonnenstunden im Jahr

● Das einzige Gymnasium mit dem *Schulfach "Schach"* im Lehrplan: das Gymnasium in Altensteig

● Die *größte Freilichtbühne:* in Ötigheim bei Rastatt

● Die einzige *Tropfsteinhöhle:* die Erdmannshöhle bei Wehr

● Die *fahrradfreundlichste Stadt:* Offenburg (wurde mit dem "goldenen Rad" ausgezeichnet)

Im Schwarzwald

● Die *höchste Erhebung:* der Feldberg (1493 m)

● Die *älteste Ansiedlung:* Kloster St. Trudpert im Münstertal (643 n. Chr. gegründet)

● Der *größte, tiefste und höchstgelegene Karsee:* der sagenumwobene Mummelsee (3,7 ha groß, 17 m tief, 1029 m hoch gelegen)

Informationen

Tips auf einen Blick

Reisezeit Den einen ist der pittoreske Sommerschwarzwald ihr Paradies, den anderen der nebelverhangene düstere Schwarzwald. Die einen wollen surfen (z.B. am Schluchsee) und sind bereit, den See mit vielen anderen Surfern zu teilen. Andere wollen gar nichts tun und nichts, nichts anderes als ihre Ruhe. Eine beste Schwarzwaldreisezeit für alle gibt es nicht; jeder muß seine eigene für sich selbst herausfinden.

Gastro-nomie Zwischen ca. 14.00 und 18.00 Uhr ist kalte Küche angesagt, wenn es zu diesen Zeiten überhaupt etwas zu essen gibt, denn die meisten Gaststätten und Restaurants sind dann geschlossen. Sehr viele Betriebe fallen von November bis kurz vor Weihnachten in einen gastronomischen Winterschlaf.

Verkehrs-amt Im allgemeinen sind die Angestellten auf den Verkehrsämtern gut informiert und hoch motiviert. Ihr erster Gang in jedem Ort sollte Sie ins Verkehrsamt führen, um sich dort mit Auskünften und reichhaltigem Informationsmaterial zu versorgen.

Schuh-werk Trittfeste Schuhe oder Wanderschuhe sind unerläßlich, der Schwarzwald besteht nun mal – wie sein Name schon sagt – zum größten Teil aus Wäldern, und darin verbergen sich die schönsten Sehenswürdigkeiten.

Informationsmaterial

Natürlich gibt es über die Touristenregion Schwarzwald Informationsmaterial in Hülle und Fülle. Sowohl die einzelnen Fremdenverkehrsgemeinden selbst als auch die – in ihrer Vielzahl für den Laien oft etwas verwirrenden – Verbände und Organisationen versenden Infomaterial, das oft erstaunlich gut ist. Im Zuge allgemeiner

Finanzknappheit gehen allerdings immer mehr Gemeinden dazu über, den Prospekten einen Überweisungsauftrag (meist über 3 DM) beizufügen. Die Überweisung ist zwar freiwillig, aber diesen kleinen Betrag sollte einem der Service schon wert sein.

Informationsstellen

● *Fremdenverkehrsverband Schwarzwald e.V.,* Bertoldstr. 45, 79016 Freiburg/Br., Tel. (0761) 31317, Fax 36021, Btx FW-Schwarzwald.

Angefordert werden können folgende Unterlagen: Ferienmagazin Schwarzwald (über 100 Seiten interessante Basisinformation über den Schwarzwald als Ferienregion), Unterkunftsverzeichnis, Buchungskatalog. Darüber hinaus gibt es Sonderprospekte zu folgenden Themen: Familienferien, Camping, Bäderland Baden-Württemberg, Wandern, Wintersport, Angeln, Fahrradferien, Reiten, Veranstaltungen, Museen, Burgen und Schlösser, Kirchen und Klöster, Städtereisen, behindertengerechte Einrichtungen, Schönheitsfarmen und Hütten.

Gebiets-
gemein-
schaften

● *Gebietsgemeinschaft Nördlicher Schwarzwald e.V.,* Postfach 666, 75106 Pforzheim, Tel. (07231) 17929, Fax 357691, Btx Nördlicher Schwarzwald
● *Mittlerer Schwarzwald und Ortenau,* Badstr. 20, 77652 Offenburg, Tel. (0781) 805439, Fax 805627, Btx 26266
● *Tourist-Info Mittlerer Schwazwald,* Schwenninger Str. 3, 78048 Villingen-Schwenningen, Tel. (07721) 913490, Fax 913493
● *Verkehrsgemeinschaft Südlicher Schwarzwald e.V.,* Geschäftsstelle Freiburg, Stadtstr. 2, 79104 Freiburg, Tel. (0761) 2187304, Fax 2187534

Unterkunft

Im mit Unterkünften aller Kategorien reich gesegneten Schwarzwald finden Spontanurlauber in aller Regel leicht eine ihrem Geldbeutel gemäße Herberge fürs müde Haupt – selbst der *Vierbeiner* darf in vielen Häusern mit aufs Zimmer.

Viele *Fremdenverkehrsämter* haben im Fenster eine Liste über noch freie Quartiere ausgehängt. Wer allerdings zu Ferienzeiten mit der Familie Urlaub auf dem Bauernhof oder im Ferienhaus verbringen möchte, sollte auf jeden Fall schon einige Wochen oder Monate vorher über das örtliche Verkehrsamt oder beim Vermieter direkt buchen. Sowieso lohnt ein Blick in die örtlichen **Unterkunftsverzeichnisse,** denn viele Orte bieten Pauschalangebote oder Nachsaisonermäßigungen an.

Hotels

Der Schwarzwald ist reich an Hotels jeder Kategorie, die schönsten sind jeweils bei den Ortsbeschreibungen mit aufgeführt und oft mit einem Kurzkommentar versehen.

Pensionen

Fast alle Fremdenverkehrsorte bieten private Pensionen, in denen man schon ab 20 DM pro Person übernachten kann. Erfahrungsgemäß haben gerade diese kleinen Häuser die treuesten Gäste. Es ist keine Seltenheit, daß ein Gast 20 und mehr Jahre seinen Urlaub in ein und demselben Haus verbringt. Der Grund ist naheliegend: Fast immer kümmern sich die Vermieter selbst um ihre Gäste, das Frühstück ist meist im Preis eingeschlossen und oft üppig mit Köstlichkeiten wie selbstgemachter Marmelade oder selbstgebackenem Kuchen angereichert. Diese Form der Unterkünfte gilt vielen als veraltet und zieht wenig junge Gäste an. Schade, denn kein gehobenes Hotel kann diesen engen Kontakt zu Land und Leuten bieten.

Unterkünfte, die so stark "menscheln", können nicht in ein Schema gepreßt werden. Da sich erfahrungsgemäß oft in einem Haus der eine ausgesprochen wohl fühlt und der andere überhaupt nicht, können für solche Häuser keine Empfehlungen ausgesprochen werden. Daher sind sie in diesem Buch auch nicht aufgeführt. Hier gilt die Devise, hinfahren, dableiben oder nichts wie weiter zur nächsten Privatpension. Die Fremdenverkehrsämter sind einem bei der Suche immer gerne behilflich.

Camping und Caravan

Unter der Rubrik Unterkunft werden die im jeweiligen Ort oder in dessen Nähe liegenden Campingplätze stichwortartig aufgeführt. Ein ***Campingplatzverzeichnis*** mit genauen Angaben von Einrichtungen und Ausstattung erhält man vom Fremdenverkehrsverband Schwarzwald (siehe Informationstellen).

Jugendherberge

Auch die einzelnen Jugendherbergen werden in den Ortskapiteln in Stichworten beschrieben.

Das komplette ***Verzeichnis "Jugendherbergen in Baden"***, in der jede Einrichtung ausführlich beschrieben wird, erhält man beim Deutschen Jugendherbergswerk, Landesverband Baden e.V., Weinweg 43, 76137 Karlsruhe, Tel. (07 21) 962100, Fax 613470.

Voraussetzung für die Aufnahme in Jugendherbergen ist die ***Mitgliedschaft im Deutschen Jugendherbergswerk.*** Der Mitgliedsausweis ist in jeder Jugendherberge erhältlich und preislich gestaffelt nach Alter für Junioren, Senioren (ab 27 Jahre), Familien, Gruppen und Schulklassen.

Urlaub auf dem Bauernhof

Sicherlich eine der besten Methoden, um Land und Leute richtig kennenzulernen. Einen Katalog mit über 500 Bauernhöfen im gesamten Schwarzwald gibt es unter folgender Adresse: Urlaub auf dem Bauernhof in Baden Württemberg e.V., 79021 Freiburg, Postfach 5443, Tel. (0761) 2713390, Fax 287775.

Schwarzwaldhaus

Natur-
freunde-
häuser

Ganz zu Unrecht hat die im Jahre 1895 von Wiener Sozialisten gegründete Organisation der "Naturfreunde" ein etwas angestaubtes Renommee. Es waren die Naturfreunde, die in den achtziger Jahren wesentlich zur Diskussion um den *sanften Tourismus* beigetragen haben.

Als ein großer, nicht gewinnorientierter Reiseveranstalter haben die Naturfreunde ihre Hütten und Unterkünfte an oft wunderschönen Fleckchen eingerichtet. Die *Qualität der Häuser* reicht von einfachen Wanderlagern in Selbstverpflegerhütten bis hin zu hotelähnlichen Häusern mit Zwei- oder Mehrbettzimmern. Besonders Gruppen, Vereine und Familien können hier einen naturnahen und preiswerten Aufenthalt verbringen.

Die Häuser können auch von Nichtmitgliedern gebucht werden. Allerdings empfiehlt sich eine *frühzeitige Buchung,* da manche Häuser schon über ein Jahr im voraus (speziell an den Wochenenden) belegt sind. Sie werden von den jeweiligen Ortsgruppen betreut, die Übernachtungen müssen direkt bei den Häusern gebucht werden. Unter den jeweiligen Ortskapiteln sind die Kontaktadresse, die Zahl der Übernachtungsmöglichkeiten und jeweils das Zimmer mit der höchsten und der niedrigsten Bettenzahl angegeben.

Alle Unterkünfte verfügen grundsätzlich über Duschen und Waschräume, eine Küche und einen gemütlichen Aufenthaltsraum. Nicht überall gibt es warmes Wasser zum Duschen, in manchen Häusern bestehen einige Zimmer aus Matratzenlagern. Einige Häuser sind nur am Wochenende bewirtschaftet. Oft sind gerade die Unterkünfte, die am wenigsten Komfort bieten, die urigsten und gemütlichsten.

Einen Katalog mit einer genaueren Beschreibung der Häuser und interessanten Hintergrundinfos zum Schwarzwald gibt es beim *Touristenverein "Die Naturfreunde", Verband für Umweltschutz, Touristik und Kultur,* Alte Weingartener Str. 37, 76227 Karlsruhe, Tel. (0721) 405096, Fax 496237.

Familienferien

Von zehn *familienfreundlichen Orten,* die Sieger im Landeswettbewerb "Ferien für die Familie" und im Bundeswettbewerb "Familienferien in Deutschland" wurden, liegen sieben Orte im Schwarzwald: Feldberg, Grafenhausen, Loßburg, Schluchsee, Schönwald, Seebach und Unterkirnach. Als letzter Bundessieger wurde 1994 die Gemeinde Baiersbronn prämiert.

Die Orte bieten außer Kinderprogrammen und Kinderbetreuung auch familienfreundliche Gastgeber, die kindgerechte Einrichtungen anbieten und verkehrsberuhigt liegen müssen. Die zehn Sieger haben sich zusammengeschlossen und geben einen *eigenen Prospekt* heraus. Er kann unter anderem bestellt werden bei der Tourist Information, Ruhesteinstr. 21, 77889 Seebach, Tel. (07842) 30896, Fax 3270.

Folgende Orte wurden zwar nicht prämiert, bieten aber ebenfalls familienfreundlichen Urlaub an: Alpirsbach, Altensteig, Baden-Baden, Bad Herrenalb, Bad Liebenzell, Bad Wildbad, Bühl, Bühlertal, Dobel, Enzklösterle, Forbach, Freudenstadt, Gernsbach, Karlsruhe, Pforzheim, Hinterzarten, Ottenhöfen, Schopfheim, St. Blasien, Todtnauer Ferienland, Todtmoos, Villingen-Schwenningen, Wolfach.

Familienausflugsziele

- Spielzeugmuseum Bad Herrenalb
- Internationales Trachten- und Volkskunstmuseum Seebach
- Panoramabad Freudenstadt
- Europapark Rust
- Puppenmuseum Nordrach
- Erdmannshöhle Hasel
- Bergwildpark Steinwasen
- Schaubergwerk "Teufelsgrund" im Münstertal
- Vogelpark Wiesental
- Sauschwänzlebahn Blumberg
- "Unser kleines Museum aus dem Müll", Bad Säckingen

Gaishölle,
Sasbach-
walden

Im Schwarzwald unterwegs

Zu Fuß

"Die Landschaften und Dinge, an denen ich vor-
übergefahren bin, sind fast vergessen, nur die
Gegenden und Menschen, zu denen mich die
Füße geführt haben, habe ich noch als Eigentum
im Kopf." *(Peter Rosegger)*

***Wander-
wege***

Mit der Gründung des **Schwarzwaldvereins** vor
über 100 Jahren sollen die Schwarzwälder das
Wandern "erfunden" haben, einige Gastwirte und
Industrielle waren damals daran interessiert, das
Wandern einer breiteren Öffentlichkeit zugänglich zu machen. Heute gibt es über 30.000 Kilometer Wanderwege, von denen 23.000 vom

Schwarzwaldverein (ehrenamtlich!) betreut werden. Die 7000 Kilometer Hauptwanderwege sind in sechs Höhen- und neun Querwege unterteilt.

Der legendärste ist der rund 300 km lange **Westweg,** der bei Pforzheim im Nordschwarzwald beginnt, über Dobel, Forbach, Unterstmatt, die Alexanderschanze, das Kinzigtal, Hausach, Hinterzarten, Feldberg, den Belchen und Kandern bis nach Basel führt. Man braucht etwa elf Tage für diese Tour, bei der insgesamt mehrere tausend Höhenmeter überwunden werden.

Infos über: Schwarzwaldverein, Bismarckallee 2a, 79098 Freiburg, Tel. (0761) 22794, Fax 286640.

Wandern ohne Gepäck Ebenfalls eine Schwarzwälder Erfindung ist das "Wandern ohne Gepäck", bei dem das Gepäck von einer Übernachtungsstation zur anderen befördert wird. Die **mehrtägigen Routen** stehen jeweils unter einem Motto, so können Sie z.B. wandern "Auf der Fährte des Rothirsches", "Auf dem Weg der Uhrenträger", "Rund um den Feldberg", "Auf Spätzlespfaden", "Auf dem Ortenauer Weinpfad", "Unterwegs zu alten Ritterburgen" oder "Auf den Spuren der Flößer". Einen Prospekt mit Routenbeschreibungen, Karten und Preisen gibt es beim Fremdenverkehrsverband Schwarzwald (siehe Informationsstellen).

Mit dem Fahrrad/Mountainbike

Um junges Publikum anzulocken, setzen viele Fremdenverkehrsgemeinden immer mehr auf die wachsende Zahl der Fahrradfahrer und Mountainbiker. Viele Bahnhöfe, Privatunternehmer und Verkehrsämter vermieten Fahrräder, Kinderfahrräder und Mountainbikes.

Seit 1995 gibt es in einigen Orten das **Schwarzwald-Rad,** das als Herren- und Damenrad, als Mixed-Rad und als Mountainbike zur Verfügung steht. Der Clou dieser Schwarzwald-Räder sind die Stoßdämpfer, die bis zu 40 Prozent der Stöße durch Fahrbahnunebenheiten auffangen.

Viele Orte bieten **Fahrradpauschaltouren** an, so zum Beispiel: Baiersbronn "Tour de Murgtal", Freudenstadt "Mit dem Bergrad rund um Freudenstadt", Donaueschingen "Radwandern ohne Gepäck", Schramberg "Mit dem Fahrrad unterwegs", Schiltach "Auf den Spuren der Flößer", Bad Bellingen "Radwandern im Dreiländereck", Todtmoos "7 Tage Radwandern ohne Gepäck im Südlichen Schwarzwald", und wer gemeinsam mit Prominenz in die Pedale treten möchte, der kann mit dem ehemaligen Weltmeister in der Nordischen Kombination, *Georg Thoma,* ab Hinterzarten bei der "Mountainbike-Woche" mitradeln.

Eigentlich überflüssig müßte der Hinweis sein, daß das Radeln abseits der Wege ökologisch ausgesprochen schädlich ist. Wege, die weniger als zwei Meter breit sind, dürfen, falls nicht gesondert ausgewiesen, nicht befahren werden. (Achtung: bei Zuwiderhandlung drohen empfindliche Strafen.)

Eine detaillierte Aufstellung zum Thema "Fahrradferien" verschickt der Fremdenverkehrsverband Schwarzwald. Ganz neu erschienen ist dort eine 60seitige Broschüre mit den besten Trails und Tips für Wochenend- und Tagestouren (siehe auch Literatur- und Kartenhinweise im Anhang).

Mit dem Auto

Offizielle Routen

● **Schwarzwald-Hochstraße (65 km)**
Die älteste aller Touren – sie ist 60 Jahre alt – führt von Baden-Baden über die Bühlerhöhe und Mummelsee nach Freudenstadt.

● **Schwarzwald-Tälerstraße (100 km)**
Diese Route führt durch die wildromantischen Täler von Murg und Kinzig, Rastatt – Gernsbach – Forbach (Schwarzenbachtalsperre) – Freudenstadt – Alpirsbach.

● **Badische Weinstraße (160 km):**
Die bekannteste der Touren – einst von geschäftstüchtigen Winzern ersonnen – beginnt im Rebland um Baden-Baden, führt durch die zauberhafte Ortenau, erreicht den Kaiserstuhl mit dem Markgräfler Land und endet in Lörrach.

● *Schwarzwald-Bäderstraße (270 km):*
Der Rundkurs durch den Nordschwarzwald führt getreu
seinem Namen zu Badeorten des Landes. Bad Herrenalb,
Baden-Baden, Bad Liebenzell, Baiersbronn und Freuden-
stadt sind die bekanntesten Stationen.
● *Schwarzwald-Panorama-Straße (65 km)*
Von Waldkirch bis nach Hinterzarten trägt diese Straße
ihren Namen "Panorama" zu Recht.
● *Deutsche Uhrenstraße (310 km)*
Beginnend in Villingen-Schwenningen über Vöhrenbach
nach Titisee-Neustadt, St. Peter, Waldkirch, Furtwangen,
Triberg, Schramberg und St. Georgen zurück nach Villingen-
Schwenningen führt diese Tour durch die schönsten Ferien-
landschaften des Südschwarzwaldes und der Baar. An der
Strecke liegen Museen und Sehenswürdigkeiten rund um
das Thema Uhr, darunter auch einige Uhrenfabriken.

Mit der Eisenbahn

Wohlgemerkt, es geht hier um *nostalgisch-
schöne Strecken* durch den Schwarzwald und
nicht um funktional-bequeme Anreisehinweise in
den Schwarzwald. Mit einer alten Eisenbahn
durch den Schwarzwald zu zuckeln ist eine der
schönsten Arten, ihn kennenzulernen. Die male-
rischsten Strecken:

*Regulärer
Zug-
verkehr*

● *Schwarzwaldbahn:* Offenburg – Kinzigtal – Hausach –
Gutachtal – Hornberg – Triberg – St. Georgen – Villingen-
Schweninngen – Konstanz.
    Die Schwarzwaldbahn war einst eine Weltberühmtheit
und diente als Vorbild für Bergstrecken in den peruani-
schen Anden, der Schweiz oder den USA. Die 1864-1873
erbaute Strecke von Offenburg bis nach Konstanz am Bo-
densee führt durch eine der schönsten Landschaften
Deutschlands. Für Eisenbahnfreaks besonders interessant
ist die Strecke von Hausach im Kinzigtal nach St. Georgen,
wo sieben große und 136 kleinere Brücken sowie 36
Tunnel gebaut wurden, um auf 11 Kilometer Luftlinie einen
Höhenunterschied von 448 Meter mit dem Zug zu bewältigen. Bau- und verkehrstechnisch wäre es damals sehr viel
einfacher und billiger gewesen – Dreiviertel der Tunnel und
die Hälfte der Kosten hätten gespart werden können – die
Schwarzwaldstrecke auch über württembergisches Gebiet
laufen zu lassen. Aber Württemberg war seinerzeit noch
"Ausland", und so wurden all die Tunnels und Brücken nur
deshalb gebaut, damit die Strecke im "Badischen" verlaufen konnte

●*Höllentalbahn:* Freiburg – Himmelreich – Ravenna-Viadukt – Hinterzarten – Titisee-Neustadt.

Fotofreunde sollten darauf achten, mit einem Zug zu fahren, bei dem sich noch ganz altmodisch die Fenster öffnen lassen. Das berühmte Motiv, der "Hirschsprung" im Höllental, erscheint nach dem zweiten Tunnel rechts ab Bahnhof Himmelreich.

●*Dreiseenbahn:* Titisee – Feldberg-Bärental – Windgfällweiher – Schluchsee – Seebrugg.

Feldberg-Bärental ist übrigens mit 837 m Höhe der höchstgelegene Bahnhof des Schwarzwaldes.

●*Murgtalbahn:* Rastatt – Freudenstadt.

Vom lieblichen vorderen Murgtal führt die Fahrt ins immer wilder und enger werdende hintere Murgtal.

Museums-eisen-bahnen

●*Wutachtalbahn "Sauschwänzlebahn":* die nostalgischste aller Museumseisenbahnen. Bahnhof Weizen – Bahnhof Zollhaus bei Blumberg, Info: Tel. (07702) 5127, Fax 5155, Mo. bis Fr. 8.00-12.00 Uhr

●*Albtalbahn:* Ettlingen – Bad Herrenalb, Info: Tel. (7247) 21230

●*Kaiserstuhl-Dampfzug "Rebenbummler":* Riegel – Breisach, Info: Tel. und Fax (0761) 77281, Mo. bis Fr. 8.00-12.00 Uhr

●*Kandertalbahn:* Haltingen – Kandern, Info: Tel. (07626) 8681

●*Achertalbahn:* Achern – Ottenhöfen, Info: Tel. (07842) 2231

Anreise mit dem Zug

"Im Zug der Zeit" heißt das Konzept, das sich der Fremdenverkehrsverband Schwarzwald in Zusammenarbeit mit der deutschen Bundesbahn ausgedacht hat. Von der Straße auf die Schiene ist das Ziel. Ganz bequem ohne Auspuffgase in den Schwarzwald reisen. Im-Zug-der-Zeit-Reisende müssen sich mindestens vier Wochen vor Reiseantritt bei der Gemeinde Ihrer Wahl anmelden, die übernimmt dann die Zimmerreservierung und schickt die Reiseunterlagen inkl. Fahrschein, Gepäckkarten, Infomaterial und Präsentgutschein zu. Zusätzlich übernehmen die meisten Gastgeber den Transfer vom Zielbahnhof zur Unterkunft. Die über 60 an dieser Initiative beteiligten Gemeinden sind im Unterkunftsverzeichnis des Fremdenverkehrsverbandes Schwarzwald ausgewiesen.

Mit dem Bus

Eigentlich nichts Neues: Busfahrten sind oft billiger und meist umweltfreundlicher als Autofahrten – vor allem aber sind viel näher am "Volk".

Die SBG (SüdbadenBus GmbH) bietet zwei äußerst preisgünstige Pauschalen an, die auf dem gesamten SBG-Liniennetz und in ganz Südbaden für beliebig viele Fahrten und beliebig weit gelten. Die Tickets können im Bus gekauft werden. Info: SüdbadenBus GmbH, SBG, Am Busbahnhof, 79098 Freiburg, Tel. (0761) 36172.

● *SBG-Freizeit-Ticket:* an allen Samstagen, Sonn- und Feiertagen 5 DM für eine Person, 8 DM für die ganze Familie

● *7-Tage-SüdbadenBus-Paß:* an sieben aufeinanderfolgenden Tagen gültig, 35 DM für eine Person, 50 DM für zwei Personen, 65 DM für die ganze Familie

Abend-
stimmung
auf der
Schwarzwald-
hochstraße

Feste und Veranstaltungen

Als lebensfrohe Menschen lassen die Schwarzwälder keine Gelegenheit aus, Feste zu feiern
und altes Brauchtum zu pflegen. Die vorliegen-
den Veranstaltungstips können daher auch nur
eine Auswahl darstellen. Der Fremdenverkehrsverband Schwarzwald gibt zu den Festen und
Veranstaltungen eine vierteljährlich aktualisierte
Jahresübersicht heraus.

Januar
- *Hornschlittenrennen* in Bühlertal

Februar
- *Närrisches Skirennen* in Grafenhausen
- *Schwäbisch-alemannische Fasnacht* in vielen Orten
des mittleren und südlichen Schwarzwald.

Die Ursprünge der schwäbisch-alemannischen *Fasnet* reichen weit in die vorchristliche Zeit zurück, als unseren
Vorfahren Dämonen und böse Geister abwehren und nach
der Sonnenwende den Winter austreiben wollten. Fasnacht
heißt im Schwarzwald Fasnet und wird dort als die "fünfte
Jahreszeit" bezeichnet. Sie wird ausgiebig gefeiert und beginnt am "Schmutzig Dunschdig" mit der Weiberfastnacht
(am Donnerstag vor Fasnacht) und endet mit der Hexenverbrennung am Faschingsdienstag. Die Schwarzwälder
Fasnet hat mit der Konfetti-Fröhlichkeit in anderen deutschen Faschingshochburgen wenig gemein; kein noch so
gut durchorganisierter rheinischer Kappenabend erreicht
die eigentümliche Faszination, die von den uralten alemannischen Ritualen ausgeht. Im Schwarzwald bedeutet die
Fasnet Brauchtumspflege, über deren korrektes Einhalten
strenge Narrenverbände wachen. Hochburgen der schwäbisch-alemannischen Fasnet sind Wolfach (Geldbeutelwä-
sche), Rottweil (Gschellnarren mit Glöckchen), Villingen
("Surhebel" – Sauerteiggesichter), Elzach ("Schuttig" –
rote Zottelmännchen mit Teufelsmasken) und Gengenbach
(die "Spättle mit unzähligen Flicken am Körper").

Ein paar *Tips* am Rande:
1. Damit Sie sich nicht so unsäglich blamieren wie eine orts-
unkundige Besucherin: Der alemannische Fasnachts-
schlachtruf lautet nicht etwa "Halli, Hallo", sondern vielmehr "Narri, Narro!".
2. Bei Fastnachtsumzügen immer rechtzeitig einen guten
Steh- bzw. Aussichtsplatz am Rande des Umzugs, ca. eine
Stunde vorher, sichern. Und dann gilt es, standzuhalten,
seinen Stehplatz zu verteidigen und etwaige Vordrängler zu
vertreiben!

Freiburger
Fasnachts-
umzug

3. Warme Socken an den Füßen, eine dicke Jacke um den Leib und viel, viel Fotomaterial gehören zur unerläßlichen Standardausrüstung.
Narri, Narro!

März oder Apri
- ●*Palmenstangentragen* am Palmsonntag in Haslach im Kinzigtal

April
- ●*Jazz-Festival* in Villingen mit Auftritten amerikanischer und europäischer Künstler

Mai
- ●*Sektfestival* in Breisach
- ●*Frühjahrsmeeting auf der Rennbahn* in Iffezheim (bei Baden-Baden)
- ●*Woche der alten Musik* in Rottweil

Feste und Veranstaltungen

Juni
- *Fronleichnamsprozession* in Bad Peterstal-Griesbach (viele alte Trachten)
- *Fronleichnam* in Hüfingen (bunte Blumenteppiche)
- *Zeltmusikfestival* in Freiburg
- Schwarzwälder *Jazzfest* am Titisee

Juli
- *Zeltmusikfestival* in Freiburg
- *Freilichtspiele "Hornberger Schießen"* in Hornberg

August
- *Große Rennwoche* in Iffezheim (Baden-Baden)
- *Großes Feuerwerk* am Triberger Wasserfall

September
- Bühler *Zwetschgenfest* in der zweiten Septemberwoche (zu Ehren des berühmtesten Produktes der Gemeinde)
- *Oldtimermeeting* in Baden-Baden
- *Weinfest* in Oberkirch

Oktober
- *Erntedankfest* in Sasbachwalden
- *Donaueschinger Musiktage* (seit über 30 Jahren Treffen der musikalischen Avantgarde)

November
- *Martinimarkt* in Gengenbach
- *Ledigenmarkt* in Haslach

Dezember
- *Krippenwettbewerb* in Schenkenzell
- In fast allen Orten *Weihnachtsmärkte,* einer der schönsten ist der Markt beim Freiburger Münster
- *Kindertrödelmarkt* in Freiburg

Winter-
stimmung
am
Wildsee

Der Schwarzwald im Winter

Wenn es auch Schwarzwälder waren, die Ende des vorigen Jahrhunderts als erste deutsche Skiläufer die Südschwarzwälder Pisten hinuntersausten und wenn auch Anfang dieses Jahrhunderts bei Titisee-Neustadt der erste patentierte Skilift der Welt den Hang hinaufsurrte, kann der Schwarzwald dennoch nicht als Wintersportgebiet par excellence bezeichnet werden. Dafür ist er einfach nicht schneesicher genug. Seitdem in den letzten Jahren gehäuft milde Winter auftraten, können erst Höhenlagen über 1000 m als schneesicher gelten. Folgende Höhen weisen an ca. 100 Tagen von Dezember bis März Schneehöhen von mindestens 20 cm auf: Feldberg-Herzogenhorn, Schauinsland, Kniebis, Belchen, Hochfirst, Hochblauen, Kandel, Brend-Rohrhardsberg und Hornisgrinde.

***Schnee-
telefone***

- Schwarzwald allgemein: (0190) 116073
- Nördlicher Schwarzwald: Tel. (07231) 17929
- Bereich Schwarzwald-Hochstraße:
Tel. (07226) 296 und 441
- Mittlerer Schwarzwald, Schonach: Tel. (07722) 6033
- Südlicher Schwarzwald, Feldberg:
Tel. (07676) 1214 + 225

Naturraum Schwarzwald

Mit einer Fläche von 6000 qkm, wovon zwei Drittel bewaldet sind, ist der Schwarzwald Deutschlands **größtes Waldgebiet.** Seine Nord-Süd-Ausdehnung beträgt ca. 160 km, seine Ost-West-Ausdehnung 30 bis 50 km.

Naturräumlich wird er in den **Nordschwarzwald** bis zur Linie Oberkirch – Alpirsbach (Buntsandsteinareale), in den **Mittelschwarzwald** bis zur Linie Freiburg – Bonndorf und in den **Südschwarzwald** gegliedert.

Geologie Das Grundgebirge besteht aus Granit und Gneis, die im gesamten zentralen Schwarzwald zutage treten. Der West- und Südrand des Schwarzwaldes ist durch stark zerklüftete Täler gekennzeichnet, die das Mittelgebirge direkt zum tief gelegenen Rheintal (300-100 m.ü.M.) hin entwässern. Im Norden und Osten ist das Grundgebirge von ausgedehnten Buntsandsteinschichten bedeckt, die sanfter abfallend in das Süddeutsche Schichtstufenland überleiten. Dieses Schichtstufenland, zu dem auch die Schwäbische und Fränkische Alb gehören, läuft am Ostrand des Schwarzwaldes wie ein Fächer zusammen. Genau im Scheitelpunkt dieses Fächers hat sich die **Wutachschlucht** (siehe Tour 9) tief ins Gestein gegraben. Daher sind hier bei einer Tageswanderung so viele Erdformationen zu sehen, wie sonst nur auf einer ausgedehnten Reise. Bei kundiger Führung kann man, von Titisee-Neustadt kommend, vom Erdaltertum (Gneis, Granit; älter als 270 Mio. Jahre) durchs ganze Erdmittelalter bis in die Erdneuzeit (Beginn vor 65 Mio. Jahren) wandern und die verschiedenen Gesteinsschichten kennenlernen.

Geschichte des Schwarzwaldes

3000-1800 v. Chr. Auf der Höhe des heutigen Bad Säckingen **erste Siedlungen.**

ab 800 v. Chr. **Kelten** dringen in die unteren Schwarzwaldtäler vor. Der Begriff "Kelten" steht für das von *Herodot* erstmals beschriebene "kriegerische und zu Trunkenheit neigende" Volk, von dem man heute weiß, daß es sich nicht um eine einheitliche Gruppe handelte, sondern um zahlreiche Stämme und Stammesgruppen, deren Gemeinsamkeit allerdings ihre Sprache war, das Keltisch, das sich von Westeuropa bis nach Kleinasien erstreckte. Die Kelten hatten zwar nachweislich Kontakt zu den antiken Hochkulturen, schriftliche Quellen existieren jedoch keine. Als zuverlässigste Beschreibung gilt noch *Caesars "De bello Gallico".*

Söldner im
30jährigen
Krieg

um 100 v. Chr. Die **Römer** überschreiten den Rhein.

70. n. Chr. Die Römer schaffen eine Schwarzwaldquerverbindung vom heutigen Straßburg über Offenburg durchs Kinzigtal nach Rottweil. Der Wald erhält seinen Namen *Silva nigra* (Schwarzwald).

3. Jh. n. Chr. Die **Alemannen** stoßen über den Limes nach Westen und Südwesten vor.

375 n. Chr. Die Alemannen werden von den Römern geschlagen.

"Was mir hier vor die Augen trat, war ganz ungewöhnlich und ungeheuerlich. Ich verbürge mich jedenfalls ohne weiteres dafür, daß, soweit wir wissen, zu keiner Zeit im römischen Reich derartiges zu sehen war. Wenn einer meint, das Tempetal in Thessalien oder das Gelände bei den Thermopylen oder das riesige, weit ausgedehnte Taurusgebirge seien unwegsam, so soll er wissen, daß dies alles, was die Unzugänglichkeit betrifft, neben dem hercynischen Wald kaum Erwähnung verdient."

Soweit Kaiser *Julian* im Jahre 375 n. Chr. über den Schwarzwald, dessen Bewohner "Schöntun und Schmeichelei" nicht gekannt hätten und deren Sprache so ziemlich "dem Gekrächze der Vögel" geglichen hätte.

8. – 10. Jh. n. Chr. **Missionare christlichen Glaubens,** meist irische Mönche, beginnen, den Schwarzwald am Süd- und Westrand und in wenigen Fällen auch in Tälern zu besiedeln – noch aber kann der Schwarzwald als menschenleer bezeichnet werden.

"Dem Großvater den Tod, dem Sohn die Not, dem Enkel das Brot" lautet ein Sprichwort über die ersten Schwarzwaldsiedler.

11. – 14. Jh. Der Schwarzwald wird von allen Seiten besiedelt. Die Gründe sind ein besseres Klima sowie der allgemeine technische Fortschritt (u.a. Hufeisen, Wendepflug, schweres Eisengerät), der Adel versucht, durch Rodungen sein Eigentum zu vergrößern. Mit der Entdeckung von Silber-, Eisen-, Bleiglanz- und Kobaltvorkommen beginnt der ***Bergbau*** – und dadurch die eigentliche Besiedelung des Schwarzwaldes.

Bei vielen ***Ortsnamen*** kann man auf den Ursprung der Orte zurückschließen: Orte wie St. Märgen, Oberkirch oder Mönchweiler weisen auf eine klösterliche Herkunft hin. Orte mit den Endungen -ach, -bach, berg- und -au stammen meist aus dem 11. – 14. Jh. Bei den Orten mit Endung -schwand wurde der Wald gerodet, indem man die Rinde der Bäume abschälte, die dadurch abstarben; Orte mit der Endung -brand entstanden nach Feuerrodung. Ortsnamen mit der Endung -ingen deuten auf Alemannensiedlungen am Süd- und Südwestrand des Schwarzwaldes hin.

um 1525 Zwar werden im Zuge der ***Reformation*** kleinere Regionen protestantisch, doch der größte Teil des Schwarzwaldes bleibt – bis heute – katholisch.

1618-48 Im ***Dreißigjährigen Krieg,*** der schwersten Zeit in der Geschichte des Schwarzwaldes, werden die Felder verwüstet, der Bergbau kommt völlig zum Erliegen, Städte und Dörfer sterben aus.

1726-48 Die ***Hotzen*** ("Hotzenwald") verteidigen ihr Freiheitsrecht in den "Salpetererkriegen" gegen die Klosterherren von St. Blasien.

Die ***Salpeterer*** waren "Freie, keiner Obrigkeit untertane Leut", so bezeichnete sie der habsburgische Waldvogt im Jahre 1738. Sie waren nach *Johann Fridolin Albiez,* ihrem ersten Führer, benannt, der vom Abkratzen des Salpeters von den Wänden der Ställe lebte. Das Salpeter wurde da-

Gustav von Struve ruft vom Lörracher Rathaus die Deutsche Republik aus, 1848

mals für die Herstellung von Schießpulver verwendet. Ähnlich wie die Schweizer Eidgenossen besaßen die Salpeterer für ihr Leben und Arbeiten im damals unwirtlichen Schwarzwald besondere Rechte, sie hatten unter anderem eine eigene Gerichtsbarkeit und wählten alljährlich selbst ihren Gemeindevorsteher. Im Jahre 1719 wollte ihnen der Abt von St. Blasien dieses Sonderrecht streitig machen, er wollte sie zu Leibeigenen degradieren. Nach drei Aufständen, die allesamt blutig niedergeschlagen wurden, mußten die Salpeterer 1775 endgültig kapitulieren.

1806 Bei der *Säkularisation,* also der Einziehung oder Nutzung kirchlichen Besitzes durch den Staat, werden alle Klöster aufgehoben und die Kirche enteignet. Unersetzliche Schätze gehen verloren, unter anderem die Bibliothek von St. Blasien.

1816/1817 Während der großen *Hungersnot* in Südwestdeutschland wandern viele Schwarzwälder nach Nordamerika aus.
"Im Südwesten verschärft sich in diesen Jahren die Agrarkrise dramatisch, als daß Ende des Napoleonischen Krieges mit einer globalen Umweltkatastrophe zusammenfällt, woraus eine Hungersnot resultiert. 1816 war im indonesischen Archipel der Vulkan Tambora ausgebrochen mit der bislang gewaltigsten Stauberuption von 200 Kubikkilometern Vulkanasche, die sich im Laufe des Jahres auch in der Atmosphäre der nördlichen Halbkugel verteilte und in London außerordentlich schöne Sonnenuntergänge beobachten ließ. Die Staubkörner als Kondensationskeime führten aber meteorologisch zu einer Art "vulkanischem Winter" mit Dauerregen und Schneefällen mitten im Sommer. Die daraus folgende Mißernte traf die Bevölkerung im Südwesten besonders hart, da die Vorräte von den durchziehenden Truppen der Freiheitskriege aufgebraucht waren. Die Hungersnot war verheerend. Mehr als 40.000 Einwohner Badens und Württembergs wanderten deshalb 1817 aus."
(entnommen aus "Große Badener", Deutsche Verlags-Anstalt, Stuttgart, 1994)

ab 1817
bis
nach 1970 Beginn der *Oberrheinbegradigung* durch den Bauingenieur und Oberst *Johann Gottfried Tulla* (1770-1828)
"Die möglichst gerade Lenkung der Flüsse, die Abschneidung ihrer Nebenarme, die Demolierung der schädlichen Dämme usw., oder mit einem Wort, die Rektifikation der Flüsse ist diejenige Operation, durch welche ihren Zerstörungen Einhalt getan und ihr Wasserspiegel so gesenkt wird, daß die Nachteile der Überschwemmungen und die der Eisgänge vermindert oder vollkommen beseitigt werden", schreibt Oberst Tulla über die Begradigung des Oberrheins. Heute wird das anders beurteilt:

"Wer die Natur mit Füßen tritt, braucht verdammt hohe Gummistiefel. Wenn immer mehr Flüsse begradigt, Ufer betoniert, Auen zerstört werden und Überschwemmungen bald zur Tagesordnung gehören, dürfen wir nicht tatenlos zusehen." (aus einer Zeitungsanzeige des *World Wildlife Fund* im Februar 95 nach den verheerenden Überschwemmungen am Niederrhein)

1848/49

Die **deutsche Revolution** beginnt, als *Friedrich Hecker* am 12. April 1848 in Baden die deutsche Republik ausruft. Im Mai 1849 erheben sich die Demokraten des Landes und übernehmen die Regierungsgeschäfte nach der Flucht des Großherzogs. Der Aufstand wird am 27.7.1849 in der Festung Rastatt niedergeschlagen, 51 Revolutionäre werden hingerichtet. Der Volksheld *Hecker*, ein "prachtvoller, männlich-gewaltiger Mann", war zu dieser Zeit schon über den Atlantik nach Amerika geflohen.

"Hecker, Hecker, spring über den Neckar, spring über den Rhein, fall aber nicht hinein", rät ein alter badischer Spruch, der nach dreimaligem Aufsagen gegen Schluckauf helfen soll.

Der Ausbruch des Rastatter Aufstandes am 13. Mai 1849

1864   Der *Schwarzwaldverein* wird gegründet. Im Zuge der Industrialisierung und der dadurch immer größer werdenden
Verstädterung zieht es immer mehr Menschen in der Freizeit hinaus ins Grüne. Der Schwarzwald wird als Wandergebiet erschlossen.

Aus der Satzung des Schwarzwaldvereins:

§ 2 1. In Zusammenwirken mit den Ortsgruppen nimmt der
Schwarzwaldverein die folgenden wesentlichen Aufgaben
wahr:

a) Pflege des Wanderns
b) Schutz der Natur und Landschaft, insbesondere Land-
schaftspflegemaßnahmen und Streifendienste
c) Unterhaltung und Markierung der Wanderwege
d) Heimatpflege
2. Der Jugend gilt seine besondere Fürsorge
3. Der Schwarzwaldverein dient den Menschen ohne An-
sehen von Herkunft, Geschlecht, Weltanschauung oder
Religion. Er ist parteipolitisch nicht gebunden.

1918   Baden wird *Freistaat.*

1945   Im *Zweiten Weltkrieg* werden Freiburg, Freudenstadt,
Pforzheim und Karlsruhe stark bombardiert. Nach dem
Ende des Krieges Besetzung durch die Amerikaner und
Franzosen. Die Franzosen demontieren eine Reihe wichti-
ger Industriebetriebe und holzen große Flächen des
Schwarzwaldes ab.

1952   Durch Volksabstimmung wird aus den Ländern Württemberg (Hauptstadt Stuttgart) und Baden (Hauptstadt Freiburg), Württemberg Hohenzollern (Hauptstadt Tübingen)
das flächenmäßig drittgrößte Bundesland – *Baden-Württemberg* – gebildet.

1971-74 Durch die baden-württembergische *Gebietsreform* werden ganze Landkreise neu gegliedert, viele kleine Dörfer
werden eingemeindet. Verwaltungswege sollen abgekürzt,
Kosten gespart werden. Die Reform hat die in sie gesetzten Hoffnungen nicht immer ganz erfüllt, oft sind die Verwaltungswege länger und die Kosten höher geworden.

1974   Erstmals in der Geschichte gelang es einer deutschen
Bürgerinitiative, den *Bau eines Atomkraftwerks zu verhindern.*

"Am 18. Februar 1974 hatten dreihundert Winzer und
Bauern den Bauplatz für das geplante Atomkraftwerk Wyhl
besetzt. Freiburger Studenten, die hinzugeeilt waren, um
der Sache den ideologischen Schliff zu geben, bekamen
ein paar Schluck schwarzgebrannter Hefe, damit sie ruhig-
gestellt waren, und wurden dann eingereiht. Anschließend

trugen 800 Polizisten die Besetzer fort, riegelten die einzige Zugangsstraße mit Gittern und Panzerspähwagen ab, starrten martialisch auf die mittlerweile vieltausendköpfige Wut-Menge vor dem Platz – und wunderten sich sehr, als die Besetzer plötzlich in ihrem Rücken auftauchten: Sie waren, hübsch verteilt auf zwei Dutzend kleiner Stoßtrupps, durch den Auwald geschlichen. Wie es weiterging? Schlecht für die Polizei, schlecht für die Atomindustrie und schlecht für einen Ministerpräsidenten namens Filbinger, der damals die Republik mit dem Satz entzückte: Wenn das AKW Wyhl nicht gebaut würde, gingen im Jahre 2000 in Deutschland die Lichter aus", schreibt im Rückblick das "Streiflicht" der Süddeutschen Zeitung vom 19. Februar 1995.

1982 Die Flurbereinigung der **Weinterrassen des Kaiserstuhls** ist abgeschlossen.

1991 Beginn der **Auflösung französischer und kanadischer Streitkräfte**

1994 Der Bau der lange Jahre heiß diskutierten **Ost-West-Verbindung** B 31 zwischen Freiburg und Donaueschingen wird begonnen.

1995 Die Gegend entlang der Schwarzwaldhochstraße wird zum **Erholungsgebiet** erklärt, die Geschwindigkeit dort auf 70 Stundenkilometer begrenzt.

Juni 1996 Erste Internationale **Schwarzwald-Jugendspiele**. Wettbewerbe in Disziplinen wie Jugendgolf, Sommer-Biathlon, Trailrunning, Mountainbiking usw. werden in Bad Dürrheim, Freudenstadt, Herrischried, Kirchzarten, Pforzheim, Sasbachwalden, Schramberg, Triberg, Schonach und Schönwald ausgetragen.

Wilädle
(Weinladen)
in Staufen

Schlemmerparadies Schwarzwald

"Paradies: ein märchenhaftes Land, in dem es schmackhafte Nahrung im Überfluß gibt" und das "wahrscheinlich eine Parodie auf die Vorstellung von den paradiesischen Zuständen der Urzeit" ist. Irrtum, Meyers Großes Taschenlexikon! Dieses märchenhafte Land existiert ganz real im Südwesten unseres Landes. In keiner anderen deutschen Region rühren so viele mit Kochmützen, Sternen und Gabeln hochdekorierte Köche in ihren Töpfen, in nur wenigen deutschen Gegenden heimsen Winzer so viele Weinpreise ein. Im Schwarzwald muß *Heiner Geißler,* der hier sein Abitur machte, seine Vision von einer multikulturellen Gesellschaft gehabt haben, denn hier hat sich auf wundersame Weise die einheimische Küche mit der elsässischen, schweizerischen und österreichischen Küche zu einem delikaten Ganzen vereint. Hier gibt es keine kulinarische Zweiklassengesellschaft; ob in den legendären Feinschmeckertempeln oder im einfachen Gasthaus – einen richtigen Reinfall erlebt man selten. Über Kreationen der feinen Küche wie "Gefüllte Kaninchenrücken mit Lavendel und Champagner-Risotto" zu schreiben würde den Rahmen dieses Buches sprengen. Hier geht es vielmehr um die bodenständige, unverfälschte Eßkultur, die in einer Zeit einer fast schon übersteigerten Küche so wohltuend für Gaumen und Gemüt ist.

Ganz bodenständig geblieben sind bis heute auch die **Namen der traditionellen Gasthäuser.** Viele von ihnen heißen "Zum Ochsen", "Engel", "Adler" oder "Zum Löwen". Durch diese Namensgebung wurden sie unter den Schutz der Evangelisten gestellt. (Es handelt sich dabei um die seit Jahrhunderten üblichen Symbole der Evangelisten: Matthäus wurde als geflügelter Mensch, also als Engel, Markus als Löwe, Johannes als Adler und Lukas als Stier bzw. als Ochse dargestellt.)

Als der Wurstsalat noch ledig war ...

... hieß er schlicht und einfach Wurstsalat. Dann vermählte sich der alemannische Wurstsalat mit seiner Nachbarin aus dem nahe gelegenen Elsaß und hieß von nun an Straßburger Wurstsalat. Aber wie in jeder guten Ehe behielten beide Partner ihre Eigenständigkeit und sind doch gemeinsam stark. Und so kommt es, daß man heute noch auf fast jeder einheimischen Menükarte einen badischen Wurstsalat und einen Straßburger Wurstsalat findet.

Sie sollten sich die beiden Wurstsalatpartner nicht entgehen lassen – auch wenn die alemannische Küche über schier unerschöpfliche Köstlichkeiten verfügt. Denn der Wurstsalat hierzulande – einst als Resteverwertung gedacht – ist ein kulinarischer Allroundkünstler: er ist ein Salat und doch ein komplettes nahrhaftes Essen für sich, er ist einfach in den Zutaten und läßt dem Koch dennoch unzählige Variationsmöglichkeiten in der Zubereitung.

Wurstsalat
400 g feine Fleischwurst oder Schinkenwurst, 2 reife Tomaten, eine Zwiebel, Schnittlauch oder Petersilie, eine Prise weißen Pfeffer, Essig und Öl.

Die Fleischwurst in ganz feine Streifen schneiden, Tomaten enthäuten und entkernen und in kleine Würfel schneiden. Den Schnittlauch fein hacken, mit Pfeffer würzen und Essig und Öl dazugeben. Der Salat sollte erst kurz vor dem Verzehr zubereitet werden.

Straß-burger Wurstsalat
200 g feine Fleischwurst oder Schinkenwurst, 200 g Emmentaler Käse, eine Zwiebel, eine Prise weißer Pfeffer, 3 EL Weinessig und Öl oder Mayonnaise.

Die Fleischwurst und den Käse in sehr feine Streifen schneiden, mit Pfeffer und Essig würzen. Die Zwiebel je nach Geschmack ganz fein würfeln oder in dünne Ringe schneiden. Die Mayonnaise oder alternativ Essig und Öl unterheben. Das Ganze etwa eine Stunde ziehen lassen und vor dem Servieren mit Tomatenvierteln, Gewürzgurkenscheiben oder Radieschen garnieren. Alternativ kann auch eine Hälfte der Mayonnaise durch Joghurt oder die Mayonnaise ganz durch Öl ersetzt werden.

Ab und zu trifft sich unser Wurstsalatpaar mit Freunden, dann kommen noch milder Senf, Knoblauch, Paprika, hartgekochte Eier oder Essiggurken dazu.

Die alte Schwarzwälder Regel "Fünfmal am Tag wird gegessen, dreimal warm und zweimal kalt" schwindet mehr und mehr in einer Zeit, in der auch die Schwarzwälder ihren Lebensunterhalt größtenteils außer Haus verdienen. Geblieben aber ist der ***Brauch des Vesperns*** – nicht zu verwechseln mit der Vesper, dem Abendgottesdienst! Eigentlich stammt das Wort Vesper aus dem griechischen Wort *Hespera,* zu deutsch "Abend". Aber nur eigentlich, denn heute nimmt man im Schwarzwald zu allen Tageszeiten ein Vesper ein. Es gibt nur eine eiserne Regel beim Vesper: es muß kalt sein. Ein "rechtes Veschper" muß folgendes enthalten: zuerst einmal brauchbares Werkzeug; ein Brettchen und ein scharfes Messer. Es muß ohne Sägeschliff sein, denn sonst würde es den Schinken zerreißen. Außer dem berühmten Schwarzwälder Schinken kommen dann noch jeweils eine dicke Scheibe Schwarzwurst und Leberwurst sowie eine Scheibe Lyonerwurst dazu. Senf, Gurken, hausgemachte Butter und ein dunkles Krustenbrot dürfen auch nicht fehlen. Je nach Region wird das Ganze noch von einem Rahmkäse oder einem Bibbeleskäs (siehe unten) gekrönt. Natürlich gehört zu einem Vesper ein Viertele Most und ein Schnaps – vor und nach dem Essen.

Markt in
Freiburg

Damit Sie nicht ratlos vor einer Speisekarte sitzen und nicht wissen, was Sie sich mit Ihrer Bestellung antun, hier einige Begriffe aus der alemannischen Küche:

- *Bibbeleskäs:* ein mit feingeschnittenen Zwiebeln und Kräutern angemachter Schichtkäse, den man zu Kartoffeln oder Landbrot ißt
- *Brägele:* Bratkartoffeln
- *Bubespitzle:* kleine "Würstchen" aus gekochten geriebenen Kartoffeln, Eiern und Mehl. Sie werden in kochendem Wasser gesotten und sehen so aus, wie sie heißen. Vornehme Leute sagen "Schupfnudeln" dazu.
- *Chriesewässerle:* Kirschwasser
- *Flädlesupp:* Kraftbrühe mit Einlagen aus Pfannkuchenstreifen
- *Flammkuchen:* Diese Spezialität aus dem nahen Elsaß besteht aus einem dünn ausgerollten Hefeteig, der mit einer Rahm-Zwiebeln-Speck-Mischung belegt ist. Früher wurde der Kuchen direkt auf der Glut gebacken, daher sein Name.
- *Geschwellte:* Pellkartoffeln
- *Käs-Spätzle:* Eine ursprünglich schwäbische Spezialität. Spätzle werden mit geriebenem Käse in Schichten gelegt und mit Zwiebeln geschmolzen
- *Kerscheplotzer:* Kirschauflauf
- *Kratzete:* zerrupfter Pfannkuchen
- *Metzelsupp:* eine Art Wurstsuppe
- *Schäufele:* saftige geräucherte Schweineschulter

Und noch ein alemannischer Tip am Rande: Gehen Sie vertrauensvoll in Gasthäuser neben Rathäusern und Friedhöfen, denn Beamte und Trauergesellschaften sind mit einem guten Appetit gesegnet.

Einige Spezialitäten

Zwiebelkuchen

Er besteht aus einem dünnen, aber breit ausgewellten Hefeteigboden, der mit Käse und Sauerrahm, mancherorts auch mit Bibbeleskäs oder Kümmel bedeckt wird. Früher gab es Zwiebelkuchen nur dann, wenn Brot gebacken wurde. Während der Brotteig trieb, hatte die Bäuerin eine schnelle Zwischenmahlzeit.

**Schwarz-
wälder
Schinken**

Zwei Dinge zeichnen den Schwarzwälder Schinken aus: die Art des Würzens und die Zeit des Reifens. Aus dem Würzen machen die Metzgermeister meist ein großes Geheimnis, die Zeit des Reifens dauert von vier Monaten bis hin zu einem Jahr für Spitzenqualitäten. Bei der recht komplizierten Prozedur wird roher Schinken mit Salz eingerieben und zum Ziehen drei Wochen in ein geschlossenes Gefäß gelegt. Dann kommt er zum sogenannten "Durchbrennen" auf einen Rost, damit sich das Salz gleichmäßig im Fleisch verteilen kann. Anschließend wird der Schinken über einer individuell unterschiedlichen Mischung aus Buchenholz, Tannen-, Fichten- und Föhrenreisig, Beeren und Sägemehl geräuchert – er erhält dadurch seine typische schwarze Oberfläche. Übrigens enthält der Räucherschinken beträchtliche Mengen an Eiweiß und Fett, wichtigen Mineralstoffen, Eisen und Vitaminen der B-Gruppe.

**Schwarz-
wälder
Kirsch-
torte**

Nun, es gibt die Mär, daß sie einst ein persischer Eunuch, Chefkoch in einem Harem, für seinen Herrn und Meister kreiert haben soll. Er wollte den Damen seines Herren vollere Formen verleihen und ihn damit erfreuen. Ein Schweizer Journalist wollte es genauer wissen; nach jahrelangen Recherchen fand er 1982 heraus, daß die Urkirschtorte 1915 von einem Herrn namens - *Josef Keller* im Café *Agner* in Bad Godesberg erfunden wurde. Das Café existiert nicht mehr, die Kirschtorte dagegen hat ihren Siegeszug weit über die deutschen Grenzen bis hin in amerikanische Kühltruhen angetreten: Dort fristet sie als *Black Forest Cake* ihr frostiges Dasein. Zweifelhaft bleibt, ob die amerikanische Verwandte der Kirschtorte den Ansprüchen an eine richtige Kirschtorte auch genügt: Sie darf weder süße noch kandierte Kirschen, sondern ausschließlich Sauerkirschen enthalten, und das Kirschwasser darf keine Essenz, sondern es muß richtig gutes Schwarzwälder Kirschwasser sein.

Von Alla bis Hilwertritsch – ein Schwarzwaldkurs in zehn Begriffen

Alla

Ein am Westrand des mittleren Schwarzwaldes weit verbreitetes Wort, das mit dem islamischen Gott rein gar nichts zu tun hat. Es kommt aus der französischen Besatzungszeit und hat seinen Ursprung im französischen Wort "Aller" (gehen). Es bedeutet den positiven Abschluß eines Gesprächs oder eines Problems jeglicher Art, man kann es auch umschreiben mit "also, packen wir´s an". Alla …

Badener und Schwaben

Am äußersten Ostrand des Schwarzwaldes wohnen Schwaben, im übrigen Schwarzwald Badener. Verwechseln Sie niemals die einen mit den anderen! "Über Baden lacht die Sonne, über Schwaben die ganze Welt", so zumindest behaupten die Badener. Zur Strafe nennen die Schwaben die Badener "Gelbfüßler". Die Badener behaupten, der Name komme von ihren Soldaten, die einst gelbe Stulpen trugen. Die Schwaben dagegen sehen einen ganz anderen Ursprung: Eines Tages wollte ein Badener eine Fuhre roher Eier über die Alb transportieren. Der Wagen aber war zu klein für alle Eier. Der Badener zögerte nicht lange und zerstampfte alle Eier, das Platzproblem war aus der Welt geschafft, und der Badener war fürderhin der erste Gelbfüßler.

Badenser

Goethe hat sie so genannt und der DUDEN tut´s auch; trotzdem sollten Sie niemals einen Badener als Badenser bezeichnen; das mag er nämlich gar nicht.

Bagasch

Die haben auch die Franzosen hinterlassen, die aber meinen damit ein Gepäckstück. Die Schwarzwälder hingegen verstehen darunter jegliche Art von Gruppe oder Gesellschaft, mit deren Anwesenheit man oft geschlagen ist, und die man, genau wie sein Gepäck, erst dann so richtig vermißt, wenn man sie mal nicht mehr hat.

Bollenhut

In aller Welt bekannt als das Symbol des Schwarzwaldes schlechthin, obwohl nur in den drei Gemeinden Gutach, Kirnbach und Reichenbach zu Hause. Der Hut sieht apart aus, das Kleid dazu eher sackartig. Im Schwarzwald beherrscht nur noch eine einzige Frau die Kunst des Bollenhutmachens, in Taiwan dagegen viele. Die Mädels, die noch zu haben sind, tragen rote Bollen (Kugeln), die Verheirateten schwarze Bollen.

Difteln

Zu deutsch tüfteln. Direkt eine Nationaleigenschaft der Schwarzwälder, der sie einerseits eine florierende Uhrenindustrie und andererseits die weltweit exportierenden Waffenschmieden *Heckler und Koch* und *Mauser* in Oberndorf verdanken.

Hilwertritsch

Der badische Verwandte des bayerischen Wolperdingers ist, wenn überhaupt, nur von Einheimischen zu fangen – und auch von denen nur in Vollmondnächten. Wichtigste Ausrüstungsgegenstände sind ein Sack und eine Taschenlampe. Ersterer, um die gefangenen Hilwertritsche heimzutragen, zweitere, um sie überhaupt in den Sack hinein zu bekommen. Über das genaue Aussehen des Hilwertritschen streiten die Experten noch, als erwiesen gelten seine bernsteingelben Augen und sein bevorzugter Aufenthaltsort: der Kastanienbaum. Der Schlachtruf aller Hilwertrischen-Jäger lautet: "Scht, scht, hudada, hudada".

Mach kei Fissimadende

Die Redewendung, die soviel wie "Mach keinen Unsinn" bedeutet, soll aus der französischen Besatzungszeit stammen, als so manch ein französischer Soldat die badischen Mädchen aufforderte: *"Visitez ma tente"* – "Besuchen Sie mein Zelt".

Kuckucksuhr

Vorgängerin der Swatch-Uhr: "Die Uhren werden hier in sehr großen Mengen gemacht und durch den Handel in ganz Europa verbreitet" (ein päpstlicher Legat im Jahre 1762 über die Kuckucksuhr).

Numme nit hudle

Das heißt auf spanisch *mañana* und auf freiburgerisch "immer mit der Ruhe". Übertriebene Hektik ist die Sache der Schwarzwälder nicht.

Schwarzwaldtracht, Gutach

Badischer Wein

Der römische Dichter *Horaz* meinte, der Wein
enthülle die Geheimnisse, bringe dem Hoffen-
den den Erfolg, entlaste den Mühseligen und
dränge sogar die Feiglinge in die Schlacht. Letz-
teres muß für die Römer der ausschlaggebende
Grund gewesen sein, in Baden den Wein einzu-
führen. Da die Römer den Wein (das Wort geht
auf das lat. *vinum* zurück) als Nahrungsmittel be-
trachteten, begannen sie bei ihren Eroberungs-
feldzügen allerorten mit dem Anbau von Reben,
um damit ihre Truppen bei Laune zu halten. Als
dann das römische Reich zu Ende ging, über-
nahmen die Mönche im Zuge der Christianisierung die Weinanbaukultur. Fromm wie sie waren,
benutzten sie ihn zunächst als Meßwein, später
wurde er dann als tägliches Getränk und Medizin
geschätzt. Angeblich soll das Heilig-Geist-Spital
in Überlingen jedem Alten oder Kranken täglich
drei "Badische Maß" verabreicht haben, umge-
rechnet waren das täglich 4,5 Liter Wein!

Wichtige Weinsorten

● *Riesling:* auch "König der Weißweine" genannt; Der rassig-spritzige Wein gedeiht nur in klimatisch erstklassigen Lagen. Im badischen Hauptanbaugebiet, in der Ortenau, wird er "Klingelberger" genannt.

● *Silvaner:* Der milde zarte und feinfruchtige Weißwein wird vor allem am Kaiserstuhl angebaut.

● *Ruländer:* Er galt als badische Spezialität, ein alkoholreicher, tiefgoldener, vollmundiger Weißwein aus der Burgunderfamilie. Die einen sagen, er stamme aus Tokay in Ungarn, die anderen behaupten, er sei aus Ägypten gekommen, wo er noch heute in der Oase Fayoum als Tafeltraube heimisch ist.

● *Grauburgunder* oder *Grauer Burgunder:* leichterer Nachfolgewein des aus der Mode gekommenen Ruländers

● *Gutedel:* frisch und leicht, mit mäßigem Alkoholgehalt

● *Muskateller:* unter Kennern als Weißwein-Rarität bekannt, Anbau am Kaiserstuhl, säurebetonte Eigenart

● *Spätburgunder:* alkoholreicher, vollmundiger Rotwein

● *Spätburgunder Weißherbst:* badische Spezialität, altgold bis hellrot, kräftig, vollmundig, fruchtig

● *Traminer:* große Geschmacksfülle, in der Ortenau unter "Clevner" geführt

Ein Hinweis für preisbewußte Menschen: Es gibt Lokale, die schenken ein Glas Wein aus (0,2 l), und es gibt Lokale, die etwas auf sich halten: Die stellen ein "Badisches Viertele" (0,25 l) auf den Tisch.

Schwarzwälder Schnapskunde

Die Hälfte aller deutschen Kleinbrennereien, 14.000 an der Zahl, ist im südbadischen Raum zu finden. In diesem südlichen Klima mit seinem fruchtbaren Boden gedeihen Früchte wie Himbeeren, Brombeeren, Mirabellen und natürlich Kirschen ganz wunderbar. Der Schwarzwälder betrachtet den Schnaps nicht als Alkohol, denn dann wäre er ja letztendlich ungesund. Und das trifft auf den Schnaps auf keinen Fall zu. Denn Schnaps ist Medizin, hält Leib und Seele zusammen; er ist ein reines und gesundes Getränk, über jeden Zweifel erhaben. Also, wenn Ihnen ein Schwarzwälder seinen echten "Hausgebrannten" anbietet – eine große Ehre – dann flüchten Sie sich nicht in kleinliche Ausreden, es sei denn, Sie dürfen überhaupt keinen Alkohol trinken. Das Verhältnis zu Ihrem Gegenüber wäre von Anfang an erheblich getrübt.

Rossler

Unter allen gesunden Schnäpsen ist der Rossler der Spitzenreiter in Sachen Gesundheit (unter anderem hilft er bei Diabetes, er senkt nämlich den Insulinspiegel). Gemeinhin ist er bekannt unter der Bezeichnung "Topinambur", aus der gleichnamigen Knolle wird er auch gewonnen. Die aus Brasilien stammende Pflanze wurde wegen ihres süßlichen Geschmacks früher an die Rösser verfüttert, von daher kommt auch der Name "Rossler". Man hat viel von ihm, denn er stößt einem ziemlich lange auf. Kaufen Sie den Rossler nicht im Laden, sondern beim Bauern, da kriegen Sie mehr fürs Geld, nämlich statt den üblichen 38 bis 40 Prozent Alkohol enthält der beim Bauern gekaufte Schnaps zwischen 45 und 50 Prozent. Darüber hinaus ist der Schnaps vom Bauern allemal besser als der aus dem Laden.

Kirschwasser

Der Edelste unter den Schnäpsen. Hierzulande Chriesewässerli genannt, bedingt die Herstellung dieses noblen Getränkes während des ganzen Produktionsprozesses absolute Sauberkeit und Sorgfalt. Kaufen Sie nicht einfach "Kirschwasser" – das ist Massenware – sondern gönnen Sie sich "Gebirgskirschwasser". Kirschen für diesen Spitzenschnaps brauchen sandigen Gebirgsboden – also je weiter hinten im Schwarzwaldtal, desto besser der Schnaps.

Weingut
in Durbach

44

Tour 1

Karlsruhe und südliches Umland

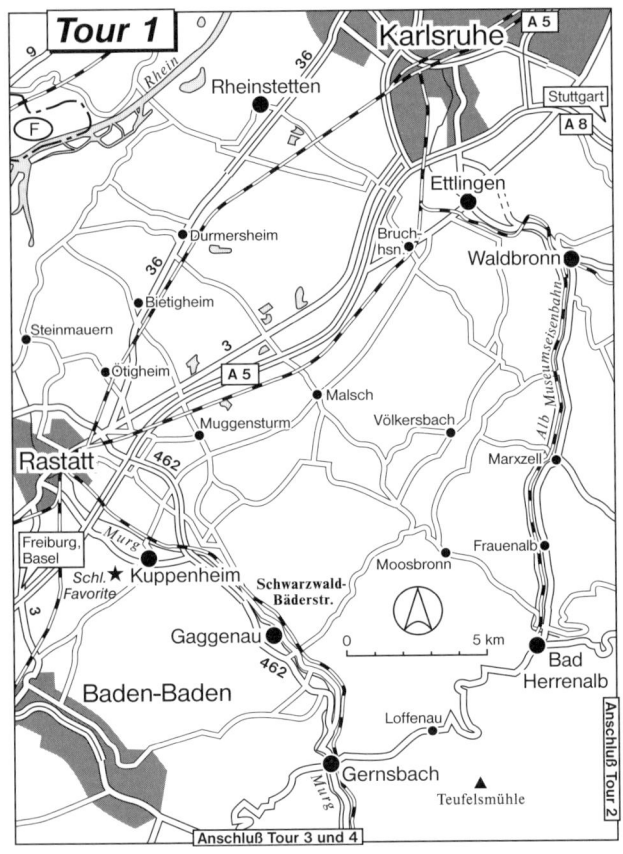

Überblick

Route   Karlsruhe – Ettlingen – Bad Herrenalb – (über Gernsbach durchs Murgtal) nach Rastatt – Karlsruhe

Beschreibung   Der Schwarzwald ohne Bollenhut und Schwarzwaldhaus, urban und doch gemächlich: eine Stadt in Fächerform mit Schloß und Pyramide (Karlsruhe), eine vornehme und kultivierte ältere

Dame (Ettlingen), 70 alte Autos und 200 ehr-
würdige Motorräder (Fahrzeugmuseum Marxzell)
und das skurrile Lustschlößchen einer "großen
Sünderin" (Schloß Favorite bei Rastatt).

Karlsruhe

Vorwahl: 0721	**PLZ:** 76137
Einw.: 286.000	**Höhe:** 116 m

Tour 1

Überblick Am nördlichen Rand des Schwarzwaldes liegt die
Messe- und Kongreßstadt Karlsruhe, von vielen
als Beamtenstadt verschmäht, von den Einheimischen wegen ihres provinziell-gemächlichen
Charmes geliebt. Ausgerechnet eine Stadt, in der
das Bundesverfassungsgericht, der Bundesgerichtshof und viele weitere Bundes- und Landes-
behörden sitzen und deren studentisches Leben
durch die Technische Universität mit 22.000 Studenten geprägt wird – ausgerechnet dieser Ort
der Ratio, so wird verschiedentlich behauptet,
soll eine vor 275 Jahren nach "okkulten Ge-
sichtspunkten" wiedererbaute Stadt der Atlan-
tiden sein.

Karlsruhe,
Schloß

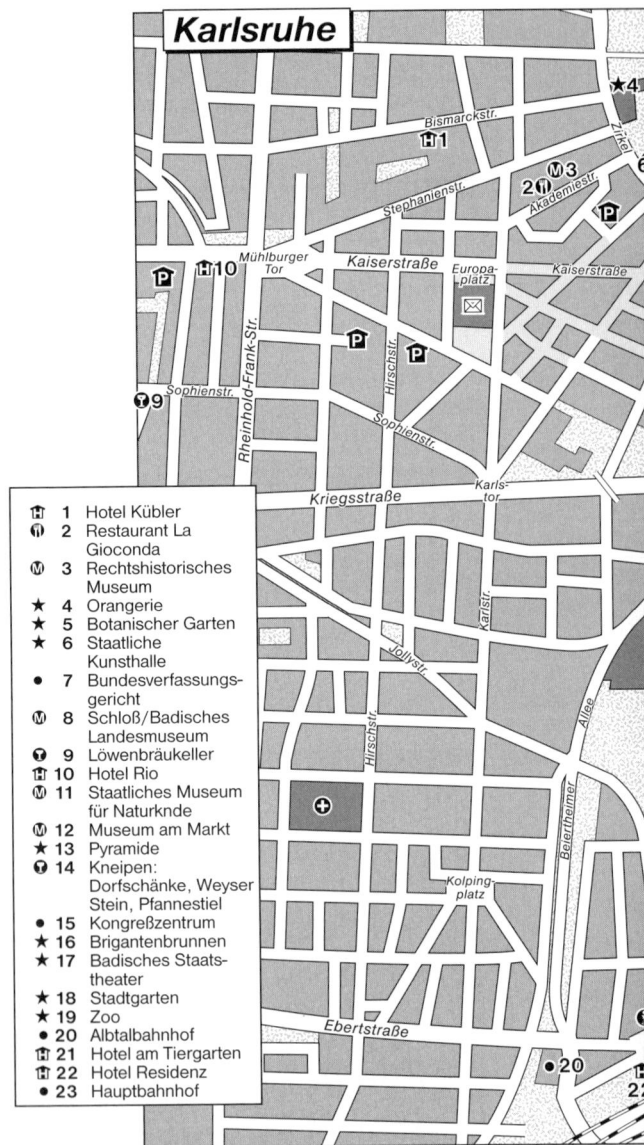

Karlsruhe

🏠	1	Hotel Kübler
🍴	2	Restaurant La Gioconda
Ⓜ	3	Rechtshistorisches Museum
★	4	Orangerie
★	5	Botanischer Garten
★	6	Staatliche Kunsthalle
•	7	Bundesverfassungs- gericht
Ⓜ	8	Schloß/Badisches Landesmuseum
❶	9	Löwenbräukeller
🏠	10	Hotel Rio
Ⓜ	11	Staatliches Museum für Naturknde
Ⓜ	12	Museum am Markt
★	13	Pyramide
❶	14	Kneipen: Dorfschänke, Weyser Stein, Pfannestiel
•	15	Kongreßzentrum
★	16	Brigantenbrunnen
★	17	Badisches Staats- theater
★	18	Stadtgarten
★	19	Zoo
•	20	Albtalbahnhof
🏠	21	Hotel am Tiergarten
🏠	22	Hotel Residenz
•	23	Hauptbahnhof

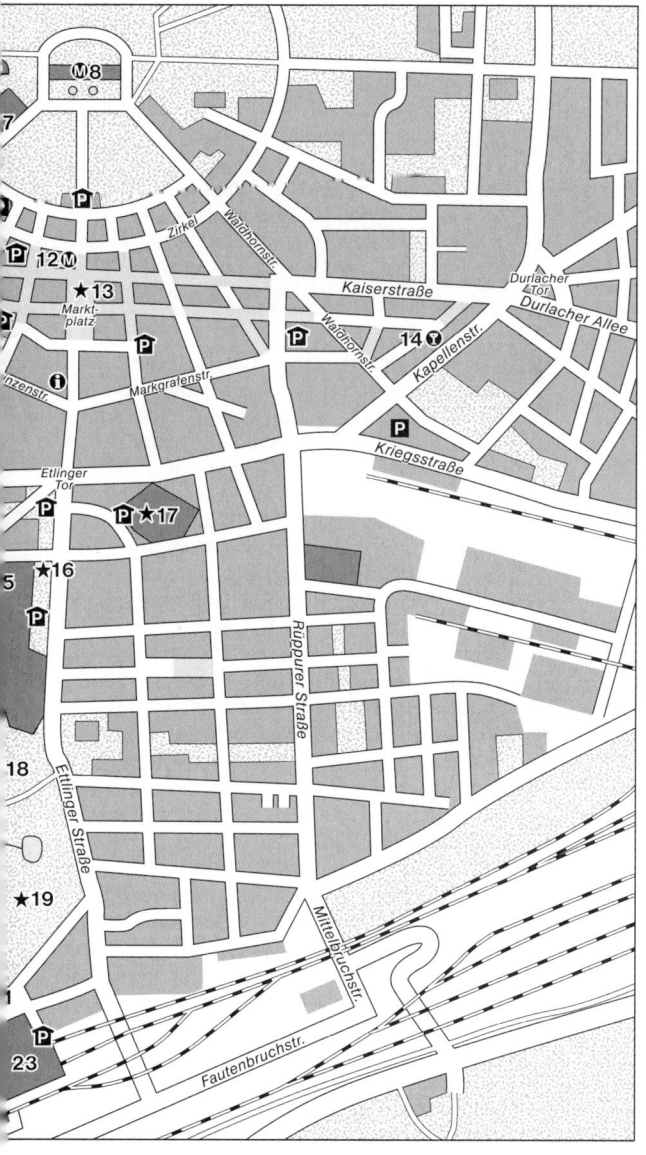

Fächerförmiger
Stadtgrundriß

Ob nun okkult oder nicht, auffallend ist der **Grundriß** von Karlsruhe auf jeden Fall: Mittelpunkt der Stadt ist das Schloß, von dem aus fächerförmig 32 Radialstraßen verlaufen, von denen laut Esoterikern einige auf andere kultische Plätze im Schwarzwald ausgerichtet sind. Bemerkenswert dabei ist die Tatsache, daß der Erbauer dieser Stadtanlage, Markgraf *Karl Wilhelm von Baden-Durlach,* auf dem Marktplatz in einer Pyramide begraben liegt. Der Legende nach verdankt die Stadt ihren Namen und ihre Fächerform einem traumvollen Nickerchen des Markgrafen. Seine Gemahlin soll während der Jagd im Hardtwald ihren Fächer verloren haben, auf der Suche nach dem vermißten Utensil soll der Markgraf unter einer Eiche eingeschlafen sein. Dort träumte ihm von einem Fächer, der sich dann zu einer fächerartigen Stadt ausdehnte. Als der Markgraf erwachte, lag der gesuchte Fächer wirklich zu seinen Füßen, der Markgraf gründete alsbald Karlsruhe. Soweit zur Legende, in Wirklichkeit entsprach es den absoluten Herrschern jener Zeit, daß ihr Schloß im Mittelpunkt einer Stadt lag und alle Straßen darauf zuzulaufen hatten, Vorbild war das Versailles des französischen Sonnenkönigs. Die Pyramide, das Wahrzeichen Karlsruhes, in der der 1738 verstorbene Markgraf 1825 endgültig beerdigt wurde, wurde seither nur einmal betreten: in einer Julinacht 1889 um Mitternacht, nachdem man den ganzen

Karlsruher Nahverkehr – Schienen der Zukunft

Man glaubt, seinen Augen nicht zu trauen: auf dem Karlsruher Bahnhof stehen in trauter Eintracht Schiene an Schiene ein hochmoderner ICF und eine Straßenbahn. Die hat sich nicht verfahren, sie steht da, weil sie eine "Stadtbahn" ist. Ihr Erfinder ist *Dieter Ludwig,* seines Zeichens Stadtdirektor von Karlsruhe, verantwortlich für das weltweit beispielhafte Karlsruher Nahverkehrsnetz. Von weit her, aus dem US-Staat Colorado, aus Frankreich, Großbritannien, Österreich und anderen Ländern kommen die Besucher, um *Ludwigs* Innovation zu bestaunen. 1992 fuhr erstmals eine Straßenbahn von der Stadt hinaus ins 30 km entfernte Bretten. Überwunden werden mußten der Unterschied von 15.000 Volt Wechselspannung bei der Bahn und 750 Volt Gleichstrom bei der Straßenbahn, unterschiedliche Zugsicherungssysteme, Funkanlagen und Geschwindigkeiten. Das Bundesforschungsministerium half mit 1,5 Millionen DM. Wenn heute der Transformator auf dem Dach und unter dem Fußboden beim Wechseln von einem Fahrsystem aufs andere umschaltet, dann ruckelt und stottert nichts, kein Fahrgast merkt etwas davon. Wo früher nur 2000 Menschen den Nahverkehrszug benutzten, fahren mit der neuen Stadtbahn mittlerweile mehr als 12.000 Menschen - eine Steigerung um 500 Prozent. Die Karlsruher Stadtbahn ist alles andere als nostalgisch: Wenn sie daherkommt, schalten die meisten Ampeln auf grün, in der Fußgängerzone fährt alle fünfzig Sekunden pro Richtung eine Straßenbahn, die Fahrpläne von Bus und Bahn wurden exakt aufeinander abgestimmt. *Dieter Ludwig,* der sich nicht als Amtsinhaber, sondern als Dienstleister versteht, ließ auch schon mal Fahrpläne auf Bierdeckel drucken, um seine Tramfahrpläne unters Volk zu bringen. Er, der mit seiner Bahn schon auf großer Fahrt durch die Schweizer Berge war – selbstverständlich eigenhändig gesteuert – erhielt für sein Engagement das Bundesverdienstkreuz.

●*Info:* Zwei Erwachsene und zwei Kinder können für - 14 DM mit der Regiokarte einen Tag auf dem ganzen Schienennetz fahren, das unter anderem bis nach Bad Herrenalb, Marxzell und Ettlingen reicht. Wenn alle vier nur in der Stadt fahren wollen, kostet die Citykarte nur 8 DM.

Tag vergeblich versucht hatte, das verrostete Schloß zu öffnen. Der Regenschirm, den damals einer der Herren im Inneren der Pyramide versehentlich stehen ließ, steht noch heute dort.

Sehens-
wertes

Wo die fächerförmigen Radialstraßen zusammenlaufen, liegt das Schloß inmitten des ausgedehnten **Schloßgartens,** einem im englischen Stil 1757 angelegten Landschaftspark – bei schönem Wetter Zufluchtsstätte vor der oberrheinischen Schwüle, die an heißen Sommertagen extrem aufs Karlsruher Gemüt drücken kann. Romantiker lassen sich mit dem "Schloßgartenbähnle" durch die Parklandschaft schaukeln.

Die kultur- und kunstgeschichtlich herausragenden Abteilungen des **Badischen Landesmuseums** im Schloß umfassen Werke ägyptischer, griechischer und römischer Kunst (ein guter Querschnitt für "Geschichtseinsteiger"), ur- und frühgeschichtliche Bodenfunde, ein Münzkabinett (Prunkstück ist ein bronzener "Stierbarren" aus dem 3. Jh. v. Chr., ein Geldstück für den Viehhandel im Altertum, von dem nur sechs Stück bekannt sind), Volkskunst und die berühmte "Türkenbeute" des Markgrafen *Ludwig Wilhelm von Baden*. (Auffallend bei den Exponaten der "Türkenbeute" ist das Fehlen von bildlichen oder figürlichen Darstellungen, getreu dem "Bilderverbot" des Islam. Plastik und Malerei entwickelten sich daher im Islam kaum, dafür um so mehr das Kunsthandwerk mit floralen, geometrischen und kalligraphischen Ornamenten. Die blumenreichen Verzierungen auf den kunstvollen Waffen deuten auf das Paradies hin, das auf die Märtyrer des Glaubens wartet.)

●Tel. 9266523-24. Öffnungszeiten: tgl. außer Mo., 10.00-17.00 Uhr, Mi. 10.00-20.00 Uhr.

Seit kurzem ist auch wieder der **Schloßturm** geöffnet, vom 50 m hohen Aussichtsplateau direkt im Zentrum des "Fächers" strahlen die 32 Fächerstraßen aus.

●Öffnungszeiten: Di., Do.-So. 10.00-16.00, Mi. 10.00-19.00 Uhr (im Winter bis Einbruch der Dunkelheit).

Der badische Verein für Geflügelzucht pachtete 1865 das einstmals sumpfige Gelände zwischen Ettlinger Tor und Bahnhof, um seinen Gänsen, Enten und Fasanen eine neue Heimat zu geben. Rehe und Hirsche zogen dann ein und im Laufe der Jahre viele exotische Tiere; heute besteht der **Zoo** aus über 1000 Tieren von bis zu 200 Arten.

●Haupteingang gegenüber dem Hauptbahnhof, geöffnet Mai-Sept. 8.00-18.30, Okt.-April 9.00-16.00/17.30 Uhr.

Die **Staatliche Kunsthalle** birgt Gemälde von altdeutschen Meistern und französischen und niederländischen Malern des 17. und 18. Jh., wie *Grünewald, Grien, Monet, Manet, Dürer, Cranach, Rubens, Rembrandt, Caspar David Friedrich,* um nur einige zu nennen. Ebenfalls ist der badische Landschaftsmaler *Hans Thoma* mit einer umfangreichen Sammlung vertreten. In der Orangerie sind in der Abteilung "Deutsche und Französische Malerei von 1890 bis zur Gegenwart" Werke von Künstlern wie *Cézanne, Gauguin, Kandinsky, Miró* und *Dix* ausgestellt. Für Kinder werden eigene Ausstellungen und Kreativprogramme konzipiert.

Tour 1

●Hans-Thoma-Str. 2-6, Tel. 926355/3370, Di.-Fr. 10.00-17.00 Uhr, Sa., So. 10.00-18.00 Uhr.

Erst 1993 eröffnet wurde das zwischen Pyramide und Schloß gelegene **Museum am Markt,** das speziell Werke der angewandten Kunst des 20. Jahrhunderts vom Jugendstil bis hin zur Postmoderne präsentiert.

●Karl-Friedrich-Str. 6, Tel. 9266494, Di., Do.-So. 10.00-17.00 Uhr, Mi. 13.30-20.00 Uhr.

Das **Museum für Literatur am Oberrhein** ist ein neu gestaltetes, sehr informatives Museum zur Literatur dieser Gegend von der Klosterkultur bis zum Neubeginn nach 1945.

●Röntgenstr. 6, Nähe Mühlberger Tor, Tel. 843818, Mo.-Fr. 9.00-12.00 u. 14.00-17.00 Uhr.

Das **Rechtshistorische Museum** ist ein etwas verstaubt wirkendes Privatmuseum mit Exponaten zur Rechtsgeschichte. "Codex Hammurabi", "Salomons Urteil", "Goldene Bulle" – man kennt die Begriffe und weiß doch nicht so genau, was das ist; hier erfährt man mehr darüber. Nach Absprache können auch Kleinstgrüppchen an einer Führung teilnehmen. Das Museum ist kaum bekannt und das in einer Stadt, in der der Bundesgerichtshof sitzt.

●Stephanienstr. 19, Tel. 29353, Sa. 12.30-17.00 Uhr.

Das **Staatliche Museum für Naturkunde** zeigt Versteinerungen und Mineralien sowie ein Vivarium mit Kriechtieren, Lurchen und Fischen.

●Erbprinzenstr. 13, Tel. 175111, Di.-Sa. 10.00-16.00 Uhr, sonn- und feiertags 10.00-18.00 Uhr.

In der **Staatlichen Majolika-Manufaktur** gibt es neben der Dauerausstellung "Hauptwerke der Majolika-Manufaktur" auch eine Verkaufsabteilung, in der man die glasierten Tonwaren erstehen kann.

●Ahaweg 6, Tel. 9266583, tgl., außer Mo., 10.00-13.00 und 14.00-17.00 Uhr.

Eine skurrile Karlsruher Sehenswürdigkeit ist der einstmals von der Zeitschrift STERN als "bronzener Brunzer" bezeichnete **Briganten-brunnen.** Er wurde in den siebziger Jahren von einem alten Herren gespendet, der auf die neunzig zuging und mit Wehmut an seine Kindheit zurückdachte, als er noch so richtig flüssig Wasser lassen konnte. Also spendete er der Stadt Karlsruhe 80.000 DM, damit sie einen Brunnen aufstelle, der zwei um die Wette pinkelnde Buben zeigen sollte. Die Ausschreibung für die Gestaltung des Brunnens gewann eine Frau, und die war, wie sich beim fertigen Brunnen herausstellen sollte, mit der Funktionsweise des "kleinen Unterschiedes" nicht so richtig vertraut. So zumindest meinte der edle Spender und forderte 20.000 DM zurück. In der Presse entstand ein allgemeines Für und Wider, das Gericht entschied für den Brunnenspender. Aber machen Sie sich selbst ein Bild, an der Ettlingerstraße beim Ettlinger-Tor-Platz.

Tour 1

Info

●*Verkehrsverein Karlsruhe e.V.,* Bahnhofsplatz 6, 76137 Karlsruhe, Tel. (0721) 35530, Fax 355343

Briganten-
brunnen

Unterkunft
- ●***Residenz, Ringhotel,*** Bahnhofsplatz 14-16, Tel. 37150, Fax 3715113, ÜF 110-115 DM
- ●***Hotel Rio,*** Hans-Sachs-Str. 2, Tel. 84080, Fax 8408100, ÜF 100 DM (Restaurant mit badischer und französischer Küche)
- ●***Hotel Kübler,*** Bismarckstr. 39, Tel. 1440, Fax 144441, ÜF 70-100 DM (300 m vom Europaplatz in einem großen Park ruhig gelegen, Sauna, Solarium)
- ●***Hotel Am Tiergarten,*** Bahnhofsplatz 6, Tel. 932220, Fax 9322244, ÜF 60-90 DM
- ●***Jugendherberge,*** Moltkestr. 2b, Tel. 28248, Fax 27647 (am Rande ausgedehnter Spiel- und Waldflächen gelegen, ca. 10 Gehminuten vom Stadtzentrum)
- ●***AZUR Camping, "Turmbergglück",*** Tiegenerstr. 40, 76227 Karlsruhe/Durlach, Tel. 44060 (Restaurant, Chemietoilettenentsorgung, 1,5 km vom Ort auf einem Wiesengelände)

Gastro-nomie
- ●***Blüthner's***,*** Gutenbergstr. 5, Tel. 842228, Mo. geschl. (nur 20 Plätze, Bistro-Atmosphäre mit internationaler Küche)
- ●***La Gioconda**-***,*** Akademiestr. 26, Tel. 25540 So. und Mo. geschl. (gehobene italienische Küche)
- ●***Löwenbräukeller*,*** Sophienstr. 95, Tel. 843315 (Jazz- und Galeriekneipe; kleine, leckere Gerichte)
- ●Nahe beim Durlacher Tor, beim **Alten Künstlerhaus,** geht´s um Vergnügungen verschiedener Art. Auf der einen Seite, durch Sichtschutzblenden fein säuberlich abgeschirmt, der "Sperrbezirk", auf der anderen Seite Altstadtidylle – eine Karlsruher Seltenheit –, die auf wenigen Metern gleich mit vier Kneipen aufwartet:
- ●***Dorfschänke*,*** Am Künstlerhaus 33, Tel. 557249, 18.00-01.00 Uhr, kein Ruhetag (älteste Karlsruher Kneipe, viel Vegetarisches; im Winter wird einmal monatlich Jazz und Blues live gespielt)
- ●***Weyser Stein*,*** Am Künstlerhaus 45, Tel. 374955, tgl. 18.00-1.00 Uhr (Flammkuchen, Pizza und Pasta; Biergarten)
- ●***Pfannestiel*,*** Am Künstlerhaus 53, Tel. 377301, tgl. 18.00-1.00 Uhr (kleine, rustikale Studentenkneipe, kleine Gerichte wie z.B. den "Laugenweck spezial"; Biergarten)

Aktivitäten
- ●***Angeln:*** alle Fische der Brachregion im Rheinstrom, in der Alb und im Goldkanal, Angelkarten bei der Wasserschutzpolizei Tel. 592038
- ●***Botanischer Garten:*** dem Schloßgarten angeschlossen. Sommerhalbjahr: Di.-Fr. 9.00-16.00 Uhr, Sa. So. und Feiertage 9.00-12.00 und 13.00-17.00 Uhr. Winterhalbjahr: Di.-Fr. 9.00-16.00, Sa. So. und Feiertage 9.00-12.00 und 13.00-16.00 Uhr

●*Fallschirmspringen:*
Para-Club Karlsruhe e.V., Tel. 405899
●*Gleitschirmfliegen:* *Gleitschirmschule Sport Wagner,*
Eckener Str. 54, Tel. 501492
●*Golf:* 18-Loch-Parcours beim Hofgut Scheibenhardt,
Tel. 867463
●*Radtouren:* "Regio-Kultur-Tour" auf dem Rad (geführte
Radtouren ins Elsaß oder in die Pfalz), Stadtrundfahrt mit
dem Fahrrad; beide Touren in den Sommermonaten. Der
Verkehrsverein hat zwei Karten für Radfahrer herausgege-
ben. (Übrigens: Während die Radfahrer der ganzen Welt
mit dem Vorderfuß die Pedale treten, steht der echte
Karlsruher merkwürdigerweise mit dem Mittelfuß und dem
Absatz drauf.)
●*Seilbahn:* Turmbergbahn ab Karlsruhe-Durlach auf den
Turmberg. Mo.-Fr. 11.00-18.00 Uhr, Sa., So. 10.00-18.00
Uhr, im Winter nur am Wochenende. Tel. 5595911 (Aus-
sicht auf den Pfälzer Wald, die Vogesen und den Schwarz-
wald)
●*Stadtrundflüge:* 15 Minuten Rundflug ab Verkehrs-
landeplatz Forchheim 80 DM pro Person, Anmeldung bei
der Tourist Information
●*Windsurfen:* *Board Sailings Nordbaden Ka e.V.,* Scheiben-
bergstr. 30, Tel. 50607
●*Stadtgarten/Zoo:* siehe Sehenswertes

Tour 1

Karlsruhe,
Litfaßsäule
und Toilette
in einem

Ettlinger
Schloß –
die Fassaden-
dekoration
ist aufgemalt

Ettlingen

Vorwahl: 07243   **PLZ:** 76275
Einw.: 38.000   **Höhe:** 133-410 m
Ortsteile: Schölbronn (8 km),
Spessart (5 km), Ettlingenweier (2 km),
Bruchhausen (4 km), Oberweier (6,5 km),
Schuttenbach (5 km)

Überblick   "Es entsteht eine Stadt, weil jeder von uns nicht
sich selbst genügt", diesen Ausspruch von *Platon*
haben die Ettlinger als Leitmotiv auf ihre Fremden-
verkehrsprospekte gedruckt. Eine alt gewordene
Dame, vornehm, mit dem Flair von Kultiviertheit
und gut erhaltener Schönheit – das ist Ettlingen.
Eine Inschrift zu Füßen des römischen Wasser-
gottes Neptun (Reliefbild an der Rathauswand)
behauptet, Ettlingen sei im Jahre 1111 v. Chr. unter Führung des *Aeneas* von den Trojanern gegründet worden. Vermutlich wollten die Urheber
der ca. 400 Jahre alten Inschrift, die Humanisten

Hedio und *Irenicus,* nach damaliger Humanistenart der Stadt eine hellenische Vergangenheit andichten. Ettlingens wahre Ursprünge liegen im Dunkeln, beträchtliche Funde von stein- und bronzezeitlichem Gerät lassen auf eine frühe Besiedelung schließen, erste siedlungsgeschichtliche Nachweise gibt es aber erst seit der Römerzeit.

Als in den siebziger Jahren unseres Jahrhunderts viele Innenstädte autofreundlich gestaltet wurden, entschieden sich die Ettlinger gegen die Flächensanierung zugunsten der Objektsanierung. Das Ergebnis ist eine *fußgängerfreundliche Innenstadt.* Zusätzlich bescherte die Landesgartenschau 1988 den Ettlingern ein als vorbildlich geltendes Grünkonzept, das die innerstädtischen Grünbereiche und die historische Altstadt in einem sogenannten "Grünen Ring" mit den Randgebieten vernetzt.

Brauch-
tum

Seit 1979 finden jeden Sommer in den Monaten Juli und August im barocken Innenhof und in den Barocksälen die **Schloßfestspiele** statt. Die mittlerweile auch über die Region hinaus bekannten Spiele locken alljährlich über 50.000 Gäste an. Auskunft und Kartenvorverkauf: Tel. 101380, Fax 101430.

Sehens-
wertes

Der beste Freskenmaler seiner Zeit, *Cosmas Damian Asam,* schmückte die heute als Konzertsaal genutzte **Schloßkapelle** des Ettlinger Schlosses. Das 1732 geschaffene Deckengemälde stellt das Leben, Leiden und Sterben des 1729 heiliggesprochenen *Johannes Nepomuk* dar (Führungen Sa. und So. 14.00 Uhr).

Im **Schloß** sind vier Museen untergebracht: **Albgaumuseum** (Geschichte des Ettlinger Raumes von der Vorgeschichte bis heute), **Karl-Hofer-Museum** (über 90 Arbeiten des Malers *Hofer,* 1871-1955), **Karl-Albiker-Museum** (mit Skulpturen des Bildhauers, 1871-1961) und die Ausstellung **Ostasiatische Kunst,** eine Zweigstelle des Linden-Museums in Stuttgart (japanisches und chinesisches Kunsthandwerk).

●Öffnungszeiten der Museen: Di.-So. 10.00-17.00 Uhr.

Auf der Brunnensäule vor dem Ettlinger Schloß steht er: der Narr, der vermutlich *Hans von Singen* darstellt. Der **Narrenbrunnen wurde** 1549 als Mahnung an die Vergänglichkeit alles Irdischen errichtet.

Info	●*Stadtinformation,* Im Schloß, 76275 Ettlingen, Tel. (07243) 101221-224, Fax 101430

Unterkunft
●*Stadthotel Engel***,* Kronenstr. 13, Tel. 3300, Fax 339199, ÜF 95 DM
●*Hotel Drei Mohren,* Rheinstr. 15, Tel. 16031, Fax 15791, ÜF 64-69 DM
●*Campingplatz Bergwiesen,* 76316 Malsch-Waldprechtsweier, Tel. (07246) 1467, Fax 5762 (ca. 7 km von Ettlingen entfernt, parkähnliches Gelände, Chemietoilettenentsorgung)

Unterkunft mit Gastronomie
●*Hotel Erbprinz***,* Rheinstr. 1, Tel. 3220, Fax 16471, ÜF 115-140 DM (O-Ton Gastronomiepapst *Wolfram Siebeck:* "Ein Momument deutscher Gastronomie aus der Zeit des frühen Wohlstands der fünfziger Jahre (...) die Fehler der Küche sind stilistischer Art (...) technisch ist alles in Ordnung.")

Gastronomie
●*Weinstube Zum Engele***,* Kronenstr. 13, Tel. 12852, Fax 4673, So. und Mo. mittags geschl.
●*Ratsstuben**-***,* Kirchenplatz 1, Tel. 14754, Fax 330199, kein Ruhetag (Gewölbekeller, badisch-französische Spezialitäten)
●*Vogel Hausbräu*,* Rheinstr. 4, Tel. 13739, tgl. 10.00-24.00 Uhr (In einem ehemaligen Kino untergebrachte kleine Brauerei, köstliches unfiltriertes Bier. Tgl. wechselndes deftig badisch-bayrisches Buffet. Biergarten. Im Winter sonntags Jazz-Frühschoppen. Das Bier kann in speziellen 2-Liter-Flaschenkrügen mit nach Hause genommen werden, das bei den Besuchern des Vogelbräu oft Hunderte Kilometer weit weg sein kann. Ein Lokal, in dem sich alle Alters- und Berufsgruppen wohlfühlen.)

Aktivitäten
●*Baden:* Badesee Buchtzig, Ortsteil Bruchhausen, tgl. 9.00-20.00 Uhr (zum Freibad umgemodelter ehemaliger Baggersee)
●*Historischer Dampfzug:* Albtalbahn Ettlingen – Bad Herrenalb, Tel. 18116, Fax 18129

Tour 1

Bad Herrenalb

Vorwahl: 07083	***PLZ:*** 76332
Einw.: 7100	***Höhe:*** 400-700 m
Ortsteile: Bernbach (4 km),	
Neusatz (6 km), Rotensol (5 km)	

Überblick   Alles, alles dreht sich hier um die Gesundheit, der
Ort wurde gleich zweimal prämiert: als Heilbad
und als heilklimatischer Kurort. Bad Herrenalb,
idyllisch im Schnittpunkt von sieben Tälern gelegen, lebt fast ausschließlich von seinen Kur- und
Feriengästen, für die denn auch viel geboten
wird. Im 30 bis 35 Grad warmen Wasser des Mi-
neral-Thermalbadezentrums können Stoffwech-
sel- und Bewegungsstörungen, Wirbelsäulen-
und Bandscheibenschäden kuriert werden. Das
milde Klima übt eine positive Wirkung auf Herz-
und Kreislauferkrankungen aus. Keine Fabrik-

schlote weit und breit, dafür aber ein "gleichbleibendes, mildes, günstiges Mittelgebirgsklima. Trotz geschützter Lage stets bewegte Luft, die auch im Hochsommer keine lästige Schwüle aufkommen läßt ..." (aus einem Gutachten der Medizin-Metereologen des Deutschen Wetterdienstes). Bad Herrenalb, das sich mit seinen Jugendstilvillen noch etwas von der alten Bäderherrlichkeit des 19. Jahrhunderts erhalten konnte, war teilweise Drehort der Ende 1995 gesendeten TV-Serie *"Zoff und Zärtlichkeit"*. In der witzigen Seifenoper mit viel Lokalkolorit sollte der neue Kurdirektor Bad Herrenalb in die Liste der Top Ten unter den deutschen Kurorten katapultieren. Keine leichte Aufgabe, denn wie erfuhr er gleich zu Beginn seiner Tätigkeit : "Das ist Bad Herrenalb: folkloristisch, angestaubt, verzopft – mit dem Geruch nach 4711".

Sehenswertes

Der Heidengott Thor war ausgesprochen erzürnt, als die ersten Glaubensboten des neuen Christentums ins Albtal kamen und sich dort niederließen. Wutentbrannt schleuderte er einen gewaltigen Felsen ins Tal, dröhnend sprang die Erde auf und gab den sprudelnden Albbach frei. Dort ließen sich fromme Zisterziensermönche nieder, sie gründeten das **Kloster Herrenalb** und lebten nach dem Motto "Ora et labora" – bete und arbeite. Das ist die eine Version über die Klostergründung, die andere besagt, daß Graf *Berthold III.* als Dank für seine glückliche Rückkehr aus dem zweiten Kreuzzug zusammen mit seiner Frau das Kloster gründete; Graf *Berthold* ist auf seinem Grabmal von 1431, das in der Bogenöffnung zwischen Haupt- und Nebenchor der Kirche steht, als Ritter in voller Rüstung dargestellt. Das spätromanische Gebäude wurde im Bauernkrieg 1525 und im Dreißigjährigen Krieg zerstört, erhalten geblieben sind nur noch die Vorhalle ("Paradies"), die Sakristei der Klosterkirche sowie eine Zehntscheuer. Aus den Mauern des "Paradieses" wächst eine viel fotografierte, über 150 Jahre alte Kiefer.

Das verspielte Jugendstilgebäude im Ortskern zeigt innen, was es außen andeutet: ein **Spielzeugmuseum** mit Puppenhäusern und anderem Spielzeug. Ein Hutladen aus der Belle Epoque um 1880, eine Reformküche um 1905 mit allem Küchengerät wie Kaffeemaschine, Eieruhr und Mandelmühle, "Baby", eine der ersten Käthe-Kruse-Puppen – spielend sollten die Kleinen lernen, was sie als Erwachsene wissen mußten. Das ausgezeichnete Spielzeugmuseum zeigt eine Kulturgeschichte en miniature, mit Exponaten vom Biedermeier bis zum Ende der Belle Epoque.

Tour 1

●Tel. 4144, in den Sommermonaten tgl. (außer Mo.) 14.30-17.30, an Sonn- und Feiertagen 10.00-12.00 und 14.30-18.00 Uhr geöffnet.

Info

●**Kurverwaltung Bad Herrenalb,** Rathausplatz, 76332 Bad Herrenalb, Tel. (07083) 7933, Fax 8943.

Unterkunft mit Gastronomie

●**Mönchs Posthotel***,** Dobler Str. 2, Tel. 7440, Fax 744122, ÜF 90-270 DM (traditionsreiches Haus mit großem Namen)
●**Hotel Lamm**-***,** Mönchstr. 31, Rotensol, Tel. 92440, Fax 924444, Mo. geschl., ÜF 65-75 DM (persönlich geführt, in Waldesnähe gelegen)

Unterkunft

●**Hotel-Pension Fidelitas,** Doblerstr. 38, Tel. 3009, Fax 51159, ÜF 45 DM
●**Jugendherberge Evangelisches Ferienheim,** Aschernhütte, Aschernhüttenweg 44, Tel. 2430, Voranmeldung Tel. (0721) 881465 (in 512 m Höhe im hinteren Gaistal gelegen, ein Teil des Hauses ist behindertengerecht)
●**Naturfreundehaus Gaistal,** Am Viehtrieb 8, Info: Tel. (07243) 90302 oder 9578 (33 Personen, Dreibett- bis Sechsbetträume)
●**Campingplatz Bad Herrenalb,** Tel. 2216 (Restaurant, kostenlose Freibadbenutzung, 100 m vom Ort, Chemietoilettenentsorgung)

Gastronomie

●**Klosterschänke**,** Dobler Str. 2, Tel. 7440, Di geschl. (hinter mittelalterlichen Mauern Badisches und Schwäbisches in modernem Ambiente)
●**Gasthaus Spechtschmiede*,** Bad Herrenalb-Zieflensberg, Tel. 7972, in der Hauptsaison kein Ruhetag (Hausmacherwurst, Wild- und Forellengerichte, Beerenweine)

●*Schwarzwaldgasthof Linde***, Gaistalstr. 128,
Tel. 8832 (auch Vollwertkost)
●*Talwiesenschänke** (auch als "Skiheim" ausgeschildert), Oberes Gaistal, Tel. 3415, Di. Ruhetag (Haus-
macherküche; reizvoll im Winter beim "Jagertee")

Aktivitäten
●*Angeln:* Forelle in Alb, Gaisbach und Dobelbach, Angel-
karten bei der Kurverwaltung
●*Baden:* Mineral-Thermalbad, Tel. 8052, beheiztes
Freibad (mit 50-Meter-Rutsche), Tel. 7933
●*Dampfzug:* historische Dampfzugfahrten Bad Herren-
alb – Ettlingen, Info: Tel. (07247) 21230
●*Drachenfliegen:* Absprungrampe am Tannschach im
Ortsteil Bernbach. Tel. 7032
●*Klettern:* Falkensteine über der Schweizerwiese
●*Golf:* 9-Loch-Golfplatz, im Bernbachtal, Tel. 8898
(Pro 70, 5360 m).
●*Radverleih:* am Bahnhof
●*Wandern ohne Gepäck:* "Wandern auf Spätzles-
pfaden", 7tägige Pauschalwandertour zu sieben Kurorten
des Nordschwarzwaldes. Info: Kurverwaltung.

**Winter-
sport**
●*Langlauf:* Loipen auf der Talwiese im Oberen Gaistal
(ca. 2 km Rundkurs), in Rotensol und Neusatz
●*Lifte:* Flutlicht-Schlepplifte Talwiese und Neusatz (für
Kinder und Anfänger), Schneebericht Tel. 7933

Ausflugs- und Wanderziele

**Teufels-
mühle/
Plotzsäg-
mühle**
Südlich von Bad Herrenalb, kurz vor Loffenau,
biegt links ein kleines Sträßchen (im letzten Teil
Mautstraße; allerdings wird nur am Wochenende
kassiert) zur Teufelsmühle ab. Ungeachtet des
Namens steht da oben keine Mühle, sondern ein
12 m hoher **Aussichtsturm** mit herrlichem
Rundblick. Westlich vom Turm im Wald liegen einige Steine, deren schalenartige Aushöhlungen
Esoteriker als Opfersteine deuten. Östlich vom
Turm starten Drachenflieger ins Tal. Wenn man
von der Teufelsmühle in nordöstlicher Richtung
wandert, gelangt man in die wilde Teufelsschlucht
mit ihren wahrhaft teuflisch anmutenden Grotten.
Im 19. Jahrhundert sollen hier Wilderer Zuflucht
gefunden haben.
Auf der Rückfahrt nach Bad Herrenalb/
Loffenau biegt nach ca. 3 km rechts ein kleines,
kurvenreiches Sträßchen zur **Plotzsägmühle**

mit ihrem riesigen alten Mühlrad ab. Sie stammt aus dem 13. Jahrhundert und ist heute ein beliebtes Ausflugsziel.

Beide "Mühlen" können auf einer schönen, ca. 15 km langen **Rundwanderung** von Bad Herrenalb aus miteinander verbunden werden.

● **Gastronomie:** *Höhengasthaus Teufelsmühle*,* Tel. (07803) 8302, Di. geschl. (allerhand Schwäbisches und Wild; Beerenweine wie Himbeer- und Heidelbeerwein, auch zum Mitnehmen). *Plotzsägmühle*,* Tel. 8277, tgl. ab 11.00 Uhr, Mo. Ruhetag (Schwäbische und Schwarzwälder Küche, an Ausflugstagen Rummelplatzatmosphäre)

Kloster Frauenalb

Die Geschichte des 1148 gegründeten Benediktinerinnenklosters, nördlich von Herrenalb gelegen, war stets mit viel Zwist und Streitereien verbunden, ganz besonders zur Zeit der Reformation, als das Kloster wegen Verfalls der Kloster-

zucht geschlossen werden sollte. Das Kloster wurde 1803 säkularisiert und in eine Tuchfabrik umgewandelt, die bald in Flammen aufging. Auch als Ruine läßt es noch viel von seiner einstigen Größe und Pracht erkennen. Von der einstmals prächtigen, von *Peter Thumb* erbauten Barockkirche sind nur noch die zwei Türme und die schöne Fensterfront erhalten.

Moos-bronn

15 km nordwestlich von Bad Herrenalb kann man schon von weitem den bemalten Turm der **Wallfahrtskirche Maria Hilf** von Moosbronn erkennen. Der Turm der zwischen 1746 und 1749 erbauten Kirche gilt als klassisches Beispiel für die Zeit des Rokoko. Moosbronn selbst ist ein unspektakuläres Örtchen, ohne Industrie und ohne Tourismus, und gerade deshalb einen Abstecher wert.

Fahrzeug-museum Marxzell

Nördlich vom Kloster Frauenalb sind in einem ehemaligen Sägewerk über 70 Autos und mehr als 200 Motorräder ausgestellt. Weiterhin Fahrzeuge wie Lokomotiven, Feuerwehrautos, Pferde- und Straßenbahnen und Traktoren. Die Ausstellung über die Geschichte des Fahrrads vom Laufrad des *Freiherrn von Drais* (ein gebürtiger Karlsruher) über den "Knochenschüttler" bis hin zum "Drahtesel" gehört zu den interessantesten Abteilungen des Museums.

●Tel. (07248) 6262, tgl. 14-17 Uhr geöffnet.

●*Info: Bürgermeisteramt Rathaus Pfaffenrot,* Karlsruher Str. 2, 76359 Marxzell, Tel. (07248) 9147-0, Fax 9147-25.

Tour 1

Schloß Rastatt

Rastatt

Vorwahl: 07222   **PLZ:** 76437
Einw.: 43.000   **Höhe:** 122 m
Ortsteile: Niederbühl-Förch (2 km),
Rauental (3 km), Plittersdorf (3 km),
Wintersdorf (7 km), Ottersdorf (5 km)

Überblick   Rastatt gehört zu den Städten, die auf den ersten Blick keine Ausstrahlung haben und erst bei näherem Hinsehen ihre Reize offenbaren. Denn die provinzielle Kreisstadt Rastatt hat eigentlich ein recht hübsches, *vom Barock geprägtes Stadtbild* und immerhin zwei Schlösser und drei Museen.

Geschich-te   1084 erstmals urkundlich erwähnt, seit 1404 Marktflecken, spielte Rastatt eine bedeutende Rolle im Holz-, Salz- und Weinumschlag, bis die Stadt im Jahre 1689 von den Franzosen völlig niedergebrannt wurde. Markgraf *Ludwig Wilhelm von Baden* erhob die Stadt zu seiner Residenz und ließ sich statt des geplanten Jagd- ein prachtvolles Residenzschloß erbauen. In diesen Jahren wurde das Stadtbild von Rastatt durch den Barock geprägt. 1714 wurde der Friede von Rastatt zwischen Prinz *Eugen* und Marschall *Villars* ausgehandelt und somit der Spanische Erbfolgekrieg beendet. Von 1797 bis 1799 tagte hier der Rastatter Kongreß, der die Abtretung des linken Rheinufers

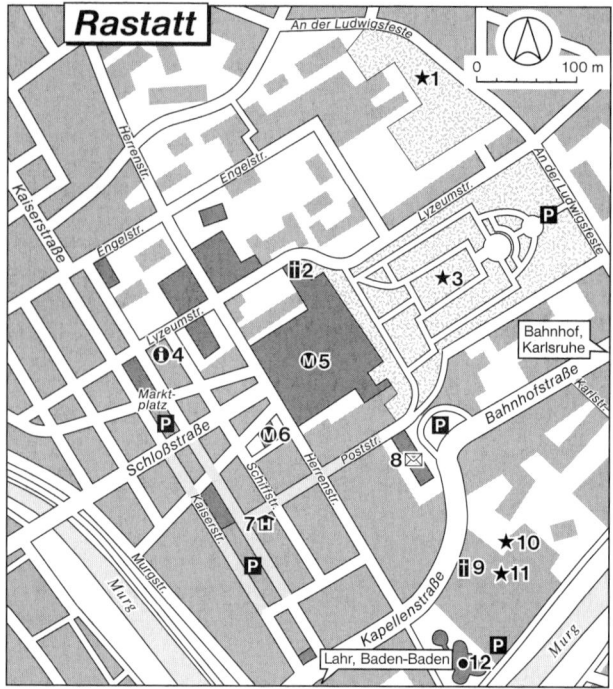

★	1	Alter Friedhof	Ⓜ	6	Heimatmuseum
ⓘⓘ	2	Schloßkirche	🏛	7	Hotel Schiff
★	3	Schloßpark	✉	8	Post
ⓘ	4	Rathaus/	ⓘⓘ	9	Einsiedelner Kapelle
		Stadtinformation	★	10	Wasserturm
Ⓜ	5	Schloß/Wehr-	★	11	Pagodenburg
		geschichtliches Museum	●	12	Badner Halle

an Frankreich vorsah. Die deutschen Fürsten sollten im Gegenzug durch Säkularisierung von Kirchengütern entschädigt werden. In den Jahren 1842 bis 1849 wurde um die Stadt ein Festungsgürtel angelegt, in dem die badischen Aufständischen Zuflucht fanden, bis die Stadt durch Prinz *Wilhelm von Preußen* eingenommen wurde.

Sehens-
wertes
Das 1699 erbaute **Rastatter Schloß** ist nach Mannheim das größte Barockschloß Südwestdeutschlands und die früheste und genaueste Nachahmung des Versailler Schlosses. Innen ist

das Schloß reichlich mit Stuckdekorationen und Deckengemälden italienischer Meister ausgestattet. Die Stuckfiguren im Ahnen- oder Festsaal stellen türkische Gefangene dar und erinnern an die Siege des *Markgrafen Ludwig I.* genannt Türkenlouis.

Zwei Museen liegen im Erdgeschoß des Schlosses. Das **Wehrgeschichtliche Museum** zeigt deutsche Wehrkunde vom Mittelalter bis zur Gegenwart. Zu sehen sind Uniformen, Rüstungen, Blank- und Feuerwaffen sowie diverse Orden. Außerdem ein Großdiorama (plastisch wirkendes Schaubild) der Schlacht bei Slankamen gegen die Türken (1691) mit mehr als 6000 Zinnfiguren, ein über 8 m langes Gemälde von 1735, das eine Parade der Kurhannoveranischen Armee darstellt sowie die originalgetreue Nachbildung eines Schützengrabens aus dem Ersten Weltkrieg.

Das **Freiheitsmuseum** ist eine Erinnerungsstätte an die Freiheitsbewegungen in der deutschen Geschichte. 1974 auf Anregung des damaligen Bundespräsidenten *Gustav Heinemann* eingerichtet, werden dort Ereignisse und Personen ab Ende des 18. Jh. bis Mitte des 19. Jh. gewürdigt, die dem einzelnen und der Gemeinschaft mehr freiheitliche Rechte brachten.

● Öffnungszeiten beider Museen: Di.-So. 10.00-12.00 Uhr und 14.00-17.00 Uhr.

Im Barockbau gegenüber dem Schloß in der Herrenstr. 11 sind im **Heimatmuseum** Exponate zur Stadt- und Regionalgeschichte seit der Ur- und Frühzeit ausgestellt.

● Öffnungszeiten: Mi., Fr., So. 10.00-12.00 und 15.00-17.00 Uhr.

Info   ● **Stadtinformation** 76437 Rastatt, Tel. (07222) 972462, Fax 972108

Unterkunft   ● **Holiday Inn Garden Court,** Karlsruher Str. 29, Tel. 9240, Fax 924115, ÜF 55-125 DM
● **Hotel-Garni Zum Schiff,** Poststr. 2, Tel. 7720, Fax 772127, ÜF 60-75 DM (zentral in einer Seitenstraße gelegen; Sauna, Solarium)

●*Campingplatz Rastatter Freizeitparadies,* Rastatt-Plittersdorf, Tel. 20766 (schattenloses Gelände an einem öffentlichen Badebaggersee, Restaurant, Chemietoilettenentsorgung)

Gastro-nomie

●*Restaurant zum Alde Mühlrad**-***,* Plittersdorferstr. 1a, Tel. 68286 (opulentes Interieur im Barockstil mit böhmischen Kronleuchtern, Delfter Kacheln und üppigen Schnitzereien; feine italienische Küche und toller Service)

●*Storchennest**-***,* Karlstr. 24, Tel. 32260, Do. geschl. (gehobene badisch-französische Küche, aber auch einfache Gerichte; romantischer Innenhof)

●*La Brasserie*-**,* Kehler Str. 25, Tel.33908 (Flammkuchen aller Variationen, ideale Atmosphäre zum Freunde treffen)

Ausflugsziele

Schloß Favorite

5 km südöstlich von Rastatt liegt bei Kuppenheim die schnuckelige **Sommerresidenz der Markgräfin Augusta Sibylla,** der Gattin des *"Türkenlouis".* Die Außenwand des Schlößchens ist über und über mit in den Mörtel eingedrückten Kieselsteinen bedeckt, die die Kinder aus dem nahe gelegenen Kuppenheim aus der Murg sammelten. Dem Geschmack ihrer Zeit folgend liebte es die Markgräfin vor allem bunt: Die Innenräume sind nicht nur in allen Farben, sondern auch mit allen möglichen Materialien ausgestattet. Alles unter dem Motto, je künstlicher, desto besser: Blumenspaliere aus Pappmaché, Blumen aus Stoff, Marmor aus Stuck; Höhepunkt

Schloß Favorite

der Künstlichkeit sind die äußerst wertvollen, ausgesprochen häßlichen Porzellanschüsseln in Form von Eberköpfen, Kohlköpfen und ähnlichem. Besonders interessant sind das Spiegelkabinett mit 313 Spiegeln und 72 auf Pergament gemalten Bildnissen, das chinesische Zimmer und der achteckige Festsaal.

Favorite liegt inmitten eines herrlichen **Landschaftsgartens** mit seltenen Baumarten wie z.B. Schnurbäumen und Sumpfzypressen. Nahe beim Schloßcafé steht die achteckige **Magdalenenkapelle,** die als Einsiedelei eingerichtet war und der Markgräfin von Zeit zu Zeit für längere Bußübungen diente. Im Sommer werden im Gartensaal öfters abendliche Serenaden aufgeführt.
●Öffnungszeiten: 16.3. – 30.9. Di.-So. 09.00-17.00, 1.10. – 15.11. 9.00-16.00 Uhr. Führungen stündlich.

Freilicht-bühne Ötigheim

5 km nördlich von Rastatt steht in Ötigheim die größte und eine der schönsten Freilichtbühnen in Deutschland. Der ganz eigene Ötigheimer Spielstil mit Massenszenen, Chören und galoppierenden Pferden ist am ehesten mit historischen Monumentalkinofilmen vergleichbar. Gespielt wird in den Monaten Juni, Juli und August.
●Volksschauspiele Ötigheim, Kirchstr. 5, 76470 Ötigheim, Tel. (07222) 22031, Fax 25272

"Betet für die große Sünderin Augusta"

Der große amerikanische Schriftsteller *Mark Twain* wußte genau, wie die Markgräfin *Augusta Sibylla* war, nämlich "ein bißchen unanständig". In seinem 1878-79 nach seinem Europatrip in Amerika erschienen Buch "Bummel durch Europa" wußte er aber noch Schlimmeres zu berichten, sie habe sich "immer mehrere Monate hintereinander der Ausschweifung und einem äußerst lockeren Lebenswandel hingegeben" und dann anschließend "in dieser Holzhütte" (der Magdalenenkapelle, Anm. d. Verf.) zurückgezogen und ein paar Monate damit verbracht, zu bereuen und sich auf die nächste Vergnügungszeit vorzubereiten". Und am Ende ihres Lebens habe sie "sich eine abschließende, triumphale und gründliche Orgie" gegönnt. Wer dann noch weiß, daß auf ihrer Grabplatte in der Rastatter Schloßkirche "Betet für die große Sünderin Augusta" zu lesen ist – der kann sich bei der Führung durchs Schloß Favorite eigentlich nur wundern. Denn da ist mit keinem Wort die Rede von irgendwelchen Ausschweifungen. Da erfährt man im Gegenteil, daß *Augusta* eine vom Schicksal schwer gebeutelte Frau gewesen sein muß. Neun Kinder hatte sie geboren, sechs starben im frühesten Kindesalter, den anderen drei verbliebenen Kindern sollte das Schicksal auch nicht gnädig gestimmt sein. Und sie selbst wurde, nach der Ehe mit einem "häßlichen Wüstling", mit 32 Jahren Witwe und nach all diesen Schicksalsschlägen zu einem tief religiösen Menschen.

Irgendwie paßt das alles nicht so recht zusammen. Nachgeforscht in diversen Unterlagen, erfährt man dann Tröstliches: Der große Schriftsteller *Mark Twain* war nicht schlauer als andere Touristen. Auf seiner Reise durch Europa war er unter anderem im nahen Baden-Baden zur Kur. Dort bekam er wahrscheinlich einen neu erschienenen Bestseller in die Hände, ein Buch, das *Sibyllas* Leben als eine Art Liebes-Eifersuchts-Totschlag-Seifenoper darstellte. *Mark Twain* schließlich, der seinem Publikum in Amerika was bieten mußte – glaubte bereitwillig alles und schrieb sein Buch.

Heute noch kommen Touristen aus Amerika, die so allerhand Wundersames erwarten, wie z.B. die beiden Damen, die sich standhaft weigerten, die Magdalenenkapelle zu betreten, denn dort soll es angeblich nicht mit rechten Dingen zugehen …

Augusta war eine Sünderin wie wir alle; wie in heutigen Zeiten etwa Lady *Di,* stand sie mehr als andere Menschen im Rampenlicht – und so wurde ihr auch so so manches angedichtet, was nicht nur Hochwohlgeborenen, sondern auch ganz normalen Menschen passieren kann. Na dann, betet für Markgräfin *Augusta,* Lady *Di* und für uns alle!

Tour 2

Von Pforzheim übers Nagoldtal ins Kleine Enztal

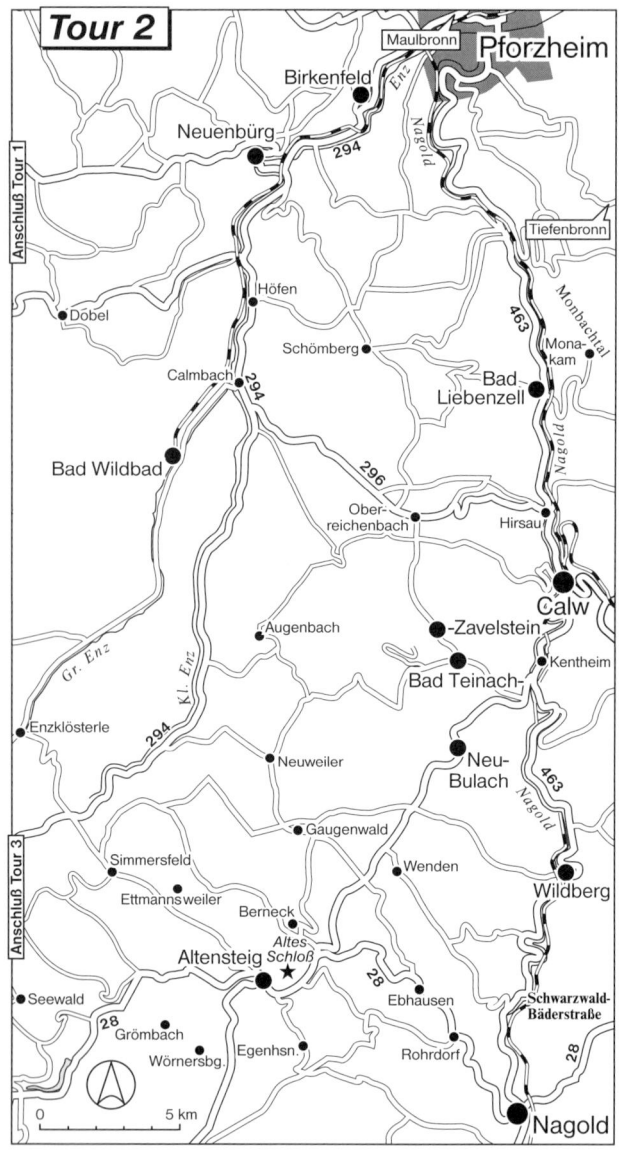

Route Pforzheim – Bad Liebenzell – Calw – Bad Teinach-Zavelstein – Nagold – Altensteig – Abstecher auf den Dobel – Bad Wildbad

Beschreibung Ein weltberühmtes Schmuckmuseum (in Pforzheim) – ein weltberühmter Dichter (Hermann-Hesse-Museum in Calw) – ein einst mächtiges Kloster (Kloster Hirsau) – eine rätselhafte Lehrtafel (in Bad Teinach) – eine historische Meile (in Altensteig) und ein Badepalast aus 1001 Nacht (Bad Wildbad): Diese Tour durch die Ausläufer des herben nordöstlichen Schwarzwaldes ist reich an kunsthistorischen und geschichtlichen Sehenswürdigkeiten.

Pforzheim

Vorwahl: 07231
Einw.: 115.000   **Höhe:** 235-608 m

Überblick Schön kann man die "Pforte zum Schwarzwald" nun wirklich nicht nennen; ein alliierter Luftangriff am 23. Februar 1945 forderte das Leben von 17.000 Menschen und zerstörte nahezu die ganze Stadt. Der wirtschaftlichen Bedeutung als Zentrum der deutschen Schmuckindustrie konnte der Bombenhagel allerdings wenig anhaben. 1939 soll es hier, bezogen auf die Einwohnerzahl, mehr Millionäre als in jeder anderen deutschen Stadt gegeben haben. Begonnen hatte die Schmuckproduktion im Jahre 1767 mit dem Markgrafen *Carl Friedrich von Baden-Durlach,* der etwas für den Export tun wollte, und seiner Gattin *Karoline Luise,* die etwas für die Waisenkinder tun wollte. Sie gründete das "Waisen-, Toll-, Kranken-, Zucht- und Arbeitshaus": eine Uhren- und Schmuckmanufaktur, die dermaßen florierte, daß schon Ende des 18. Jahrhunderts 25 weitere schmuckherstellende Betriebe in Pforzheim exi-

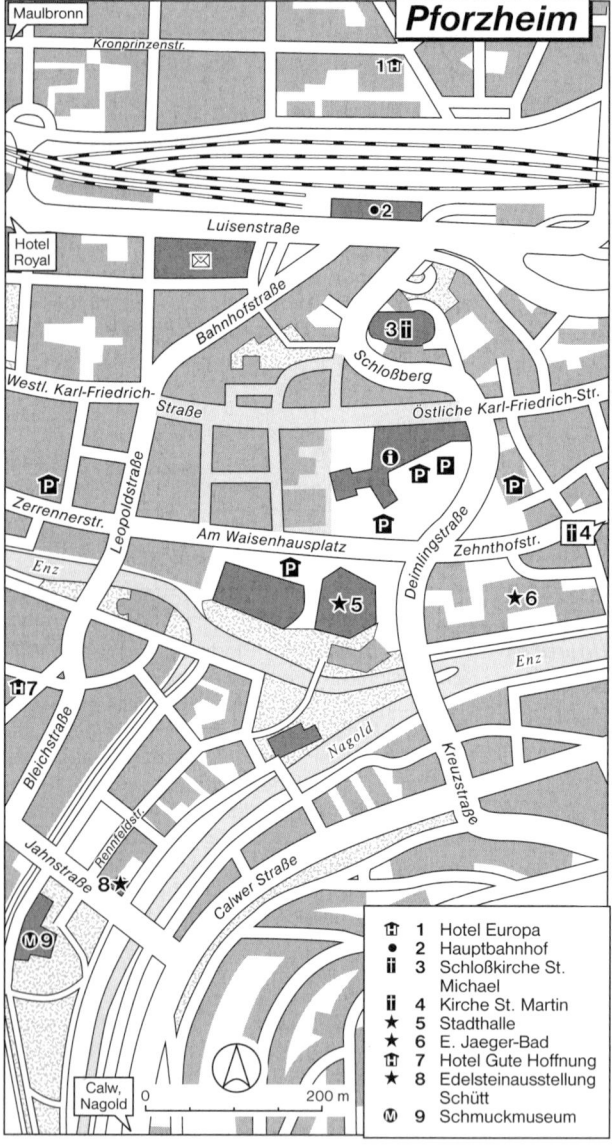

Pforzheim

🏠	1	Hotel Europa
●	2	Hauptbahnhof
ℹ	3	Schloßkirche St. Michael
ℹ	4	Kirche St. Martin
★	5	Stadthalle
★	6	E. Jaeger-Bad
🏠	7	Hotel Gute Hoffnung
★	8	Edelsteinausstellung Schütt
Ⓜ	9	Schmuckmuseum

stierten. Bis heute hat Pforzheim seine führende Stellung als "Schmuckschmiede der Welt" nicht verloren. Die Pforzheimer Pretiosen werden in über 160 Länder exportiert, das bedeutet, daß achtzig Prozent des deutschen Schmuckexports von den Pforzheimern bestritten werden.

Sehens- Von den Pforzheimer Museen ist natürlich das
wertes **Schmuckmuseum** das bedeutendste. Da glitzern und funkeln Pretiosen aus fünf Jahrtausenden, von unglaublich fein gearbeiteten antiken Ohrgehängen über keltische Fibeln bis hin zum futuristischen Schmuck der Moderne. Schwerpunkt der Ausstellung ist eine wertvolle Ringsammlung aus vier Jahrtausenden – darunter der Ring des Pharao *Amenhotep III*. Benannt wurde das Museum nach einem großen Sohn der Stadt, der aber mit Schmuck gar nichts zu tun hat: *Johannes Reuchlin* (1455-1522). Er gilt als Begründer der hebräischen Sprachforschung.
●Schmuckmuseum im Reuchlinhaus, Jahnstr. 42, Tel. 392126. Di.-So. 10.00-17.00 Uhr.

Im **Technischen Museum der Schmuck- und Uhrenindustrie** kann man die Schmuck- und Uhrenproduktion vom Rohstoff bis hin zum fertigen Produkt verfolgen.
●Bleichstr. 81, Tel. 392869. Geöffnet Mi. 9.00-12.00 und 15.00-18.00 Uhr, jeden 2. und 4. So. im Monat 10.00-12.00 und 14.00-17.00 Uhr.

Um Edles dreht es sich auch in der **Edelstein- Ausstellung Schütt:** Zu sehen sind Schmuckstücke, Uhren, Ketten und diverse andere Gegenstände aus Edelsteinen oder Halbedelsteinen. Wer so etwas mag, kann hier auch gleich einkaufen.
●gegenüber dem Reuchlinhaus, Tel. 2201. Mo.-Fr. 9.00-12.00 Uhr und 13.30.-17.00 Uhr.

Als kunsthistorisches Kleinod gilt die Altstädter **Kirche St. Martin** am Ostende der Stadt. Von der Basilika (erste Erwähnung 1159) ist das Portal der westlichen Turmhalle erhalten geblieben. Das Tympanon aus dem 12. Jh. zeigt rätselhafte Symbole, deren Ursprünge vielleicht bis in die

Tour 2

Zeit der Kelten zurückreichen. An den Seitenwänden des Chors wurden nach dem Zweiten Weltkrieg Wandmalereien aus dem 15. Jh. freigelegt. Sie zeigen an der Nordwand Christus als Weltenrichter, die Seligen und die Verdammten sowie eine Aposteldarstellung. Die Seligen sind als einfache Handwerker und Bauern dargestellt, die vom Himmelspförtner Petrus in die himmlische Stadt geführt werden, die Verdammten sind als Angehörige der höheren Stände zu sehen, die vom Teufel, mit einem Tau gebunden, in den Höllenrachen geführt werden.

●Abnobastr. 3, tgl. ab 12.00 Uhr geöffnet.

Die **Schloßkirche St. Michael** gilt als "Steinernes Geschichtsbuch" der Stadt, neben einigen Beispielen romanischer und gotischer Steinmetzkunst beherbergt diese Kirche (nahe beim Bahnhof) eine Sehenswürdigkeit, die auf den ersten Blick gar keine ist: die Grablege der Markgrafen von Baden. Hier sind unter anderem Großherzog *Karl* und dessen Gattin *Stephanie* begraben, die mutmaßlichen Eltern von **Kaspar Hauser,** dem legendären "Kinde von Europa". Das rätselhafte Schicksal dieses Findlings und seine mysteriöse Ermordung bewegen und faszinieren die Gemüter noch mehr als 160 Jahre nach seinem Tod. Über diesen spannenden Kriminalfall des letzten Jahrhunderts sind bisher über 1000 Bücher erschienen. Neuerdings meint der Karlsruher Jurist *Ferdinand Mehle* in seinem Buch "Der Kriminalfall Kaspar Hauser" (siehe Literaturhinweise) endgültig nachgewiesen zu haben, wo die Täter zu finden sind bzw. waren: im noch heute existierenden Hause Baden. Eine DNS-Analyse von *Kaspar Hauser* und seinen mutmaßlichen Eltern, laut Gerichtsmedizinern noch nach über 160 Jahren möglich, würde eindeutig *Kaspar Hauser* als deren Sohn und somit seine Herkunft aus fürstlichem Hause belegen. Doch Markgraf *Maximilian von Baden,* der heutige Nachfahre der Fürstenfamilie, leugnet wie fast alle seine Vorgänger die Teilhabe des Hauses Baden am Schicksal des *Kaspar Hauser* ab. Akten, die den Fall klären könnten, hält er unter Verschluß, und laut den "Badischen Neuesten Nachrichten" soll er sogar schon erwogen haben, die Familiengruft in Pforzheim mit einem Betondeckel zu versiegeln ... Ein Schelm, wer Schlechtes dabei denkt!

● Öffnungszeiten: März bis Okt. Mi.-Fr. 15.00-17.00 Uhr, So. 11.00-12.00 Uhr, Führungen im Sommer Mi. 17.15-18.00 Uhr sowie am letzten Freitag im Monat 15.00-16.30 Uhr.

Brauch-
tum

● *Oechslefest:* Der Pforzheimer Goldschmied und Musikinstrumentenbauer *Ferdinand Oechsle* (1774 bis 1952) erfand einst eine Mostwaage, mit der sich das spezifische Gewicht des Mostes – und damit dessen Zuckergehalt bestimmen lassen konnte. Als Grundregel gilt: Je mehr Oechsle, desto besser kann der Wein werden. Zu Ehren von Herrn *Oechsle* feiern die Pforzheimer alljährlich im Ende August/Anfang September mit Wein und Spezialitäten das Oechslefest.

● *Bertha-Benz-Rallye: Bertha Benz* war die erste "Frau am Steuer". Anfang August 1888 unternahm sie ohne Wissen ihres Mannes die erste Langstreckenfahrt mit dem Automobil. Sie wollte mit ihrer Fahrt von Pforzheim nach Mannheim beweisen, daß die Erfindung ihres Mannes durchaus funktionierte. Technische Probleme während der Fahrt überstand sie spielend. Einen Defekt an der Zündung isolierte sie mit einem Strumpfband, eine verstopfte Benzinleitung reinigte sie mit einer Hutnadel. Zu Ehren dieser patenten Frau findet alle zwei Jahre am ersten Augustwochenende auf der Strecke Mannheim – Pforzheim die Berta-Benz-Rallye statt.

Info

● *Stadtinformation/Verkehrsverein,* Marktplatz 1, Postf. 1630, 75175 Pforzheim, Tel. (07231) 39900, Fax 399030

Unterkunft

● *Hotel Gute Hoffnung,* Dillsteinerstr. 9-11, Tel. 22011, Fax 25024, ÜF 70 DM
● *Hotel Europa Garni,* Kronprinzenstr. 1, Tel. 357033, Fax 357106, ÜF 55-65 DM
● *Naturfreundehaus Lettenbrunnenhütte,* Tiefenbronner Str. 221, Info: *Ingrid Junglas,* Tel. 32318 (1 Vierbettzimmer, 1 Schlafraum mit 22 Betten)

Tour 2

Unterkunft mit Gastro- nomie	●*Royal Hotel-Restaurant***,* Wilferdinger Str. 64, Tel. 1640, Fax 106708, ÜF 75-85 DM (Besonderheit: originelle Bierprobe) ●*Gasthaus am Herrmannsee**-***,* Hermanseeweg 5, Pforzheim-Büchenbronn, Tel. 71871. Di. geschl. (Wild- und Fischgerichte, köstliche Schwarzwälder Kirschtorte, kinderfreundliche Einrichtungen)
Gastro- nomie	●*Goldener Bock**,* Ebersteinstr. 1, Tel. 105123, Do. und Fr. bis 17.00 Uhr geschl. (auch Diätküche und vegetarische Küche) ●*Kupferhammer*-**,* bei der Kupferhammerbrücke über die Würm (rustikale Kneipe mit Biergarten) ●*Bajazzo*,* Am Waisenhofplatz 8, Tel. 35 65 65 (Restaurant, Café und Bistro in einem) ●*Gaststätte Mäurach,* Mäurachstr. 31, Tel. 50107, Mo. und Di. geschl. (mit großem Biergarten)
Aktivitäten	●*Angeln:* in der Enz, der Nagold und der Würm ●*Alpenpark:* Pforzheim-Würm, Tel. 70590 (Alpenpflanzen, Steingartenstauden, Zwerg-Nadelhölzer, Zwerg-Blütensträucher; Alpenrosenblüte von Mitte April bis Mitte Mai) ●*Fabrikverkauf: Emil Herion,* Gold- und Silberwarenfabrik, Schwarzwaldstr. 5, Tel. 22287, Verkauf Mo. bis Fr. 14.00-17.00 Uhr (günstiger Schmuck); *Lutz & Weiss GmbH,* Steubenstr. 4, Tel. 92650, Verkauf: Mo. bis Do. 9.00-12.00 Uhr und 14.00-16.00 Uhr, Fr. 9.00-12.00 Uhr (preisgünstiger Silberschmuck und Silberwaren) ●*Golf: Golf-Club Neulingen,* Karlshäuser Hof, Neulingen, nördlich von Pforzheim, Tel. (07237) 9100, 18-Loch-Platz

Ausflugsziele

Tiefen- bronn	Südöstlich von Pforzheim lohnt in Tiefenbronn die katholische **Pfarrkirche St. Maria Magdalena** unbedingt einen Besuch. Sehenswert ist neben Wand- und Glasmalereien aus der Zeit um 1400 ganz besonders der Hochaltar von *Lukas Moser* aus dem Jahre 1432. Nur dieses eine Werk ist von ihm geblieben, das aber gilt als das schönste Beispiel spätgotischer Malerei im süddeutschen Raum. Der Altar zeigt Szenen aus dem Leben der Maria Magdalena. Im unteren Bild ist das klassische Motiv der sieben törichten (herausgeputzten) und der sieben klugen (nicht herausgeputzten) Jungfrauen zu sehen. Alle Jungfrauen erwarten den Bräutigam,

Tour 2

aber nur die klugen haben genügend Öl für die Kerze mitgenommen. Bei den anderen geht das Licht aus – "Wachet, denn ihr wißt weder Tag noch Stunde".

Für immer rätselhaft bleibt die Inschrift auf dem Altar: "schri, kunst, schri und klag dich ser, din begert iecz niemen mer" (Schrei, Kunst, schrei und klage sehr, dich begehrt jetzt niemand mehr). Ist es ein frühes Zeichen des Ich-Bewußtseins des kommenden Renaissancemenschen mit einer persönlichen Klage über den Niedergang des Kunstsinns? Oder ist es eine Inschrift späterer Zeiten? Es ist bis heute nicht geklärt.

●Öffnungszeiten der Kirche: Mai-Okt. tgl. 13.30-16.30 Uhr, Nov.-April Sa.und So. 13.30-15.00 Uhr. Zu anderen Zeiten öffnen auch gegen eine Gebühr von 10 DM Frau *Baar* (Tel. 7835) oder Frau *Hela* (Tel. 7128) vom St. Martinshaus gegenüber die Kirchentür.

●***Gastronomie:*** *Gourmettempel Ochsen-Post,* Tel. (07234) 8030, So. und feiertags geschl. Ebenfalls Schlemmerküche, aber noch bezahlbare, wird in der *Häckermühle,* 4 km westlich von Tiefenbronn im Würmtal serviert, Tel. 246

**Besucher-
bergwerk
Frisch-
glück**   Ca. 10 km südwestlich von Pforzheim liegt beim Städtchen Neuenbürg das Besucherbergwerk Frischglück, das die Geschichte des Eisenerzbergbaus vom Mittelalter bis zum Jahre 1868 zeigt, als dieser Stollen geschlossen wurde.
●Geöffnet Sa., So., Feiertags 10.00-17.00 Uhr.

Kloster Maulbronn

Der Vollständigkeit halber sei hier das Kloster Maulbronn erwähnt, 20 km nordöstlich von Pforzheim gelegen, das eigentlich nicht mehr zum Schwarzwald gehört. 1993 wurde es von der UNESCO in die Liste des Weltkulturerbes der Menschheit aufgenommen. Das Kloster, eine der wenigen vollständig erhaltenen Klosteranlagen Deutschlands, entstand Mitte des 12. Jh. und vermittelt ein anschauliches Bild vom Leben einer Zisterzienser-Klostergemeinschaft. Aus der Internatsschule des Klosters gingen so berühmte Persönlichkeiten wie der Astronom und Mathematiker *Johannes Kepler* und die Dichter *Friedrich Hölderlin* und *Hermann Hesse* hervor. Letzterer allerdings litt sehr unter der klösterlichen Strenge und verarbeitete später seine Eindrücke in seinem 1930 geschriebenen Roman *"Narziß und Goldmund"*.

Bad Liebenzell

> **Vorwahl:** 07052   **PLZ:** 75378
> **Einw.:** 9200   **Höhe:** 330-660 m
> **Ortsteile:** Beinberg (3 km), Maisenbach-Zainen (5 km), Möttlingen (7 km),
> Monakam (4 km), Unterhaugstett (4 km), Unterlengenhardt (4 km)

Überblick

Die Überlieferung besagt, der Name der Stadt sei auf die heilige *Lioba* zurückzuführen, die Kurverwaltung hingegen meint, er hätte was mit dem Wort "liebenswert" zu tun. Wie auch immer, der heilklimatische Kurort Bad Liebenzell liegt wirklich sehr anmutig zu Füßen der waldreichen Hänge des Nagoldtals. Jäger sollen eines Tages im Waldesdickicht eine Quelle gefunden haben, die mitten im frostig kalten Winter so warmes Wasser hatte, daß man darin baden konnte. Die Kunde von den warmen Heilquellen sprach sich herum, immer mehr Heilungssuchende von nah und fern kamen, bis dann im 15. Jh. die ersten Badehäuser erbaut wurden. Die kohlensäure- und salzhaltigen Heilwässer, die schon der große Naturarzt *Paracelsus* im Jahre 1526 rühmte, lindern unter anderem Rheuma, Frauenleiden und Erschöpfungszustände.

Sehenswertes

"In alle Welt ... bis an die Enden der Erde" möchte die Bad Liebenzeller Mission das Evangelium tragen. 1902 wurde sie gegründet, sie missioniert hauptsächlich in Japan, auf Taiwan und in der Südsee. Im kleinen **Missionsmuseum** ist neben verschiedenen Bibelübersetzungen ausgestellt, was die Missionare aus allen Teilen der Welt mitgebracht haben.
●Geöffnet Mi. und So. 14.00-16.30 Uhr.

Tour 2

Bad Liebenzell

Hoch über dem Ort klebt die im 13. Jh. erbaute **Burg Liebenzell** an den Felsen, die seinerzeit als ein Muster an Festungsbaukunst der Stauferzeit galt. 1692 wurde sie von den Franzosen zerstört und 1952 von Jugendlichen aus aller Welt als internationale Begegnungsstätte wieder aufgebaut. Leitmotiv des "internationalen Forums Burg Liebenzell" ist die Überzeugung, daß Demokratie nur gesichert werden kann, wenn sich Menschen aus allen Nationen auch außerhalb ihrer üblichen Lebens-, Arbeits- und Lernbereiche zusammenfinden. Auch für Nichttagungsteilnehmer zugänglich ist der 34 m hohe Bergfried mit einer weiten Rundsicht aufs Nagoldtal und das Café-Restaurant mit Aussichtsterrasse.

Info
- *Kurverwaltung Bad Liebenzell,* Tel. (07052) 4080, Fax 408108

Unterkunft
- *Waldhotel-Post,* Hölderlinstr. 1, Tel. 4090, Fax 40790, 65-126 DM
- *Am Bad-Wald,* Reuchlinweg 19, Tel. 3011, Fax 9270, ÜF 48-58 DM
- *Campingpark Bad Liebenzell,* Pforzheimer Str. 40, Tel. 40460 (als vorbildlich ausgestattet prämiert, ebenes, durch Hecken und Bäume parzelliertes Wiesengelände, Tennisplätze, beim Freibad gelegen, wintersportgeeignet, Chemietoilettenentsorgung)

Gastro-nomie
- *Maisenbacher Sägmühle,* Bad Liebenzell-Maisenbach, Tel. 1337. Tgl. 18.00-24.00 Uhr, Sonn- und Feiertag 13.00-24.00 Uhr, Di. Ruhetag ("Calamares statt Kutteln", viele Salate und viel Fremdländisches)
- *Café Maletsch,* Baumstr. 13, Tel. 1450 (unbedingt probieren: die Victoria-Torte)

Aktivitäten
- *Angeln:* Forelle, Aal, Äsche und Weißfisch in der Nagold, Angelkarten beim Paracelsus-Bad
- *Baden:* Paracelsus-Bad (Warmwasser-Bewegungsbecken, Felsendampfgrotte mit Wasserfall usw.), Saunalandschaft "Pinea" (mit irisch-römischer Dampfgrotte, Außenschwimmbecken mit Felsengarten, Massage usw.). Freibad (Attraktionen: Wildwasserkanal, 65 m lange Riesenwasserrutsche)
- *Golf:* 18-Loch-Golfanlage zwischen den Ortsteilen Unterhaugstett und Monakam, Tel. 1574

Ausflugs- und Wanderziele

Monakam
Nordöstlich von Bad Liebenzell, im Dörfchen Monakam, beherbergt die 1802 erbaute, evangelische *Pfarrkirche* den berühmten "Monakamer Altar". Der Flügelaltar aus dem Jahre 1497 ist ein Meisterwerk der schwäbischen Spätgotik.

Eine überaus reizvolle *Wanderung* führt durchs wildromantische Monbachtal, östlich oberhalb von Monakam. Der Weg führt durch ein idyllisches Waldtal und wildromantische Felspartien. Monakam und Monbachtal lassen sich in einer ca. 3stündigen Wanderung ab Bad Liebenzell miteinander verbinden.

Calw

> **Vorwahl:** 07051   **PLZ:** 75365
> **Einw.:** 24.000   **Höhe:** 300-600 m
> **Ortsteile:** Altburg (5 km), Hirsau (3 km),
> Holzbronn (8 km), Stammheim (5 km)

Überblick Das muß die fleißigen, pietistischen Schwaben
schon arg geärgert haben: Ausgerechnet einer,
der in seiner Jugend "tagsüber nicht viel tat" und
später so sonderbare Bücher wie "Demian" und
"Peter Camenzind" schrieb, ausgerechnet dieser
Mann verhalf ihrer Stadt zu großem Ruhm. *Hermann Hesse* mußte erst 1946 den Nobelpreis für
Literatur erhalten und einen Teil davon der Stadt
Calw für die Armen- und Schulpflege zur Ver-

Tour 2

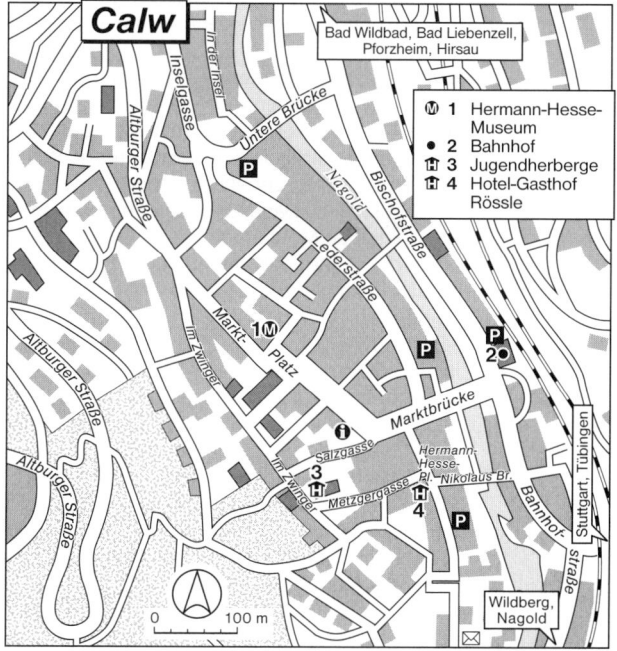

85

fügung stellen, um bei ihnen Anerkennung zu finden: Er wurde zum Ehrenbürger ernannt. Das Gymnasium allerdings wurde erst einige Jahre später nach ihm benannt, zu groß waren die Bedenken, daß er die Jugend verderben könnte. *Hermann Hesse* selbst liebte seine Stadt: "Zwischen Bremen und Neapel, zwischen Wien und Singapore habe ich manche hübsche Stadt gesehen, Städte am Meer und Städte hoch auf den Bergen ... Die schönste Stadt von allen aber, die ich kenne, ist Calw an der Nagold, ein kleines schwäbisches Städtchen".

Sehenswertes

Unter all den prachtvollen Fachwerkhäusern von Calw ist das **Haus Schnaufer** in der Lederstraßes eines der schönsten. Untypisch für ein Fachwerkhaus sind der Erker an der mittleren Front und die Rundbogenfenster in den oberen Stockwerken.

Nachdem sich die Calwer mittlerweile zu ihrem *Hesse* bekennen, haben sie ihm im Jahre 1990 im historischen Haus Schütz am Marktplatz ein **Hermann-Hesse-Musem** eingerichtet. In zehn Räumen ist die Lebens-, Werk- und Wirkungsgeschichte des weltweit populärsten deutschsprachigen Schriftstellers unseres Jahrhunderts zu sehen mit seinen Lebensstationen Calw, Maulbronn, Tübingen, Basel und Gaienhofen bis hin zur Wahlheimat Montagnola im Tessin. Und wer noch nicht wußte, daß *Hermann Hesse* auch gemalt hat, kann hier seine Werke bewundern.
● Marktplatz 30, Tel. 7522. Öffnungszeiten: Di-Sa 14.00-17.00 Uhr, So 11.00-17.00 Uhr.

In der **Galerie der Stadt Calw** am oberen Marktplatz sind Künstler ausgestellt, die mit Calw besonders eng verbunden waren: *Richard Ziegler* (1891-1992), der Hesse-Freund und -Nachbar mit Tessin-Gemälden (1911-1986), *Rudolf Schlichter* (1890-1955) mit dem Portrait seiner Mutter im Stil der Neuen Sachlichkeit und *Kurt Weinhold* (1890-1955) mit einem Bildnis seines Künstlerfreundes Schlichter.
● Marktplatz 30, Tel. 7522, geöffnet Di.-Sa. 14.00-17.00 Uhr und So. 11.00-17.00 Uhr.

Kloster Hirsau

Tour 2

Das **Kloster Hirsau** im Ortsteil Hirsau war in seiner Blütezeit im 11. Jahrhundert sowohl in geistlicher als auch in wirtschaftlicher Hinsicht sehr mächtig: Die Basilika St. Peter und Paul war mit 97 m Länge und 24 m Breite bis zum Bau des Ulmer Münsters die größte Kirche in ganz Württemberg. Zum Klosterbesitz gehörten unter anderem 350 Orte und 5000 ha Land, hier war das deutsche Zentrum der "cluniazensischen Reform". Sie setzte Spiritualität gegen Verweltlichung und forderte die Freiheit der Kirche, die Trennung von geistlichen und weltlichen Interessen verdanken wir also nicht zuletzt Kloster Hirsau. 1692 wurde das Kloster zerstört. Bis vor wenigen Jahren wuchs in den Klosterruinen eine markante Ulme, die schon *Ludwig Uhland* inspirierte:

> *"Zu Hirsau in den Trümmern*
> *Da wiegt ein Ulmenbaum*
> *Frisch grünend seine Krone*
> *Hoch überm Gipfelsaum (...)*
> *Er wurzelt tief im Grunde*
> *Vom alten Klosterbau*
> *Er wölbt sich statt des Daches*
> *Hinaus ins Himmelsblau (...)*
> *O Strahl des Lichts, du dringest*
> *Hinab in jede Gruft!*
> *O Geist der Welt, du dringst*
> *Hinauf in Licht und Luft!".*

Die Ulme gibt es nicht mehr, sie fiel dem Ulmensplittkäfer zum Opfer und mußte 1989 gefällt werden. Heute sind in der gepflegten Klosteranlage Grundgemäuer von Kirche und Konvent, die spätgotische Marienkapelle, Reste des Kreuzganges und eines Jagdschlosses sowie der "Eulenturm" erhalten. Ungeklärt bleibt, was der Fries am Eulenturm bedeuten soll. Dargestellt sind gehörnte Tiere, Löwen (Beschützerrolle?), ein Wagenrad (als astronomisch-astrologisches Symbol oder als Symbol handwerklicher Tätigkeiten?) und drei bärtige Männer (Laienbrüder im Dienst?).

Info
● *Verkehrsamt/Kurverwaltung,* Aurelliusplatz 10, 75365 Calw, Tel. (07051) 5671, Fax 51608

Unterkunft mit Gastronomie
● *Kloster Hirsau mit Klosterschenke**-***,* Wildbader Str. 2, Hirsau, Tel. 56215, Fax 51795, Sonntagabend geschl.; ÜF 85-105 DM (das Haus hat zwei gastronomische Sektionen: den Gourmetbereich und die preiswertere Klosterschenke)
● *Rössle*-**,* Hermann-Hesse-Platz 2, Tel. 30052, Fax 77668, Fr. und August geschl., ÜF 65 DM

Unterkunft
● *Terrassencamping,* Tel. 12131 und 12845 (wellig ansteigendes, teilterrassiertes Wiesengelände 2 km vom Ort, Restaurant, Kinderspielplatz, wintersportgeeignet, Wohnwagenvermietung, Chemietoilettenentsorgung)
● *Campingplatz Obere Mühle,* Tel. 4844 (leicht ansteigendes, teilweise terrassiertes Wiesengelände 500 m vom Ort, Restaurant, Sauna, Solarium, Massage, Höhenfreibad, Chemietoilettenentsorgung)
● *Höhencamping Altburg,* Tel. und Fax 50788 (Motorräder und Motorcaravans nicht zugelassen, Einkaufsmöglichkeit, beheiztes Schwimmbad, Billard-Café, Fahrradverleih, Sportmöglichkeiten, Chemietoilettenentsorgung)
● *Jugendherberge,* Im Zwinger 4, Tel. 12614

Aktivitäten
● *Radfahren:* Nagoldweg von Calw nach Pforzheim, 27 km
● *Freilichtspiele:* Klosterspiele in der Klosterruine Hirsau (Anf. Juli bis Mitte August)

Bad Teinach-Zavelstein

Vorwahl: 07053   **PLZ:** 75385
Einw.: 2700   **Höhe:** 340-740 m
Ortsteile: Zavelstein (2 km), Kentheim
(7 km), Rötenbach (3 km), Sommenhardt
(4 km), Schmieh (7 km), Emberg (4 km)

Überblick   "Kleine Burg für wenig Mannen, Städtlein, ruhig,
eng und schmal, rings des Schwarzwalds Edel-
tannen, unten tief das Teinachtal" dichtete *Viktor
von Scheffel* über den heutigen Doppelort Bad
Teinach-Zavelstein. Windgeschützt zwischen bewaldeten Bergkuppen liegt das überschaubare
und familiär anmutende Bad Teinach. Auch wenn
der Ort ganz und gar vom Kurbetrieb beherrscht
wird, lohnt sich ein Bummel durchs Städtchen.
Kurpark und Kurhaus fügen sich wunderbar ins
Stadtleben ein, kurende Bademantelträger innen
im Kurbad und neugierige Touristen draußen –
beim Bummel durch die historischen Kuranlagen
ist Schlendrian angesagt, Autos haben draußen
zu bleiben.

Auf einer Erhebung, 170 m oberhalb von Bad
Teinach, eine noch größere Idylle: ***Zavelstein,***
die ehemals kleinste Stadt Baden-Württembergs.
Teinach und   Der schmale Bergrücken bot nur Platz für eine
Zavelstein   Straße mit 12 Häusern, eine Kirche und eine
1620   Burg. Der Ort hat sich ins Hinterland ausgebrei-
nach Merian   tet, doch die Idylle ist geblieben.

Tour 2

Sehens-
wertes

Im Bad Teinacher Ortszentrum bei den Kuranlagen steht die Dreifaltigkeitskirche mit der
berühmten **Kabbalistischen Lehrtafel** der Prin-
zessin *Antonia.* Trotz ihres großen kunsthistorischen und wissenschaftsgeschichtlichen Wertes
ist die Tafel wenig bekannt, ein Grund dafür ist
sicherlich ihre schwer zugänglicheThematik, bei
der die Zahlen-, Buchstaben-, Farben-, Tier- und
Pflanzensymbolik eine wichtige Rolle spielen. Die
aufklappbare Bildtafel darf wegen zerstörerischer
Attacken nicht mehr selbst geöffnet werden, die
Kirche ist, außer den Gottesdienstzeiten, meist
geschlossen.

●Führungen jeden Do. 15.00 Uhr, Auskunft bei
Frau *Ionescu,* Tel. 7539.

Neben der Kirche steht das älteste Kunstwerk
am Ort, der spätgotische **Schalenbrunnen** aus
dem Jahre 1489, der 1714 aus dem zerstörten
Kloster Hirsau nach Bad Teinach gebracht wurde.

Zavelstein ist nicht nur für sein Ortsbild, sondern auch für seinen *Crocus napolitanus* bekannt.
Dieser wilde, in Zavelstein erstmals 1825 erwähnte Krokus ist eigentlich im Mittelmeerraum
beheimatet und findet sich nördlich der Alpen nur
an wenigen Standorten. Je nach Witterung blüht
er zwischen März und April und verwandelt das
52 Hektar große **Naturschutzgebiet Zavel-**
steiner Krokuswiesen in ein ausgedehntes
Blütenmeer – und gelegentlich an Wochenenden
die umliegenden Straßen in ein Verkehrschaos.
Um die Blütenpracht führt der Wanderweg "Kro-
kusstraße", über die aktuelle Blütezeit gibt die
Kurverwaltung Auskunft. Wie der Krokus nach
Zavelstein gelangt ist, weiß niemand so genau.
Die einen sagen, daß ihn Kreuzfahrer aus dem
Orient mitgebracht haben. Andere wiederum meinen, daß Hirsauer Mönche den Anbau von Safran
versuchten, wozu allerdings der "Crocus napolitanus" nicht geeignet ist. Am wahrscheinlichsten
erscheint die Erklärung, daß der Diplomat und
Burgherr *Benjamin Buwinghausen von Wallmerode*
den Krokus als Zierde für die Burggärten mit-
brachte und die Pflanze von hier auswilderte.

Sicher ist, daß sich der Krokus durch die land-
wirtschaftliche Nutzung ausgebreitet hat. Die
Samenstände gelangen in das Viehfutter, werden
unverdaut wieder ausgeschieden und mit dem
Dung weiter verbreitet.

Beim "Überfall von Wildbad", von *Ludwig Uhland*
zu Poesie verdichtet *("Bad Wildbad"),* weilte Graf
Eberhard der Greiner im Jahre 1367 in Bad Wildbad zur Kur, als sich der aufständische Ritter *Rein-
hard II. von Windeck* näherte, um ihn gefangen-
zunehmen. Ein Hirte führte den Kurgast auf ge-
heimen Pfaden zur **Burg Zavelstein,** in der sich
der Graf dann versteckte und gerettet wurde. Der
Graf zeigte sich erkenntlich und erhob Zavelstein
zur Stadt. Die Burg wurde 1280 zum erstenmal
urkundlich erwähnt, den 30jährigen Krieg überstand sie recht gut, abgesehen von Plünderun-
gen durch die kaiserlichen Truppen, die auch den
gut gefüllten Weinkeller nicht verschonten. 1692
wurde sie durch den französischen *General Mélac*
zerstört. Außer mehr oder weniger verfallenen
Gemäuern sind der ehemalige Weinkeller, der
Platz für 15 Fuder Wein (ein württembergisches
Fuder = ca. 1750 bis 1950 l) bot, und der 28 m
hohe Bergfried noch gut erhalten. Vom Turm bietet sich bei gutem Wetter ein herrlicher Rundblick
bis hin zur schwäbischen Alb.

Tour 2

Info ●*Kurverwaltung Bad Teinach-Zavelstein,* beim Kurhaus, 75385 Bad Teinach-Zavelstein, Tel. (07053) 8444,
Fax 2154

Unterkunft ●*Bad-Hotel***,* Otto-Neidhart-Allee 5, Bad Teinach,
mit Tel. 290, Fax 29177; ÜF 85-145 DM (vom berühmten
Gastro- Architekten *Thouret* 1842 im streng symmetrisch geglie-
nomie derten, klassizistischen Stil erbaut. Das Haus wurde 1980
renoviert. Stilvolles "Quellenrestaurant" und rustikale
"Brunnenschenke" zum Vespern)
●*Schwarzwaldvereinsheim Zavelstein,* ab Bad Teinacher Bahnhof der Beschilderung folgen. Tel. 8831. Mo.
Ruhetag, Di. erst ab 17.00 Uhr geöffnet (Schwäbisches,
Vollwertiges und Solides. Übernachtungsmöglichkeit auch
für Nichtvereinsmitglieder)

Unterkunft ● *Hotel Garni Mühle,* Otto-Neidhardt-Allee 2, Bad Teinach, Tel. 8817, ÜF 55 DM (im Familienbetrieb geführt)

Gastronomie ● *Gasthof Krone**,* Marktplatz 2, Zavelstein, Tel. 1506, Fax 2198, Di. geschl. (im Familienbetrieb liebevoll geführt, klein und verspielt-gemütlich, schwäbische Spezialitäten wie Maultaschen und saure Kutteln, gelegentlich "Rittermahle")

Aktivitäten ● *Fahrrad- und Tandemverleih:* bei der Kurverwaltung

Ausflugsziele

St.-Candiduskirche Bei Kentheim, westlich von Bad Teinach-Zavelstein, steht die uralte romanische St.-Candiduskirche. Ihre Ursprünge liegen im Dunklen, erstmals urkundlich erwähnt "ad sanctum candidum" wurde sie im Jahre 1075. Da die Kirche im Laufe der Jahrhunderte weder umgebaut noch modernisiert wurde, hat sie sich bis heute den unprätentiösen Charakter einer Dorfkirche erhalten.

Bad Teinach, Kurpark

Die zwischen 1180 und 1340 entstandenen Wandgemälde im Schiff und Chor wurden übermalt und erst 1840 wieder freigelegt. Sie zeigen das Leben Christi, Szenen aus dem Leben mehrerer Heiliger und die von Evangelistensymbolen umgebene Erscheinung des Weltenmeisters. Geradezu sprichwörtlich wurde der große romanische Taufstein, wenn einer ganz besonders trinkfest ist, dann heißt es bei den Kentheimer Schwaben: "Der sauft den Ketaner Taufstoi leer!". An der Außenwand der Kirche steht der Grabstein der Spinnerin *Margret Meyr* aus Holzgerlingen, versehen mit einer Kunkel und einer Spindel. Mit großer Wahrscheinlichkeit erstickte sie hier um den 23. Januar 1447 im tiefen Schnee. Tip: Wenn die Kirche geschlossen ist, die Adresse der Schlüsselgewaltigen ist an der Kirche angeschlagen.

Neu-bulach

Südwestlich von Bad Teinach liegt das alte Bergbaustädtchen Neubulach. In der **Stadtkirche** sind sehenswert ein Kruzifix aus dem Dreißigjährigen Krieg sowie die Konsolen im Chor, deren Fratzengesichter die Eitelkeit, das Laster der Schändlichkeit, die Scheinheiligkeit und den Stumpfsinn ausdrücken sollen.

Eine gute Einstimmung auf die eigentliche Sehenswürdigkeit Neubulachs, den Hella-Glück-Stollen, ist ein Besuch im **Mineralienmuseum** in der alten Vogtei im Ortskern. Hier ist die Geschichte des Bulacher Silber- und Kupferbergbaus, die vom Jahre 1286 bis zur endgültigen Aufgabe im Jahre 1925 reicht, anhand von Mineralienfunden, Stollensystemen en miniature und alten Urkunden belegt.

●Geöffnet April bis Okt. tgl. 10.00-12.00 und 14.00-16.00 Uhr.

Hella-Glück-Stollen

Solchermaßen vorgebildet geht es dann in den etwas außerhalb vom Ort gelegenen, 60 m unter Tage verlaufenden, auf 400 m begehbaren Stollen. Die staubfreie und feuchte Luft und die ganzjährig konstanten Temperaturen von 6-8 °C

Tour 2

scheinen günstige Voraussetzung für die Liege-
kurenbehandlung von Bronchitis und Asthma.
● Geöffnet April bis Okt. tgl. 10.00-16.15 Uhr
(letzte Führung).

● **Info:** *Kurverwaltung Neubulach,* Rathaus, 75387 Neu-
Bulach, Tel. (07053) 969510, Fax 969530
● **Unterkunft mit Gastronomie:** *Landgasthof-Pension
Schwarzwaldhof**,* Wildbader Str. 28, Neubulach-Martins-
moss, Tel. (07055) 7355, Fax 2233, UF 40/45 DM
(gemütlich, familiär). *Camping Erbenwald,* Josef Gauder
GmbH, Liebelsberg, Tel. 7382, Fax 3274 (am Waldrand
leicht ansteigendes Wiesengelände, beheiztes Freibad,
Restaurant, Laden, Solarium, Chemietoilettenentsorgung)
● **Angeln:** Forelle, Karpfen, Schleie, Barsch, Aal und Bras-
se in der Teinach, Angelkarten beim Campingplatz Erbenwald

Nagold

Vorwahl: 07452	**PLZ:** 72202
Einw.: 22.000	**Höhe:** 400-600 m
Ortsteile: Hochdorf (6 km),	
Pfrondorf (6 km)	

Überblick In einem weiten Talbecken am Zusammenfluß von
Nagold und Waldach liegt Nagold, das wirtschaftliche und kulturelle Zentrum des oberen Nagold-
tales. Das Ortswappen, das einen Nagel zeigt,
beruht auf einem Irrtum. Denn mit Nägeln aller Art
hat der Ortsname gar nichts zu tun, er basiert vielmehr auf einem alten Begriff, *nac* = feucht. Die
Stadt mag sich noch so sanft an die Hügel
schmiegen, der Gesamteindruck wird dennoch
durch mehrere klotzige Hochhausungetüme
empfindlich gestört. Auch im Ortszentrum will
trotz Fußgängerzone und vielen Fachwerkhäusern keine rechte Kleinstadtgemütlichkeit aufkommen.

Sehens- Inmitten eines Friedhofs mit schönen alten Grab-
wertes steinen steht die romanische **Remigiuskirche.**

Die restaurierten Fresken aus dem frühen 14. Jh. zeigen an den Wänden des Langhauses Szenen aus Passion und Jugend Jesu.

Wer jemals Heerscharen von Ameisen durch seine Küche marschieren sah, hat schon immer geahnt, was der amerikanische Ameisenforscher *Nick Upton* weiß: Insekten beherrschen die Erde. Es wird geschätzt, daß es zwischen fünf und zehn Millionen Insektenarten auf der Erde gibt. Von einigen dieser Insektenarten weiß der **Nagolder Ameisen- und Insektenlehrpfad** auf unterhaltsame Weise allerhand zu berichten: unter anderem vom Mistkäfer, bei den alten Ägyptern als Bote der Wiedergeburt verehrt, von der Totenuhr, die den baldigen Tod eines Hausbewohners ankündigen sollte, vom "ätzenden" Bombardierkäfer, vom verfressenen Rüsselkäfer und von fleißigen Bienen.

●ab der Remigiuskirche der Friedhofsstraße in Richtung Berufsschulzentrum bis zu ihrem Ende weiter folgen bis zum Ausgangspunkt des Lehrpfades.

Tour 2

Info   ●**Bürgermeisteramt,** Marktstr. 27, 72202 Nagold, Tel. (07452) 6810, Fax 681112

Unterkunft ●**Landhotel Pfrondorfer Mühle,** an der B 463, Pfrondorf, Tel. 84000, Fax 840048, ÜF 63-86 DM
●**Hotel Krone,** Böblinger Str. 1, Hochdorf, Tel. (07459) 1296, ÜF 49-62 DM
●**Campingplatz Nagold,** Calwer Str. 119, Tel. 2608 (ebenes Wiesengelände am Ufer der Nagold, Chemietoilettenentsorgung)

Gastro-   ●**Alte Post***,** Bahnhofstr. 2, Tel. 4221, Fr. geschl.
nomie   (äußerst prächtiges Fachwerkhaus – einst eine Poststation; prächtige Speisen und prächtige Preise)

Aktivitäten ●**Angeln:** Forelle und Weißfisch in der Nagold, Angelkarten beim Gasthaus Anker, Stadtgraben 7
●**Baden:** Allwetterbad *"Badepark Nagold"* mit Innen- und Außenbecken, Wasserpilz und Strömungkanal. April-Sept. tgl. 7.00-20.30, Okt.-März tgl. 9.00-11.30 und 16.00-20.00 Uhr
●**Segelfliegen:** samstags nachmittags und sonntags Passagierflüge ab 10.30 Uhr, Tel. (07459) 644

Altensteig

Vorwahl: 07453   **PLZ:** 72213
Einw.: 11.000   **Höhe:** 440-720 m
Ortsteile: Berneck (3 km),
Garrweiler (6 km), Hornberg (10 km),
Spielberg (4 km), Überberg (3 km),
Walddorf (5 km), Wart (6 km)

Überblick   Wenn es ein Prädikat gäbe für eine "besonders
postkartengeeignete Stadtansicht", dann wäre
Altensteig sicher unter den Top Ten. Wer, von Nagold kommend, nach Altensteig hinunterfährt,
dem bietet sich ein zauberhafter Anblick. Inmitten
sanft gewellter Landschaft liegt über den Hügeln
an der Nagold das Städtchen Altensteig, überragt
von der Barockkirche und dem Schloß. Vom Tal
unten führt die "alte Steige", die der Stadt ihren
Namen gab, hinauf zur "historischen Meile": Stufe um Stufe und steile Gasse um steile Gasse
keucht man zum Schloß hinauf, Verschnaufpau-
sen gewähren die vielen erklärenden Hinweis-
tafeln an den historischen Gebäuden. Altensteig
ist Sitz der Firma *frog design,* die unter anderem
die Melitta-Kaffeemaschine, den Kochtopf von

Fissler und den Apple Macintosh Computer gestaltet hat und deren Arbeiten mittlerweile schon
im Museum of Modern Art in New York zu sehen
sind.

Sehens-   Über der Altstadt thront das *Alte Schloß* aus dem
wertes   frühen 13. Jh., umgeben von einer Wehrmauer
               und den Türmen "Himmel und Hölle". Heute be-
               herbergt das Schloß das *Stadtmuseum* mit
               Ausstellungen zur Stadt und zur Region, zu Ent-
               wicklung und Strukturen der Wald- und Bauern-
               wirtschaft in der Gegend und zu typischen Beru-
               fen des Nordschwarzwaldes wie der Flößerei, der
               Gerberei und anderen, die den Werkstoff Holz
               zum Ausgangspunkt haben. Vor dem Eingang
               graust es einem beim Anblick des originalen Hals-
               ringes des Altensteiger Prangers aus dem frühen
               17. Jh.; Bettelei, Landstreicherei, Frevel gegen
               das Eigentum der Obrigkeit, üble Nachrede und
               Zanksucht waren die Vergehen, die einen an den
               Pranger bringen konnten.
               ●Museum mitsamt Pranger sind zu besichtigen:
               Mi. 14.00-16.00 Uhr, So. 11.00-12.00 und
               14.00-17.00 Uhr (im Winter nur bis 16.00 Uhr),
               Tel. 2720 oder 1360.

Info   ●*Städtisches Verkehrsamt,* 72213 Altensteig, Tel.
               (07453) 6633 und 27247, Fax 3249

Unterkunft ●*Gasthof Traube,* Rosenstr. 6, Altensteig, Tel. 7033, Fax
mit   7037, Mo. geschl., ÜF 35-50 DM (mit Sauna, Hallenbad
Gastro-   und Solarium)
nomie   ●*Landgasthof Ochsen,* Römerstr. 2, Altensteig-Spiel-
               berg, Tel. 6122, Fax 1448, ÜF 50-60 DM (familiär; schwä-
               bische Küche)

Unterkunft ●*Hotel & Club Sonnenbühl,* Wildbader Str. 44, Alten-
               steig-Wart, Tel. (07458) 7710, Fax 771522, ÜF 100-117
               DM (Hallenbad und weitere Fitneßeinrichtungen, med.
               Bäder und Massagen, Kinderbetreuung)
               ●*Schwarzwald-Camping,* in Altensteig der Beschilde-
               rung Richtung Besenfeld folgen, Tel. 8415 (fast ebenes
               Wiesengelände im Nagoldtal 1 km vom Ort, Restaurant,
               Einkaufsmöglichkeit, Sportmöglichkeiten in der näheren
               Umgebung, wintersportgeeignet, Entsorgung für Chemie-
               toiletten)

Tour 2

●*Campingplatz Wart,* Tiefenbachstr., Altensteig-Wart, Tel. (07458) 525 (teilweise terrassiertes Wiesengelände am Waldrand und Waldschwimmbad, 1,5 km vom Ort, wintersportgeeignet, Restaurant, Tennisplatz, Entsorgung für Chemietoiletten)

Gastro-nomie

●*Bäck-Schwarz*,* Paulusstr. 19, Tel. 7497, geöffnet Di. bis Fr. 16.00-24.00 Uhr, Sa. und So. 9.30-14.00 Uhr und 16.00-24.00 Uhr (wunderbar fotogenes Fachwerkhaus, urig-niedrige Stube mit Kachelofen und Klavier, Vesperkarte, mäßiger Service)

Aktivitäten

●*Angeln:* Forelle und Barsch im Stausee Erzgrube (Tel. 7837), Forelle in der Nagold (Tel. 1492)

Altes Schloß in Altensteig

Bad Wildbad

> **Vorwahl:** 07081   **PLZ:** 75323
> **Einw.:** 11.000   **Höhe:** 400-950 m
> **Ortsteile:** Aichelberg/Hünerberg/Meistern
> (700-780 m), Sprollenhaus-Nonnenmiss
> (9 km), Calmbach (4 km)

Überblick   Entdeckt wurde die Bad Wildbader Quelle der
Sage nach durch einen Eber, der sich einst hier
seine Wunde im warmen Wasser wusch und dadurch gesundete. Literarische Unsterblickeit er-
langte der Ort durch *Ludwig Uhlands* Gedicht
"Überfall in Bad Wildbad".

Sehens-   Im Dezember 1995 eröffnete das einstige Graf-
wertes   Eberhard-Bad als *Palais Thermal* seine Pforten
wieder. Vom Baumeister des Klassizismus, *Niko-
laus Friedrich von Thouret* (1767-1845), einst als
königlicher Badetempel geschaffen, präsentiert
es sich heute als hochmodernes Fitneß- und
Badeparadies. Das nostalgische Flair von 1001
Nacht in der maurischen Halle mit ihren Arkaden,
die im Jugendstil verglasten Fenster und die reich
ornamentierten Wände und Fußböden allerdings
erinnern noch immer an die königlichen Zeiten.

Palais-Thermal

Der Überfall im Wildbad

In schönen Sommertagen, wenn lau die Lüfte wehn,
Die Wälder lustig grünen, die Gärten blühend stehn,
Da ritt aus Stuttgarts Toren ein Held von stolzer Art,
Graf Eberhard der Greiner, der alte Rauschebart.

Mit wenig Edelknechten zieht er ins Land hinaus,
Er trägt nicht Helm noch Panzer, nicht gehts auf blutgen Strauß,
Ins Wildbad will er reiten, wo heiß ein Quell entspringt,
Der Sieche heilt und kräftigt, der Greise wieder jüngt.

Zu Hirsau bei dem Abte, da kehrt der Ritter ein
Und trinkt bei Orgelschalle den kühlen Klosterwein.
Dann geht´s durch Tannenwälder ins grüne Tal gesprengt,
Wo durch ihr Felsenbette die Enz sich rauschend drängt.

Zu Wildbad an dem Markte, da steht ein stattlich Haus,
Es hängt daran zum Zeichen ein blanker Spieß heraus,
Dort steigt der Graf vom Rosse, dort hält er gute Rast,
Den Qell besucht er täglich, der ritterliche Gast.

Da kommt einstmals gesprungen sein jüngster Edelknab:
"Herr Graf! es zieht ein Haufe das obre Tal herab.
Sie tragen schwere Kolben, der Hauptmann führt im Schild
Ein Röslein rot von Golde und einen Eber wild.

Da kommt ein armer Hirte in atemlosem Lauf:
"Herr Graf' es zieht´ne Rotte das untre Tal herauf.
Der Hauptmann führt drei Beile, sein Rüstzeug glänzt und gleißt,
Daß mir´s wie Wetterleuchten, noch in den Augen beißt."

Da spricht der arme Hirte: "Deß mag noch werden Rat,
Ich weiß geheime Wege, die noch kein Mensch betrat,
Kein Roß mag sie ersteigen, nur Geißen klettern dort,
Wollt Ihr sogleich mir folgen, ich bring´ Euch sicher fort."

In heißer Mittagsstunde bergunter und bergauf!
Schon muß der Graf sich lehnen auf seines Schwertes Knauf.
Darob erbarmt´s den Hirten des alten, hohen Herrn,
Er nimmt ihn auf den Rücken: "Ich tu´s von Herzen gern."

Da denkt der alte Greiner: " Es tut doch wahrlich gut,
So sänftlich sein getragen von einem treuen Blut;
In Fährden und in Nöten zeigt erst das Volk sich echt,
Drum soll man nie zertreten sein altes, gutes Recht."

Ludwig Uhland, Auszüge aus seinem 1815 geschriebenen Gedicht.

Thermal-Badelandschaft, Fürstenbecken, Massagebecken, Whirlpools, Bademuseum, Dampfbad, Saunen, Solarien, Fitneßbereich und Seifenbürstenmassage.
●Geöffnet täglich 14.00-22.00 Uhr, Di. 14.00-18.00 Uhr Damensauna. Eintritt: 4 Stunden 28 DM.

Info
●**Bäder- und Kurbetriebsgesellschaft mbH,** Postfach 100326, 75341 Bad Wildbad, Tel. (07081) 10280, Fax 10290.

Unterkunft mit Gastronomie
●**Hotel Sommerberg,** Heermannsweg 5, Sommerberg, Tel. 1740, Fax 174612, ÜF 127-170 DM (ruhig, mit Blick ins Enztal gelegen, Hallenbad, Sauna)
●**Hotel Bären,** Am Kurplatz 4-6, Tel. 3010, Fax 301166, ÜF 60-105 DM (persönlich geführt, im Ortszentrum)
●**Landgasthof Anker*-**,** Kälbermühlenweg 57, Kälbermühle im Enztal, Tel. 7353, Fax 1043, Mi. geschl., ÜF 46 DM

Camping
●**Campingplatz Kälbermühle,** Tel. 7353, Fax 1043 (Restaurant, fast schattenloses Wiesengelände am Bad und Waldrand, 2 km vom Ort)
●**Campingplatz Kleinenzhof,** Kleinenzhof, Tel. 3435 und 3556, Fax 3770 (sehr guter Platz mit vielen Einrichtungen, Vermietung von Zimmern, Ferienwohnungen und Caravans, Sauna, Gasthof, Wildgehege, wintersportgeeignet, Chemietoilettenentsorgung)
●**AZUR Camping Schwarzwald,** Rehmühle, Bad Wildbad-Rehmühle, Tel. (07055) 795 oder (0711) 427023 (Wintercamping, Skilift, Hallenbad)

Aktivitäten
●**Angeln:** Forelle in Bad Wildbad in der Enz, in Calmbach in der Großen und Kleinen Enz (Angelkarten jeweils beim Verkehrsamt)
●**Bergbahn:** Sommerbergbahn (tgl. zur vollen und halben Stunde, ca. 7 Minuten Fahrzeit auf den 730-950 m hohen Sommerberg, ein Höhenerholungsgebiet mit ausgedehnten Wanderwegen)
●**Baden:** Palais Thermal siehe Sehenswertes

Wintersport
●**Langlauf:** Die Wildbad-Spur, bestehend aus 3 Rundloipen mit leichtem bis mittlerem Schwierigkeitsgrad, verbindet zwei bekannte Wintersportgebiete im Nördlichen Schwarzwald: Wildbad-Sommerberg, 750 bis 850 m, und Kaltenbronn, 880 bis 990 m. Streckenlänge der Loipen: 7,5 km, 8,5 km und 13 km. Start: Nahe der Bergstation der Sommerbergbahn. Flutlichtloipe Sprollenhaus (Rundkurs)

Tour 2

im Kegelbachtal, Höhe 610 m, Länge 1,3 km, Start beim Sportplatz Sprollenhaus (in Richtung Kaltenbronn)

●*Rodeln:* Start unterhalb der PKW-Parkplätze am Sommerberg, Ziel: Bergbahn-Mittelstation

●*Skiabfahrten, -lifte:* Gewalzte Pisten am Sommerberg. Abfahrtsstrecken Länge 1400 m; 300 m Höhenunterschied. 2 Skilifte mit 350 m und 250 m Länge, Flutlicht

●*Ski-Verleih:* Sport-Peter, Wilhelmstr. 28, Tel. 8205. Sport-Peter, Wildbader Str. 19, Calmbach, Tel. 7066

Ausflugsziele

Calmbach Im Bad Wildbader Ortsteil Calmbach lohnt sich ein Besuch des *Heimat- und Flößermuseums.* Es befaßt sich hauptsächlich mit Berufen, die einst für das Enztal typisch waren: Wagner, Stiefelmacher, Messerschmied und Beerensammler und "Holzberufen" wie Köhler, Harzer, Schindelmacher oder Pottascher. Schwerpunkt der Sammlung ist der Beruf des Flößers, dessen Tradition im Enztal bis ins Mittelalter zurückreicht. Jahrhundertelang war der Wasserweg die einzig rentable Möglichkeit, den wichtigen Rohstoff Holz in weit entfernte Gebiete zu transportieren.

●Calmbach, Bergstr. 1, geöffnet sonn- und feiertags 14.00-17.00 Uhr.

Höhen-wellenbad Schöm-berg In Schömberg östlich von Höfen branden die Wellen des "Atlantik des Nordschwarzwaldes" ans Beckenufer. Weitere Einrichtungen: eine der längsten ganzjährig zu benutzenden Wasserrutschbahnen, ein beheiztes Freibecken, Bewegungsbecken, Massagebrunen und Sauna.

●Geöffnet Mo., Sa., So. 9.00-19.00 Uhr, Di. bis Fr. 9.00-21.00 Uhr. Tel. (07084) 14137.

Dobel

Vorwahl: 07083   **PLZ:** 75335
Einw.: 2200   **Höhe:** 680-720 m

Überblick   Man fährt nicht nach Dobel, man fährt auf den
Dobel. Und tatsächlich hat das Dorf inmitten einer
waldfreien Fläche etwas Weltentrücktes an sich,
an vielen Tagen, wenn unten über Bad Herrenalb
der Nebel hängt, dann strahlt die Sonne über der
Hochfläche von Dobel. Also alle Voraussetzungen, um dem Prädikat "heilklimatischer Kurort"
Genüge zu tun: Über einen Zeitraum von zwei
Jahren muß die Luft frei von Industrieabgasen
sein, es muß mehr Sonnen- und weniger Nebeltage als anderswo geben, außerdem müssen
ausgedehnte Kuranlagen und nach Leistungs-
graden angelegte Wanderwege vorhanden sein –
erst dann darf man sich zu den 50 heilklimatischen Kurorten in Deutschland zählen. Ein sol-
ches Klima wirkt wohltuend bei allgemeinen
Schwächezuständen, regt Stoffwechsel, Blut-
bildung, Nerven- und Muskelkräfte an, hilft bei
Erkrankungen der oberen Luftwege und wirkt
positiv auf Herz und Kreislauf. Die Attraktion von
Dobel sind die Wälder rings um den Ort, die im
Sommer auf über 160 km beschilderten und
überwiegend ebenen Wanderwegen erkundet
werden können und in schneereichen Wintern
auf über 45 km langen Skiwanderwegen.

Tour 2

Info   ●**Kurverwaltung Dobel,** 75335 Dobel, Tel. (07083)
74513, Fax 74535

Unterkunft   ●**Hotel Rössle****, Johann-Peter-Hebel-Str., Tel. 2353, Fax
mit   51657, Di. geschl., ÜF 33- 62 DM (1559 gegründetes
Gastro-   Wirtshaus, seit 1704 im Besitz der Familie *Barth.* 1799
nomie   logierte in der "Hebelstube" der alemannische Dichter
                 Johann Peter Hebel)

Gastro-
nomie

●*Hotel Feinschmecker-Restaurant Wagnerstüble* ***,
Wildbader Str. 45/I, Tel. 8758, Montagabend und Di. geschl. *(Roy Kieferles* Vollwertküche ist bekannt aus Fernsehen und Presse)

●*Lauser´s Valentino,* Restaurant-Bistro mit Café, Schulstr. 6, Tel. 2347 (originelles Speiseprogramm, Jugend-
stildekor)

●*Eyachmühle* (nicht zu verwechseln mit dem Gasthaus
Eyachbrücke an der B 294), im Eyachtal, Tel. (07801)
2591. Di. Ruhetag, tgl. 9.00-20.00 Uhr geöffnet, Mo. ab
17.00 Uhr (Wild- und Fischgerichte; Heidelbeer- und Prei-
selbeerwein; Kräuterschnaps Eyachtaler Hexengeist)

Aktivitäten

●*Baden:* Dobler Bad, Tel. 74526 (Innenbecken: 28 Grad,
Außenbecken 32 Grad; Jet-stream-Anlage, Sauna, Solarium)

Wildsee
bei
Kaltenbronn

Tour 3

Übers Große Enztal ins Murgtal

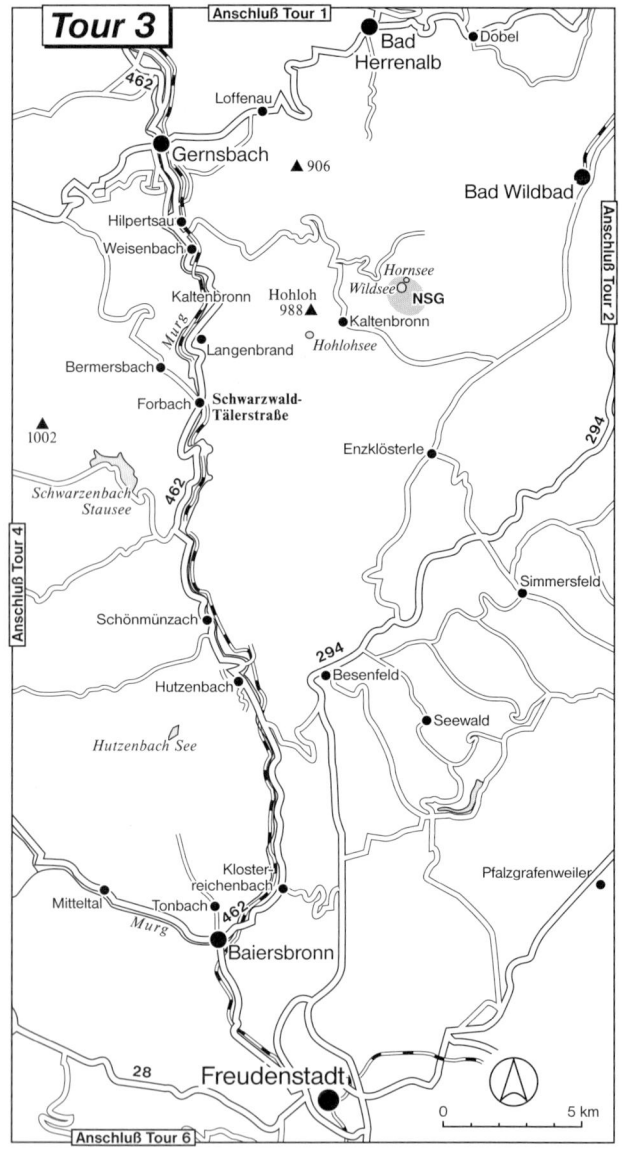

Route   Gernsbach – Kaltenbronn – Baiersbronn – (über
die Schwarzwaldtälerstraße) nach Forbach –
Gernsbach

Beschrei-   Das höchstgelegene deutsche Moorgebiet (Wild-
bung   und Hohlohsee), zwei spektakuläre Fein-
schmeckertempel ("Traube" und "Bareiss" in
Baiersbronn) – ein von allerlei Nixen und Undinen
bewohnter See (Huzenbacher See) – und ein
schluchtartiges Tal (zwischen Schönmünzach
und Gernsbach): diese landschaftlich reizvolle
Tour ist leicht an einem Tag zu bewältigen.

Gernsbach

> **Vorwahl:** 07224   **PLZ:** 76593
> **Einw.:** 15.000   **Höhe:** 160-990 m
> **Ortsteile:** Scheuern (2 km),
> Staufenberg (3 km), Lautenbach (5 km),
> Obertsrot (3 km), Hilpertsau (5 km)

Tour 3

Überblick   Wo das enge, wilde mittlere Murgtal langsam in
das dichtbesiedelte, weite untere Murgtal über-
geht, da liegt die "Perle des Murgtals". Gernsbach, dessen Stadtrechte auf das Jahr 1243
zurückgehen, war vom 17. Jahrhundert bis zum
Niedergang der Flößerei im 19. Jahrhundert das
florierende **Zentrum der Flößerei** in der Umgebung. Die Zunft der Murgschifferfahrt besaß riesige Wälder, deren Bäume gefällt, zu Flößen zu-
sammengebunden und die Murg hinunter zum
Rhein geflößt wurden.
   Heute existieren in Gernsbach noch ein Sägewerk und eine Papierfabrik, im "Papiermacher-
haus" ist die einzige **Papiermacherschule**
Deutschlands beheimatet. Die Stadt, an der
Schwarzwald-Tälerstraße gelegen, war ursprünglich ein viel besuchter Fremdenverkehrsort, der
mit dem wachsenden Verkehr auf der Schwarzwald-Tälerstraße viel von seiner Anziehungskraft
für Urlauber verloren hat.

Sehens- **wertes**	Sehr fotogen steigt die alte Stadt auf dem linken Murgufer terrassenförmig an. Neben den vielen alten Fachwerkhäusern und hübschen Brunnen ist besonders das *Alte Rathaus* am Marktplatz sehenswert. Es wurde im 17. Jh., zu Beginn der goldenen Zeit der Flößerei, im reichverzierten Spätrenaissancestil für den mächtigsten Mann der Murgschifferzunft errichtet.

Info
●*Verkehrsamt Gernsbach,* Igelbachstr. 11, 76593 Gernsbach, Tel. (07224) 64444, Fax 50996

Unterkunft
●*Hotel-Restaurant-Café Sonnenhof,* Loffenauer Str. 33, Tel. 6480, Fax 64860, ÜF 60-75 DM (schöner Ausblick auf Gernsbach, Schwimmbad, Sauna)
●*Minotel Stadt Gernsbach,* Hebelstr. 2, Tel. 2091, Fax 2094, ÜF 75-95 DM (ruhiges, freundliches Haus)
●*Naturfreundehaus Weise Stein,* Gernsbach-Staufenberg, Info. Tel. 50747 (36 Pers., Zweibettzimmer bis Zwölfmannlager)
●*Naturfreundehaus Bonora,* (15 Min. vom Höhenhotel Rote Lache), Info: *E. Rihm,* Tel. (07222) 25452 (21 Pers., Zweibett- bis Achtbettzimmer)

Aktivitäten
●*Angeln:* Forelle, Karpfen, Schleie, Zander, Barsch, Aal, Bräse und Rotauge in der Murg und im Täufelbachsee; Karten beim Verkehrsamt
●*Radwandern:* "Wir radeln durchs Murgtal" (Bahnfahrt Gernsbach – Schönmünzach, 20 km Rückradeln durchs Murgtal). Info: Verkehrsamt

Ausflugs- und Wanderziele

Kalten-
bronn
In immer engeren Kehren windet sich das kleine Sträßchen von Hilpertsau (südlich von Gernsbach) hoch zum Kaltenbronn. Wenn im Winter kaum Gegenverkehr herrscht und Nebelschwaden zwischen den Bäumen hängen, ist das Sträßchen von geheimnisvoller Weltentrücktheit; im Frühjahr verwandelt es sich dann in eine von Ausflüglern gut befahrene Strecke, die besonders auf Motorradfahrer eine magische Anziehungskraft ausübt.

Bohlenweg
am Wildsee

Tour 3

Wildsee Das größte und schönste ***Hochmoorgebiet*** des
Nordschwarzwaldes ist zweifellos das Wildsee-
moor. Bohlenwege, die in ihren Anfängen bis ins
18. Jh. zurückgehen, führen durch das ca. 2 qkm
große Moorplateau, vorbei am 2,3 ha großen
Wildsee und seinem kleineren Kollegen, dem
0,7 ha großen Hornsee. Charakteristisch für diese Gegend sind die meist verkrüppelt wachsenden Legföhrenbestände, die im Winter von der
Last des Schnees an den Boden gedrückt werden und sich nur wenig über die Moorfläche erheben. Entsprechend dem arktischen Lebens-
raum des Wildseemoores, ist die Tierwelt arten-
arm; am vielfältigsten sind die Libellen, die hier,
isoliert von ihrem heutigen Verbreitungsgebiet in
Skandinavien, als Relikte aus der Eiszeit überlebt
haben. Diese nährstoffarme Lebenswelt aus Tieren und Pflanzen ist von einer Empfindlichkeit,
wie sie sonst nur noch im Bereich des nördlichen
Polarkreises anzutreffen ist. Daher ist es strikt
verboten, die Bohlenwege des Naturschutzgebietes zu verlassen. Es dauert da oben Jahr-
zehnte, bis sich ein durch einen Tritt verletzter
Schwingrasen wieder erholt hat. Ab Parkplatz Kaltenbronn muß man mit einer Wanderdauer von ca.
einer Stunde zum Wildsee und zurück rechnen.

Hohlohsee Westlich des Wildsees liegt das weniger bekannte, 36 ha große Hohlohseegebiet, das in seiner
Geschichte und Beschaffenheit mit dem Wildsee
vergleichbar ist.

●*Gastronomie mit Unterkunft:* *Gasthaus Sarbacher***,
Kaltenbronn, Tel. 1044, im Sommer kein Ruhetag, ÜF 75-
85 DM (feine badische und schwäbische Küche)
●*Wintersport:* 2 Skilifte mit Flutlicht, vier mark. Langlauf-
loipen, Skischule- und verleih.

Teufelsmühle und Plotzsägemühle siehe Bad
Herrenalb

Baiersbronn

Vorwahl: 07442   *PLZ:* 72270
Einw.: 16.000   *Höhe:* 400-1153 m
Ortsteile: Huzenbach (14 km),
Klosterreichenbach/Hesselbach (3 km), Mitteltal (4 km), Obertal/Buhlbach/Schliffkopf
(8 km), Tonbach (5 km), Röt/Röt-Schöne-
gründ (7 km), Schönmünz/Hinterlangenbach
(25 km), Schönmünzach (18 km), Schwarz-
enberg (18 km)

Überblick Beim bloßen Durchfahren hat der Ort wirklich
nichts Besonderes an sich. Dennoch gehört
Baiersbronn neben Baden-Baden mit mehr als
800.000 Übernachtungen zu den Spitzenreitern
im Schwarzwälder *Fremdenverkehr.* Die über
190 Quadratkilometer große Gesamtgemeinde
Baiersbronn ist die größte Landgemeinde der
Bundesrepublik. Die Gemeinde, die sich aus
dem 5700 Einwohner zählenden Kernort Baiersbronn und weiteren neun eingemeindeten Orten
zusammensetzt, wartet mit sechs Seen, über
1100 km markierten Wanderwegen und über
3000 Sitzbänken für müde Wanderer auf. Absolut spektakulär ist die Baiersbronner *Gastronomie,* bundesweit bekannt sind der Fein-
schmeckertempel im Sporthotel *"Traube"* in Ton-

bach und das Restaurant *"Bareiss"* im Kurhotel
Mitteltal. Und auch für den Urlaub mit Kindern hat
die Gemeinde viel zu bieten.

Info　　　　●*Kurverwaltung,* Freudenstädter Str. 36 a, 72270 Baiersbronn, Tel. (07442) 841414, Fax 7087

Unterkunft　●*Sporthotel Traube***,* Tonbachstr. 237, Tonbach,
mit　　　　Tel. 4920, Fax 492692, Mo, Di, Jan. und Juli. geschl.,
Gastro-　　ÜF 175-255 DM (die "Schwarzwaldstube" wurde 1995 von
nomie　　　der Zeitschrift "Capital" als allerbestes Lokal Deutschlands
　　　　　　prämiert; Michelin hat drei Sterne vergeben)
　　　　　●*Hotel Bareiss***,* Gärtenbühlweg 14, Mitteltal, Tel. 470,
　　　　　　Fax 47320, Mo., Di., Juni und Mitte Nov. – Dez. geschl.,
　　　　　　ÜF 190-300 DM (steht kulinarisch in Konkurrenz zur "Trau-
　　　　　　be". Eine preiswertere Alternative zum Gourmetrestaurant
　　　　　　des Hauses sind die "Dorfstuben", zwei originale Bauern-
　　　　　　stuben aus der Zeit um 1800; Schwarzwälder Spezialitäten
　　　　　　und Vesperkarte)
　　　　　●*Hotel Engel*-***,* Obertal, Tel. (07449) 850, Fax
　　　　　　85299, ÜF 85-190 DM (im barocken Stil ausgestattete,
　　　　　　sehr großzügige Räumlichkeiten, Komforthotel)
　　　　　●*Hotel Adler-Post*-**,* Ruhesteinstr. 525, Obertal,
　　　　　　Tel. (07449) 390, Fax 8049, ÜF 55 DM (Der Wirt, der
　　　　　　"Schnoga-Karle", macht gelegentlich selbst Musik; auch
　　　　　　vegetarische Küche)
　　　　　●*Hotel Pension Stöckerhof,* Reuteweg 1, Baiersbronn,
　　　　　　Tel. 3517, Fax 50637, ÜF 45-55 DM (ruhig und gemütlich,
　　　　　　10 Gehminuten vom Zentrum entfernt)

Camping　●*Campingplatz Tannenfels,* Tel. 212 (ebenes Wiesen-
　　　　　　gelände an der Murg, 1 km vom Ort, wenig Schatten,
　　　　　　wintersportgeeignet, Restaurant, Einkaufsmöglichkeit)

Gastro-　　●*Petrusschänke*,* Obertal, Rechtmurgstr. 126, Tel.
nomie　　　(07449) 1001, Mo. und Di. geschl. (originelle gemütlich-
　　　　　　schummrige Atmosphäre in einer ehemaligen Kirche,
　　　　　　Steaks und Pasta)

Aktivitäten　●*Angeln:* Forelle in der Murg und in der Forbach, Angel-
　　　　　　karten bei den Kurverwaltungen
　　　　　●*Drachenfliegen:* Drachenfluggelände am Stöckerkopf,
　　　　　　Baiersbronn, Info: *Werner Walch,* Tel. 5572
　　　　　●*Fahrradverleih:* am Bahnhof, von April bis Oktober
　　　　　●*Gleitschirmfliegen: Sport-Frey,* Baiersbronn, Tel. 6468
　　　　　●*Kutsch- und Schlittenfahrten: H. W. Hamcher,* Baiers-
　　　　　　bronn, Tel. 6810 und 4220
　　　　　●*Radtouren:* "Tour de Murgtal" (jeden Mo. Mai-Sept.,
　　　　　　ca. 25 km von Baiersbronn bis Forbach, Rückfahrt mit
　　　　　　der Bahn)

Tour 3

Winter-sport	● *"Skiarena Schwarzwaldhochstraße"* (siehe dort) ● *Eislaufhalle* mit Eisstockschießen: in Baiersbronn, von Dezember bis März geöffnet, Tel. 7702 ● *Loipen: Sankenbachloipe,* Länge 2,5 km, 550 m Höhenlage, leicht. *Dorfloipe Mitteltal,* Länge 3 km, 570 bis 600 m Höhenlage, Rundkurs. *Tonbach-Loipe,* Länge 2 km, 560 m Höhenlage, leicht ● *Skischule: Sporthaus Klumpp,* Baiersbronn, Tel. 4147

Ausflugs- und Wanderziel

Huzen-bacher See	Vom Ortsteil Huzenbach aus kann man eine ca. zweistündige Wanderung südwestwärts zum sagenumwobenen Huzenbacher See machen. Unter den wilden Seerosen soll er von Nixen, Moorweiblein, Undinen, Baumwichteln und Huzen, den Wurzelzwergen, bevölkert sein. Auf denjenigen, der ein verzaubertes Wichtlein befreit, wartet eine lebenslange Belohnung. Wie eine vorweggenommene Bitte um Umweltschutz hört sich das Lied aus der Sage an: "Ach, es stirbt so manches Fichtel,/helft den Gnomen, helft den Wichtel,/helft den Tieren, helft dem Wald,/aber bald, aber bald!". Im Ort dem Sträßchen folgen, das beim Andenkengeschäft abzweigt, bis sich der Weg dreiteilt. Den mittleren Weg zum Waldtal des Seebaches bis zum Ende folgen. Über eine geschotterte Forststraße halbrechts über das Seebach-Brückle noch ca. eine Stunde Weg zum See.

● *Info: Kurverwaltung-Nebenstelle,* Murgtalstr. 545, 72270 Baiersbronn-Huzenbach, Tel. (07447) 368, Fax 1594

Forbach

Vorwahl: 07228	**PLZ:** 76596
Einw.: 6000	**Höhe:** 220-1050 m
Ortsteile: Langenbrand (3 km), Bermersbach (3 km), Herrenwies (17 km), Schwarzenbach (10 km), Hundsbach (15 km), Kirschbaumwasen-Raumünzmach (6-8 km)	

Überblick   Noch bis ins Jahr 1790 hinein war für den murg-
taleinwärts Reisenden bei Forbach die Welt zu
Ende – denn damals endete hier die Straße. For-
bachs Sehenswürdigkeit gilt als "Meisterwerk der
Zimmermannskunst": die 1954 nach dem Vorbild
von 1778 wiederhergestellte *Holzbrücke,* die
hier die Murg überspannt. Mit ihren 40 m Länge
ist sie eine der größten freitragenden Holz-
brücken Europas.

   Südlich von Forbach biegt von der Schwarzwaldtälerstraße (B 462) die Straße zum *Schwar-
zenbachstausee* ab. Das Wasser des 2,2 km
langen Sees wird durch eine 65 m hohe und 380
m lange Mauer gestaut. Zur Zeit seiner Entstehung während des Ersten Weltkriegs galt das
Wasserkraftwerk als eine technische Meister-
leistung ersten Ranges. Bei schönem Wetter
wimmelt's auf dem See nur so von Badegästen,
Surfern und Ruderern; Segel- und Motorboote
sind allerdings nicht zugelassen.

Info   ●*Kurverwaltung,* 76596 Forbach, Tel. (07228) 2340,
Fax 2997

Unterkunft   ●*Schwarzenbach-Hotel,* Schwarzenbach, Tel. 9190,
Fax 91960, ÜF 60-80 DM
●*Jugendherberge Forbach,* Birket 1, Tel. 2427 (zwi-
schen Forbach und dem Ortsteil Bermersbach inmitten
eines ausgedehnten Waldgebietes gelegen)
●*Franz-Köbele-Jugendherberge,* Haus 33, Tel. (07226)
257, Fax 1318 (Umweltstudienplatz des Jugendherbergs-
werks, Umwelt-Bibliothek und Umwelt-Labor)
●*Naturfreundehaus Holderbronn,* Info: *M. Weiler,*
Tel. 728 (15 Pers., Zweibett- bis Sechsbettzimmer)
●*Naturfreundehaus Adolf Blessing,* Forbach-Erbers-
bronn, Info: *H. Hartig,* Tel. (0721) 403930 (34 Pers., Zwei-
bett- bis Sechsbettzimmer)
●*Campingplatz Erbersbronn,* Tel. 774 (Restaurant,
Wiesengelände mit wenig Schatten)
●*Campingplatz Herrenwies,* Forbach-Herrenwies,
Tel. (07226) 441 (Wiesengelände mit wenig Schatten)

Aktivitäten   ●*Angeln:* Hecht, Barsch und Forelle in der Murg und in der
Schwarzenbachtalsperre, Angelkarten bei der Kurverwal-
tung und im Schwarzenbach-Hotel
●*Baden:* Schwarzwaldbadezentrum Montana (1000 qm
beheizte Wasserfläche, Solarium). Bademöglichkeit in der
Schwarzenbach-Talsperre.

Tour 3

●*Radtour:* "Murgtal Randwandertour", Bahnfahrt Forbach – Baiersbronn, Rückfahrt mit dem Leihrad durch das Murgtal.

Winter-sport

●*Ortsteil Bermersbach:* Skilift mit Flutlicht, markierte Loipe, Skifernwanderweg
●*Ortsteil Herrenwies:* 4 Skilifte mit Flutlicht, Deutschlands größte Schneeanlage, 4 mark. Skiloipen, Skischule (Verleih)
●Weitere Möglichkeiten siehe *"Skiarena Schwarzwaldhochstraße"*

Ausflugs- und Wanderziel

Giersteine

Nördlich von Forbach, 160 m hoch über dem Murgtal auf einem Bermersbach vorgelagerten Bergrücken, thronen die Giersteine, drei verwitterte Granitfelsen mit eigenartigen Vertiefungen und Rillen. Einst sollen hier heidnische Priester ihren Göttern Tiere geopfert haben. Nach einer alten Sage hat hier eine Wahrsagerin den Heidenpriestern das Nahen des Christentums und den Beginn einer neuen Zeit prophezeit – daraufhin hätten die Priester hastig ihr Heil in der Flucht gesucht. Schon lange rätselten die Menschen über die kultische Bedeutung und die Entstehung der Felsen, aber niemals wurden sie derart mystifiziert wie während des Dritten Reiches. Als "Völkisches Denkmal" wurden sie propagiert, eine SS-Dienststelle gar forderte 1935 bei den örtlichen Behörden Urkundenkopien an, in denen die Giersteine als Opferstätte germanischer Zeit näher erklärt wären. Bis heute sind solche Urkunden nicht bekannt. Obwohl Geologen eine natürliche Erklärung für die Entstehung dieser Steine haben, blieb der Mythos bis heute lebendig.

Tour 4

Baden-Baden, Badische Weinstraße und Schwarzwald- hochstraße

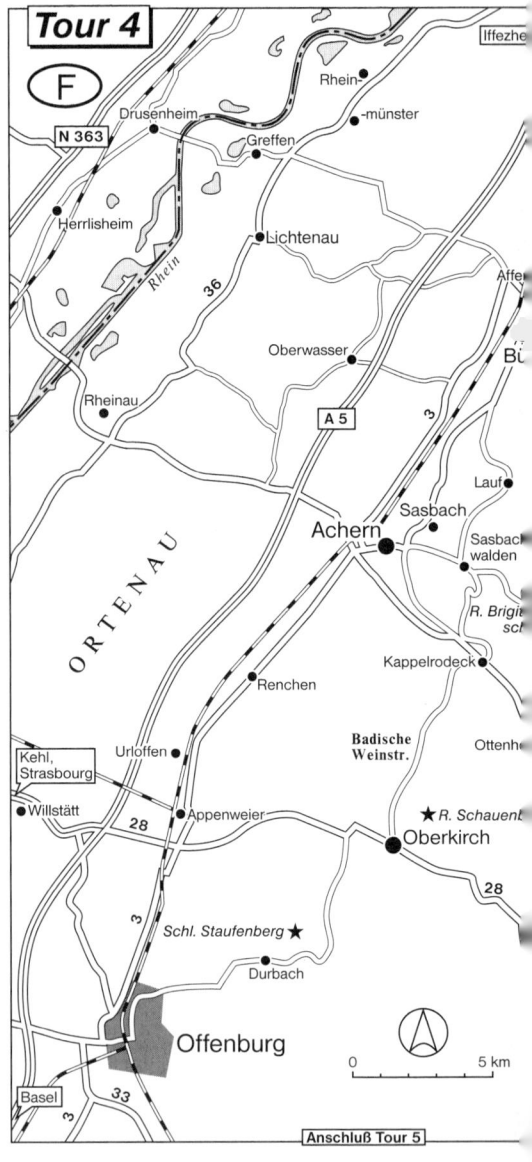

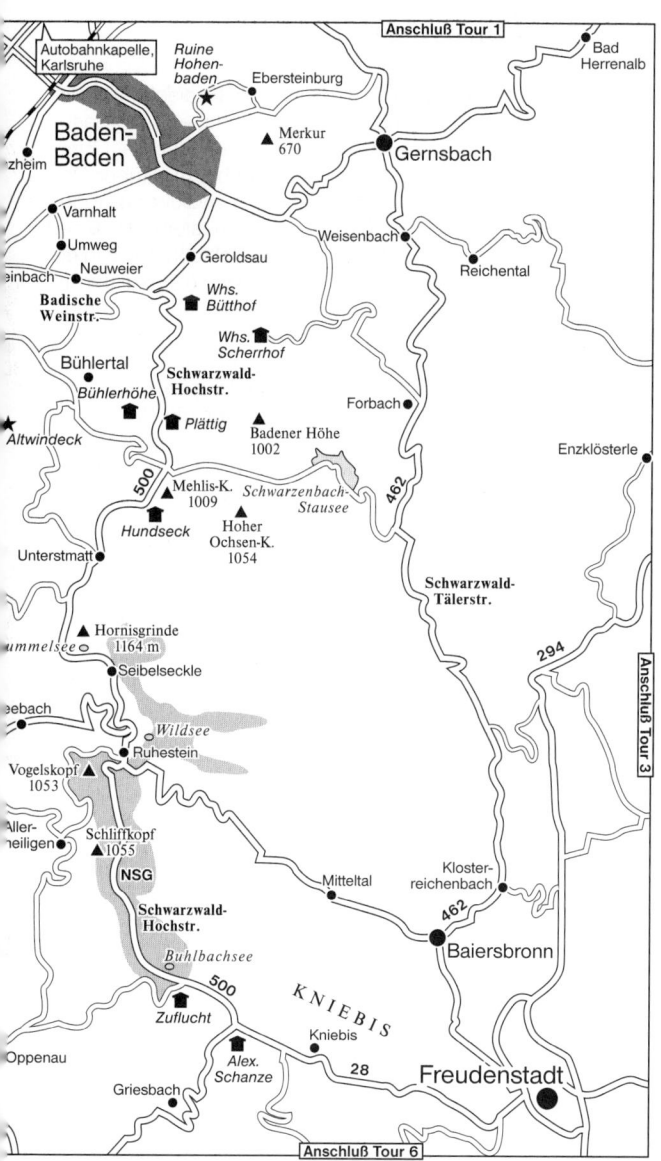

Überblick

Route

Baden-Baden – (entlang der Badischen Weinstraße Fahrt nach) Bühl/Bühlertal – Lauf – Sasbachwalden – Achern – Kappelrodeck – Oberkirch (mit Abstecher nach Durbach) – (über Oppenau Auffahrt auf die) Schwarzwaldhochstraße: Buhlbachsee, Schliffkopf, Ruhestein, Wildsee, Mummelsee, Hornisgrinde, Schloßhotel Bühlerhöhe (unterwegs Abstecher nach Allerheiligen im Lierbachtal und nach Seebach und Ottenhöfen im Achertal) – Baden-Baden

Beschreibung

Heiter und lieblich die Welt entlang der badischen Weinstraße, dunkel und düster die Wälder zu beiden Seiten der Schwarzwaldhochstraße – elegant die Stöckelschuhe im Spielcasino von Baden-Baden, praktisch die Wanderschuhe auf dem Weg zum abgelegenen Wildsee – prominent die Wasserfälle und die Klosterruine von Allerheiligen, weniger prominent, aber unbedingt besuchenswert: das internationale Trachten- und Volkskunstmuseum in Seebach. Diese Tour ist eine Tour der Gegensätze.

Baden-Baden

Vorwahl: 07221
Einw.: 52.000   **Höhe:** 102-1003 m
Ortsteile: Ebersteinburg (5 km),
Haueneberstein (8 km), Geroldsau (2 km),
Neuweier (7 km), Sandweier (10 km),
Steinbach (7 km), Varnhalt (5 km)

Überblick

Spuren einer Welt, die es an und für sich nicht mehr gibt – in Baden-Baden sind sie noch zu finden. Große Welt und ihr Glanz, das gibt es hier nicht nur im Spielcasino und während der Iffezheimer Rennwochen. Das gibt es auch da, wo man mit offenen Augen durch die Stadt geht.

Schlendern Sie einmal durch die Ladenpassage im Kurpark, betrachten Sie die Auslagen und die Preise und fragen Sie sich, wer das wohl alles kaufen kann – und will. Vielleicht sollten Sie wissen, daß es in Baden-Baden mehr Millionäre gibt als in jeder anderen Stadt der Bundesrepublik. Lassen Sie die ganze Stadt auf sich wirken, gehen Sie durch die Fußgängerzone, ist sie nicht ein ganz kleines bißchen ruhiger und edler als in anderen Städten? Vielleicht treffen Sie auch auf die vornehmen älteren Damen mit dem teuren Schmuck und den noch teureren kleinen Hunden auf dem Arm oder an der Leine.

Der Grund für das so edel anmutende Stadtbild von Baden-Baden soll, so erzählt man sich, ein Mißgeschick gewesen sein: Vor langer, langer Zeit sollen die Götter beim Spiel mit dem Baukasten der Geschichte alle Bauepochen durcheinander gebracht haben. Kurzerhand suchten sie sich einfach ihre Lieblingsbauten aus – Villen, Schlösser, Theater, Bäder, Kirchen und viele Bauten aus dem Klassizismus und aus der Gründerzeit – und stellten sie nach ihrem Gusto zu einem schönen Fleckchen bewohnter Erde zusammen.

Tour 4

Geschichte Wie der Name der Stadt schon besagt, war Baden-Baden von jeher eng mit seinen *Thermen* verbunden. Etwa im Jahr 70 n. Chr. richteten die Römer für die gichtgeplagten Knochen ihrer ausgedienten Legionäre zwei Bäder ein. Eine Siedlung, die sie *Aquae* (Heilbäder, Gesundbrunnen) nannten, entstand in den folgenden Jahren. Die Ruinen eines der beiden Bäder kann man heute noch besichtigen. Im 3. Jh. folgten dann die Alemannen, die die Stadt und deren Bäder größtenteils zerstörten.

Erst im 12. Jh. begann mit den badischen Markgrafen die weitere Entwicklung der *Badekultur,* die im 19. Jh. zu ihrem glanzvollen Höhepunkt führen sollte, Baden-Baden wurde zur "Sommerhauptstadt Europas".

Diese Entwicklung allerdings verdankt die Stadt zwei mörderischen Ereignissen der Weltgeschichte: der *Französischen Revolution* und der *Cholera.* Französische Adlige, die vor der Guillotine ins Ausland flüchteten, legten im damaligen kleinen Ort Baden, der von biederen Bauern und Handwerkern bewohnt war, einen Zwischenstop ein. Der Ort war schön, die Umgebung auch und Frankreich lag

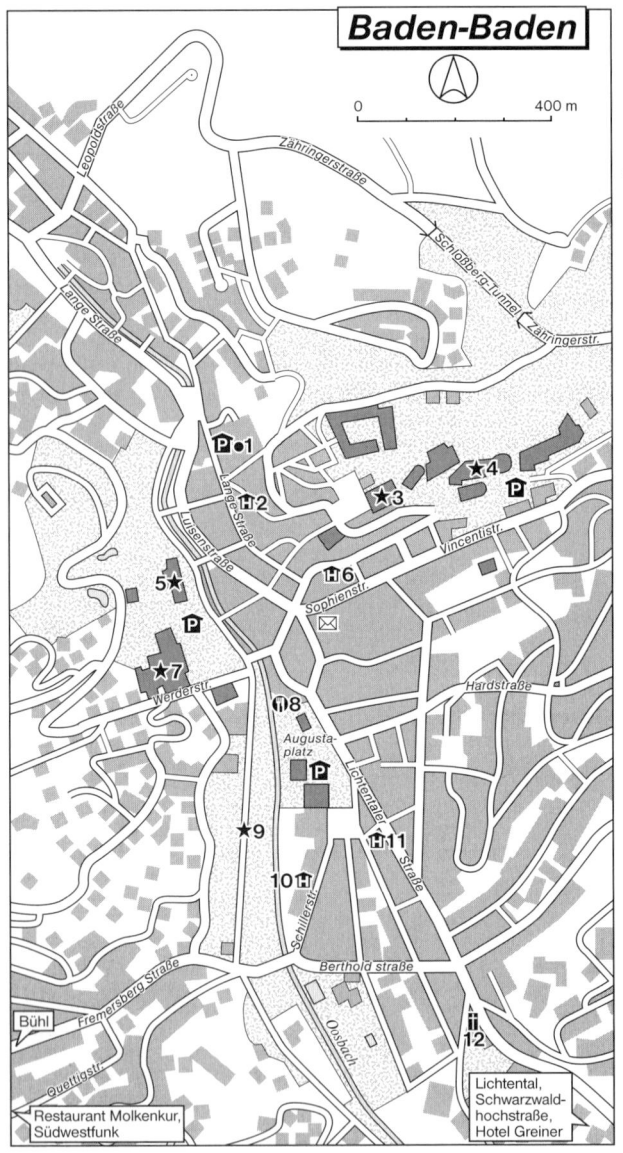

Baden-Baden

0   400 m

Leopoldstraße

Zähringerstraße

Schloßberg Tunnel

Zähringerstr.

Lange Straße

Lange Straße

Luisenstraße

P ●1

H 2

★ 3

★ 4

P

Vincentistr.

★ 5

H 6

Sophienstr.

P

Hardstraße

★ 7

Werderstr.

ⓜ 8

Augusta-platz

P

Lichtentaler Straße

★ 9

H 11

10 H

Schillerstr.

Berthold straße

Bühl

Fremersberg Straße

Oosbach

ⓘ 12

Lichtental,
Schwarzwald-
hochstraße,
Hotel Greiner

Quettigstr.

Restaurant Molkenkur,
Südwestfunk

● 1	Alter Bahnhof	★ 7	Kurhaus mit Casino
🏨 2	Hotel Colmar	🏨 8	Restaurant Stahlbad
★ 3	Friedrichsbad/Römische Badruinen	★ 9	Lichtentaler Allee
★ 4	Caracalla Therme	🏨 10	Brenner's Parkhotel
★ 5	Trinkhalle	🏨 11	Hotel Der Kleine Prinz
🏨 6	Hotel Laterne	⛪ 12	Russische Kirche

nahe. Sie blieben und ließen sich nieder. Dann wurde im Jahre 1830 Paris von der Cholera heimgesucht, wiederum floh der Adel nach Baden-Baden. Die Kombination von frischer Waldluft und sprudelnden Quellen galt als probates Mittel gegen eine Infektion.

1838 wurde die **Spielbank** eröffnet, 1858 lief das erste **Pferderennen** in Iffezheim. Baden-Baden war nun auf seinem Höhepunkt, es war "zum Asyl des glücklicheren Teils der Menschheit" geworden, wie die Leipziger Illustrierte im Jahre 1857 schrieb. Daß die Stadt weitaus populärer als alle anderen Heilbäder der damaligen Zeit war, hatte allerdings auch einen ganz handfesten Grund: Sie war einfach preiswerter.

Sehens-wertes

Die Prachtpromenade **Lichtentaler Allee** im Stadtzentrum war ursprünglich ein Verbindungsweg zwischen Baden-Baden und dem Kloster Lichtental. Um 1650 wurde hier entlang der Oos eine Eichenallee angepflanzt, die im 19. Jh. zur Parkanlage mit rund 300 exotischen Bäumen und Sträuchern aus aller Welt erweitert wurde. Im Mai blühen hier unzählige Narzissen, in den Folgemonaten dann Tulpen, Rosen und Dahlien. Die Stadtchronik besagt, daß hier so manch ein Künstler, Diplomat und Fürst – ja sogar Könige und Kaiser – entlang lustwandelten.

Tour 4

Nahe beim Kurhaus liegt die **Trinkhalle,** an deren Front ein 90 m langer Wandelgang mit korinthischen Säulen verläuft. Die Wände sind mit Wandmalereien und Kurzbeschreibungen der wichtigsten badischen Sagen geschmückt.
●Geöffnet tgl. 9.30-18.00 Uhr.

Unter dem Friedrichsbad liegen die restaurierten **Römischen Badruinen** eines rund 2000 Jahre alten Soldatenbades. In den 1847 entdeckten und freigelegten Thermen sind noch Ankleideräume, ein Luftschwitzbad, Schwitzbäder und ein Dampfbad zu erkennen. Besonders interessant ist die noch gut erhaltene Fußbodenheizung.

●Geöffnet ab Karfreitag bis 31.10. täglich von 10.00-12.00 und 13.30-16.00 Uhr. (Die Ruinen liegen teilweise hinter Glas und können daher von der Tiefgarage aus auch außerhalb der Besichtigungszeiten gesehen werden.)

Der gesellschaftliche Mittelpunkt Baden-Badens ist das *Kurhaus mit Casino*. Es wurde in den Jahren 1821-23 mit vielen repräsentativen Räumlichkeiten erbaut (unter anderem Weinbrennersaal, Runder Saal, Spiegelsaal, Casino).

Der *Besuch des Spielcasinos* ist unbedingt zu empfehlen. Es ist nicht nur Deutschlands

Baden-Baden,
Trinkhalle

älteste und größte Spielbank, sondern gilt auch als schönste der Welt. Einer der berühmtesten Spieler war *Fjodor M. Dostojewski* (1821-1881), der seine Eindrücke in dem Roman *"Der Spieler"* verewigte. Als Spielsüchtiger konnte er sogar dann nicht aufgeben, als er schon seine Kleidung und Eheringe versetzen mußte. Zwar finden täglich Führungen durch die in den Farben Rot und Gold schwelgenden Räume statt, aber so richtig erleben kann man das Casino erst abends während des Spielbetriebes. Schwellenangst braucht man keine zu haben, mit gepflegter Kleidung (bei den Herren Jacket- und Krawattenzwang) ist man dabei. Wem es nicht genügt, mit einem Glas Sekt in der Hand durch die Hallen zu schlendern, der kann schon mit 5 DM Mindesteinsatz bei Roulette, Baccara, Black Jack, Poker oder Klondyke mitmischen.

●Besichtigungen: April-Sept. täglich 9.30-12.00 Uhr und Okt.-März 10.00-12.00 Uhr. Spielbetrieb: tgl. 14.00-2.00 Uhr, Baccara und Punto Banco auch länger. Eintritt 5 DM

Wer einmal in die warmen Wasser der **Caracalla-Therme** eingetaucht ist, der will dieses Gefühl von Erholung und Entspannung für Leib und Seele nicht mehr missen. Anders als in den weit verbreiteten sogenannten "Erlebnisbädern" soll man in der Caracalla-Therme gar nichts erleben, sondern mal alles vergessen und was für sich tun. Beim Umbau des ehemaligen Augustabades in den achtziger Jahren wurde jeglicher Schnick-Schnack vermieden, einziges Deko sind zwei Plastikpalmen und eine steinerne Nackte am Beckenrand. Das reicht auch, denn der Blick von den riesigen Panoramafenstern auf gepflegtes Grün und stilvolle Bürgerhäuser ist Erlebnis genug. Fast 1000 qm Wasserfläche mit Innen- und Außenbecken, Kaltwasser- und Heißwassergrotte, Massagedüsen, Whirlpool und Strömungskanal, 700 qm Saunalandschaft, Solarien. Übrigens, sollte es Sie mal nach Japan verschlagen: Dort steht eine originalgetreue Nachahmung der Caracalla-Therme.

Tour 4

●Geöffnet tgl. 8.00-22.00 Uhr, Eintritt 18 DM für zwei Stunden.

Die Bezeichnung Bad ist eine starke Untertreibung für das kaiserliche *Friedrichsbad,* das seit seiner Entstehung in den Jahren 1869 bis 1877 als eines der schönsten Thermalbadehäuser gilt. Schon von außen prunkvoll, geizt das Römisch-Irische Bad auch innen nicht mit hohen und weiten Räumen aus Marmor, mit Messing, Stuck, schlanken Säulen, Fresken und bemalten Kacheln.

●Römerplatz 1, Tel. 275920/21, Fax 275980. Geöffnet Mo.-Sa. 9.00-22.00, So. 14.00-22.00, Di. und Fr. 16.00-22.00 Uhr, Do und So ganztags Gemischtbaden. Bad mit Bürsten- und Seifenmassage 38 DM, ohne Bürstenmassage 28 DM.

Info   ●*Baden-Baden Marketing Ges. für Kur, Touristik u. Stadtentwicklung mbH,* Augustaplatz 8, 76530 Baden-Baden, Tel. (07221) 275200, Fax 275202

Unterkunft mit Gastronomie
●*Brenner's Parkhotel****, Schillerstr. 6, Tel. 9000, Fax 38772, ÜF 195-480 DM (eines der letzten Grandhotels in Europa und eines der hundert besten Hotels der Welt)
●*Hotel Tannenhof****, Hans-Bredow-Str. 20, Tel. 271181, Fax 271186, Sa., So. und feiertags geschl., ÜF 70-150 DM (im Gelände des Südwestfunk ruhig gelegen, empfehlenswertes Restaurant "Piemonte" mit norditalienischer Küche)
●*Hotel Laterne,* Gernsbacherstr. 10-12, Tel. 29999, Fax 38308, ÜF 60-80 DM (300 Jahre altes Haus direkt in der Fußgängerzone; rustikales Restaurant)

Unterkunft
●*Der Kleine Prinz,* Lichtentaler Str. 36, Tel. 3464, Fax 38264, ÜF 150-200 DM (ein Haus für Romantiker, nach Motiven des Buches *"Der kleine Prinz"* von *Saint Exupéry* dekoriert)
●*Hotel Colmar,* Lange Str. 34, Tel. 93890, Fax 93950, ÜF 73-85 DM
●*Pension Schuler,* Lichtentaler Str. 29, Tel. 23619 und 82639, ÜF 55-65 DM
●*Hotel Greiner,* Lichtentaler Allee 88, Tel. 71135, ÜF 45-60 DM (liebevoll eingerichtet).
●*Werner-Dietz-Jugendherberge,* Hardbergstr. 34, Tel. 52223, Fax 60012 (mit Ausblick bis in die Rheinebene; ca. 30 Gehminuten vom Zentrum entfernt)

Gastro-
nomie

●***Stahlbad******, Augustaplatz 2, Tel. 24569, Fax 390222, So. und Mo. geschl. (edelste badische Eßkultur, gut be-stückte Weinkarte).

●***Weinstube im Baldreit*****-***, Küferstr. 3, Tel. 23136, Mo. geschl. (rustikaler Gewölbekeller, wunderschöner, weinumwachsener Innnenhof)

●***Auerhahn*****, Geroldsau, Geroldsauer Str. 160, Tel. 7435 Fax 7432, Do. geschl. (gemütlich)

●***Namaskaar*****, Kreuzstr. 1, Tel. 24681, Di. geschl. (exo-tisch-indisch, gut, nicht zu teuer)

●***Molkenkur****-**, Quettigstr. 19, direkt beim Südwestfunk, tgl. 10.20-14.30 und 17.30-24.00 Uhr, Tel. 33257, Fax 38579 (einstmals eine Molkenkur aus dem Jahre 1818, puppenartiges Restaurant mit "Schneewittchen-und-die-sieben-Zwerge"-Atmosphäre; solide Küche, günstige Preise)

Im Restaurant
"Molkenkur"

●***Weinstube Eckberg****, Eckhöfe 12, Zufahrt über Hahn-hofstr. gegenüber der russisch-orthodoxen Kirche, Tel. 71530, Di. und Fr. geschl. (Weingut mit rustikal-gemüt-lichem Vesperrestaurant)

●***Waldgaststätte Scherrhof*** **, Im Stadtwald: ab Lich-tental Richtung Gernsbach-Forbach bis Hotel Forellenhof, ab dort Richtung Forbach nach ca 7 km rechts abbiegen und noch ca. 3 km durch den Wald fahren, Tel. 7417, Di. und im Winter auch Mo. geschl. (uriges Holzhaus; Haus-macherküche, z.B. Rahmkäse und Wildgerichte)

Aktivitäten

●***Angeln:*** Forellen im Grobbach, Ortsteil Geroldsau, Info: Tel. 22304

●***Baden:*** Caracalla-Therme und Römisch-Irisches Bad (siehe Sehenswertes). Bertholdbad (Hallenbad), Di., Mi., Do., Fr. 7.45-9.00 und 13.00-20.00 Uhr. Sa. 7.45-15.00 Uhr. Bertholdbad (Freibad), tgl. 7.45-20.00 Uhr. Hard-bergbad (Freibad), tgl. 10.00-19.45 Uhr

●***Ballonfahren:*** mit dem Heißluftballon "Baden-Baden" zwischen Schwarzwald und Vogesen. Mindestfahrzeit 1 Stunde, ca. 500 DM inkl. Champagner. Info: Ballooning 2000, Tel. 60002, 60003, Fax 60005 (eine richtig aufge-blasene Gesellschaft – mit fast zwei Dutzend Ballons ist sie die größte Ballonflotte Europas)

●***Golf:*** Golf-Club Baden-Baden e.V., Fremersbergstr. 127, 18-Loch-Platz, (der Platz zählt zu den landschaftlich schön-sten Golfplätzen Europas), Par 64, Herren 4575 m, Damen 4095 m. Klubausweis mit eingetragenem Handicap erfor-derlich. Tel. 23579

●***Klettern:*** an den Battertfelsen, siehe Ausflugsziele.

●***Museen: Stadtmuseum*** im Baldreit (Hier kann man der fast zweitausendjährigen Geschichte der Weltstadt an der Oos folgen), Küferstr. 3. Tel. 932272, Di.-So. 10.00-12.30 und 14.00-17.00 Uhr. **Brahmshaus** (Der Komponist wohnte hier von 1867-1874), Maximilianstr. 85, Tel. 71172,

Tour 4

Mo., Mi. und Fr. 15.00-17.00, So. 10.00-13.00 Uhr. **Spiel-zeugmuseum** (Puppen und Puppenhäuser aus zwei Jahrhunderten), Gernsbacher Str. 48, Tel. 32511, Di.-Fr. 15.00-18.00 Uhr.

●**Stadtführungen:** jeweils sonntags 10.30 Uhr

Ausflugsziele

Battert-felsen

Die Felsen des Battert, ca. 4 km vom Stadtzentrum entfernt, sind nicht nur für Kletterer ein absolutes Muß! Seit über 100 Jahren kraxeln und hangeln sich Kletterer aus nah und fern die bis zu 60 m hohen Felsen hoch (400 Routen vom III. bis IX. Schwierigkeitsgrad. Auskunft: Deutscher Alpenverein, Sektion Baden-Baden-Murgtal, Tel. 17200). Die bis zu 568 m hohen, aus Quarzporphyr gebildeten Felsformationen des Battert waren für die Kelten eine Fluchtburg, Reste von Steinwällen sind noch auf der Nord- und Ostseite vorhanden. Ausgangspunkt: Waldparkplatz "Battert" bei Ebersteinburg.

Altes Schloß

Am Westhang des Battert thront die **Burgruine Hohenbaden,** gemeinhin als "Altes Schloß" bezeichnet. Die 1102 erbaute Burg wurde Ende des 16. Jh. durch einen Brand zerstört. Vom Turm bietet sich ein herrlicher Rundblick über Baden-Baden mit Fernsicht auf die Rheinebene und bis zu den Vogesen. Sehr romantischer Burghof.

Eberstein-burg

Wenn man vom Alten Schloß an der Nordseite des Battert weiterfährt, kommt man zum Dörfchen Ebersteinburg, das von der gleichnamigen **Ruine** überragt wird. Die Burg wurde von 1085 bis 1282 von den Markgrafen von Baden bewohnt, bis diese nach Schloß Eberstein umzogen. Anschließend wurde das Gemäuer bis auf eine kurze Ausnahme im 18. Jh. nie mehr bewohnt.

●**Gastronomie:** *Versperstube Burgruine Alteberstein**-**, Tel. 28899. Geöffnet im Sommer 11.00-20.00 Uhr, im Winter 11.00-18.00 Uhr. Im Winter nur am Wochenende offen (Hausmannskost und Wildgerichte)

Merkur   Landschaftliches Wahrzeichen von Baden-Baden ist der 668 m hohe Merkur, dessen Name von der Entdeckung eines römischen Votivsteins für den Gott Merkur herrührt. Der Gipfel kann nur per pedes oder mit der Bergbahn erstürmt werden; die 1913 erbaute Bahn überwindet auf 1200 m immerhin eine Steigung von bis zu 54 %. Betriebszeit tgl. 10.00-18.00 Uhr alle 15 Minuten.

Gerolds-   Südlich von Baden-Baden führt vom Örtchen Ge-
auer   roldsau ein bequemer, etwa halbstündiger Weg
Wasser-   durchs Grobbachtal zu den Geroldsauer Was-
fälle   serfällen. Besonders lohnenswert ist ein Besuch zur Zeit der Schneeschmelze, wenn große Wassermassen zu Tal stürzen und Ende Mai, Anfang Juni, wenn dort nach und nach Hunderte von Rhododendren in leuchtenden Farben blühen. Einst wurden die Rhododendren zur Landschaftsverschönerung gepflanzt; mittlerweile sind die Büsche verwildert und gedeihen in der engen und feuchten Schlucht ausnehmend gut.

●**Gastronomie:** *Waldgaststätte Bütthof* *, 200 m oberhalb der Geroldsauer Wasserfälle, Tel. 73747, kein Ruhetag (Fleisch und Fisch vom Grill mit köstlichen Bratkartoffeln; an schönen Tagen trifft sich im Biergarten gerne schickes, junges Volk)

Tour 4

**Iffez-
heimer
Galopp-
rennen**

Die berühmteste Veranstaltung Baden-Badens läuft woanders: im 12 km entfernten Iffezheim. Zweimal jährlich, Ende Mai/Anfang Juni während des Frühjahrsmeetings und Ende August/Anfang September bei der Großen Woche, findet hier ein Galopprennen statt, das pro Jahr immerhin mehr als 150.000 Zuschauer anlockt. Was die Iffezheimer Galopprennen so reizvoll macht, ist die Mischung aus Volksfestatmosphäre und Großer Welt, allerdings beides fein säuberlich voneinander getrennt: Die gut Betuchten und die Damen mit den großen Hüten haben ihr eigenes, eingezäuntes Terrain für sich.

● **Gastronomie:** Seit Jahren kulinarischer Dauerhit ist das vom *Steigenberger Hotel* ausgerichtete Frühstücksbuffet neben der Rennbahn. Während der Rennwochen tgl. 7.00-10.00 Uhr, Frühstück pro Person inkl. einem Glas Sekt 23 DM, Kinder unter 1,20 m! 11 DM.

**St. Chri-
stophorus**

Eine inoffizielle Zufahrt nach Iffezheim führt von der A 5 über die Ausfahrt zur Baden-Badener **Autobahnkirche** St. Christophorus. Die 1978 in Form einer Pyramide gebaute Kirche sollte nach dem Willen des Architekten den "Nomaden der Straße nach dem rauschhaften Erleben des Autofahrens ein Ort der Einkehr" sein; Rutengänger wissen um eine "starke, ringförmige geomantische Linienführung". St. Christophorus erfreut sich nicht nur bei den "Nomaden der Straße" einer immer größeren Beliebtheit, sondern auch bei Hochzeitspaaren, für die die exotische Form mit den farbenprächtigen Fenstern des Professor *Wachter* einen einmaligen (sehr fotogenen!) Rahmen für ihre Traumhochzeit abgibt.

**Baden-
Badener
Rebland**

Nur wenige Kilometer vom Stadtzentrum in Richtung Süden breitet sich eine ganz andere Welt aus: Die Weindörfer Neuweier, Steinbach, Umweg und Varnhalt sind zwar Ortsteile von Baden-Baden, aber im Gegensatz zum weltläufigen Badeort verkörpern sie eine bodenständige badische Idylle, wie sie nicht schöner sein könnte. Das Rebland gilt als ein wichtiges badisches

Weinbaugebiet, eine sowohl landschaftliche als auch kulinarische Verlockung mit gemütlichen Weinlokalen und erstklassigen Restaurants.

● **Gastronomie:** *Zur Traube,* Mauerbergstr. 107, Neuweier, Tel. (07223) 57216, Mi. geschl. (rustikal; badische Küche vom Vesper bis zu Fischspezialitäten); *Bocksbeutel****, Umweger Str. 103, Steinbach/Umweg, Mo. bis Di. 17.00 Uhr geschl., Tel. (07223) 58031/32, Fax 60808, Mo. geschl, ÜF 60 DM (herrliche Aussicht ins Rebland; badischbodenständige Küche); *Gasthaus zum Weinberg***, Umweger Str. 68, Umweg, Tel. (07223) 96970, Di. geschl. (altes Fachwerkhaus mit Terrasse unter Lindenbäumen)

Bühl

Vorwahl: 07223	**PLZ:** 77815
Einw.: 25.000	**Höhe:** 130-1065 m
Ortsteile: Altschweier (2 km),	
Eisental-Affental (3 km), Neusatz (8 km)	

Überblick   Von Baden-Baden die B 3 entlangzurauschen und das Städtchen Bühl im wahrsten Sinne des Wortes links liegenzulassen, wäre ein Fehler. Denn Bühl kann mit einem Hinterland aufwarten, das der Weinexperte *Horst Scharfenberg* als den "herrlichen Dreiklang" einer Landschaft bezeichnete, gesegnet mit "anmutigen Rebenhängen, fruchtbaren Auen und romantischen Wäldern". Im milden Klima des Bühler Hinterlandes ist so manche Frucht, die sich anderswo in Deutschland schwertut. Nicht nur der Spargel ist hier früher als in anderen Gegenden Deutschlands ernteref, sondern auch die Zwetschge wächst so gut, daß der Ort für seine "Bühler Frühzwetschge" bekannt ist.

    Rot wie Blut und mit weichem, vollem Bukett, das ein wenig an Bittermandeln und Beeren erinnert, ist die Spezialität, die im Ortsteil **Affental** gekeltert wird. Von dort kann man tatsächlich einen Affen heimtragen, denn die Flasche des

Tour 4

129

Affentaler Spätburgunders wird von einem hand-bemalten, kupferfarbigen Affen umarmt.

Info   ●*Fremdenverkehrsamt,* 77815 Bühl,
Tel. (07223) 283233, Fax 283209

Unterkunft ●*Grüne Bettlad,* siehe Gastronomie
●*Campingplatz Adam,* Bühl-Oberbruch, Tel. 23194,
Fax 8982 (hervorragender Campingplatz auf ebenem bis
leicht welligem Gelände mit Liegewiesen, Bade- und Boot-
see, Restaurant, SB-Laden, Fahrradverleih, vielen Sportmöglichkeiten wie Surfschule; Chemietoiletten-Entsorgung
für Wohnmobile)

Gastro-   ●*Die Grüne Bettlad****, Blumenstr. 4, Tel. 24238,
nomie   Fax 24247, So. und Mo. geschl., ÜF 93-110 DM (Roman-
tisch mit Himmelbetten und altem Bauernmobiliar. Nicht
nur regional renommiertes Restaurant. Aus der einstigen
Eintracht wurde die "Grüne Bettlad", als die schöne Wirtin
in derselben im 16. Jh. einen Küfer erhörte. Ihr Mann -
erwischte sie in flagranti, aus war es mit der Eintracht,
Lästermäuler wußten alsbald einen neuen Namen für die
Herberge.)
●*Gude Stub****, Dreher. 9, Tel. 8480, Fax 900180,
Mo. und Samstagmittag geschl. (eine weitere Bühler Edel-
Eßadresse. Seit neuestem kocht hier *Ludwig Bechter* vom
Imperial, Schloßhotel Bühlerhöhe. Innenausstattung wie
aus der Puppenstube)

Ausflugsziele

Bühlertal Allein schon die Fahrt durch rebenbewachsene
Hänge lohnt den Ausflug ins 4 km entfernte Luft-
kurörtchen Bühlertal, langgestreckt eingebettet
zwischen Weinbergen, Obstplantagen und den
bewaldeten Abhängen des Schwarzwaldes.
Am **Fastnachtsdienstag Abend** wird in
Bühlertal in einer kurzen, aber eindrucksvollen
Zeremonie die Hexe verbrannt. Brennender
Scheiterhaufen, dunkel-dröhnende Trommeln,
durch Mark und Bein gehende Heul- und Klage-
laute – Reste einer archaisch-heidnischen Zeit.
Hier spürt man, was es heißt, nach einem auch
heute noch rauhen Schwarzwälder Winter den
Frühling zu erwarten.

●*Info: Verkehrsverein e.V.,* Postfach 70, 77830 Bühlertal,
Tel. (07223) 73395, Fax 75984

●**Unterkunft:** *Hotel- Restaurant-Café Badischer Löwe***, Place Faverges, Tel. 74266, Fax 75757, ÜF 70 DM (klein und schnuckelig; alles stimmt: die Lage, die Ausstattung, das Essen und der Service); *Hotel-Restaurant Rebstock***, Hauptstr. 110, Tel. 73118+73818, Fax 75943, Do. geschl., ÜF 70-90 DM

Ruine Alt-Win- deck

Südlich von Bühlertal erhebt sich 200 m über der Ebene die Ruine Alt-Windeck. Die Geschichte der um 1200 erbauten Burg ist mit endlosen Fehden der Familie *von Windeck* verwoben. Sie zerstritten sich so sehr, daß ein Teil der Familie im benachbarten Lauf die Burg Neu-Windeck gründete. Einer der beiden Bergfriede kann bestiegen werden, in der Burg ist heute ein Gasthaus untergebracht.

●**Wintersport:** siehe "Skiarena Schwarzwaldhochstraße"

Lauf

Vorwahl: 07841	**PLZ:** 77886
Einw.: 3900	**Höhe:** 200 -1010 m

Tour 4

Überblick

Ein hübscher kleiner **Erholungsort,** dessen Häuser und Gehöfte sich weit verstreut durch das Laufbachtal ziehen. Der Fernsehmoderator *Dieter Thomas Heck* hat Lauf zu seinem Wohnort erkoren und rührt die Werbetrommel für sein Dorf, wo immer es geht. Gelegentlich moderiert er auch mal eines der örtlichen Feste.

Ein uriges Stück ist die **Trotte** (Weinpresse) im Trotthaus Alsenhof, die vermutlich aus dem 16. Jh. stammt und die älteste deutsche Weinpresse sein soll.

●Geöffnet Mai-Okt. jeden Sonntag 14-18 Uhr.

Brauchtum

Auf Burg Neuwindeck, die Anfang des 14. Jh. erbaut wurde und nach dem 16. Jh. zerfiel, wird alljährlich am Samstag um den 20. Juni die Sonnenwende gefeiert.

Info

●**Verkehrsamt,** Hauptstr. 70, 77886 Lauf, Tel. (07841) 200623, Fax 28599

Unterkunft mit Gastronomie

●*Gasthaus-Pension Hardsteinhaus***, Tel. 5795, Fax 25755, durchgehend geöffnet, Mo. geschl., ÜF 40-50 DM (in der Spargelzeit frischer Spargel, mittwochs Flammkuchen, Aussichtsterrasse, sieben wohnzimmerartig, völlig unterschiedlich eingerichtete Räume. Bustourismus.)

●*Glashütte***, Glashütte 2, Tel. 3396, Fax 25755, Mo. geschl., ÜF 35 DM (viele Wild- und Fischgerichte)

Gastronomie

●*Schmidt-Stüberl***, Hornenbergstr. 17, Tel. 3944, Fax 29874, Di. und Mi. geschl. (badisch-französische Küche; die schreibende Wirtin dichtet über "Sonnenschein und Regen")

●*Aubach Schänke***, Aubachweg 1, Tel. 21621, tgl., außer Sa. und Di., ab 16.00 Uhr geöffnet (badische Küche, Spezialität: badischer Sauerbraten)

●*Rebstock**, Hauptstr. 50, Tel. 21567, geöffnet Sa. bis Do. 8.00-14.30 Uhr und 17.00-24.00 Uhr (preiswerte badische Küche)

Sasbachwalden

Vorwahl: 07841	**PLZ:** 77887
Einw.: 2300	**Höhe:** 220-1164 m

Überblick

Der Schriftsteller *Heinrich Hans Jacob* hatte im Jahre 1897 so einiges an Sasbachwalden auszusetzen: Der Ort war ihm zu städtisch, seine Bewohner waren so vermessen, jedes Jahr ihre Häuser neu anzustreichen, und manche stellten zu allem Überfluß "sogar noch Blumen vor die Fenster", kurz und gut, Sasbachwalden war für ihn ein "Städtle-Dorf mit Städtle-Buren". Die Bewohner von Sasbachwalden – von den Einheimischen "Saschwalle" genannt – können es heute noch nicht lassen, ihre überaus prächtigen Fachwerkhäuser zu hegen und zu pflegen und über und über mit Blumen zu schmücken.

Der Ortskern mit seinen Fachwerkhäusern steht unter Denkmalschutz, eine herausgeputzte Schwarzwaldpostkartenidylle, die 1967 als schönstes Dorf Baden-Württembergs prämiert wurde. Sasbachwalden haftet etwas Mondänes an, anders als in vielen anderen Schwarzwald-kurgemeinden flaniert hier überwiegend ein meist nicht mehr ganz junges, sich weltgewandt gebendes, gut betuchtes Publikum. "Man" geht zur Kur nach Sasbachwalden. Kein Wunder, denn im Luftkur- und Kneippkurort Saschwalle läßt es sich nicht nur gut gesunden, sondern auch gut genießen. Die kulinarische Auswahl ist groß, über 30 Betriebe von der Weinstube über die Straußenwirtschaft bis hin zum Michelin-Stern-gekrönten Spitzenrestaurant erfreuen auch verwöhnteste Gaumen. Der einheimische Wein "Saschwaller Roter" wird übrigens seit 1977 von der *Lufthansa* auf ihren Flügen ausgeschenkt.

Brauchtum Höhepunkt im Saschwaller Jahr ist das **Erntedankfest.** Offizieller Festbeginn ist der Samstagabend des ersten Oktoberwochenendes, am Sonntagmorgen findet ein großer Festumzug statt.

Am **Fastnachtsdonnerstag,** dem "Schmutzigen Donnerstag", ziehen die "Hemdenglunkerle", mit Nachthemd und Schnuller ausgerüstete Narren, durch den Ort.

Info ● ***Tourist-Info/Kurhaus "Zum Alde Gott",*** Talstr. 51, 77887 Sasbachwalden, Tel. (07841) 1035, Fax 23682

Unterkunft mit Gastronomie ● ***Hotel Bel Air Forsthof,*** Sasbachwalden-Brandrüttel, Tel. 6440, Fax 644269, ÜF 115 DM (auf 800 m ruhig gelegen, nur die Tannen rauschen; schöne Innenausstattung mit großen Panoramafenstern)

Tour 4

●*Hotel Talmühle,* Talstr. 36, Tel. 1001, Fax 5404, 135-215 DM (im Ortszentrum, stilvolle Schwarzwaldidylle, zum Hotel gehört das renommierte Hotel-Restaurant "Talmühle")

●*Pension Rebenhof,* Am Kirchberg 12, Tel. 4017, Fax 4013, ÜF 45-55 DM (am Weinberg in Südhanglage, herrliche Aussicht)

**Gastro-
nomie**

●*Gasthaus zum Holzwurm***, Am Altenrain 12, Tel. 3332, Fax 24280 (rustikal-gemütlich)

●*Ald Saschwalle***, Talstr. 3, Tel. 25367, Mi. geschl. (urig-gemütlich)

●*S'Dolle-Frieders Strausswirtschaft,* Schönbüchstr. 14, Tel. 22360, (geöffnet ab 15.00 Uhr Mitte Mai – Ende Juni, Anfang Aug. – Ende Okt.)

Aktivitäten

●*Baden:* beheiztes Freibad, geöffnet Mai bis Sept. Hallenbad im Gaishöll-Ferienpark. Sole-Bewegungsbad im Therapiezentrum der Kliniken Dr. Wagner.

●*Wintersport:* siehe "Skiarena Schwarzwaldhochstraße"

Ausflugs- und Wanderziele

**Bild-
stöckle-
Wan-
derung**

30 Bildstöckle (siehe Glossar) und Wegkreuze stehen in Weinbergen, Vorgärten, an Wegkreuzungen und Wegrändern auf Sasbachwaldener Gemarkung. Bei jedem Bildstöckle informiert eine Tafel über seine Entstehung: Gelübde, erfüllte Bitten, Erinnerung an Unglücksfälle.

Die Legende vom "Alde Gott"

Nach dem Dreißigjährigen Krieg war die Gegend so menschenleer, daß man stundenlang laufen konnte ohne jemandem zu begegnen. Ein junger Mann irrte durch die Gegend auf der Suche nach einer Lebensgefährtin. Nach langer Wanderung traf er auf einem Hügel ein Mädchen, bei dessen Anblick er hocherfreut ausrief "Der Alde Gott lebt noch!". Die beiden heirateten, ließen sich in der Gegend nieder und stellten an der Stelle, wo sie sich zum erstenmal trafen, ein Bildstöckchen auf mit der Inschrift: "Der Alde Gott lebt noch". Das Bildstöckchen steht noch heute.

Zum
Brigitten-
schloß

Eine sehr schöne Wanderung führt über die
Gaishölle zum Brigittenschloß. Durch eine ur-
waldähnliche grüne "Hölle" führt ein mäßig ansteigender Weg über zwölf Holzbrückchen, an
Wasserfällen und Kaskaden vorbei. Im weiteren
Verlauf der Wanderung stößt man dann auf die
okurrilen "Wollsäcke", Jahrmillionen alte Felsformationen, die durch unterirdische chemische
Verwitterung entstanden sind.

Ziel der Wanderung ist die ***Burg Hohenrod,***
heute Brigittenschloß genannt. Von dieser Burg
aus dem 11. Jh., einer der ältesten und höchstgelegenen (762 m) Steinburgen des Schwarzwaldes, existieren nur noch Überreste. Sie vermittelt aber immer noch einen Eindruck von der
Einsamkeit, in der sie schon seit Jahrhunderten
liegt. Die Burg ist ein lohnendes Wanderziel, weil
sie einen herrlichen Ausblick über die Rheinebene bis hin zu den Vogesen bietet. Übrigens
sprengten zwei Sasbachwaldener Bauern auf
Schatzsuche im Jahre 1815 den Burgfried vom
Brigittenschloß. Sie fanden aber keine Schätze
und einer der Bauern auch kein gutes Ende: Er
erhängte sich im Rauchfang seines Hauses, wo
er erst nach Jahr und Tag völlig verdorrt aufgefunden wurde. Ausgang der Wanderung ab dem
Parkplatz beim Gaishöllpark in Sasbachwalden
(Achtung: viele Privatparkplätze). Gehdauer hin
und zurück ca. 2 Stunden.

Tour 4

Achern

Vorwahl: 07841	*PLZ:* 77855
Einw.: 22.000	*Höhe:* 142-160 m
Ortsteile: Fautenbach (2 km),	
Gamshurst (4 km), Mösbach (5 km)	

Überblick   Gelegen an der für Händler wie für Militärs gleichermaßen wichtigen Nord-Süd-Verbindung des
Rheintals, war Achern so mancherlei kriegerischen Auseinandersetzungen ausgesetzt; kurz

Der Sage nach: Brigitte von Hohenrod

Ritter von Hohenrod hatte eine Frau namens Brigitte, nach ihr hieß die Burg Brigittenschloß. Brigitte war nicht nur fromm, sie war auch mildtätig. Sie besuchte und pflegte die Kranken der umliegenden Ortschaften, entband die Wöchnerinnen und beschenkte die Armen.

Eines Tages wollte sie den Armen einen Korb voll Essen bringen. Ihr Mann, dem das viele Verschenken ausgesprochen zuwider war, trat ihr entgegen und fragte sie "Was hast Du in dem Korb?". Brigitte antwortete ihm: "Rosen". Ihr Mann mochte das nicht glauben, hob den Deckel auf und fand den Korb mit den schönsten Rosen angefüllt. Trotz aller Mildtätigkeit und trotz der Geburt zweier schöner Mägdelein und eines Sohnes, verstieß Ritter von Hohenrod seine Frau und nahm sich eine seiner Mägde zum Kebsweib.

Zwanzig Jahre wanderte Brigitte durch die Ebene und diente als Magd. Aber jeden Samstag kam sie mit anderen Armen aufs Schloß, um Almosen entgegenzunehmen. Jedes Mal fiel dabei ihrem ältesten Sohn ihr gesittetes Benehmen auf. Er erzählte seinem Vater von ihr. Als sie wiederkam, ließ sie der Ritter zu sich rufen. Erst als er ihren Trauring am Finger erblickte, erkannte er sein angetrautes Weib wieder. "Von wem habt Ihr diesen Ring bekommen?" fragte er und bekam zur Antwort: "Den habt ihr mir bei unserer Trauung gegeben". Von Schmerz und Reue überwältigt, bat Ritter von Hohenrod seine Gattin, wieder seine Frau zu werden. Brigitte erfüllte seine Bitte und bekehrte mit noch größerem Eifer als zuvor die Unwissenden zum Glauben.

Jeden Tag ging sie über den Schalsberg und den Vogelsberg nach Sasbach zur Kirche. Einmal fingen die Glocken von selbst an zu läuten. Der Messner eilte auf den Turm, und wie er sie kommen sah, rief er: "Die närrische Brigitte kommt". Da stürzte er zum Fenster hinaus und brach sich das Genick. Eine Stimme vom Himmel aber sprach: "Sie ist heilig". Seither hat das wunderbare Geläute stets Brigitte zur Kirche begleitet.

Gegen sich selbst wurde die fromme Frau immer strenger. Sie kleidete sich ganz in selbstgefertigtes Zeug und lebte am Ende nur von der Milch einer Ziege. Als sie endlich eines gottseligen Todes starb, läuteten in der ganzen Gegend von selbst die Glocken. Von jedermann beweint, wurde sie im Gotteshaus zu Sasbach beigesetzt.

vor Kriegsende 1945 wurde Achern durch einen Bombenangriff fast völlig zerstört. Im modernen Ortskern ist die Einkaufs- und Flaniermeile auch gleichzeitig eine der Hauptdurchgangsstraßen durchs Rheintal.

Die Stadt ist heute ein wichtiger Arbeitgeber für ihr Umland; außer den Papierwerken, der holzverarbeitenden Industrie und den Obstbrennereien ist dabei besonders die **Acherner Glashütte** erwähnenswert. Von den ersten 1885 gegründeten Anfängen der Hohlglasbläserei mauserte sie sich zum größten Hohlglashersteller Süddeutschlands und darüber hinaus zur einzigen, noch arbeitenden alten Glashütte des Schwarzwaldes; die ebenfalls weithin bekannte Glashütte von Wolfach ist eine Gründung der Nachkriegszeit.

Sehens-
wertes

Die **St.-Nikolauskapelle,** das Wahrzeichen Acherns, wird im Volksmund liebevoll "Klauskirchl" genannt. Das niedliche Kirchlein aus dem 13. Jh. soll mit Steinen aus der Acher gebaut worden sein.

Im **Sensenmuseum** von Achern wird das uralte Handwerk des Sensenschmiedens gewürdigt. Zu sehen sind Schneidewerkzeuge von der Bronzezeit bis heute, Prunkstück der Sammlung ist eine über 2500 Jahre alte Bronzesense aus der Hallstattzeit. Weiterhin werden andere ausgestorbene oder im Aussterben begriffene Handwerksberufe dokumentiert.

● Geöffnet So. 14.00-18.00 Uhr, Tel. 4388.

Tour 4

Info

● **Rathaus-Information,** 77855 Achern, Tel. (07841) 29299, Fax 25552

Unterkunft
mit
Gastro-
nomie

● **Hotel Götz Sonne-Eintracht***, Hauptstr. 112, Tel. 6450, Fax 645645, ÜF 60-135 DM (feine badische Küche)

● **Schwarzwälder Hof***, Kirchstr. 38, Tel. 5001, Fax 29526, Mo. geschl., ÜF 65-70 DM

Gastro-
nomie

● **Weinstube Ihli**, Kapellenstraße, Tel. 5189 (Alle erdenklichen Arten von Flammkuchen bis hin zum vegetarischen Flammkuchen. Da immer gut besucht, unbedingt vorher einen Platz reservieren!)

Camping
●*Campingplatz am Achernsee,* Tel. 25253 (ebenes Wiesengelände zwischen einem Badesee und einem Wald nahe der A 5, Surfen, Angeln, Chemietoilettenentsorgung)

Aktivitäten
●*Historische Eisenbahn:* Ab Mai bis Oktober verkehrt jeweils sonntags in 14tägigem Turnus die nostalgische Achertalbahn bis nach Kappelrodeck. Der Opa der Eisenbahngeschichte aus der Zeit um die Jahrhundertwende wird von einer fauchenden Dampflok aus der Reihe T 3 angetrieben.
●*Schlittschuhlauf:* Eisstadion Achern, Morezstr., Tel. 2220, Fax 270657, geöffnet Di.-So. 14.00-22.00 Uhr, Di., Fr. und Sa. Eis-Disko 18.00-23.00 Uhr. Während der Schulferien und an Wochenenden tgl. ab 10.00 Uhr geöffnet.

Ausflugsziel

**Turenne-
denkmal
Sasbach**

Voilà: In Sasbach, 1 km nordöstlich von Achern, liegt Frankreichs kleinster territorialer Besitz im Ausland. Genau 1,1 Hektar ist das französische Besitztum groß. Im Jahre 1675 kämpfte hier der berühmte französische Marschall *Turenne* gegen die kaiserlichen Truppen. Als er gerade die Lage auskundschaften wollte, wurde er von einem kaiserlichen Füsilier erschossen. Kardinal *de Rohan* von Straßburg, ein großer Bewunderer *Turennes,* kaufte später das Gebiet, wo der Marschall gefallen war. Heute gehört es dem französischen Staat, der dafür an die Stadt Sasbach Grundsteuern, Wasserzins und Kanalisationsgebühren bezahlt. Ein Granitobelisk und ein kleines Museum (Di.-Sa. 9.00-12.00 und 14.00-17.00 Uhr) erinnern an jene Jahre.

●*Info:* Verkehrsbüro Obersasbach, Tel. (07841) 686-20, Fax 68650
●*Unterkunft:* Campingplatz Gräßlesmühle, Tel. 4147 (zwischen Bach und Weinbergen 800 m vom Ort, Mindestaufenthalt drei Nächte, Restaurant in der Nähe, Chemietoilettenentsorgung)
●*Gastronomie*: Gasthaus Bergblick*, Waldstr. 2, Tel. 7446, Fax 29693, ÜF 40 DM, (Spezialität: Flammkuchen)

Kappelrodeck

Vorwahl: 07842   **PLZ:** 77876
Einw.: 5800   **Höhe:** 200-700 m
Ortsteile: Waldulm (1 km)

Überblick Getreu dem Sprichwort "Wo Wein wächst, gibt es
fröhliche Menschen" wird man das Gefühl nicht
los: Für die Kappler, wie sie im Umkreis genannt
werden, ist die Zeit von einer Fasnet zur anderen
nur eine Überbrückung. Wenn sie auch das
ganze Jahr über ein auffallend lebhafter und ge-
sprächiger Menschenschlag sind, zur **Fasnet**
leben sie erst so richtig auf. Dann ist jeder Kappler und jede Kapplerin eine Hexe für sich. Mas-
kenbälle, Büttenreden und strenge Kostümregeln
gibt es hier nicht, hier wird vielmehr Straßenfas-
nacht von Lokal zu Lokal gefeiert. Bereits beim
großen Hexenumzug am "Schmutzigen Donnerstag" herrscht gute Stimmung, richtig los geht´s
erst beim abendlichen Schudi-Treffen, wo jeder
Narr in den Lokalen Humorvolles nach eigenem
Gusto von sich geben darf.
   Überhaupt treibt die Hexe ganzjährig ihr Unwesen: In Kappelrodeck wird die "Hex vom Dasenstein" angebaut, ein **Spätburgunder Rotwein.**
Der Legende nach lebte auf Burg Rodeck ein
Burgfräulein, das gar fürchterlich in einen Bau-
ernknaben verliebt war. Der Papa sah das aber
gar nicht gerne und verstieß das arme Mädchen.
Fortan hauste sie am Dasenstein und pflanzte
Wein an. Und so bekam der Spätburgunder Rot-
wein seinen Namen.

Tour 4

Info ●**Verkehrsamt,** Hauptstr. 65, 77876 Kappelrodeck,
Tel. (07842) 80210, Fax 80275

Unterkunft ●**Rebstock****, Kutzendorf 1, Ortsteil Waldulm, Tel. 9480,
mit Fax 94820, Mo. geschl., ÜF 39-55 DM (Gasthof aus dem
Gastro- Jahre 1756 mit gemütlichem Biergarten und guten Weinen
nomie aus eigener Lese)

●*Alde Brennküch**, im Ortszentrum (richtig urig und gemütlich; ganz besonders köstlich: der würzige Käsesalat)

●*Café Zuckerbergschlößle,* Grüner Winkel 60, Tel. 3434, Di. Ruhetag (zuckrig-schöne Burgarchitektur aus der Zeit um die Jahrhundertwende, ideal für den gemütlichen Café-Besuch am Sonntagnachmittag)

Aktivitäten ●*Schwarzwälder Wein- und Edelbrandtage:* einwöchiges Veranstaltungsprogramm mit Hexentanzkurs, Patenschaft von Reben usw., Termine siehe Verkehrsamt.

Wanderziel

**Wein-
lehrpfad** Wer wissen will, wo der köstliche Rebensaft herkommt, den man in Kappelrodeck in zahlreichen Weinstuben "schlotzen" kann, der kann sich auf dem Weinlehrpfad schlau machen. 20 Tafeln informieren über den Weinbau, die Rebsorten, die Vermarktung, den Ort und seine Geschichte. Endstation ist die bizarre **Felsengruppe Dasenstein**, nach dem auch eine Weinsorte benannt ist.

Oberkirch

Vorwahl: 07802   ***PLZ:*** 77704
Einw.: 18.000   ***Höhe:*** 194-870 m
Ortsteile: Bottenau (4 km), Ringelbach
(2 km), Nußbach (4 km), Butschbach-
Hesselbach (3 km), Ödsbach (5 km)

Überblick   Im Vergleich zu vielen anderen Schwarzwälder
Fremdenverkehrsorten ist Oberkirch zwar
hübsch, aber längst nicht so herausgeputzt – gerade das macht das Städtchen so sympathisch.
Beim Schlendern entlang der Hauptstraße fühlt
man sich im Sommer in der lebhaft-legeren Atmosphäre beinahe in südländische Gefilde versetzt.
Die Stadt lebt neben der Papiererzeugung und
der Metallverarbeitung auch vom **Weinbau** und
von der **Schnapsbrennerei;** über 900 Schnaps-
brenner soll es hier geben! Und auch der Grau-
burgundersekt der Oberkircher Winzergenossenschaft braucht Qualitätsvergleiche nicht zu
scheuen: Er wird unter anderem an den deutschen Bundespräsidenten und ins Weiße Haus
nach Washington geliefert.

Berühmtester Sohn der Stadt war der deutsche
Barockdichter **Hans Jacob Christoffel von
Grimmelshausen,** der hier von 1649 bis 1667
lebte. Zum Leidwesen der heutigen Oberkircher
zog *Grimmelshausen* dann ins benachbarte Ren-
chen um – und so müssen sie heute den Titel
"Grimmelshausenstadt" mit ihren Nachbarn teilen.

Sehens-   Im **Heimat- und Grimmelshausenmuseum**
wertes   sind Exponate unter anderem zu folgenden Themen zu sehen: Geschichte der Stadt Oberkirch,
Kloster Allerheiligen, Badische Revolution, bäu-
erliches und bürgerliches Leben. Sehr interessant ist die angeschlossene Grimmelshausen-
Abteilung. Neben Erstausgaben des Simplicissimus erläutern Schautafeln das Leben zur Zeit des
Grimmelshausen.
●Geöffnet Di. und Do. 15-19, So 10.30-12.30
und 14-17 Uhr, Tel. 82246.

Tour 4

141

"*Der abenteuerliche Simplicissimus Teutsch/Das ist: Die Beschreibung des Lebens eines seltsamen Vaganten, genannt Melchior Sternfels von Fuchshaim, wo und welcher Gestalt er nämlich in diese Welt gekommen, was er darin gesehen, gelernt, erfahren und ausgestanden hat, auch warum er solche (die Welt) wieder freiwillig quittiert hat.*"

Angesichts eines solch umständlichen Buchtitels würden heutzutage jedem Lektoren die Haare zu Berge stehen, damals im 17. Jahrhundert aber wurde dieses Buch zu einem der berühmtesten Werke seiner Zeit, auch heute noch ist es – unter dem verkürzten Titel "Simplicissimus" – bekannt.

Wenn man heute in Oberkirch nach dem Weg zum Heimat- und Grimmelshausenmuseum fragt, bekommt man außer der Wegbeschreibung meist auch noch eine Erläuterung über die diversen

Lebensstationen des *Grimmelshausen* mitgeliefert, so als hätte er gestern noch gelebt. Doch *Hans Jacob Christoffel von Grimmelshausen* starb im Jahre 1676 im Alter von 55 Jahren. Er, der aus relativ einfachen Verhältnissen stammte, sollte es zum größten deutschen Erzähler des 17. Jahrhunderts bringen. Mit seinem **"Simplicissimus",** in dem er den abenteuerlichen Weg seines naiven, eulenspiegelhaften Helden durch die Wirren des Dreißigjährigen Krieges schildert, entwirft er ein Bild der damaligen Zeit- und Sittengeschichte. *Simplicissimus,* der viele Jahre ruhelos durch die Welt irrte, sieht am Ende seines Lebens seinen Sinn in der Erkenntnis des Guten, in der Hinwendung zu Gott. *Grimmelshausen* schuf etwas für die damalige Zeit Einmaliges: Zu einer Zeit, als die meisten Menschen weder lesen noch schreiben konnten und nur die Mönche gelehrte Werke schrieben, schilderte er als erster in der Ich-Form in einer volksnahen, verständlichen Sprache einen Lebensweg, wie ihn Hunderttausende Jugendliche seiner Epoche erlebt hatten. Kein Wunder, daß ihn die Oberkircher auch heute noch als einen der ihren betrachten.

Für heutige Verhältnisse ist das Buch mit seinem altertümlichen und verschnörkelten Deutsch allerdings genauso umständlich zu lesen wie sein ellenlanger Titel.

Am Waldesrand hoch über dem Städtchen erhebt sich die **Ruine Schauenburg**. Sie wurde im 11. Jh. von den *Zähringern* gegründet. Hier wurde die fromme *Herzogin Uta von Schauenburg* geboren, die im Jahre 1191 das Kloster Allerheiligen gründete. Im 17. Jh. gaben die Schauenburger die Burg auf, 1689 wurde sie von den Franzosen zerstört. In den heute noch erhaltenen Gemäuern soll im großen Schanzturm rechts neben der Schloßwirtschaft einst das Burgverlies gewesen sein. Dort soll Ritter *Hagelsbach,* der böse Landvogt *Karls des Kühnen,* drei Wochen lang geschmachtet haben. Als man ihn durch ein schmales Loch an einem Strick in das Verlies hinablassen wollte, blieb er stecken, weil er durch

Tour 4

den Genuß von Unmengen badischen Weins viel zu dick geworden war. Starke Männer mußten auf seine Schultern steigen, um ihn hinunter zu befördern. Nach drei Wochen Hungern allerdings soll es ein Leichtes gewesen sein, ihn wieder heraufzuholen.

Besonders reizvoll ist ein Besuch der Burg nach Sonnenuntergang. Dann können Sie ganz allein auf der Bank bei der alten Linde sitzen und ungestört den Ausblick auf die Rheinebene genießen. Hell unter Ihnen erstrahlt die im abendlichen Lichterglanz erleuchtete Ebene bis hin nach Straßburg.

Brauchtum Jeden Fasnachtsdienstag geben sich in Oberkirch Hexen und Dämonen beim großen ***Fasnachtsumzug*** ein farbenfrohes und geräuschvolles Stelldichein. Das närrische Paar der Oberkircher Fasnet sind der Schnurri und die Schlappgret, deren Ursprünge bis in den 30jährigen Krieg zurückreichen. Damals schützten sich die hübschen Oberkircher Mädchen vor marodierenden Soldaten, indem sie sich häßliche Maske aufzogen.

Weithin bekannt und sehr gut ist das ***Weinfest,*** das alljährlich im September stattfindet.

Info ●***Städtisches Verkehrsamt,*** Eisenbahnstr. 1, 77704 Oberkirch, Tel. (07802) 82241, Fax 82179 (Die Gästekarte "Oberkircher Dannezäpfli" beinhaltet über 30 kostenlose oder preisermäßigte Aktivitäten wie Weinproben, geführte Wanderungen oder Brennereibesichtigungen)

Unterkunft mit Gastronomie ●***Romantik Hotel Zur Oberen Linde*****-***, Hauptstr. 25-27, 8020, Fax 3030, ÜF 90-130 DM (im alten und viel fotografierten Haus wird internationale und einheimische Küche serviert)
●***Waldhotel Grüner Baum****** , Oberkirch-Ödsbach, Tel. 8090, Fax 80988, ÜF 70-140 DM (viel von Geschäftsleuten besucht, die ausgezeichnete Schwarzwälder Küche und hervorragende Weine geboten bekommen; "Schnapslehrgarten")

Gastronomie ●***Zum Silbernen Sternen****, Simplicissimusstr. 8, Ortsteil Gaisbach, Tel. 7686, Do. geschl. (*Grimmelshausen* war hier 1656-62 ein etwas unterbeschäftigter Wirt; immerhin hatte er genügend Zeit, um nebenher seinen weltberühmten *"Simplicissimus"* zu schreiben. Heute ist der Sternen eine lebhaft-gemütliche Wirtschaft, in der an langen Tischen ein überaus köstlicher Flammkuchen serviert wird. Eine weitere Spezialität sind diverse Fleischsorten vom "heißen Stein". Die manchmal lange Wartezeit vertreibt man sich mit der Lektüre der Speisekarte, in der Interessantes zum Thema Oberkirch, seine Burg und das Liebesleben der Ritter zu lesen ist. Im Sommer ist auch der romantische Biergarten geöffnet.)

Aktivitäten
- ***Angeln:*** Forelle und Döbel in der Rench, Angelkarten beim Verkehrsamt
- ***Baden:*** Städtisches Freibad
- ***Renchtäler Wein- und Volksfest:*** jedes erste Wochenende im September. Es gehört zu den größten seiner Art in ganz Baden-Württemberg.
- ***Fabrikverkauf:*** *Alfred Apelt GmbH,* An der Rench 2, Tel. 8080, Verkauf Mo. bis Fr. 9.00-12.00 und 14.00-17.00 Uhr (Tischdecken, Dekostoffe und Gardinen ca. 30% günstiger als im Geschäft)
- ***Fahrradverleih:*** *Zweiradladen Otto Müller,* Tel. 4745
- ***Freilichtbühne:*** Burgbühne, im Sommer im Garten des "freche hus" und im Winter im Mehrzweckraum
- ***Heilkräutergärtlein:*** im neuen Stadtgarten (mit Schautafeln)

Durbach

Vorwahl: 0781	**PLZ:** 77770
Einw.: 3840	**Höhe:** 260-890 m

Tour 4

Überblick "Badischer Wein, von der Sonne verwöhnt", oberhalb von Durbach gedeiht er an Rebhängen, die sich vom Ort bis zum Schloß Staufenberg steil den Hang hinaufziehen. Neben der Dorfstraße plätschert der Durbach, beiderseits von einem üppig mit Blumen verzierten Geländer flankiert, rechts und links von Straße und Bach reiht sich ein malerisches Haus neben das andere. Durbach hält kulinarisch, was es optisch verspricht: Schlemmerleben pur. In diesem Ort muß man einfach irgendwo einkehren und einen Wein "schlotzen". Und gute Adressen zum Essen gibt´s auch, zum Beispiel im *Ritter* oder im *Rebstock.*

Sehens-
wertes

Hoch über Durbach liegt **Schloß Staufenberg,** wo sich vor vielen Jahrhunderten Ritter *Peter von Staufenberg* in eine Melusine, eine Waldfrau, verliebte. Der Sage nach versprach er ihr ewige Treue, die Melusine glaubte ihm. Der Ritter fand eine bessere Partie und es kam, wie es ihm die Melusine im Falle seiner Untreue prophezeit hatte: am Hochzeitstag drang ein Frauenfuß durch die Decke des Raumes, in dem die Hochzeitsgesellschaft tafelte. Drei Tage später war der untreue Ritter tot. Heute birgt Schloß Staufenberg das **Markgräflich Badische Weingut** mit Weinstube und Weinverkauf. Tel. 42778, Weinverkauf: Mo.-Fr. 8.00-12.00 und 13.00-17.00, Sa. 9.00-12.00 Uhr.

Wer Sinn für moderne Skulpturen hat, der gehe den **Skulpturenweg** bei der Staufenburg-Klinik. Zu sehen sind aus unterschiedlichen Materialien gefertigte Arbeiten international bekannter Künstler.

Info

●**Verkehrsverein,** 77770 Durbach, Tel. (0781) 42153, Fax 43989

Unterkunft
mit
Gastro-
nomie

●**Hotel Ritter**-***,** Tal 1, Tel. 3103, Fax 41975, ÜF 126-128 DM

●**Hotel Rebstock**,** Halbgütle 30, Tel. 4820, Fax 482160, Sonntagabend und Mo. geschl., ÜF 60-125 DM (ausgezeichnet beim Wettbewerb "Schönes Gasthaus im Ortenaukreis")

Aktivitäten

●**Angeln:** Forellen in der Durbach

Schwarzwaldhochstraße

> **Alter:** 60 Jahre   **Länge:** 65 km
> **Streckenverlauf:**
> Baden-Baden – Freudenstadt

Überblick Die älteste touristische Straße führt von Baden-Baden über die Bühlerhöhe und den Mummelsee nach Freudenstadt. Leider sind viele der einst legendären Aussichtspunkte zugewachsen. Entlang der Schwarzwaldhochstraße rauschten in letzter Zeit nicht nur die Tannen, sondern auch der Blätterwald. Vieldiskutierter Zankapfel in Presse und zahllosen kommunalpolitischen Gremien war die Gretchenfrage: Brauchen wir eine "Neue Ordnung" für die Schwarzwaldhochstraße. Während die Idee, das Gebiet entlang der Schwarzwaldhochstraße in einen Naturschutzpark zu verwandeln, schon vor einigen Jahren ad acta gelegt wurde, wurde zumindest Ende 1995 die erlaubte Höchstgeschwindigkeit auf 70 Stundenkilometer begrenzt. Entlang der Route gibt es nur einen einzigen Ort, Kniebis-Dorf, dafür aber Hotels und Unterkünfte von urig bis hin zur Weltklasse.

Tour 4

Abendstimmung auf der Schwarzwaldhochstraße

Kniebis

Der *Höhenrücken Kniebis* an der 1000-m-Grenze war einst ein Übergang von der Rheinebene ins Schwäbische. Sommers wie winters oft unter dichten Nebelschwaden verborgen, vermittelt er ein Gefühl vom "Ende der Welt". Die verstreut liegenden Siedlungen auf dem Kniebis liegen zum Teil auf badischem, zum Teil auf württembergischem Gebiet.

Der *Ort Kniebis* entstand Anfang des vorigen Jahrhunderts. Über den Beginn der Kolonie hieß es in einem damaligen Bericht:

"Die Lebensweise dieser von der übrigen Welt gänzlich abgesonderten Familien ist patriarchalisch und fast so einfach, wie die der wilden Mitbewohner der einsamen Waldungen. Der einzige Handelszweig derselben ist die Wagenschmiere, welche hier aus Kienholz bereitet, von dem männlichen Geschlecht in die Ebene hinabgetragen und im Detail verschleißt wird. Der kleine Gewinn geht nicht selten in einigen fröhlichen Zechen wieder auf. Ihre Denkungsart über das Eigentum wird von den angrenzenden Waldbesitzern nicht sehr gerühmt. Im übrigen sind sie von gutmütigem Schlage. Auffallend unterscheidet sich ihre schon völlig schwäbische Mundart von jener im unterhalb liegenden Renchtale."

Heute ist Kniebis ein hübscher, kleiner Ort, in dem noch Ruinen eines Klosters aus dem 13. Jh. zu sehen sind.

Schanzen Die Gegend um den Kniebis war einst von militärischer Bedeutung, noch heute sind dort drei Befestigungsanlagen zu erkennen (Schanzen, siehe Glossar).

Die gut erhaltene *Alexanderschanze* besteht aus zwei Schanzen an der Kreuzung der Bundesstraßen 28 und 500. Sie wurden 1734 durch den Reichsmarschall Herzog *Alexander von Württemberg* erbaut. In den Jahren 1796 bis 1801 fanden hier Kämpfe zwischen den Österreichern und dem Revolutionsheer General *Moreaus* statt.

Die viereckige *Schwedenschanze* südlich der Zuflucht ist wahrscheinlich die älteste Schanze des Nordschwarzwaldes. Ihr wirklicher Ursprung ist unbekannt, sie soll im Dreißigjährigen Krieg von den Schweden erbaut worden sein.

Die **Schwabenschanze,** 300 m nordwestlich der Zuflucht, wurde in den Jahren 1794-96 durch den Ingenieur Major *Rösch* erbaut. Noch vor Fertigstellung wurde sie am 2. Juli 1796 von den Franzosen gestürmt; ein Bauernjunge hatte die Angreifer auf dem "Oppenauer Steig" hinter die Verteidigungslinien geführt.

Buhlbachsee

Der verträumte, abgelegene Buhlbachsee ist ein Überbleibsel aus der letzten großen Eiszeit, die vor etwa 10.000 Jahren endete. Er liegt in einem tiefeingekerbten Kessel auf der Ostseite des Schliffkopf-Höhenzuges. Steil und felsig ragen die Wände über dem See auf. Der kleine See ist relativ unbekannt und daher nicht so überlaufen. Man erreicht ihn am besten ab dem Parkplatz Zuflucht-Lift (ca. 45 Minuten teilweise steiler Weg).

Naturschutzgebiet Schliffkopf

Das heutige Naturschutzgebiet wurde von *Grimmelshausen,* dem Autor des *"Simplicissimus",* im 17. Jh. folgendermaßen beschrieben: "Ist ein wüstes Arabien und unfruchtbar, nichts als Tannenzapfen", und in einer Urkunde von 1679 steht in bezug auf den Schliffkopf zu lesen: "Grausame Wälder, nichts als Klipp und Fels, in die man wohl hineinkäme, aber nicht mehr herausfände". Bis heute ist der Schliffkopf nicht viel mehr als "Klipp und Fels" – eine eigenartige Landschaft von großem ästhetischem Reiz. Die weitgehend **waldfreien Hochflächen,** die sogenannten "Grinden", sind bewachsen mit Latschenkiefern und niedrigen Zwergsträuchern wie Heidelbeere und Heidekraut. Es war menschlicher Einfluß, der diese Gegend schuf: Bereits im 15. Jh. wurden die damaligen Wälder in den Höhenlagen größtenteils abgebrannt und gerodet, um Weideflächen zu gewinnen. Die schon ausgelaugten

Tour 4

Böden verloren durch die Weidewirtschaft weiterhin an Nährstoffen, und es entstand eine Landschaft, wie man sie in ähnlicher Form heute noch sieht. Im Jahre 1965 wurde der Schliffkopf zum Naturschutzgebiet erklärt. Seitdem werden in regelmäßigen, sogenannten "Schliffkopfaktionen", die jungen Nadelhölzer entfernt, um den Schliffkopf in seiner Einmaligkeit zu erhalten.

Ein wunderschönes Erlebnis ist alljährlich die Blüte der alpinen Latschenkiefern im Juni und der Hochmoorheide im Juli/August.

Um den Schliffkopf führt der 4,5 km lange **Schliffkopf-Rundweg** (Kennzeichnung roter Kreis, Ausgangspunkt Schliffkopf-Hotel).

Info

●**Naturschutzinformation Schliffkopf,** Schliffkopf-Ranger Jörg Klüber, Villa am Ruhestein, Schwarzwald-Hochstraße 2, 77889 Seebach

---

Naturschutzregeln

Jeder kann von sich aus zum Naturschutz auf dem Schliffkopf beitragen, indem er einfache, für Naturschutzgebiete allgemein gültige Regeln beachtet:
●Beachten Sie stets die Weggebote. Nutzen Sie grundsätzlich nur ausgewiesene Wege und Loipen.
●Führen Sie Ihren Hund an der Leine.
●Lagern und picknicken Sie nicht im Naturschutzgebiet. Zum Grillen benutzen Sie nur die ausgewiesenen Grillplätze.
●Werfen Sie keinen Abfall weg.
●Pflücken Sie keine Pflanzen.
●Sammeln Sie keine Beeren. Heidelbeeren finden Sie auch in größeren Beständen außerhalb des Naturschutzgebietes vor.
●Machen Sie keinen unnötigen Lärm, andere suchen genau wie Sie die Ruhe.

Ruhestein

So heißt die **Paßhöhe** an der Grenze zwischen dem ehemaligen Groß-Herzogtum Baden und dem königlichen Württemberg. Einst lag hier eine große Buntsandsteinplatte, auf der die Leute

nach einem anstrengenden Aufstieg vom See-
bachtal oder von Baiersbronn ihre Traglasten abgestellt hatten. In der ersten Hälfte des 20. Jh. fiel
der Stein dann Straßenbauarbeiten zum Opfer.

Der Ruhestein ist ein idealer **Ausgangspunkt
für Wanderungen:** Entlang dem Westweg (Basel – Pforzheim) kommt man in südlicher Richtung zum Schliffkopf (4 km), zur Zuflucht (11 km)
und zur Alexanderschanze (15 km); in südlicher
Richtung geht´s zum Wildseeblick (2 km), zum
Seibelseckle (5,5 km) und zum Mummelsee
(7 km).

Wildsee

Für den Forschungsreisenden und Orientalisten
Euting (1839-1919) war es der schönste Blick im
ganzen Schwarzwald: der Blick von seinem Grab
auf den tief unterhalb liegenden Wildsee. Professor *Dr. Julius Euting* interessierte sich nicht nur für
den Orient, er liebte auch den Schwarzwald. Und
er sorgte dafür, daß der Schwarzwald in großen
Teilen für die Wanderer erschlossen wurde. Kein
Wunder, daß er das Vorrecht genoß, schon zu
Lebzeiten sein eigenes Grab zu bestimmen – und
das sollte eben oberhalb des Wildsees liegen.
Der Wildsee, das "dunkle Auge des Schwarzwaldes", liegt am Fuße einer 120 m tief abfallenden
Karwand. Außer dem Mummelsee ist der Wildsee
der einzige der sieben noch verbliebenen **eis-
zeitlichen Karseen** des Nordschwarzwaldes,
der nur an ganz wenigen Stellen Verlandungser-
scheinungen zeigt. Heute ist das Gebiet um den
See in manchen Teilen noch ein Urwaldareal, das
einen Eindruck davon vermittelt, wie die Natur
ohne menschliche Eingriffe aussehen würde.
Laut einer Schrift aus dem 17. Jahrhundert soll
am Nordufer des Wildsees einst ein Eremit in
strengster Einsamkeit gelebt haben, in einem
"Häußlein dasselbsten erkenntlich". Heute sind
keine Spuren mehr davon zu finden.

Den Wildsee erreicht man am bequemsten ab
dem Ruhestein. Von dort schwebt man mit dem

Tour 4

Sessellift 100 m hoch zum Wanderweg, der ebenerdig nach 2 km zum Wildseeblick beim Grab des Professors *Euting* führt. Nahe beim Grab beginnt der steile Abstieg zum See. Die Mühe lohnt sich; unten wird man mit fast menschenleerer Idylle belohnt.

Mummelsee

"Sein Bord ist wie das Ufer des Lethe, öd und abgeschieden ... kein Laut unterbricht die ewige Stille, nur daß tief unten im Tal melancholisch ein Quell murmelt. Immer unbewegt ist der schwarz beschattete Spiegel des Wassers, auf dem die gelbe Seerose ihre breiten Blätter entfaltet. Es ist hier der Aufenthalt der Betrachtung, der Wehmut und der Dichtung."

So beschrieb *Alois Schreiber,* einer der ersten Schwarzwalddurchwanderer, vor 165 Jahren den Mummelsee. Und so öde und abgeschieden muß der See seit seiner Entstehung vor 10.000 Jahren lange Zeit gewesen sein. Es war in der letzten Eiszeit, als ein Gletscher diese runde Mulde aushobelte. Seinen Namen verdankt der Mummelsee den weißen Seerosen, im Volksmund "Mummeln" genannt, die einst hier zahlreich wuchsen. Heute gibt es keine Seerosen mehr, und auch die ewige Stille ist dahin, aus dem Mummelsee wurde der "Rummelsee". Vor hundert Jahren entstand am Ufer des Mummelsees das

Der sagen-
umwobene
Mummelsee

Mummelseehotel, das bis kurz nach dem Ersten Weltkrieg nur zu Fuß zu erreichen war. Mit dem Bau der Schwarzwaldhochstraße entwickelte sich der See dann zu einem der beliebtesten Ausflugsziele des Schwarzwaldes. Doch auch heute noch kann man bei einem Rundgang am Ufer entlang – besonders in den Morgen- und Abendstunden – die Poesie des Mummelsees erleben.

Athanasius Kircher am Mummelsee

Wir kamen nach einem mühsamen Klettern wie die Ziegen zu einem, von dunklen Fichtenwäldern umsäumten See voll pechschwarzen Wassers. Dieser hat und duldet keine Fische. Wenn man aber doch welche hineinsetzt, dann wirft er sie wieder aus wie das Meer die Leichen. Selbst nicht einmal den Teichfrosch oder den Wasserläufer nährt dieser völlig unfruchtbare See mit seinem nächtlichen Wasser. Nur einige große, scheußliche Kröten habe ich angetroffen; jedoch auch diese waren verendet. Nur etwa spannengroße Tierchen, die Salamandern oder Sterneidechsen sehr ähnelten, lebten in großer Zahl in dem Gewässer.

Verschiedentlich gilt der See als heilig, da er keine Unruhe und Verunreinigungen duldet. Werfe nämlich jemand einen Stein in die Fluten, so brechen alsbald Regen, Donner und ein grausiges Unwetter los, das den Frevler in nicht geringe Gefahr bringe."

Aus: *"Mundus subterraneus", Athanasius Kircher,* 1678

Tour 4

Hornisgrinde

Mit 1164 m ist die Hornisgrinde der höchste Berg des nördlichen Schwarzwaldes. Auf dem Gipfel erstreckt sich eine weites *Hochmoor,* auf Bolenwegen durchwandert man da oben eine fast schon mystische Welt. Das Hochmoor entstand allerdings durch Menschenhand: Vor 400 Jahren wurden hier oben die Wälder abgeholzt, um Weideflächen für die Baiersbronner Bauern zu schaffen. Ende des 19. Jahrhunderts wurden die Weideflächen aufgegeben, weil das Hochmoor entstanden war.

Am südöstlichen Rand des Gipfelplateaus liegt der **Dreifürstenstein,** eine mächtige Steinplatte aus dem Jahre 1722. Damals wurden hier die mit Wappen verzierten Grenzlinien des Markgrafen von Baden, des Herzogtums Württemberg und des Fürstentums von Straßburg in den Felsen geritzt. Der Sage nach war hier einst ein Tanzplatz der Nymphen.

Unterhalb der Ostseite der Hornisgrinde liegen der große und der kleine **Biberkessel,** zwei verlandete ehemalige Karseen.

Schloßhotel Bühlerhöhe

Konrad Adenauer sagte einmal: "Wenn mir die Politik zu kleinkariert war, flüchtete ich auf Bühlerhöhe. Dort war ich in einem Tag durch Wald, Luft und Blick wie gesundgebadet", und *Boris Becker* war mit seiner *Babs* auch schon da. Das 1914 erbaute, im Laufe der Zeit etwas vergammelte und in den achtziger Jahren vom Radiopionier *Max Grundig* mit edelsten Materialien wieder neu ausgestattete Luxushotel steht heute auch Normalsterblichen offen. Wer sich sonst nichts gönnt, der sollte mal mittags auf einen Kaffee oder abends auf einen Drink ins Schloßhotel gehen – nobler geht´s kaum noch. Die Preise sind zwar doppelt so hoch wie anderswo (ein Pils circa 8 DM) – aber Weltklasse gönnt man sich ja nicht jeden Tag ... (siehe Unterkunft/Gastronomie)

Info
●*Verein der Kurorte an der Schwarzwaldhochstraße,* Tel. (07449) 9200, Fax 920199 sowie in den Anrainergemeinden Seebach, Bühl und Baiersbronn

Unterkunft mit Gastronomie
●*Höhenhotel Unterstmatt,* Bühl-Unterstmatt, Tel. (07226) 91900, Fax 919999, ÜF 70 DM
●*Plättig Hotel,* Bühlertal, Tel. (07226) 55300, Fax 55444, ÜF 60-70 DM
●*Berghotel Mummelsee,* Seebach, Tel. (07842) 1088, Fax 30266, ÜF 45-65 DM (eingestellt auf einen gut funktionierenden Ausflugstourismus, witzig: die Oversize-Kirschtorte für zwei)
●*Höhenhotel Rote Lache,* Forbach-Hermersbach, Tel. (07228) 91990, Fax 919991, ÜF 50-80 DM

●*Schliffkopf-Hotel,* Baiersbronn-Schliffkopf, Tel. (07449) 9200, Fax 920199 (nachdem es vor einigen Jahren total abbrannte, ist es nun wieder neu aufgebaut)
●*Schloßhotel Bühlerhöhe,* Bühl, Tel. (07226) 550, Fax 55777, ÜF 245-300 DM (siehe Sehenswertes)
●*Hotel Sand,* Sand, Tel. (07226) 222, Fax 220, ÜF 49 DM

Jugend-
herberge
●*Jh Zuflucht,* Tel. (07804) 611, Fax 1323

Gastro-
nomie
●*Heini´s Grenzstüble**, am Ruhestein, Tel. (07842) 603, Mo. geschl. (urig, im Sommer sonntags morgens musikalischer Frühschoppen)
●Rasthaus *Seibelseckle**, Seebach, Tel. (07842) 30896, Mai-Oktober kein Ruhetag, im Winter Do. geschl.

Skiarena Schwarzwaldhochstraße

Wintersportgebiete von Norden nach Süden:

Rote Lache ●*Loipe:* Rubergloipe, Länge 9,3 oder 5,4 km, 700-915 m Höhenlage, mittelschwer

Plättig ●*Loipe:* Rohrsodloipe, Länge 6 km, 735-780 m Höhenlage, sehr leicht

Mehliskopf ●*Lifte:* 4 Lifte mit Längen von 464-900 m, Flutlicht

Hunds-
bach
●*Loipe:* Länge 4 km (4 km beleuchtet)
●*Lift:* Länge 250 m, Flutlicht

Hundseck ●*Lift:* Länge 400 m, 850-1000 m Höhenlage

Unterst-
matt
●*Lifte:* Unterstmatt I/II, 400m/425 m Länge, Flutlicht/Flutlicht mit Kinderlift
●*Loipen:* Bettelmannskopf-Loipe, 12 km Länge, 890 bis 980 m Höhenlage, Hundsrücken-Loipe, 5 km Länge, 1020 bis 1100 m Höhe, mittelschwer
●*Rodelbahn:* "Horngasse" zwischen Unterstmatt und Ochsenstall

Seibel-
seckle
●*Lift:* 950 m Höhe, 400 m Länge, 100 m Höhenunterschied
●*Loipe:* Gaiskopfspur, 11 km Länge, Teilstrecken möglich, 920 bis 1080 m Höhe, mittelschwer

Ruhestein ●*Lifte:* Ruhestein I/II 1000 m Höhe, 600 m Länge, 100 m Höhenunterschied

Tour 4

Vogelskopf   ●*Lifte:* Vogelskopf I/II 1000 m Höhe, 450 m/640 m Länge, 100 m Höhenunterschied

Schliffkopf   ●*Loipe:* Schliffkopfspur, 4,5 bzw. 11,5 km Länge, 1000 m Höhe, leicht bis mittel
●*Lifte:* 1030 m Höhe, 230 m Länge, 30 m Höhenunterschied

Zuflucht   ●*Lift:* 968 m Höhe, 350 m Länge, 80 m Höhenunterschied

Kniebis   ●*Loipe:* Kniebisspur, 8 km Länge, 880-950 m Höhe, mittelschwer. Sandwaldspur, 9 km Länge, leicht bis mittelschwer

**Kloster Allerheiligen
an den Lierbachwasserfällen**

*Kloster-
ruine*

Viel haben die Schicksalsschläge – Brände, Blitzschlag, der Dreißigjährige Krieg und der Verfall durch Wind und Wetter – nicht von den alten Klostermauern übriggelassen. Das einst von der *Herzogin von Schauenburg* gegen Ende des 12. Jahrhunderts als eines der frühesten gotischen Bauwerke Deutschlands gegründete Kloster ist heute nur noch eine Ruine. Doch ist die in einem stillen Seitental der Rench aufragende Klosterruine von einem ganz eigenartigen malerischen

Reiz. Das Kloster war einst Wallfahrtsort für unzählige Pilger und zugleich wissenschaftliche
Lehrstätte für den Ordensnachwuchs. Die Regeln des Prämonstratenserordens waren streng:
die Mönche verpflichteten sich zu Armut, kleideten sich in weiße Wollgewänder, gingen barfuß,
fasteten und übten sich in Stillschweigen.

Wasser-
fälle
Nur wenige hundert Meter von den Klostermauern entfernt stürzen sich die Lierbachwasserfälle
in sieben Kaskaden 100 m tief ins Lierbachtal.
Über Brückchen und teilweise sehr steile Trep-
pen steigt man entlang der Wasserfälle hinab ins
Tal. Sie hießen früher *Büttensteiner Wasser-*
fälle und waren über Jahrhunderte unzugänglich, erst im 18. Jahrhundert wurden sie erschlossen.

Heute sind Kloster Allerheiligen und die Wasserfälle eine weit über die Landesgrenzen hinaus
bekannte Attraktion. Und doch konnten Touri-
stenbusse und Sonntagsnachmittagsausflügler
dem Geist dieses Ortes wenig anhaben: Wer in
den stilleren Tages- oder Jahreszeiten kommt,
wird hier immer noch das Gefühl mittelalterlicher
Weltabgeschiedenheit spüren können.

Felsen
Viele der Felsschrofen um Allerheiligen haben
einen eigenen Namen erhalten, der teils aus sa-
genhaften, teils geschichtlichen Geschehnissen
entstanden ist. In der *Zigeunerhöhle* hauste
"gleich Wilden nach heidnischen Bräuchen" ein
Zigeunertrupp, das *Rabennest* kostete einen
Klosterschüler das Leben. Als er ein Nest aus-
nehmen wollte, zerriß das Seil, an dem er sich
den Felsen herunterließ. Der *Siebenschwe-*
sternfels hingegen rettete sieben von den Hun-
nen verfolgte Schwestern. Ein im Dreißigjährigen
Krieg von den Kaiserlichen gehetzter schwedi-
scher Ritter stürzte über den Felsen des *Reiter-*
sprungs in den Abgrund.

Tour 4

Info
●*Städt. Verkehrsamt Oppenau*, 77728 Oppenau,
Tel. (07804) 4837 Fax 2428

Seebach

Vorwahl: 07842 **PLZ:** 77889
Einw.: 1550 **Höhe:** 400-1164 m

Überblick Äußerst idyllisch im hinteren Achertal liegt das kleine Dörfchen Seebach, dessen verstreute, zwei Täler umfassende Siedlungsstruktur und dessen Geschichte **typisch für viele Schwarzwaldgemeinden** ist. Daher wird dieses kleine Dorf hier relativ umfangreich beschrieben.

Dieser Teil des Tales galt bis zum 12. Jh. als unzugänglich und unwirtlich, bis dann **die ersten, wagemutigen Siedler** dem Boden landwirtschaftlich nutzbare Fläche abtrotzen. Zunächst arbeiteten sie als abhängige oder auch leibeigene Bauern für adlige oder geistliche Grundherren. Sie mußten für ihre Herrschaft Abgaben leisten und Frondienste verrichten, wie zum Beispiel als Arbeiter in den herrschaftlichen Waldungen. Außerdem durften sie sich weder ihren Wohnsitz noch ihren Partner selbst aussuchen. Darüber hinaus mußten sie für den Fall ihres Todes ihr bestes Kleidungsstück oder etwas anderes Wertvolles für den Grundherren bereithalten. Um das 18. Jh. änderte sich allmählich die Lage, die Höfe durften zu einem Erbzins weitervererbt werden.

Seebach lag stets abseits, von den großen politischen und kriegerischen Auseinandersetzungen blieb es verschont. Einzig erwähnenswert ist ein jahrhundertelanger Streit zwischen den Herren von Bosenstein und den Straßburger Bischöfen, die sich nicht einigen konnten, wer denn nun die Herrschaft über das hintere Achertal habe. Durch Beschlüsse der großherzoglich-badischen Regierung konnten sich die Bauern **Anfang des 19. Jh.** von den bäuerlichen Erblehen lösen. Viele von ihnen stürzten sich in große Schulden, die Armut und soziale Not zur Folge hatten. So nimmt es nicht Wunder, daß damals so manches aus den Fugen geriet: "Eine strenge Aufsicht über die dortige weibliche Jugend ist wohl nicht geführt worden, denn sonst wären nicht 42 uneheliche Mütter in der Gemeinde". So schreibt eine 1862 abgefaßte Mitteilung des großherzoglichen Bezirksamtes Achern über die Verhältnisse in Seebach. Da es damals nur 151 Haushalte in Seebach gegeben hat, gaben also ziemlich viele Seebacher Anlaß zu Klagen. Nicht genug der Vorwürfe, weiterhin wurde bemängelt, daß "die jungen Leute hinsichtlich ihres Fleißes, ihrer Tüchtigkeit und Sparsamkeit nicht gehörig gerügt würden" und daß "bei den stattfindenden öffentlichen Tänzen Sonntagsschüler beiderlei Geschlechts sich beteiligten". Weiterhin soll es der Polizeidiener regelmäßig versäumt haben, in den "zwei einzigen Wirtschaften unmittelbar neben dem Rathaus *(Krone* und *Hirsch)* zeitig Feierabend zu bieten".

Eine weitere Folge des sozialen Umbruchs war die **Auswanderungswelle** von mehr als 100 Seebachern nach Nordamerika in den Jahren 1851 bis 1858. Es waren meist Tagelöhner und Dienstboten, die mit Hilfe einer kleinen staatlichen Unterstützung ihr Glück in der Ferne suchten. Bis heute ist das Schicksal der meisten von ihnen unbekannt. Man vermutet, daß viele in Amerika überhaupt nie ankamen, denn viele der Schiffe nach Übersee waren "Seelenverkäufer", auf denen die Passagiere meist selbst Hand an-

Tour 4

legen mußten. Diejenigen Auswanderer, die Amerika erreichten, waren oft durch Skorbut geschwächt. Ein weiterer Grund für die abgerissene Verbindung zur Heimat mag vielleicht auch im Analphabetentum liegen. Damals war zwar schon die allgemeine Schulpflicht eingeführt, dennoch waren viele Menschen aus der ärmeren Schicht nicht immer des Lesens und Schreibens kundig, wurden sie doch oft zu Hause in der Landwirtschaft gebraucht – da mußte der Schulbesuch eben ausfallen.

Die Auswanderungswelle und alle anderen Zustände hatten ein Ende, als ab den siebziger Jahren des 19. Jahrhunderts der **wirtschaftliche Aufschwung** in Seebach begann: Zu der jahrhundertelang einzigen Erwerbsquelle, der Land- und Forstwirtschaft, kamen nun zusätzlich Sägewerke und Steinbrüche hinzu.

In den sechziger Jahren dieses Jahrhunderts entdeckte die Gemeide dann den **Fremdenverkehr.** Heute gibt es kaum Betriebe, die nur vom Fremdenverkehr oder von der Landwirtschaft leben, im Nebenerwerb ist aber ein Großteil der Bevölkerung in beiden Bereichen tätig.

Sehens-
wertes

Es bleibt bis heute ein Rätsel, warum kein Gemeinde-, kein Bergbau- und kein Landesarchiv das Vorhandensein des **Seebacher Erzbergwerks "Silbergründle"** erwähnte. Besonders erstaunlich ist dabei die Tatsache, daß in diesen Archiven wesentlich kleinere Bergwerke ausführlich beschrieben wurden.

Es gab nur eine in der Bevölkerung weitverbreitete mündliche Überlieferung, daß sich in Seebach einst ein Erzbergwerk befunden hätte. Auch deuteten verschiedene Flurstücknamen, wie z.B. "Silbergründle", "Knappenhöfe" oder "Erzknappenloch" auf das Vorhandensein eines Bergwerkes hin. Nachdem alle Nachforschungen in den Archiven ohne Erfolg blieben, kam der damalige Bürgermeister *Bär* auf die Idee, mal unter den Ältesten im Dorfe nachzufragen. Ein 92jähriger Mann erinnerte sich dann an seine frühe Kind-

**Ein Bürgermeister reist nach Japan –
ein japanisch-alemannisches Märchen
aus den 80er Jahren unseres Jahrhunderts**

Es war einmal ein kleines Dorf im hinteren Achertal, das einen wichtigen Preis für die gute Betreuung seiner Gäste gewann. Das sprach sich im ganzen Lande herum, und so kam es, daß sein Ruhm bis in die ferne Weltstadt Baden-Baden gelang. Dort weilten damals wichtige Vertreter eines Volkes aus dem Land der aufgehenden Sonne. Sie reisten in das kleine beschauliche Dörfchen Seebach, von dem sie in der großen Stadt soviel Gutes gehört hatten. Was sie in diesem kleinen Ort sahen und erlebten, gefiel ihnen gar sehr: das Feiern in der alten Mühle, der prächtige Blumenschmuck an den Häusern und vor allen Dingen die Freundlichkeit der Dorfbewohner. Es kam der Tag, wo sie wehen Herzens Abschied nehmen und in ihre Heimat zurückkehren mußten. Dort schrieben sie auf, was sie gesehen und erlebt hatten. Und alle, alle, die das Land regierten, lasen es. Sie sahen eine Lösung für ihre Probleme, denn viele der Menschen ihrer Heimat hatten ihre alten Traditionen vergessen, verließen ihre Dörfer und zogen in die Stadt. Und die Städte wurden größer und größer und die Dörfer immer leerer und leerer. Die Herrscher aus dem fernen Nippon luden den Regenten aus dem kleinen Seebach in ihr Land ein, damit er sie lehre, wie sie ihr Volk in den Dörfern halten könnten. Was er ihnen zu sagen hatte, gefiel ihnen gar sehr. Und so kommt es, daß bis zum heutigen Tage Delegationen aus dem fernen Japan ins kleine Seebach kommen – damit beide Seiten voneinander lernen ...

Tour 4

heit. Seine Mutter hatte ihn immer vor dem Erzknappenloch gewarnt, das damals nur ein kleiner Wassertümpel war. Man sagte, dort würden die Leute für immer im Berg verschwinden. Der alte Mann konnte noch genau die Stelle benennen, an der sich die Wasserlache befunden hatte. Also fuhren eines Tages ein Bagger und ein Trupp Seebacher Bürger mitsamt Bürgermeister bei der genannten Stelle vor. Die Spannung war groß, der Bagger begann zu graben ... und stieß fast auf Anhieb ins Leere. Der Seebacher Silberstollen war gefunden!

Und jetzt ging die Arbeit los: In Tausenden von Arbeitsstunden legten Seebacher Bürger den ersten Teil des Silberbergwerkes wieder frei – und das alles in ihrer Freizeit. Heute kann man beim fahlen Licht der Grubenlampen durch den 167 m langen tiefen Grubengang waten. Bergwerksgerecht ausgestattet mit einem "Friesennerz", einem Schutzhelm und Gummistiefeln – denn das Wasser steht im Stollen mindestens 5 cm hoch.

Der heute **begehbare Granitstollen** soll aus dem Mittelalter stammen – natürlich basiert wie alles beim Erzstollen auch diese Zeitangabe auf Vermutungen. Was man bei einer Besichtigung sieht, ist so, wie es vor 250 Jahren verlassen wurde; noch immer kann man die Spuren der bergmännischen Arbeit an den Granitwänden bewundern.

●Termine für Führungen bei der Tourist Information, Tel. 30896.

Aus aller Herren Länder stammen die Ausstellungsstücke des **Internationalen Trachten- und Volkskunstmuseums,** die das Ehepaar *Franzl* in dreißigjähriger Sammelleidenschaft zusammengetragen hat. Hier öffnet sich eine internationale Welt der Trachten- und Volkskunst, von einer Qualität und einem Umfang, wie man sie in einem kleinen Schwarzwalddorf nie vermuten würde.

Das 1989 gegründete Museum hat auf 200 Quadratmetern 14 Abteilungen. Viele Ausstellungsstücke sind schon heute unersetzlich. Aber das ganze Museum wäre nur halb so interessant, wenn da nicht Museumsleiter *Erhard Franzl* wäre: Zu jedem Gegenstand weiß er Geschichten und Histörchen zu berichten – bei ihm wird Geschichte zum Leben erweckt.

Das "Nord-Süd-Gefälle" zeigt sich in der **Trachtenabteilung** des Museums: Im mehr protestantischen Norden sind die Farben der Trachten eher bedeckt, während sie im mehr katholische Süden meist von bunter Fröhlichkeit sind. Sogar die Unterwäsche stimmt bei den vollständig be-

---

**Felder werden verwüstet,
Wälder und Haine umgehauen –
bergbaubedingte Umweltschäden
vor vier Jahrhunderten**

Umweltschutz war schon vor über 400 Jahren ein Thema. In seinem Werk über den Bergbau *"De Re Metalli-
ca"* beschreibt *Georg Agricola* im Jahre 1556 die Umweltschäden, die durch den Bergbau entstanden,
folgendermaßen:

"Durch das Schürfen nach Erz werden die Felder
verwüstet (...) Wälder und Haine werden umgehauen;
denn man bedarf zahlloser Hölzer für die Gebäude
und das Gezeug dazu, um die Erze zu schmelzen.
Durch das Niederlegen der Wälder und Haine aber
werden die Vögel und anderen Tiere ausgerottet, von
denen sehr viele den Menschen als feine und ange-
nehme Speise dienen. Die Erze werden gewaschen;
durch dieses Waschen aber werden, weil es die Bäche
und Flüsse vergiftet, die Fische entweder aus ihnen
vertrieben oder getötet. Da also die Einwohner der be-
treffenden Landschaften infolge der Verwüstung der
Felder, Wälder, Haine, Bäche und Flüsse in große Ver-
legenheit kommen, wie sie die Dinge, die sie zum
Leben brauchen, sich verschaffen sollen, und da sie
wegen des Mangels an Holz größere Kosten zum Bau
ihrer Häuser aufwenden müssen, so ist es vor aller
Augen klar, daß bei dem Schürfen mehr Schaden
entsteht, als in den Erzen, die durch den Bergbau
gewonnen werden, Nutzen liegt."

Tour 4

---

kleideten Trachtenpuppen, die im Museum zu sehen sind. Natürlich sind auch die dazugehörigen
Accessoires ausgestellt: Trachtenschmuck, Hüte, Holzschuhe und Haferlschuhe, Brautkronen
und Hochzeitskronen.

Vor Unheil und Krankheit schützen sollten Einzelstücke des **"Lamm Gottes"** (Agnus Dei). So
wurde eine kleine ovale Reliefplatte genannt, die
bei den Votivgaben zu sehen ist. Es war seinerzeit in Rom üblich, die vom Papst gesegneten
Osterkerzen in kleine Wachsblättchen umzu-
schmelzen und den Pilgern auszuhändigen. Diese zerbrachen die Plakette und verteilten die Einzelstücke zu Hause an die engsten Familienan-

gehörigen, die dadurch vor Unbilden jeglicher Art geschützt sein sollten. War dieser Schutz mal nicht wirksam und ein Familienangehöriger erkrankte, so wurde einfach "die Dosis erhöht" und ein Splitterchen dem Essen beigemischt ...

In französischen Frauengefängnissen gefertigt wurden die Postkarten mit Echthaar aus den Jahren 1870-1900. In der schaurig-schönen ***Sammlung von Haarflechtarbeiten*** sieht man Uhrketten, Hals- und Armbänder, Medaillons und Broschen aus dem Haar von lebenden Menschen (das Haar von Toten wurde nie verarbeitet). Besonders sehenswert ist dabei ein Haar-Blumenbild aus der Biedermeierzeit, Meisterstück eines Haarflechters.

Darüber hinaus gibt es Lichtlein, Wachsstöckl, Taufbriefe, Glasstürze, religiöse Volkskunst, Haussegen, "Luxuspapier" und so allerhand Dinge aus Omas Zeiten zu sehen. Weiterhin eine Andachtsbildchensammlung und eine Zusammenstellung bäuerlichen Gerätes. Und was man im Museum noch so erfährt: Der Ausdruck "blaumachen" reicht bis ins Mittelalter zurück. Damals mußten die einfachen Stände an Wochentagen die Farben grau oder braun tragen. Nur an Sonn- und Feiertagen durften sie "Blau" tragen, eben an den Tagen, an denen sie nicht arbeiten mußten.

Die Redewendung "unter die Haube kommen" stammt aus dem 19. Jh., als die verheirateten Frauen in manchen deutschen Regionen eine Haube tragen mußten.

●Geöffnet April-Okt. Di., Mi. und Fr. 14.00 bis 17.00 Uhr. Im Winter geschlossen. Gruppen ab 8 Personen ganzjährig nach Vereinbarung, Tel. 3188.

Es gibt viele Orte mit alten Schwarzwaldmühlen. Aber es gibt nur wenige, die aus ihrer Schwarzwaldmühle so viel gemacht haben wie die Seebacher aus ***Vollmers Mühle.***

Der sehr rührige örtliche Heimat- und Verkehrsverein hatte vor 15 Jahren darüber nachgedacht, was die Seebacher mit ihrer vom Verfall bedrohten alten Mühle anfangen könnten. Naheliegend war der Gedanke, ein Heimatmuseum daraus zu machen. Aus dem Gedanken heraus, daß sich das wohl finanziell kaum lohne, kamen sie auf die Idee, den alten Brauch des *"Z´Licht gehn´s"* wieder aufleben zu lassen. Was damals als mehr oder weniger sporadische Aktion gedacht war, entwickelte sich sehr schnell zu einem über die Landesgrenzen hinaus bekannten Dauerbrenner in Sachen Brauchtum. Heute sind die Brauchtumsabende schon über ein Jahr im voraus fast ausgebucht.

Reinfriede, Bruno, Rosemarie, Meinrad, Hilde und Alfred (v.l.n.r.)

Tour 4

Diese Veranstaltung ist eine Mischung zwischen authentischer Brauchtumspflege und touristischem Unterhaltungsprogramm. Die Akteure sind drei Trachtenpaare – allesamt Rentner –, die sich täglich abwechseln. *Bruno* und *Reinfriede, Alfred* und *Hilde, Meinrad* und *Rosemarie* – jeder und jede ein Original für sich – holen die Gäste vom Kurpark ab, drücken ihnen – wenns schon dunkel ist – eine Lampe in die Hand und gehen dann mit ihnen durchs idyllische Grimmerswaldtal zur Mühle. Dort wird dann nach alter Sitte gebuttert, gesponnen, und es werden Kienspäne gezogen. Zum Essen gibt´s ein Schwarzwälder Vesper, zum Trinken Most und den obligatorischen Schnaps. Dazu spielt ein Akkordeonspieler, und je nach Charakter und Neigung der Trachtenpaare erzählen sie was zur Geschichte der Mühle, über altes Brauchtum und geben auch noch allerhand – nicht immer stubenreine – Witze zum besten. Nicht mehr ganz nüchtern geht´s dann vor Mitternacht wieder mit der Lampe in der Hand zurück zum Kurpark.

Auch Leute, die sonst nicht viel von solchen geselligen, rustikalen Schunkelabenden halten, kommen in Vollmers Mühle auf ihre Kosten.

●Öffnungszeiten: Im Sommer jeden Sonntag 11.00-12.00 Uhr Besichtigung. Für die Brauchtumsabende ist eine Anmeldung in der Tourist Information erforderlich. Im Sommer ist jeweils ein Tag in der Woche für Individualreisende reserviert, kurzfristige Anmeldung ist dann möglich. Gruppen sollten sich längerfristig anmelden (besonders für die Wochenendtermine). Preis ca. 30 DM inkl. Vesper und Schnaps. Bei den Abenden für Individualreisende ist´s billiger, allerdings ist dann das Vesper nicht so reichhaltig. Anmeldung unter Tel. 30896.

Info

●*Tourist Information*, Ruhesteinstr. 21, Tel. 30896, Fax 3270 (Seebach gehört zu dem Bundessiegern im "Wettbewerb für Familienferien")

Unterkunft mit Gastronomie

●*Seebach-Hotel***, Ruhesteinstr. 67, Tel. 3734, ÜF 50 DM (liebevoll mit vielen Puppen dekoriert, wird gerne von den Einheimischen besucht)
●*Gasthaus Grüner Baum*-***, Grimmerswaldstr. 34, Tel. 3684, ÜF 30 DM

Gastronomie

●*Kernhof**, Kernhof-Bosenstein, nach Hinterseebach immer weiter dem schier unendlichen Sträßchen folgen ..., Tel. 3692, Di. geschl. (ein besonders deftiges "Bureversper" – Bauernvesper)

Akitivitäten

●*Angeln:* Forelle in der Acher, Angelkarten im Rathaus
●*Spezialitäten:* Auf dem Schnurrenhof in der Ortsmitte können Sie die Seebacher Spezialität, den *Eierkirsch,* kaufen. Mit dem eher süßlichen, allseits bekannten Eierlikör hat der Eierkirsch eigentlich nur die gelbe Farbe gemein. Er ist nicht so dickflüssig und süß wie der Eierlikör, er ist einfach süffiger. Der Schnurrenhof verkauft auch einen köstlichen *Schwarzwälder Schinken.* Er ist so würzig, daß die Hände nach dem Anfassen noch lange Zeit nach Schinken duften.
●*Wintersport:* siehe "Skiarena Schwarzwaldhochstraße"
●*Ski-Verleih:* Kernhof, Tel. 3692 (dem Kernhof angegliedert ist auch ein sehr renommiertes Geschäft für Sportausrüstung)

Wanderziele

Hohfelsen   Ein langgestreckter Granitkamm am sogenannten "Elsaweg" mit einem sieben Meter hohen, silbernen Kreuz, das man auf einem gesicherten Steg erreicht. Von dort oben bietet sich ein herrlicher Ausblick in das Achertal, bei guter Sicht sogar bis hin nach Straßburg. Ca. 30 Minuten (steiler!) Aufstieg ab Seebach Ortsmitte.

Brennte Schrofen   Ca. 20 Minuten vom Kernhof (oberhalb von Seebach gelegen) entfernte Aussichtskanzel. Von oben ein atemberaubender Blick auf Ottenhöfen und seine Täler.

Karlsruher Grat   Ebenfalls ab dem Kernhof bzw. Gaststätte Bosensteiner Eck zu erreichen. Früher unter dem Namen *Eichhaldenfirst* bekannt. Von den früher dort einst zahlreich vertretenen Eichen gibt es heute nur noch wenige. Die 750-800 m hohe Klippe ist in ihrer Art im Nordschwarzwald einzigartig. Das geologische Naturdenkmal ist seit 1975 ein Naturschutzgebiet. Achtung: Bei Nässe darf der Karlsruher Grat wegen Rutschgefahr auf keinen Fall begangen werden; auch sollten Sie auf jeden Fall schwindelfrei sein. Der Felsgrat kann aber auch auf der nördlichen Seite bequem umgangen werden.

Tour 4

Ottenhöfen

Vorwahl: 07842	**PLZ:** 77883
Einw.: 3500	**Höhe:** 311-1050 m
Ortsteile: Furschenbach (2 km)	

Überblick   Das "Mühlendorf im Schwarzwald" nennt sich der Ort, der mit immerhin acht alten *Schwarzwaldmühlen* aufwarten kann.

     Ottenhöfen ist ein Paradebeispiel dafür, wie sich ein Schwarzwalddorf zu einem gut besuchten *Fremdenverkehrsort* mausern und doch ganz bodenständig bleiben kann. Der Ort ist schön, aber nicht aufsehenerregend, die Umgebung ideal zum Wandern, so wie in vielen anderen Schwarzwaldgemeinden auch. Die Gastronomie ist gut, aber nicht herausragend. Die Gäste, die hierher kommen, suchen genau das: Schwarzwaldleben, das sich nicht für den Tourismus präsentiert, sondern sich selbst bleibt.

Sinkende Übernachtungszahlen und eine Überalterung der Gäste – Probleme, unter denen viele Schwarzwaldgemeinden leiden – bekämpfen die Ottenhöfener mit viel Elan und Innovation: Neuerdings streben sie sogar Himalaya-Dimensionen an – auf der 1995 erstmals kreierten **Mount-Acherest-Tour** können rund ums Achertal 23 Gipfel auf einer 280 km langen Strecke mit rund 10.000 m Höhendifferenz erstrampelt werden. Wer auf der 2-3tägigen Tour in Ottenhöfen übernachtet, wird dabei mit Extras wie einem Biker-Frühstück, einer Bike-Garage, einer Biker-Begrüßung und ähnlichem belohnt. Und am Ende des Jahres bekommt jeder Mount-Acherestler eine Rangliste aller Teilnehmer zugeschickt.

Info

●**Tourist-Info Kurverwaltung,** Allerheiligenstr. 2, 77883 Ottenhöfen, Tel. (07842) 80444, Fax 80445

Unterkunft mit Gastronomie

●**Hotel-Restaurant Pflug****, Allerheiligenstr. 1, Tel. 2059, Fax 2846, ÜF 60-70 DM
●**Glashütte****, Glashütte 2, Tel. 3396, Mo. geschl., ÜF 35 DM (viele Wild- und Fischgerichte)
●**Hotel Sternen****, Hagenbruck 6, Tel. 94960, Fax 60108, ÜF 60 DM (idealer Ausgangspunkt für Wanderungen, freundlich-familiäre Atmosphäre, gemütlicher Biergarten, besonders gut: der feine Wurstsalat)

Gastronomie

●**Benz-Mühle***, in Ottenhöfen-Furschenbach beim Gasthaus Rebstock abbiegen, April-Okt. tgl. ab 19.00 Uhr, Tel. 2577 (alte Mühle aus dem Jahre 1860)

Männer von Stand, Männer mit Einfluß, Männer mit Mist

"Eines Tages aßen wir in einem sehr hübschen Dorf (Ottenhöfen) im Gasthof *Zum Pflug* gebackene Forelle zu Mittag und gingen dann in die Gaststube, um uns auszuruhen und zu rauchen. Dort fanden wir neun oder zehn Schwarzwaldhonoratioren um einen Tisch versammelt vor. Es war der Gemeinderat. Sie hatten sich an diesem Morgen um acht Uhr versammelt, um ein neues Mitglied zu wählen, und nun tranken sie schon seit vier Stunden auf Kosten des neuen Mitglieds Bier. Es waren Männer im Alter von fünfzig, sechzig Jahren mit ernsten, gutmütigen Gesichtern, alle in der Tracht gekleidet, die uns durch die Schwarzwaldgeschichten vertraut geworden ist: breiter, schwarzer Filzhut mit rundem Knopf und ringsum hochgeschlagenem Rand; lange, rote Weste mit großen Metallknöpfen, schwarzer Alpakarock mit Gürtelknöpfen zwischen den Schultern. Es wurden keine Reden gehalten, es wurde nur wenig gesprochen, es wurde nicht leichtfertig geschwatzt; der Gemeinderat ließ sich langsam, aber sicher mit Bier vollaufen und benahm sich mit gesetzter Würde, wie es sich für Männer von Stand, Männer mit Einfluß, Männer mit Mist gehört."

Mark Twain, "Bummel durch Europa". 1878-79.
(siehe Quellenhinweise)

Tour 4

Unterkunft ●*Pension Breig*, Zieselmatt 10, Tel. 2565, Fax 3974, ÜF 55-62 DM (Sauna- und Whirlpoolbenutzung im Preis inkl.)
●*Jugendherberge Sohlberg*, Sohlberg 5, Tel. 2629 (74 Betten, überwiegend 4- und 6-Bettzimmer)
●*Campingplatz Murhof*,, Tel. 1670, (teilweise terrassierter Sommercampingplatz, 1 km vom Ort oberhalb des Schwimmbades)

Aktivitäten ●*Angeln:* Forelle im Unterwasserbach, Angelkarten im Rathaus
●*Kirschbaumblüte:* In den 10 Ottenhöfener Seitentälern ist die weiße Pracht jährlich Ende April bis Mitte Mai zu sehen.
●*Mountainbike-Touren:* rad-so-aktiv GmbH, Am Hang 2, Tel./Fax 8184 (Mountainbikeverleih und -touren)

Wanderziele

**Otten-
höfener
Mühlen-
rundweg**

Die acht malerischen Schwarzwaldmühlen und die alte Hammerschmiede, die dieser Wanderweg passiert, geben für Fotofreaks ideale Motive ab. Und zwischendurch bietet sich immer wieder ein weiter Ausblick auf Ottenhöfen und das Achertal. Ausgangspunkt: Lesehalle im Kurgarten, Weglänge 15 km, Gehzeit 4 Stunden, Höhenunterschied 200 m.

**Otten-
höfener
Felsen-
weg**

Ein geologischer Lehrpfad. Vorbei an beeindruckenden Porphyr-Felsengruppen und seltsamen Granitpartien mit Felsblöcken, die aussehen, als hätten sie Riesen aufeinander getürmt. Weglänge 12 km, Gehzeit 4-5 Stunden, Höhenunterschied 382 m. Routenbeschreibungen vom Mühlenrundweg und vom Felsenweg gibt es kostenlos bei der Ottenhöfener Kurverwaltung.

**Gott-
schläg-
tal**

Eine der reizvollsten Wanderungen im Nordschwarzwald verläuft vom Gottschlägtal bei Ottenhöfen zum Karlsruher Grat bei Seebach. In der weltabgeschiedenen Schlucht stürzen in vielen kleinen Kaskaden die Gottschlägwasserfälle ins Tal. Über 180 Stufen und kleine Brücken führt der gut ausgebaute Weg. In der ersten Felsstufe der Wasserfälle liegt das sagenumrankte Edelfrauengrab, auch "Teufelsküche" genannt, eine aus dem Gestein herausgewaschene Felshöhle.

Tour 5

Offenburg, unteres Kinzigtal und Rheinebene

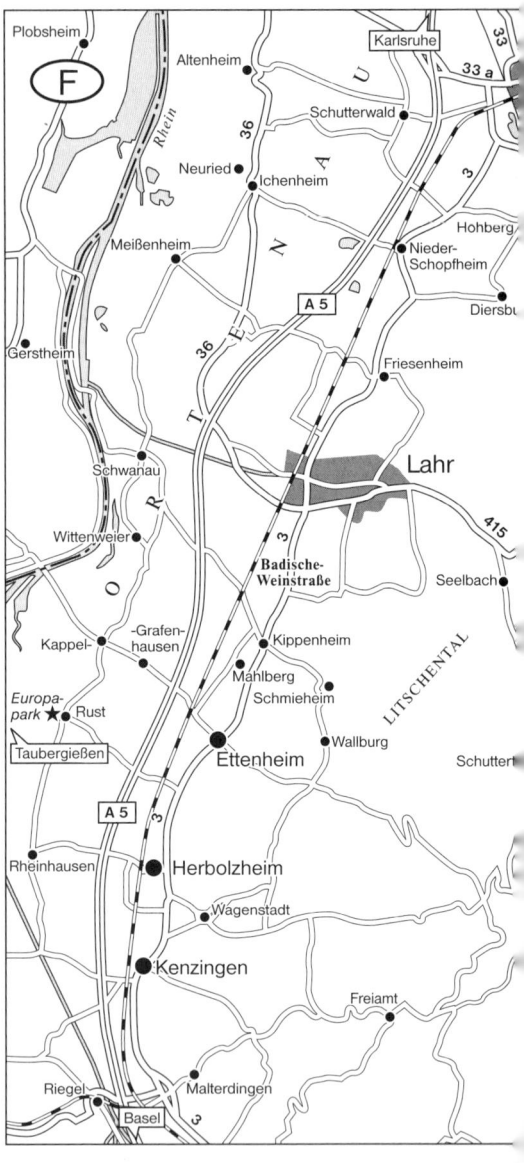

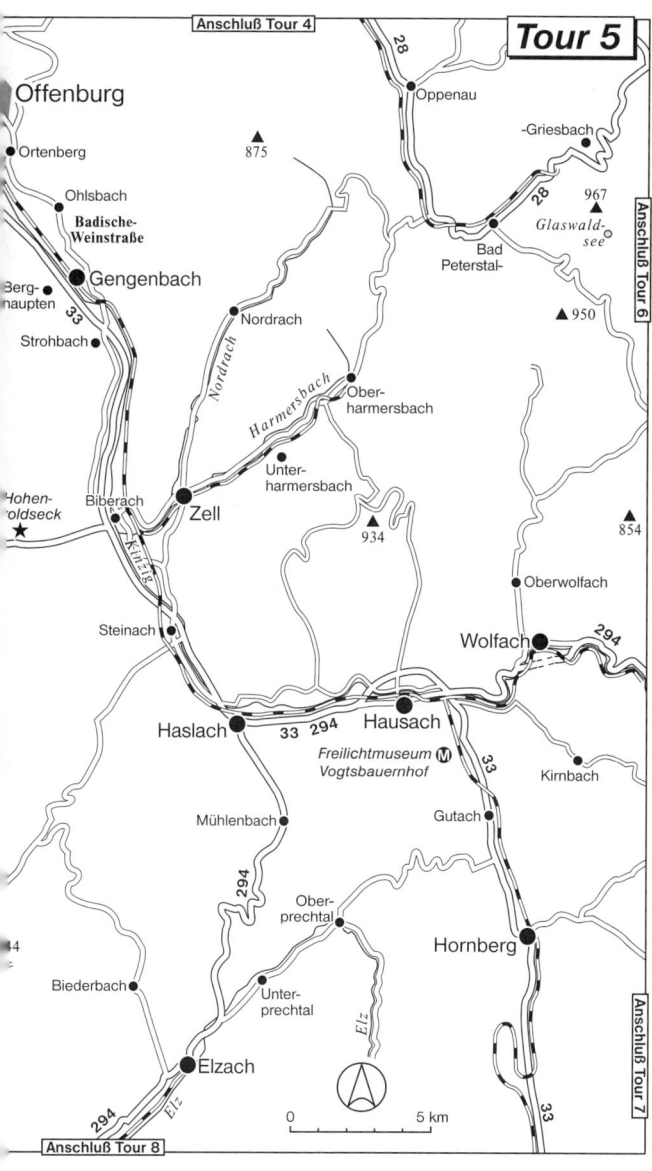

Tour 5

Offenburg

Ortenberg

Ohlsbach

Badische-
Weinstraße

Berg-
haupten

Gengenbach

Strohbach

Nordrach

Hohen-
geroldseck

Biberach

Zell

Steinach

Haslach

Oppenau

-Griesbach

Glaswald-
see

Bad
Peterstal-

Ober-
harmersbach

Unter-
harmersbach

Oberwolfach

Wolfach

Hausach

Freilichtmuseum
Vogtsbauernhof

Kirnbach

Mühlenbach

Gutach

Ober-
prechtal

Hornberg

Biederbach

Unter-
prechtal

Elzach

0   5 km

Anschluß Tour 6

Tour 5

Anschluß Tour 7

875

967

950

934

854

33

28

28

294

33 294

33

294

294

33

Route   Offenburg – (über die Badische Weinstraße nach) Gengenbach – Zell am Harmersbach – Haslach – Hausach – Elzach – Lahr – Abstecher zum Europapark Rust und zum Taubergießen – Offenburg

Beschrei-   Ein gut erhaltenes jüdisches Tauchbad (in Offen-
bung   burg) – ein filmreifes Städtchen (Gengenbach) – stolze Schwarzwaldhöfe (Vogtsbauernhöfe) – ein preisgekrönter Erlebnispark (Europapark Rust) und eine stille Urwaldlandschaft (Taubergießen); diese Tour führt von der Ortenau zum mittleren Schwarzwald und wieder in die oberrheinische Tiefebene hinunter.

Offenburg

Vorwahl: 0781
Einw.: 56.000   **Höhe:** 142-690 m
Ortsteile: Rammersweier (3 km), Zell-
Weierbach (5 km), Fessenbach (3 km)

Überblick   *"Wenn es nach der Legende geht, wurde die Stadt um das Jahr 600 von einem englischen König gegründet, dessen Name sich noch immer im Stadtnamen findet. Wahrscheinlicher jedoch ist eine Gründung an der Wende vom 11. zum 12. Jahrhundert, und gesichert ist, daß sie im Jahr 1240 von Friedrich II. zur Freien Reichsstadt erhoben wurde, womit ihre Blütezeit begann. Im Dreißigjährigen Krieg „totaliter ruiniert", erhielt die Stadt beim Wiederaufbau im 17. Jahrhundert ihr städtebauliches Gepräge und wurde Mitte des 19. Jahrhunderts zum Zentrum einer (zunächst erfolglosen) Revolution. Und heute? Verkehrsknotenpunkt, Verwaltungszentrum, Wirtschaftsstandort, Weinfeste, Weinmärkte und die Nähe zu einer ausgesprochen gaumenfreundlichen Gegend jenseits der Grenze. Ein jährlich wiederkehrendes Spektakel ist heidnischen Ursprungs (...). Wie heißt die Stadt, die heute vor allem als Sitz eines großen Unternehmens bekannt ist und zu deren entscheidenden Vorzügen oft auch die Zahl der täglichen Schnellzugabfahrten gerechnet wird?"*

So fragte *Rafi Reiser* in seinem Stadträtsel in der Wochenzeitung DIE ZEIT (Ausgabe Nr. 5, 25. Januar 1995). Die Stadt war Offenburg, der engli-

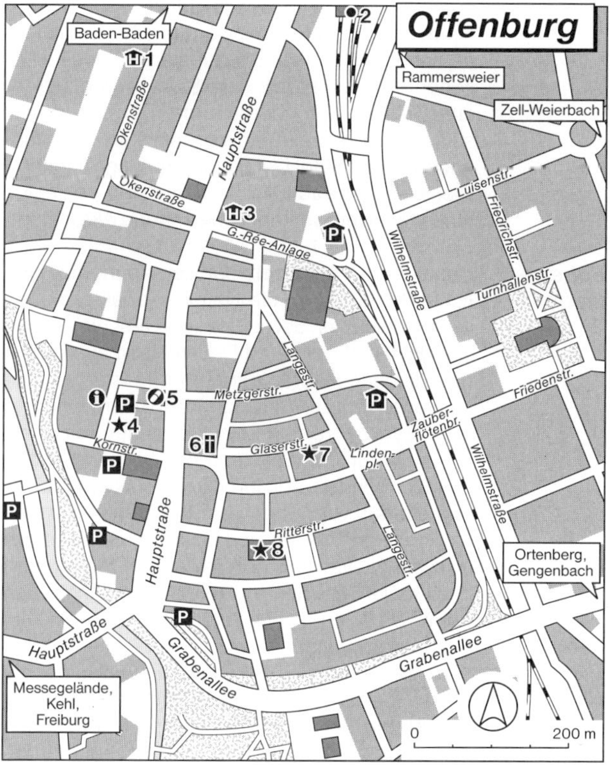

H	1	Hotel Palmengarten		5	Einhorn-Apotheke
●	2	Bahnhof		6	Fischmarkt/Spitalkirche
H	3	Hotel Union	★	7	Mikwe
★	4	Marktplatz	★	8	Ritterhaus

sche König war *Offo,* das jährlich wiederkehrende Spektakel heidnischen Ursprungs ist die Offenburger Fasnet, und große Unternehmen sind die *BURDA-Verlagsgruppe, Tesa* und *Vivil* (Zeitschriften, Klebeband und Pfefferminzdrops).

Offenburgs Bedeutung liegt denn auch in seiner Position als Wirtschaftsstandort, Verkehrsknotenpunkt und im Messe- und Kongreßwesen. Herausragende Sehenswürdigkeiten, eine bedeutende historische Bausubstanz oder eine besondere Atmosphäre hat die Stadt hingegen nicht aufzuweisen. Offenburg wurde übrigens wegen seines vorbildlichen Radwegenetzes als fahrradfreundlichste Stadt Deutschlands ausgezeichnet. Wer kein Fahrrad besitzt, kann sich kostenlos eines für zwei Tage ausleihen (siehe Aktivitäten).

Sehens- **wertes** Deutschland weist trotz der Zerstörung der jüdischen Kultur durch die Nationalsozialisten noch viele Denkmäler der jüdischen Geschichte auf. Bis ins 19. Jh. bestand Deutschland aus vielen, oft miteinander konkurrierenden Teilstaaten, die, im Gegensatz zur Situation in Spanien, England oder Frankreich, kaum einer Zentralgewalt unterlagen. Während die starken, zentral regierten Länder irgendwann in ihrer Geschichte die Juden des Landes vertrieben und ihre Denkmäler zerstörten, konnten die Juden in Deutschland bei Schwierigkeiten mit den jeweiligen Herrschern das Gebiet "wechseln". Dem Vernichtungswahn der Nazis fielen nicht alle jüdischen Bauten zum Opfer; die Synagogen waren fast immer in Häuserreihen integriert, ein Brand hätte also auf die benachbarten Wohnhäuser übergegriffen. Die Grabsteine der Friedhöfe waren zu unhandlich zum Entfernen, und die unterirdischen Tauchbäder waren oft verschüttet oder überhaupt nicht bekannt, und so blieben viele Kulturdenkmäler – wenn auch in zunehmendem Verfall – erhalten.

Offenburgs größte Sehenswürdigkeit ist solch ein Denkmal: Unweit vom Fischmarkt liegt in der Glaserstraße eine **Mikwe,** ein gut erhaltenes rituelles Tauchbad der Juden aus dem frühen 14. Jh. Nachdem die Juden aus Offenburg vertrieben waren, diente es vom 14. bis zum 17. Jh. als Brunnen, wurde dann verschüttet und erst Mitte des 19. Jh. wiederentdeckt. Ein Tauchbad war zur Wiedererlangung der kultischen Reinheit vorgeschrieben, nach der Heilung bestimmter Krankheiten, nach der Berührung von Toten, nach dem Geschlechtsverkehr und nach der Entbindung. Angesichts des 15 m tiefen Offenburger Bades, das konstante 15 Grad Lufttemperatur und 4 Grad Wassertemperatur aufweist, ist die kneippähnliche, gesundheitsfördernde Wirkung der Mikwe offenkundig.

●Die Mikwe kann nur im Rahmen von Stadtführungen besucht werden (Termine beim Verkehrsamt erfragen).

Ihre Arznei sollten Sie in der Hauptstraße in der **Einhorn-Apotheke** kaufen, einem schönen Barockbau aus dem Jahre 1772.

Exponate zu Geologie, Mineralogie, Bergbau, Ökologie, Archäologie von der Steinzeit bis zu den Alemannen, zu Stadtgeschichte und Völkerkunde sowie Jagdtrophäen sind im **Museum im Ritterhaus** ausgestellt.

●Ritterstr. 10, Tel. 822555, geöffnet Di. bis Fr. 10.00-13.00 Uhr, Sa. und So. 10.00-17.00 Uhr.

Info
●**Verkehrsamt,** Gärtnerstr. 6, 77652 Offenburg, Tel. (0781) 82253, Fax 82582

Unterkunft
●**Hotel Dorint,** direkt am Messegelände, Tel. 5050, Fax 505513, ÜF 110-125 DM
●**Senator-Hotel Palmengarten,** Okenstr. 13, Tel. 2080, Fax 208100, ÜF 90 DM
●**Hotel Union,** Hauptstr. 19, Tel. 74091, Fax 74093, ÜF 70-80 DM
●**Jugendherberge Schloß Ortenberg,** Burgweg 21, Tel. 31749, Fax 9481031 (auf einer Anhöhe über dem Ort Ortenberg gelegen; äußerst malerisches, 1167 erstmals erwähntes und 1838-1842 im neugotischem Stil wieder aufgebautes Schloß)

Gastro-
nomie
●**Brasserie Engel,** Hauptstr. 58, Tel. 25554 (denkmalgeschützter Gastraum mit Art-Déco-Lampen und Jugendstilspiegeln; große Auswahl an Salaten)
●**Blume**,** Weinstr. 160, Rammersweier, Tel. 33666 (in einem Fachwerkhaus aus dem 18. Jh., günstiges Mittagsmenü)
●**Gasthof Sonne**,** Obertal 1, Zell-Weierbach, Tel. 93880 (gemütlich, gute offene Weine und günstiger Mittagstisch)
●**Guglhupf**,** Metzgerstr. 7, Tel. 78155, So. geschl. (liebevoll eingerichtete Elsässer Weinstube mit vielseitiger Küche)

Tour 5

Aktivitäten •**Fabrikverkauf:** *Wäfo GmbH,* Heinrich-Hertz-Str. 16,
Tel. 58411, Verkauf Mo. bis Fr. 9.00-12.00 und 13.00-
16.00 Uhr (ca. 30% unter dem Ladenpreis für alles, was vor
dem Regen schützt), *Spinnerei Offenburg,* Wilhelm-Bauer-
Str., Verkauf Mo.-Fr. 8.30-11.45, Do. 14.00-17.00 Uhr
(Bettwäsche, Tischwäsche, Handtücher)
•**Fahrradverleih:** kostenloser, zweitägiger Verleih von
Sporträdern und Tandems bei "Treffpunkt am Markt", Korn-
str. 7, Di.-Sa. 14.00-20.00 Uhr, Di., Do., Fr. und Sa. 9.00-
12.00 Uhr und in den Parkhäusern "Stadthalle", Gustav-
Rée-Anlage und "Wasserstr." Mo.-Fr. 7.00-20.00 Uhr

Ausflugsziel

Diersburg Ab Offenburg lohnt sich ein Abstecher ins ***Bienenmuseum*** in Diersburg. Die Bienenhaltung
ist im Ortenaukreis traditionell Bestandteil vieler
landwirtschaftlicher Betriebe.
•Hohberger Bienenmuseum, Diersburg, Tel.
(07808) 3999, geöffnet Mai bis Mitte Nov.
So. 14.00-17.00 Uhr.

Gengenbach

Vorwahl: 07803	**PLZ:** 77717
Einw.: 14.500	**Höhe:** 175-875 m

Überblick Mittendrin ein kopfsteingepflasterter Platz, außen
herum drei altehrwürdige Türme, verbunden
durch stattliche Fachwerkhäuser und ehrfurcht-
gebietende Patrizierhäuser: Den **Ortskern** von
Gengenbach könnte man auf der Stelle in ein
Freilichtmuseum verwandeln, so malerisch ist er,
"eine Stadt, wie Spitzweg sie hätte erfinden können" schrieb einst *Franz Prinz zu Sayn-Wittgen-
stein.* Wen wundert es da noch, daß Gengen-
bachs Gassen und Plätze die Kulisse für manchen Film abgegeben haben. Als vor einigen
Jahren hier die *"Powenz-Bande"* verfilmt wurde,
verschwanden alle Telefonleitungen und Elektro-
kabel unter die Erde oder auf den Boden.

Noch vor hundert Jahren waren die Gengenbacher gar nicht stolz auf ihre Stadt: Aus der aus einer mittelalterlichen Klostersiedlung entstandenen stolzen Reichsstadt wurde nach der Säkularisation ein uninteressantes Provinzstädtchen. Wie viele andere Städte ringsum hätten die Gengenbacher auch gerne ihre alten Gemäuer abgerissen, leider fehlte ihnen das Geld dafür. Heute sind sie stolz auf ihr schmuckes Städtchen, das wundersamerweise trotz gut florierenden Fremdenverkehrs auch im Sommer nicht überlaufen wirkt.

Sehenswertes

Wahrzeichen der Stadt ist der **Stadtbrunnen** vor dem Rathaus. Der Brunnen aus dem Jahre 1582 ist von einem Ritter gekrönt, der wegen seiner hageren Gestalt im Volksmund "Schwed" genannt wird, als Erinnerung an die hungernden Schweden bei der Belagerung der Stadt.

Das **Rathaus** beherrscht die Gengenbacher Marktplatzszene. Erbaut im Jahre 1784 im Übergangsstil vom Rokoko zum beginnenden Klassizismus, wirkt es mit seinen Pfeilern und Rundbögen festlich-vornehm. Der Dreiecksgiebel ist gekrönt von Justitia und Prudentia (Gerechtigkeit und Klugheit), die Konsolen der Balkongeländer sind mit Köpfen gestaltet, die die Erdteile Europa, Asien, Afrika und Amerika darstellen und Weltoffenheit demonstrieren sollen.

Hinter dem Rathaus steht die in der ersten Hälfte des 11. Jh. nach Hirsauer Vorbild erbaute romanische **Stadtpfarrkirche St. Marien.** Leider verschwindet die klare Architektur fast vollkommen hinter der farbenprächtigen Ausmalung im Stil der Nazarener – vielleicht freuen sich ja spätere Generationen mit einem anderen Kunstverständnis einmal über diese für uns fast kitschig anmutende Ausmalung.

Nur wenige Schritte von der Stadtmitte entfernt steht beim sogenannten "Schwedenturm" das **Färberhaus** aus dem Jahre 1747. Am offenen herausragenden Dachgeschoß kann man noch heute erkennen, daß hier einst die Stoffe getrocknet wurden.

Tour 5

Der trutzige **Kinzigtorturm** hatte die wichtigste Aufgabe bei der Stadtverteidigung. Von der Türmerwohnung wurde die Stadt Tag und Nacht bewacht, der Türmer mußte herannahende Flöße auf der Kinzig und die über die Brücke heranreisenden Händler mit einem städtischen Zoll belegen, denn Gengenbach hatte als freie Reichsstadt die Handelshoheit. Eine weitere wichtige Aufgabe war die Feuerwache und das Ausrufen der Stunde.

Engel- und Höllengasse

Ein Muß für Fotografen ist das Fachwerkparadies **Engel- und Höllengasse** mit der schnuckeligen Front blumengeschmückter, einstöckiger Fachwerkhäuser. In der Höllengasse steht das **Scheffelhaus,** wo der Großvater des Dichters *Magnus Scheffel* wohnte, von dem die bekannten Lieder *"O Schwarzwald, o Heimat"* und *"Gaudeamus igitur"* stammen.

Der **Niggelturm** am westlichen Ende der Stadtmauer stammt aus dem 14. Jh. Er diente zuerst als Wehrturm, dann als Gefängnis und Warenlager. Heute ist darin auf sieben Etagen im **Narrenmuseum** die Gengenbacher "Fasend" dargestellt. Von ganz oben vom Turm hat man einen schönen Rundblick auf das mittelalterliche Gengenbach.

●Geöffnet April-Oktober, Sa. 14.30-17.30 Uhr, So. 10.00-12.00 und 14.30-17.30 Uhr.

Den schönsten Ausblick auf Gengenbach genießt man sicherlich vom **Bergle,** dessen 259 m
hohen Gipfel man vom Ortszentrum in ca. 15
Spazierminuten erreicht.

Brauch-
tum

Die Gengenbacher **Kräuterweihe** – ein Fest für Fotofreaks! Zu Mariä Himmelfahrt, am 15. August, binden die
Gengenbacher Frauen kunstvolle Kräuterbüschel in Bie-
dermeierform, manche Büschel haben über einen Meter
Durchmesser. In der Stadtkirche St. Marien werden die
Büschel gesegnet, anschließend prämiert und ausgestellt,
die Siegersträuße müssen die meisten Kräuter enthalten
und kunstvoll gebunden sein. Ursprung dieses Brauchs
war der Glaube an die Kraft der Segnung – und das Wissen
um die Wirkung der einzelnen Käuter. Die geweihten Kräuter wurden und werden teilweise auch heute noch dem Vieh
unters Futter gemischt und in der guten Stube hinters
Kruzifix gesteckt – sie sollen so Unheil und Krankheit ab-
wenden.

Von April bis Oktober gibt´s dienstags im vierzehntägigen
Rhythmus im historischen Backhaus im Oberdorf ein
Datschkuchenbacken. Wie der Name schon sagt, wird
dabei ein Teig "flachgedatscht", mit Sauerrahm bestrichen,
mit Schwarzwälder Speck und Zwiebelringen belegt und
dann im Holzofen gebacken.

Info

●**Kurverwaltung Gengenbach,** "Winzerhof";
Tel. (07803) 930143, Fax 930142

Unterkunft
mit
Gastro-
nomie

●**Zum Jägerstüble**,** Mattenhofweg 3, Tel. 2738,
Fax 40153, Mi. geschl., ÜF 50-63 DM
●**Gasthaus Sonne**,** Hauptstr. 5, Tel. 1344, Fax 1278,
Do. geschl., ÜF 55-70 DM
●**Pfeffermühle**,** Viktor-Kretz-Str. 17, Tel. 3705,
Fax 6628, Mittwochabend und Do. geschl., ÜF 48-51 DM
(Spezialitäten: Grill-, Fisch- und Wildgerichte)

Unterkunft

●**Gasthof Pension Rössle,** Tal 57, Gengenbach-
Reichenbach, Tel. 2266 Fax 1798, ÜF 45-60 DM (ruhig
am Waldesrand, behaglich eingerichtet)
●**Naturfreundehaus Kornebene-Hütte,** Info: Tel. 4478
(20 Pers., Zweibett- bis Sechsbettzimmer)
●**Müller´s Mühle,** Dantersbach 5, Gengenbach-Schwai-
bach, Tel. 2795 (romantisch mitten in der Natur, 4 Mehr-
bettzimmer für Gruppen bis 20 Personen, Bettzeug oder
Schlafsack müssen mitgebracht werden)

Gastro-
nomie

●**Steinkellerhaus/Torkelkeller*,** Hauptstr. 33, Tel. 2471,
geöffnet im Sommer, Mo. geschl. (geraniengeschmückter
Innenhof mit Fässern als Tische)

Tour 5

●**Strohhof***, Gengenbach-Strohhof, ab der Strohbacher Ortsverwaltung der Beschilderung ca. 2,5 km durch Wald und Wiesen folgen, Tel. 3713, geöffnet in der Hauptsaison Sa. bis Mi. 12.00-22.00 Uhr, in der Nebensaison nur Sa. und So. (idyllisches Tal, uriger Schwarzwaldhof, der Dielenboden knarrt, die Uhr tickt in der "guten Stube", Sprossenfenster … was macht´s da, daß es "nur" kalte Küche gibt; Spezialität: selbstgemachter Bibbeleskäs und Beerenwein)

Aktivitäten   ●**Angeln:** Karpfen, Hecht, Forelle, Schleie und Döbel in der Kinzig, Angelkarten bei der Kurverwaltung
●**Baden:** Spaßbad *"Die Insel"*, Tel. 930254, tgl. 10.00-19.00 Uhr geöffnet (Riesenrutsche, Wasserpilz, Luftsprudler, Strömungskanal, Freibecken mit Sprungturm, Hot-Whirl-Pool, Restaurant)
●**Museum:** Flößerei- und Verkehrsmuseum. Öffnungszeiten: April-Oktober, Sa 14.30-17.30 Uhr, So 10.00-12.00 Uhr und 14.30-17.30 Uhr. Tel. 07803/ 1767 u. 3764
●**Radverleih:** in der Tourist-Information. Bei *Fahrrad-Otter*, Leutkirchstr. 19., Tel. 2432

Zell am Harmersbach

Vorwahl: 07835	**PLZ:** 77736
Einw.: 7600	**Höhe:** 200-900 m

Überblick   Im Ortskern von Zell reihen sich die Giebel von **Fachwerk- und Jugendstilfassaden** harmonisch aneinander, vom Fremdenverkehrsamt treffend "ein Scherenschnitt aus längst vergangener Zeit" genannt.

Zell am Harmersbach ist bekannt für seine Firma *Zeller Keramik* und die wiederum für ihr weltbekanntes **Hahn-und-Henne-Geschirr.** Das rustikal anmutende Geschirr ist von extrem hoher Kantenfestigkeit. Hahn und Henne krähen nicht nur auf Tassen und Tellern, sondern auch auf Topflappen, Tischsets und Schürzen. Alles gibt´s günstig im Fabrikverkauf.

Info   ●**Kultur- und Verkehrsamt,** Postfach 1138, Zell am Harmersbach, Tel. (07835) 78347, Fax 78350

Unterkunft mit Gastronomie	●**Versperstube Durben*,** Zell-Unterharmersbach, Tel. (0837) 274, Mi. und Do. Ruhetag (ehemals eine Viehhütte; einfache Gerichte, zum großen Teil aus eigener Produktion, z.B. selbstgebackenes Brot und eigener Most)
Aktivitäten	●**Einkaufen:** *Zeller Keramik* Firmengebäude am Ortsende. Öffnungszeiten: Mo.-Fr. 9.00-17.30, Sa. 9.30-13.30 Uhr, langer Samstag bis 17.30 Uhr

●**Museen: Heimatmuseum im Storchenturm,** geöffnet Mai-Sept. Mi. 15.00-17.00 Uhr, Sa. 10.00-12.00 Uhr (kunterbuntes Allerlei vom Hausrat bis zum Folterwerkzeug), **Bildstein- und Steinmetzstuben** in der alten Kanzlei, geöffnet Mai- Sept. Di. und Do. 11.00-12.00 Uhr (Uhren- und Münzsammlung, Kuhschwanz-Penteluhr, Knödelfresser-, Mönchsuhr), **Heimatmuseum Fürstenberger-Hof,** am Kurgarten, Mai bis Sept. Do. 15.00-17.00 Uhr (alter Hof aus dem 17. Jh., der 1991 nach einem Brand originalgetreu wiederaufgebaut wurde)

Ausflugs- und Wanderziele

Nordracher Puppenmuseum

Im kleinen Luftkurort Nordrach, 6 km nördlich von Zell am Harmersbach, begeistert die Puppenwelt von *Gaby Spitzmüller* nicht nur Kinder, sondern auch Erwachsene. Über 1000 Puppen sind nach verschiedenen Themenbereichen zusammengestellt, z.B. Asiatischer Kindergarten, Frauen der Provence, Winterfreuden in Nordrach, Landleben in den Jahreszeiten oder Exotische Puppen sowie US-Sammlerpuppen.

●Nordracher Puppenmuseum, Im Dorf 76, Tel. (07838) 1225 oder 313. Fr., Sa., So., Mo. und an allen Feiertagen 14.00-17.00 Uhr geöffnet.

●**Gastronomie:** Von Nordrach führt ein ca. 7 km langes, enges, gewundenes Sträßchen nach Unterharmersbach. Die hügelige, abgelegene und nur landwirtschaftlich genutzte Gegend ist ein herrliches Wandergebiet, in dem einige außerordentlich urige und schöne Versperstuben zur Einkehr laden. *Zu Flackeneinkehr*,* Tel. 252, kein Ruhetag; *Vogt auf Mühlstein*,* Tel. 249, tgl. außer Mo. 10.00-19.00 Uhr (sagenumwobener Bauernhof aus dem Jahre 1774, Misthaufen vor der Tür, Hofkapellchen, Sprossenfenster, Kachelofen – eine Schwarzwaldeinkehr, wie sie sich des gestreßten Städters Herz erträumt!); *Bächlehof,* Tel. 354, Mo. 15.00-22.00 Uhr, Di.-Fr. ab 13.00-22.00 Uhr, Fr., Sa. und So. 12.00-22.00 Uhr geöffnet (stattlicher Hof, traumhafter Ausblick!, außer der üblichen Vesperkarte

Tour 5

auch Eiskarte, Obstwein); *Sodlacker Stube,* Tel. 342, tgl. bis 18.00 Uhr, Mi. geschl. (klein und einfach, 4 Sorten Wurst nach Hausmacherart, Terrasse mit Traumausblick)

**Heiden-
kirche**

Ein Pudel soll die Gold- und Silberschätze bewachen, die in einem Gang unterhalb der "Heiden-kirche" liegen sollen. Die Kirche selbst besteht nur aus einer Ansammlung von Sandstein-blöcken. Jeder Stein hat einen anderen Namen, der eine heißt Kapelle, der andere Schiff, ein dritter gar Hexentanzplatz. Einst soll hier eine heidnische Opferstätte gewesen sein. Als die Talbewohner bereits zum christlichen Glauben bekehrt waren, sollen hier noch einige Unerschütterliche ihren alten Göttern weitergeopfert haben. Die Kirche ohne Kirchturm liegt außerhalb von Oberharmersbach auf dem Löcherberg (dort parken, zu den Steinen sind es noch ca. 20 Minuten zu gehen).

●**Unterkunft:** *Naturfreundehaus Störgeiß,* Kohlberg 215 a, Nordrach, Tel. (0781) 35350 (4 Vierbettzimmer)

**Gerolds-
ecker
Waffen-
schmiede**

1280 wurde die Waffenschmiede zum erstenmal erwähnt, die für die Burg Hohengeroldseck (westlich von Zell am Harmersbach bei Biberach) die Waffen schmiedete. Als 1689 die Franzosen die Burg zerstörten, durfte die Schmiede unter der Bedingung weiterbestehen, künftig nur noch Werkzeug wie Äxte, Schaufeln und anderes herzustellen. Die Familie *Fehrenbach,* die die Schmiede seit 1596 (!) besitzt, hielt sich auch bis zum Jahr 1970 getreulich daran. Dann aber war die Produktion von Werkzeug nicht mehr rentabel, die *Fehrenbachs* produzieren heute wieder Waffen, allerdings nur Repliken historischer Waffen für die Wand überm Kamin.

●Geroldsecker Waffenschmiede, Litschental 11a, für das Publikum von April bis Nov. täglich geöffnet.

●**Gastronomie:** Ebenfalls in Fehrenbachscher Hand ist das Gasthaus *Zum Schwert**,* neben der Waffenschmiede, Tel. (07823) 2270, Di. geschl., ÜF 33 DM (Wild, Forellen,

Vesper, Spezialität: selbstgebrannter Pflaumenschnaps);
Höhenhotel Löwen-Geroldseck***, Seelbach-Schönberg, Tel.
(07823) 2044, Fax 5500 (streitet sich mit dem Bären in
Freiburg um den Titel: "Deutschlands ältestes Gasthaus",
herrlicher Blick ins Tal hinunter); *Restaurant-Hotel Adler****,
Reichenbacher Hauptstr. 18, Tel. 7035 (sogar dem Fein-
schmeckerpapst *Wolfram Siebeck* schmeckt es hier);
Höhenrestaurant Sternen*, Hasenberg 1, ab Ortsausgang
Seelbach beschildert, ca. 6 km Fahrt durch äußerst idyllische Landschaft. Tel. 2305, 11.00-21.00 Uhr durchgehend warme Küche, Mo. geschl. (idyllisch gelegen, riesige Portionen, köstliche Brägele)

Haslach

Vorwahl: 07832	**PLZ:** 77716
Einw.: 6000	**Höhe:** 220-500 m

Überblick Wie ein Bild des Friedens liegt das alte Städtchen
Haslach im weiten Tal der Kinzig inmitten einer
sanft ansteigenden Hügellandschaft. "Mein Paradies" nannte es *Heinrich Hansjakob,* dessen Bewohner schon "zufrieden sind, wenn man sie ruhig räsonieren und ihren Wein trinken läßt und
nicht viel Steuern von ihnen verlangt". Das 1240
erstmals urkundlich erwähnte Städtchen war
einst der Mittelpunkt eines bedeutenden Silber-
bergbaus. Am 31. August 1704 brannten Truppen des französischen Königs *Ludwig XI.* die
Stadt völlig nieder. Der seit 1978 unter Denkmalschutz stehende Stadtkern stammt noch weitgehend aus der Zeit kurz danach.

Sehens-   Am Rande der Altstadt ist im aus dem 17. Jh.
wertes   stammenden Kapuzinerkloster das **Trachtenmuseum** untergebracht. Hinter Vitrinen (leider)
sind Trachten des Schwarzwaldes und des Hoch-
und Oberrheingebietes sowie zahlreiche Trach-
tenteile wie Goller und Schäppel ausgestellt. Wer
sich für diese alte bäuerliche Welt interessiert,
sollte als Ergänzung unbedingt die Vogtsbauernhöfe im nur 12 km entfernten Gutach besuchen.

Tour 5

Der Mann mit dem schwarzen Hut – Heinrich Hansjakob

In Haslach, wo er auch seine letzten Lebensjahre verbrachte, erblickte der katholische Pfarrer, Erzähler, Gymnasiallehrer, Realschuldirektor und Landtagsabgeordnete *Heinrich Hansjakob* (1837-1916) das Licht der Welt. Er war ein vielseitiger, streitbarer und kritisch eingestellter Erzähler und Volksschriftsteller, der in der Jugend sein Klavier verkaufte, um Geld fürs Biertrinken und Spielen zu haben und der sich zeitlebens gerne mit der Obrigkeit anlegte. In über 70 Büchern und Schriften befaßte er sich neben Reisebeschreibungen mit geschichtlichen Themen und mit dem Leben und den Bräuchen der Menschen seiner Heimat. Sein sozialer Sinn und seine Religiosität waren sehr ausgeprägt, seine Abneigung gegen alles Moderne allerdings auch: "Wenn sie aber glauben, sie seien schöner oder stellen mehr vor, wenn sie die alte Bauerntracht ablegen, dann haben sie, wie man sagt, den Finger am letzten Ort verbunden, und diejenigen Mädchen vom Lande, welche das glauben, gehören ohne Zweifel zu den dümmsten. So sollen schmucke Landmädchen ihre Kameradinnen, welche einige Wochen oder Jahre in der Fremde zugebracht haben und mit der Modetracht heimkehren und andere anstecken wollen, meiden, necken und verlachen". Der Mann mit dem schwarzen, geschwungenen "1848er Hut" war zu seiner Zeit einer der meistgelesenen Schriftsteller, der auch weit über die Grenzen seiner badischen Heimat hinaus bekannt war und der noch heute von seinen Landsleuten hoch geachtet wird.

Eine wunderschöne Möglichkeit, Hansjakob nachzuempfinden, sind die beiden Hansjakobwege: der 54 km lange Hansjakob-Weg 1, der von Schapbach über Schenkenzell, St. Roman nach Schenzell führt und der 104 km lange Hansjakob-Weg 2, der von Hausach über Wolfach über Zell am Harmersbach und Haslach zurück nach Hausach führt.

●Schwarzwälder Trachtenmuseum, Tel. 8080, Öffnungszeiten: April bis Okt. Di.-Sa. 9.00-17.00 Uhr, sonn- und feiertags 10.00-17.00 Uhr, Mo. geschlossen. Nov. bis März Di.-Fr. 9.00-12.00 und 13.00-17.00 Uhr (feiertags geschlossen).

In der Hansjakobstraße, im **Freihof,** den sich *Heinrich Hansjakob* 1913 als Alterssitz erbauen ließ, ist heute das **Hansjakobmuseum** und das Hansjakobarchiv untergebracht.

●Tel. 4715, Öffnungszeiten: Mi 10.00-12.00 und 15.00-17.00 Uhr, Fr. 15.00-17.00 Uhr, April bis Okt. auch So 10.00-17.00 Uhr.

Info ●**Verkehrsbüro "Gastliches Kinzigtal",** Postfach 1212, 77711 Haslach, Telefon (07832) 70670, Fax 5909

Unterkunft mit Gastronomie ●**Gasthaus-Pension Rebstock,** Kirchgasse 6, Tel. 2236, ÜF 41-46 DM (Fachwerkhaus mitten in der Altstadt)
●**Gasthaus Storchen**,** in der Altstadt, Tel. 979797, ÜF 44-49 DM (Flammkuchen und Steak auf dem heißen Stein)

Gastronomie ●**Gasthaus Kanone**,** Hauptstr. 54, Tel. 2544, Fax 6151, Mi. geschl. (Im 1807 erbauten Gasthaus kriegen alle mit dem Vornamen Xaver kostenlos Hering und Kartoffeln, falls sie am 2. Dezember, dem Xaveritag, kommen. An den Wänden kuriose, über 100 Jahre alte Wandmalereien wie eine Wolfsjagd in Rußland oder eine Landvermessung in Indien)

Aktivitäten ●**Baden:** Beheiztes Freibad, Tel. 8120 (64-m-Riesenrutsche, Massagedüsen, Strömungskanal, Kleinkinderbereich)

Tour 5

Hausach

Vorwahl: 07831	**PLZ:** 77756
Einw.: 5700	**Höhe:** 240-930 m

Überblick Außer einigen gut erhaltenen Fachwerkhäusern würde der langgestreckte, verkehrsreiche Ort selbst kaum Sehenswertes bieten, wenn da nicht die ausgesprochen schwarzwaldtypischen Vogtsbauernhöfe wären.

**Sehens-
wertes**

Der Erforscher des Schwarzwaldhauses, Professor *Hermann Schilli,* errichtete hier sein Lebenswerk: die 6 km südlich von Hausach gelegenen, zur Gemeinde Gutach gehörenden **Vogtsbauernhöfe.** Es begann mit einem abbruchreifen Bauernhof im Jahre 1963, als er sich zur Gründung eines Freilichtmuseums entschloß – heute eine der großen Attraktionen des Schwarzwaldes. Das Gebäude damals war der Vogtsbauernhof, nach und nach sind noch andere Hofkomplexe, allesamt aus dem 16. und 17. Jahrhundert, hinzugekommen. Selbstverständlich mitsamt ihren Nebenbauten wie Mühle, Säge, Speicher, Backhäuschen, Hofkapelle und Leibgeding – dem Altensitz der Bauern – und sämtlichem Haus- und Arbeitsgerät. Was diese Gebäude so interessant macht, ist die für uns heute kaum noch nachvollziehbare Einheit von Arbeits-, Privat- und Freizeitleben. Der Herr und der Knecht, die Familie und das Vieh, alle Lebens- und Arbeitsbereiche waren unter einem einzigen großen Dach untergebracht.

Von Toleranz zeugt das "Probierstübchen". So nannte man die Kammer für die heiratsfähigen Töchter, die dort mit Erlaubnis der Eltern von jungen Burschen besucht werden durften. Man sagt, die Hochzeit sei häufig erst dann aufgeboten worden, wenn die Nächte in der "Probierkammer" sichtbare Folgen gehabt hatten. Eheliches Glück und gesunde Nachkommen hatten letztendlich einen höheren Stellenwert als die Unberührtheit der Töchter.

So wirklichkeitsgetreu die Vogtsbauernhöfe auch sein mögen, in einem Punkt verfälschen sie die Wirklichkeit: Die Häuser standen ursprünglich nicht beieinander, sondern – wie alle Schwarzwaldhöfe – einsam, im Zentrum ihres Wald-, Feld- und Graslandes. Ihre Bewohner sollen von persönlichem Selbstbewußtsein und großer Unabhängigkeit gewesen sein. Eigensinnig und von alemannischer Dickschädeligkeit, strapazierten sie die Nerven der Förster und Vögte. Das Schwarzwaldhaus wurde immer an der Grenze

zwischen den talwärts gelegenen Wiesen und den sich oberhalb erstreckenden Feldern gebaut. Entlang dieser Grenze verlief auch immer der Weg, der dann später zur Straße wurde.
●Geöffnet April-Okt. Mo.-So. 8.30-18.00 Uhr.

Info

●***Verkehrsamt,*** Hauptstr. 40, 77756 Hausach, Telefon (07831) 790, Fax 7956

Gastro-nomie

●***Käppelehof*,*** Hausach-Einbach, Tel. 459, Mo. geschl. (mächtiger, alter Bauernhof, mit "Käppele" = Kapelle. Vesperkarte)

Aktivitäten

●***Einkaufen:*** im Schwarzwaldladen gegenüber dem Bahnhof gibt es ein riesiges Korbwarenangebot. Nicht alles ist preisgünstig, aber es ist auch nicht alles aus Taiwan. Schwarzwaldladen, Eisenbahnstr. 52, Tel. 201, Fax 7535
●***Fabrikverkauf:*** *Wolber & Pfaff GmbH & Co. KG,* Wilhelm-Zangen-Str. 7, Tel. 8040, Verkauf Di. 14.00-17.00 Uhr (günstige Hüte für den Strand, für Karneval und sonstige Gelegenheiten)

Ausflugsziel

Gutach

Von hier aus hat er seinen werbewirksamen Siegeszug um die Welt angetreten: der ***Bollenhut,*** das fotogene Wahrzeichen des ganzen Schwarzwaldes. Und doch wird er nur in den drei Gemeinden Gutach (nicht zu verwechseln mit Gutach im Breisgau), Kirnbach und Reichenbach getragen. Im Gegensatz zu den Trachten der umliegenden katholischen Orte ist die zum Hut mit den roten Bollen gehörige Tracht in dunklen Farben gehalten und züchtig hochgeschlossen bis zum Hals, denn die drei Bollenhut-Gemeinden sind eine evangelische Enklave im sonst katholischen mittleren Schwarzwald. Angeblich soll der Bollenhut (den Sie niemals „Bommelhut" nennen sollten, wenn Sie nicht der Zorn der Schwarzwälder auf sich ziehen möchten) auf ein Versprechen aus der Pestzeit zurückgehen, nach dem die Gutacher die Vierzehn Nothelfer angerufen hätten, um nach Befreiung von der Pest fürderhin zu ihren Ehren 14 Wollrosen auf dem Kopf zu tragen. Bilder alter Meister hingegen be-

Tour 5

Des Schwarzwälders größter Stolz

Wir fanden die Bauernhäuser und Dörfer im Schwarzwald genauso, wie die Schwarzwaldgeschichten sie schildern. Das erste echte Exemplar, auf das wir stießen, war der Wohnsitz eines reichen Bauern und Gemeinderatsmitglieds. Er stellte in der Gegend eine wichtige Persönlichkeit dar und seine Frau natürlich auch. Seine Tochter war die "gute Partie" der ganzen Umgebung, und ich könnte mir denken, daß sie inzwischen bereits als Heldin eines der Romane von Auerbach* der Unsterblichkeit entgegengeht. Wir werden es ja sehen, denn wenn er sie darin aufnimmt, erkenne ich sie an der Schwarzwaldtracht und an ihrer Sonnenbräune, an der rundlichen Gestalt, den fetten Händen, dem stumpfen Gesichtsausdruck, dem freundlichen Wesen, den großen Füßen, dem haubenlosen Kopf und den geflochtenen Zöpfen aus flachsblondem Haar, die ihr den Rücken hinabhängen, wieder.

Das Haus war groß genug für ein Hotel; es war hundert Fuß lang, fünfzig breit und vom Boden bis zur Dachrinne zehn Fuß hoch; aber von der Dachrinne bis zum First waren es mindestens vierzig Fuß, vielleicht sogar mehr. Dieses Dach bestand aus einer alten, lehmfarbigen, ein Fuß dicken Strohschicht und war, ausgenommen ein paar unbedeutende Stellen, über und über mit üppig wucherndem grünem Pflanzenwuchs, hauptsächlich Moos, bedeckt. Die moosfreien Flecken waren Stellen, wo man durch das Einfügen neuer, heller Lagen von gelbem Stroh das Dach ausgebessert hatte. Die Traufen reichten weit herab wie schutzbietende, einladende Fittiche.

Vor der Tür im Erdgeschoß lag ein gewaltiger Misthaufen. Die Tür eines Zimmers im ersten Stock an der Längsseite des Hauses stand offen und wurde vom Hinterteil einer Kuh eingenommen. War das etwa das Gesellschaftszimmer?

Die ganze vordere Hälfte des Hauses schien von unten bis oben mit Menschen, Kühen und Hühnern angefüllt zu sein, und die ganze hintere Hälfte mit Zugvieh und Heu. Aber das charakteristische Merkmal dieses ganzen Hauses bildeten die großen Misthaufen, die draußen herumlagen.

Im Schwarzwald wurden wir mit diesem Düngemittel
sehr vertraut. Unbewußt gewöhnten wir uns an, die gesellschaftliche Stellung eines Mannes nach diesem ins
Auge fallenden, aufschlußreichen Kennzeichen zu be-
urteilen. Manchmal sagten wir: "Das ist offensichtlich
ein armer Teufel". Wenn wir eine stattliche Anhäufung
sahen, sagten wir: "Das ist ein Bankier". Wenn wir zu
einem Landsitz kamen, der von einer alpenähnlichen
Dungpracht umgeben war, sagten wir: "Zweifellos
wohnt hier ein Herzog".

Die Bedeutung dieses Kennzeichens hat man in den
Schwarzwaldgeschichten nicht genügend hervorge-
hoben. Der Mist ist offensichtlich der größte Reichtum
des Schwarzwälders – seine Währung, sein Schatz,
sein Stolz, sein "alter Meister", seine Keramiksamm-
lung, sein Nippes, seine Herzenssache, sein Anspruch
auf allgemeine Wertschätzung, Neid, Verehrung, und
seine erste Sorge, wenn er sich anschickt, sein Testament zu machen."

Mark Twain, "Bummel durch Europa", detebe Klassiker
* *Berthold Auerbach:* ein Schriftsteller des 19. Jahrhunderts, der stark idealisierte Erzählungen über das
Leben der Schwarzwälder Bauern schrieb. Seine
bekanntestes Werk sind die „Schwarzwälder Dorf-
geschichten".

Tour 5

weisen, daß der Hut schon im 15. Jahrhundert weit verbreitet war und sogar von Männern getragen wurde. Heute besteht das 1,5 Kilo schwere Prachtstück aus 11 großen und drei kleinen Bollen. Den Gutachern selbst ist schon längst der Bollenhut hochgegangen: Gegen Auswüchse wie Damen mit bayerischem Dirndl, österreichischem Mieder und ungarischer Stickerei auf den Blusenärmeln – die einst in den USA für badischen Wein Werbung machten – haben sie die "Initiative zum Schutz des Bollenhutes" gegründet. Ihren Bollenhut vermarkten sie schon lieber selber und tragen ihn noch mit Stolz an hohen kirchlichen Feiertagen oder zum Sonntagsgottesdienst in den Sommermonaten.

●*Info: Bürgermeisteramt-Verkehrsamt,* 77793 Gutach, Tel. (07833) 218 und 6357, Fax 1203
●*Unterkunft: Gasthof Engel**,* Steingrün 16, Tel. 357, Di. geschl., ÜF 48 DM; *Gasthof Linde,* Ramsbachweg 234, Tel. 308, Fax 8126, ÜF 40-65 DM

Elzach

Vorwahl: 07682	**PLZ:** 79215
Einw.: 6300	**Höhe:** 362-1150 m
Ortsteile: Oberprechtal (7 km), Prechtal (3 km), Yach (3 km)	

Überblick   Der kleine Luftkurort im Elztal ist bekannt für seine *Elzacher Fasnet.* Am Fasnachtssonntag um 12 Uhr ruft der Zunftmeister die Fasnacht aus: "Wir bringen euch die frohe Kunde: Frei ist der Narr zu dieser Stunde. Drum nützet jetzt die kurze Zeit, damit es keinen von euch reut. Ein fröhlich-kräftig 'Trallaho', denn jetzt isch d'Fasnet do!". Nur drei Tage lang dürfen die "Schuttig", wie die Elzacher Narren genannt werden, ihr Unwesen treiben. Während dieser Zeit allerdings ist die Elzacher Fasnet, die schon 1530 erstmals urkundlich erwähnt wurde, eine der farbenpräch-

Fackelzug der
Schuttignarren

Dotegfriß

Alte Langnase

tigsten im alemannischen Raum. Sehr markant ist
der Schuttig durch sein feuerrotes Zottelgewand
und seine Kopfbedeckung, einen dreispitzarti-
gen Hut, der mit unzähligen Schneckenhäuschen
bedeckt ist. Er stammt aus der Barockzeit und ist
nichts anderes als der von den Männern des 17.
und 18. Jahrhunderts getragene und nach Nar-
renart umgekehrt aufgesetzte Dreispitz oder Ne-
belspalter. Die von den Schuttig getragenen Holz-
larven lassen sich in sieben Gruppen einteilen:
Gfrisse, Langnasen, Lätsche, Fratzen, Mundle,
Teufelslarven und Bart- oder Wildmännerlarven.
Ein Tip am Rande: Die Elzacher Narren schlagen
gerne mit der "Saublodere" (Schweineblase) um
sich, und wer von der getroffen wird, den erwartet reicher Kindersegen!

●Fasnachtstermine: Schmutziger Donnerstag,
15.00 Uhr Kinderumzug, Fasnachtssonntag,
12.00 Uhr Ausrufen der Fasnet, 15.00 Uhr
Großer Schuttigumzug, 20.00 Uhr Fackelzug der
Schuttig (ein dämonisches, züngelnd rotes Flammenmeer, das sich durch die Straßen wälzt),
Fasnachtsdienstag 15.00 Uhr Großer Schuttigumzug.

Info   ●***Verkehrsamt im Haus des Gastes,*** 79215 Elzach,
Telefon (07682) 7990 und 80470, Fax 80472

Tour 5

Unterkunft mit Gastronomie	●*Gasthof Adler***, Waldkircher Str. 2, Oberprechtal, Tel. 1291, Fax 1225, Di. geschl., ÜF 45-80 DM (renommiert, Spezialitäten: Wildgerichte, Schwarzwald-Forellen, Spargelgerichte)
Gastronomie	●*Gasthof Rössle***, Triberger Str. 35, im Ortsteil Elzach-Oberprechtal, Do. geschl., Tel. 1259, Fax 6049 (viel Vegetarisches, freundlicher und heller Gastraum)
	●*Gasthaus Landwassereck**, Ortsteil Oberprechtal, Tel. 1282, Fax 6685, Mo. Ruhetag, Nov. und Dez. geschl. (2 km vom Ort mitten im Grünen, Terrasse)
Aktivitäten	●*Angeln:* Forelle in der Elz, Angelkarten bei der Kurverwaltung
	●*Fabrikverkauf: Elza-Textilwerk,* Am Risslersberg 4, Tel. 8030, Verkauf Mo. bis Fr. 8.30-12.00 und 14.00-17.30 Uhr, Sa. 9.00-12.00 Uhr (Wolle, Strickgarn und Matratzen ca. 25% günstiger)
	●*Fliegen:* Drachenflug- und Gleitschirmzentrum Elztal, In der Gumm 3, Tel. 8279 und 7710, Fax 6192
	●*Museum:* Heimatkundliche Sammlung, Hauptstr. 39, Elzach, Tel. 8493. Geöffnet Mo. 10.00-12.00 Uhr

Lahr

Vorwahl: 07821	**PLZ:** 77933
Einw.: 38.000	**Höhe:** 172 m
Ortsteile: Sulz (3 km), Reichenbach (5 km)	

Überblick	Lahr ist mit zwei Begriffen eng verbunden: mit den früher dort stationierten kanadischen Streitkräften und mit dem *Lahrer "Hinkenden Boten".* Erstere sind seit 1994 aus der Stadt abgezogen, der letztere wird noch immer herausgegeben. Der Name der Stadt ist auf "Lare" (Leere, Weideland) zurückzuführen. 1215 erstmals urkundlich erwähnt, erhielt sie schon 1279 Stadtrecht. Ihre Entwicklung zur Industriestadt begann im 19. Jh., heute sind die wichtigsten Industriezweige der Stahl-, Maschinen- und Fahrzeugbau, die Möbelherstellung und die Nahrungs- und Genußmittelindustrie. Ihre mittelalterliche Prägung ist der Stadt in manchen Altstadtwinkeln noch erhalten geblieben.

Deutsche Gastwirte

"Wir fanden eins (ein Gasthaus – Anm. des Verf.) nach sechs Kilome-
tern heißer, staubiger Straße und es sah nicht besonders gut aus. Wie
die meisten Gasthäuser im Schwarzwald hieß es 'Zum Rößle'. Das
'Rößle' ist das Lieblingssymbol der Schwarzwaldwirte, aber es gibt
auch eine Menge 'Adler' und 'Sonnen'. Alle diese Gasthäuser sind weiß
getüncht und sehen von außen ordentlich und sauber aus, aber innen
sind sie schmutzig eins wie das andere. Die Bettlaken sind kurz, die
Federbetten klumpig, die Matratzen hellrot, das Bier gut, der Wein
schlecht. Beim Mittagessen müssen Sie vorsichtig sein und aufpassen,
daß das Stück Brot, das Sie erwischen, nicht sauer ist. Der Wirt versteht nie, was Sie sagen, seine Frau bindet sich die Schürzenbänder,
während sie den Kopf schüttelt. Arbeiter in Unterhemd und Hosen-
trägern schneiden sich mit dem Taschenmesser ganze Kanten von
dem Schwarzbrot ab und spülen es mit dem sauren Wein hinunter. Die
Deckenbalken sind schwarz vom Rauch. Die Hühner scharren im Vor-
garten und der Misthaufen dampft unter den Schlafzimmerfenstern.
    Das 'Rößle', in dem wir einkehrten, verfügte über alle diese Kenn-
zeichen, und über einige mehr; es gab hier eine ordentliche Mahlzeit
aus gebratenem Fleisch, Kartoffeln, grünem Salat und Apfelkuchen,
vom Wirt selber aufgetragen, der unerschütterlich wie ein Ochse aus-
sah und mitunter mit dem Suppenteller in der Hand stehenblieb und wie
abwesend aus dem Fenster starrte. Seine Frau hatte ein Kamelgesicht,
genau die unverwechselbare Kopfbewegung und den Ausdruck äußer-
ster Stupidität, die man nur bei Trampeltieren und süddeutschen Bau-
ersfrauen beobachten kann."
Ernest Hemingway (siehe Quellenhinweise) im Jahre 1922 über den
Gasthof "Rössle" , dessen heutige Wirtsleute und Küche mit den damaligen keine Ähnlichkeit mehr aufweisen.

**Sehens-
wertes**

Der **Storchenturm,** heute das Wahrzeichen von
Lahr, ist der Rest einer großen spätstaufischen
Burg aus dem 13. Jh. Damals umstellten vier sol-
cher Rundtürme eine quadratische Anlage, in deren Mitte sich der Bergfried erhob. Alles wurde
1677 von den Franzosen zerstört, bis auf den
heutigen Turm, in dem jetzt ein Museum zur Geschichte der Geroldsecker und zur Stadtgeschichte untergebracht ist.
●Geöffnet Mai bis Okt. Mi., Sa. und So. 16.00-
18.00, So. 11.00-12.00 Uhr.
    Einen Hauch Exotik verdankt die Stadt ihrem in
Kuba reich gewordenen Sohn *Christian Wilhelm
Jamm,* der in seiner Heimatstadt im **Stadtpark**

Tour 5

195

einen tropischen Garten anlegte. Was da so wuchert und gedeiht, sind Tulpen- und Trompetenbäume, Götter-, Katsura- und Blauglockenbäume, Geweih- und Mammutbäume, viele verschiedene Kakteenarten und über 250 Rosenarten. Im Park liegt die Villa von *Christian Jamm,* in der heute das **Museum der Stadt** untergebracht ist.

●Öffnungszeiten: April bis Okt. 9.00-19.00 Uhr.

Info　　　●*Städtisches Verkehrsbüro,* 77933 Lahr, Tel. (07821) 282216, Fax 282460

Unterkunft　●*Camping Am Walkenbuk,* Tel. 25777 (ebenes Wiesengelände 500 m vom Ort, Restaurant, Entsorgung für Wohnmobile)

Gastro-　　●*Dannenmühle**,* Sulz, Dannenmühle 1, Tel. 93930,
nomie　　　Fax 939393, ÜF 70-105 DM
　　　　　　●*Hotel Adler***,* Lahr-Reichenbach, Telefon 7035, Fax 7033, Di. geschl., ÜF 72 DM
　　　　　　●*Hotel-Restaurant Zum Löwen**,* Obertorstr. 5, Tel. 23022, Fax 1514, So. geschl., ÜF 50-65 DM

Vom Stammtisch zur Zeitung

Im "Löwen", der im Jahre 1608 noch "Zum Goldenen Löwen" hieß, wurden viele stürmische Stammtischstreitereien ausgefochten. Sie wurden zum Vorbild für die alljährliche "Standrede", bei der eine Stammtischrunde in lebhafter Rede und Gegenrede ein bestimmtes Thema behandelte. Diese Standrede wurde im "Lahrer Hinkenden Boten" abgedruckt. Zu einer Zeit, als es noch kaum Zeitungen, kein Radio und kein Fernsehen gab, waren diese Hefte die wichtigsten Informationsträger. Ihren Namen verdanken sie einem Kriegsveteranen aus dem 16. Jh., der sich mit dem Verkauf von Flugblättern, Zeitungen und Kalendern seinen Lebensunterhalt verdiente. Neben allgemeinen Kalenderangaben und einem Trächtigkeits- und Brütekalender liefert der jährlich erscheinende Bote Informationen übers Wetter und die Postgebühren, Berichte über die "Weltgegebenheiten", das Ganze gewürzt mit Witzen, Anekdoten und unterhaltsamen Geschichten.

●***Zur Bergbrauerei****, Obertorstr. 7, Tel. 29429 (Biergarten, Grillspezialitäten)

Aktivitäten   ●***Angeln:*** Forelle und Döbel in der Schutter im Ortsteil Reichenbach, Angelkarten bei der Ortsverwaltung
●***Rundflüge:*** Fliegergruppe Lahr, A. Horlacher, Tel. 7121
●***Fabrikverkauf:*** *Fritz Heim Lederfabrik GmbH,* Geroldsecker Vorstadt 6, Tel. 23036, Mo.-Fr. 8.00-11.30 Uhr und 13.30-16.30 Uhr (Ledernes vom Handschuh bis zur Jacke), *Weber u. Lederer GmbH & Co. KG,* Lotzbeckstr. 47, Tel. 93640, Verkauf Mo. bis Fr. 9.00-18.00 Uhr, Sa. 9.00-12.00 Uhr (für den Herren vom Anzug bis zum Sakko)
●***Golf:*** 9-Loch-Anlage im Stadtteil Reichenbach

Ausflugsziele

Kippen-heim

Südlich von Lahr liegen zwei eindrucksvolle Stätten, die an die Geschichte der Juden in Süddeutschland erinnern. In Kippenheim an der Badischen Weinstraße ist es die restaurierte ehemalige **Synagoge,** als "Kulturdenkmal von nationaler Bedeutung" eingestuft.

Schmie-heim

Südlich von Kippenheim an der Straße zwischen Schmieheim und Wallburg liegt der große ***Jüdische Friedhof,*** mit Hunderten von Grabsteinen, von denen einige fast dreihundert Jahre alt sind. Die große Zahl der Gräber ist ein Hinweis darauf, daß die Totenruhe auf einem jüdischen Friedhof niemals durch Neubelegen oder Aufgeben eines Begräbnisplatzes gestört werden darf. Experten haben in den letzten Jahren die zum Teil über 300 Jahre alten Inschriften übersetzt; für die nächste Zeit ist ein Führer zu den Grabstätten geplant.
●Den Schlüssel für den Friedhof gibt es in Schmieheim im Rathaus oder bei *Jakob Hartmann,* Pfaffentalstr. 5.

Mahlberg

Als die Elsässer im deutsch-französischen Krieg von 1871 von den Deutschen besetzt wurden, wollten sie auf keinen Fall auf ihren geliebten schwarzen Tabak verzichten. Also wurde in Straßburg eine Tabakfirma gegründet, die 1919 nach Lahr umzog. Die produzierte eine Zigarette in einer roten Verpackung mit einer aufgedruckten

Tour 5

Hand als Markenzeichen. "Gib mir emol aus der rote Packung mit dem Händle" bestellten die Kunden und der Markenname "Rot-Händle" war geboren. Einstmals beschäftigte die tabakverarbeitende Industrie in der Umgebung über 20.000 Menschen, heute ist nur noch die *Badische Tabakmanufaktur Roth-Händle* in Lahr übriggeblieben. Die Geschichte des Niedergangs der Tabakindustrie in der Region und alles Wissenswerte und Kuriose rund um den Tabak können Abhängige und Nichtabhängige im **Tabakmuseum** in Mahlberg, 1 km südlich von Kippenheim, erfahren.

●Die über 1000 qm große Ausstellungsfläche in einer alten Zigarrenfabrik ist von Mai bis Sept. sonn- und feiertags 10.30-18.00 Uhr geöffnet, Tel. (07825) 843813.

Geroldsecker Waffenschmiede siehe Zell am Harmersbach

Rust

Vorwahl: 07822	**PLZ:** 77977
Einw.: 3200	**Höhe:** 164 m

Überblick Gegensätzlicher könnten die zwei Attraktionen des kleinen Dörfchens Rust am Rhein kaum sein: Nur wenige hundert Meter voneinander entfernt liegen die lärmende Amüsierwelt des Europaparks Rust und die ursprüngliche, stille Urwaldlandschaft des Taubergießen.

Rust erreicht man auf der A 5, Ausfahrt Herbolzheim oder Ettenheim nördlich von Freiburg, dann der sehr guten Beschilderung "Europapark Rust" folgen.

Europapark Rust Dem Europapark Rust konnte die Neueröffnung der nur wenige Autostunden entfernt liegenden Disneyworld bei Paris nur wenig anhaben – die Besucherzahlen steigen und steigen. "Fjord Rafting" durch eine eindrucksvolle Felsenwelt mit

Wasserfällen und reißenden Stromschnellen, mit der "Vindjammer" durch die Lüfte segeln, mit der "Eurosat-Achterbahn" durchs All fliegen, mit der Bobbahn durch den "Eiskanal" rasen und mit dem "Alpenexpreß" die bizarre Eisriesenwelt der Berge entdecken – der Park hält, was der Prospekt verspricht. Hier durch Europa flanieren, an Eisrevuen, Varieté-Programmen, Laser-Licht-Theatern und Magic-Music-Shows teilnehmen; wer alles sehen will, muß länger als einen Tag da bleiben. Was in Disneyworld verpönt ist, stört hier keinen: die mitgebrachte Butterstulle. Nötig wäre sie nicht, denn die Preise sind moderat, und die kulinarische Auswahl ist groß. Einziger Wermutstropfen: In den Sommerferien ist der Freizeitpark hoffnungslos überfüllt.

●Europa-Park-Str. 2, Info-Tel. 77270 und 77770, Fax 77277. Täglich geöffnet vom 26. März bis 23. Okt. 9.00-18.00 Uhr (Juli/August längere Öffnungszeiten). Eintrittspreis inkl. aller Attraktionen: Erwachsene 34 DM; Kinder, 4-11 Jahre 31 DM.

Tour 5

Tauber-gießen

Es hat schon einen Hauch von Freiheit und Abenteuer, auf einem Rheinkahn durch die *dschungelartige Flußlandschaft* des Taubergießen zu gleiten. So ungefähr muß die Rheinlandschaft vor der Flußregulierung vor über 150 Jahren ausgesehen haben. Viele Orchideenarten, viele Fischarten, verschiedenste Frosch-, Molch- oder Krö-

tenarten, Reptilien, 179 Vogelarten, 273 Arten von Nachtschmetterlingen sowie Marder, Siebenschläfer, Wildschweine und Rehe sind hier heimisch. Ein Teil des Gebietes ist Bannwald, 99 Jahre darf hier kein Baum geschlagen und kein umgestürzter Baum beseitigt werden. Bei den Bootsfahrten passen jeweils bis zu 10 Leute auf einen Kahn, ein Bootsführer stakt das Boot eine Stunde lang über eine Strecke von ca. 8 km.

●Die Bootsfahrten können zwar auch über das Verkehrsamt (Tel. 07822/61041) gebucht werden, wesentlich unkomplizierter und auch billiger ist es direkt über einen der Bootsführer, z.B. über *Bertram Spoth,* Hinter den Gärten 4, Tel. (07822) 61501-7077, Fax 78231.

Urwaldlandschaft Taubergießen

Bertram Spoth ist mißtrauisch geworden. Seit eine große Illustrierte einen Bericht über die Urwaldlandschaft am Taubergießen brachte und voll ausgerüstete Möchtegerndschungelabenteurer den Taubergießen heimsuchten – seither will er schon genauer wissen, wer da was über den Taubergießen schreiben will. Überhaupt ist übertrieben starke Publicity für den Taubergießen bei den Rustern eher unerwünscht, sie setzen mehr auf Mund-zu-Mund-Propaganda. Es wäre ein leichtes, beim nahe gelegenen Europapark Rust ein Hinweisschild auf den Taubergießen aufzustellen, die Massen würden schon kommen. Aber die Ruster wissen, daß der Reiz ihrer stillen Wasserlandschaft nun mal in ihrer Ruhe und Unberührtheit liegt. An Schönheit steht der Taubergießen dem Spreewald in nichts nach, sein Bekanntheitsgrad aber ist weitaus geringer. Gut so. Noch heute kann man an manchen Tagen durch das weltabgeschiedene Paradies gleiten, ohne einer Menschenseele zu begegnen. Tierische Begegnungen aller Art sind allerdings nicht zu vermeiden: Wir haben bei unserer Fahrt zwar nicht den äußerst seltenen Eisvogel angetroffen, aber die majestätisch dahingleitenden Schwanenpaare und unsere ständigen Bootsbegleiter, strahlend blaue Libellen, waren uns schön genug.

Info   ●*Touristik-Information,* 77977 Rust, Tel. (07822) 61041, Fax 61042

Unterkunft   ●*Erlebnishotel El Andaluz* (gehört zum Europapark Rust), Europa-Park-Str., Tel. 770, Fax 277, ÜF 35-68 DM
●*Hotel Rebstock*-**,* Klarastr. 14, Tel. 7680, Fax 76106, ÜF 25-30 DM
●*Campingpark Oase* im 8 km entfernten Ettenheim (Autobahnausfahrt), Tel. (07822) 9881 (teilterrassiertes Wiesengelände 1 km vom Ort, Restaurant, Chemietoilettenentsorgung)

Tour 5

Tour 6

Vom Wolfachtal ins Kinzigtal

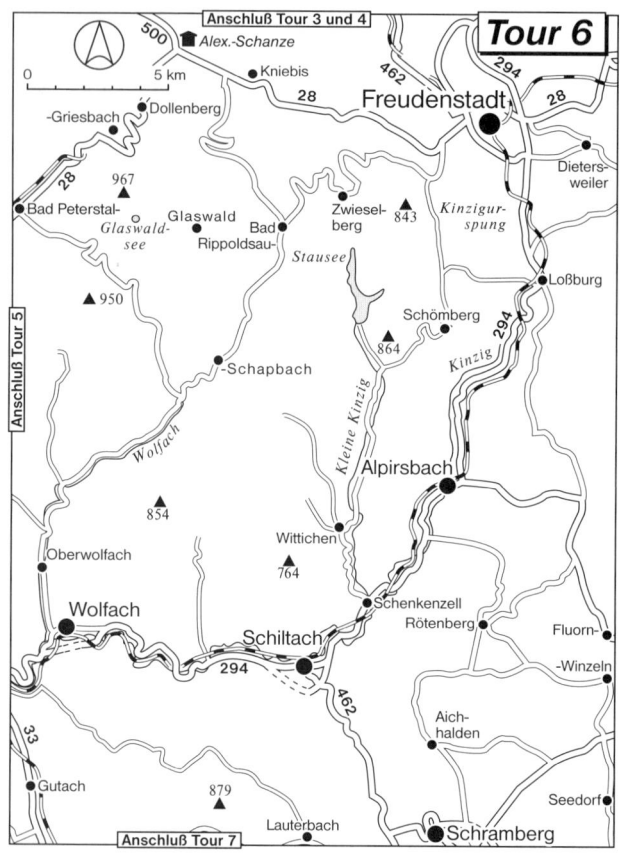

Route	Freudenstadt – Bad Rippoldsau-Schapbach – Bad Peterstal-Griesbach – (Abfahrt ins Wild-schapbachtal nach) Wolfach – Schiltach – Alpirs-bach – Freudenstadt
Beschrei-bung	Die höchstgelegene Stadt Baden-Württembergs (Freudenstadt) – zwei Kurörtchen mit gesunden Wässerchen (Bad Rippoldsau-Schapbach und Bad Peterstal-Griesbach) – die letzte gewerblich arbeitende Mund-Glasbläserhütte des Schwarz-

waldes (in Wolfach) – ein schwäbisch-badisches Grenzstädtchen (Schiltach mit seinem Apothekenmuseum) – Klosterbräu und Klosterkonzerte (in Alpirsbach): eine bequeme Eintagestour auf landschaftlich schöner Strecke.

Freudenstadt

> **Vorwahl:** 07441   **PLZ:** 72250
> **Einw.:** 23.300   **Höhe:** 746-1100 m
> **Ortsteile:** Kniebis (11 km), Lauterbad (3 km), Zwieselberg (6 km), Musbach (10 km), Grünbach-Frutenhof (5 km), Wittlensweiler (3 km), Dietersweiler (4 km), Igelsberg (13 km)

Überblick   Im 15. Jahrhundert noch galt die Gegend um Freudenstadt als "förchtig wilder Wald". Heute präsentiert sich Freudenstadt als **Luftkurort** mit jeder Menge guter Luft und einem subalpinen Reizklima – kein Wunder, denn Freudenstadt liegt auf einer Höhe von 700 bis 1000 Metern und kann im Winter eiskalt sein.

Ihre Gründung verdankt die Stadt vermutlich einer herzoglichen Laune: Ausgerechnet zu einer Zeit, als alle anderen Fürsten ihre Residenzen von den unwirtlichen Burgbergen in die gemütlicheren Ebenen verlagerten, fiel es Herzog *Friedrich I.* ein, am 2. Mai 1601 eine neue Stadt zu gründen. War es wirklich nur eine Laune oder wollte er eine Festung gegen das ständig von Frankreich bedrohte Oberrheintal errichten? Seine Stadt sollte jedenfalls quadratisch nach dem Muster eines Mühlespielbretts werden – gekrönt von einem riesigen Marktplatz in der Stadtmitte. Der Marktplatz wurde gebaut, das repräsentative Schloß allerdings sollte ein Traum des Herzogs bleiben, denn er erlebte nicht einmal mehr die Fertigstellung des Marktplatzes.

Freudenstadt wurde im Laufe seiner Geschichte schwer mitgenommen: Die Pest, ein Großbrand und die Zerstörung der Hälfte aller Gebäu-

Tour 6

de im Dreißigjährigen Krieg und im Zweiten Weltkrieg waren die großen **Katastrophen** dieser ge-
beutelten Stadt. Der Aufbau in den Jahren 1949
bis 1954 gilt als vorbildliches Beispiel für einen
am historischen Vorbild orientierten und doch
modernen Wiederaufbau.

Die Freudenstädter hatten mit den benachbarten Baiersbronnern jahrhundertelang Grenzstrei-
tigkeiten. Eines Tages wurde in Freudenstadt
Alarm geschlagen, weil ein Bär am Stadtgraben
gesichtet worden war. Die Freudenstädter be-
waffneten sich und zogen aus, um das Untier zu
fangen. Nur gab es da nichts zu fangen, denn die
Baiersbronner hatten ihnen einen Streich gespielt. Und so heißen die Freudenstädter heute
bei den Baiersbronnern die "Bärenfänger".

**Sehens-
wertes**

Sehenswürdigkeit Nr. 1 ist selbstverständlich der
219 x 216 m große, arkadengesäumte **Marktplatz,** von *Matthäus Merian* (1593-1650) folgendermaßen beschrieben: "Der Marckt ist sehr groß
und seyn unter den Häusern Schwibbogen, daß
man im Truckenen gehen kann".

Die **Evangelische Stadtpfarrkirche** umrahmt
eine Ecke des Marktplatzes wie ein Winkelhaken.
Sie wurde in den Jahren 1601-1615 nach den
Plänen *Schickhards* erbaut, der auch den Marktplatz für den Herzog anlegte. Im "guten" Südflü-

gel saßen die Männer, im klimatisch schlechteren Nordflügel die Frauen. Ganz züchtig hatten beide keinen Blick aufs andere Geschlecht, sondern nur auf den Altar und den Pfarrer, der seinerseits aber die ganze Kirche überblicken konnte. Von der einst reichen Ausstattung der Kirche sind drei kostbare Stücke erhalten geblieben: ein geschnitztes Kreuz aus der Zeit um 1500, ein Taufbecken aus dem frühen 12. Jh. mit phantasievoll ineinander verschlungenen Tierornamenten und ein ebenfalls aus dem 12. Jh. stammendes geschnitztes Lesepult, dessen Auflage von den vier Evangelisten auf Schultern und Armen getragen wird. Das Pult aus trockenem Holz überstand wie durch ein Wunder die verheerenden Brände des Zweiten Weltkriegs.

●Geöffnet tgl. 10.00-17.00 Uhr. Führungen Mo., Mi. und Fr. 14.00 Uhr (außer feiertags)

207

Info

●*Städtische Kurverwaltung,* 72250 Freudenstadt, Tel. (07441) 8640, Fax 85176.

Unterkunft mit Gastronomie

●Weil sich der Freudenstädter Stadtpfarrer im Dreißigjährigen Krieg weigerte, den Plünderern die Kirchenschätze auszuhändigen, sollte er gehängt werden. Ein Schweizer Kapuziner bewahrte ihn vor diesem Schicksal – und als Dank dafür haben seither alle Kapuziner bis zum heutigen Tag freie Unterkunft und Verpflegung in Freudenstadt.

●*Hotel Palmenwald***,* Lauterbadstr. 56, Tel. 8070, Fax 4006, ÜF 108-123 DM (100 Jahre altes, stilvolles Kurhotel)

●*Hotel Schwarzwaldhof***,* Hohenriederstr. 74, Tel. 86030, Fax 860330, ÜF 75-125 DM (ruhig am Stadtrand, unweit vom 18-Loch-Golfplatz gelegen)

●*Hotel-Weinstube Bären**,* Lange Str. 33, Tel. 2887, Fax 2887, Di. und Do. ab 14.00 Uhr geschl., ÜF 70-90 DM (auch Vegetarisches)

Unterkunft

●*Schwarzwaldhotel Birkenhof,* Wildbader Str. 95, Tel. 8920, Fax 47 63, ÜF 85-110 DM (Sauna, Solarium)

●*Hotel Alte Kanzlei,* Straßburger Str. 6, beim Kurhaus, Tel. 88860, Fax 888666, ÜF 50-70 DM (behagliches Stadthotel)

●*Landhaus Endresenhof,* Besenfelder Weg 3, Igelsberg, Tel. (07442) 6925/6926, ÜF 33 DM (kleine, familiäre Pension mit großem Garten)

●*Campingplatz Freudenstadt-Langenwald,* Straßburger Str. 167, Tel. 2862 (ebenes bis leicht welliges Gelände im Forbachtal, 3 km vom Ort, preisgekrönt als "vorbildlicher Campingplatz in der Landschaft", Einkaufsmöglichkeit, Restaurant, Fahrradverleih, Angeln, Chemietoilettenentsorgung)

Aktivitäten

●*Angeln:* Forelle, Hecht, Rotauge und Karpfen in der Forbach und im Langenwaldsee, Karten bei der Kurverwaltung und beim Staatl. Forstamt, Tel. 6089

●*Baden:* Panoramabad (weithin bekannte, besonders bei Familien mit Kindern beliebte Badeattraktion mit Riesenwasserrutsche, Massagepilz, Dampfgrotte, Saunalandschaft, Solarium, Hot-Whirl-Pool, Restaurant und Bar), Tel. 57620, Mo.-Fr. 9.00-22.00, Sa., So. und Feiertage 9.00-20.00 Uhr

●*Golf:* Golf-Club-Freudenstadt e.V., Hohenrieder Straße, 9-Loch-Platz, bewirtetes Clubhaus, Pro-shop, Driving-Range

●*Stadtrundgänge:* dienstags um 10.00 Uhr ab Kurhaus

Wintersport

●*Lifte:* Schlepplift Stockinger (mit Flutlicht)

●siehe auch *Skiarena Schwarzwaldhochstraße*

Bad Rippoldsau-Schapbach

Vorwahl: 07839	**PLZ:** 77776
Einw.: 2600	**Höhe:** 400-900 m

Überblick Eigensinn macht eben doch Sinn: so zumindest bei Mönch *Rippold,* der wegen seiner Eigenbrötelei von den Benediktinern vor deren Klosterpforte gesetzt wurde. Darob wollte er sich voller Gram sein eigenes Grab schaufeln. Was dann geschah, schilderte im vorigen Jahrhundert *Viktor von Scheffel* ganz eindrucksvoll:

"Ein mächtiger Wasserstrahl mit Gebraus
warf jählings Herrn Rippold zum Grab hinaus,
so hoch wie der nächste Tannenbaum
flog triefend er in den leeren Raum."

Rippold rappelte sich auf und erprobte die Heilkraft der Quelle an einem kranken Hirtenmädchen. Sie wurde gesund und Herr *Rippold* alsbald Pächter des neuen Bades. So zumindest erzählt die Legende. Heute ist der Doppelort Bad Rippoldsau-Schapbach die **Zufluchtsstätte Erholungssuchender,** wo in ausgedehnten Kuranlagen Herz- und Gefäßerkrankungen,

Rheuma, Verschleißerscheinungen von Wirbelsäule und Gelenken, Stoffwechselbeschwerden, chronische Nierenvorfälle und Frauenleiden behandelt werden. Also kein Ort für aufregenden Amüsier-Aktiv-Urlaub.

Im **Winter** allerdings kommen Skifahrer hier durchaus auf ihre Kosten: Von Bad Rippoldsau aus sind es nur wenige Kilometer zu den Pisten und Loipen am Kniebis auf der "Skiarena Schwarzwaldhochstraße".

Info
- *Kurverwaltung,* 77776 Bad-Rippoldsau-Schapbach, Tel. (07740) 722 und 723, Fax 529

Unterkunft mit Gastronomie
- *Landgasthof-Pension Sonne**,* Dorfstr. 31, Schapbach, Tel. 222, Fax 1265, ÜF 44-55 DM
- *Zum letzten G`stehr**,* Bad Rippoldsau, Wolftalstr., Tel. 714, Di. geschl., ÜF 55-62 DM (guter Ausgangspunkt für Wanderungen)
- *Hotel-Restaurant Berghof**,* Absbachstr. 10, Bad Rippoldsau, Tel. 254, ÜF 29-33 DM (ruhig, in Südhanglage am Wald gelegen, Wildspezialitäten)
- *Schwarzwald-Camping Alisehof,* Schapbach, Tel. 203, Fax 1263 (sehr guter Campingplatz, im Schwarzwaldstil gebaut, teils leicht abfallendes Wiesengelände, teils terrassierte Steilhänge, 1 km vom Ort, Einkaufsmöglichkeit, Restaurant, Chemietoilettenentsorgung; Wintercamping)

Gastronomie
- *Gasthof Klösterle Hof**,* Klösterleweg 2, Bad Rippoldsau, Tel. 215, Fax 623, Di. geschl. (mit Biergarten; Forellenspezialitäten)
- *Alte Tränke*,* Fürstenbergstr. 41, Bad Rippoldsau, Tel. 366 oder 1066, ÜF 26 DM (mitten im Grünen mit Biergarten. Spezialität: selbstgebackenes Steinofenbrot)

Aktivitäten
- *Angeln:* Forelle in der Wolf (in beiden Ortsteilen), Angelkarten gibt es bei der Kurverwaltung und bei den Gasthäusern Klösterle Hof, Zum letzten G´stehr, Adler, Ochsenwirtshaus, Sonne und Campingplatz Alisehof
- *Baden:* Mineral-Bewegungsbad Bad Rippoldsau, Tel. 80230 (32 Grad warmes Mineralwasser, Innen- und Außenbecken), Mo., Di., Mi., Fr. 10.00-21.00 Uhr, Do. 10.00-18.00 Uhr., Sa., So. und feiertags 10.00-16.00 Uhr
- *Fahrradverleih: E. Schoch,* Bad Rippoldsau, Fürstenbergerstr. 11, Tel. 219
- *Flößerweg:* Bad Rippoldsau-Schapbach – Wolfach, Gesamtstrecke 25 km, auch in Teilstrecken aufteilbar (die Geschichte der Flößerei anhand von Bildtafeln an Originalschauplätzen)

Winter-   ●*Schlepplift:* im Ortsteil Holzwald
sport   ●Weitere Möglichkeiten siehe *Skiarena Schwarzwald-*
                 hochstraße

Ausflugsziele

Burgbach-   Beide sind am besten ab dem Hotel-Restaurant
wasser-   "Zum letzten G'stehr" (siehe Unterkunft) zu errei-
fall/-felsen chen. Ab einem kleinen öffentlichen Parkplatz
                 nahe dem Hotel-Restaurant sind es noch ca. 800
                 m zum Wasserfall und 1,1 km zum Felsen. Das
                 mächtig aufragende Granitmassiv des Burgbach-
                 felsens erinnert durch seine eigenartige Klüftung
                 an eine Burgruine. Und tatsächlich deuten histo-
                 rische Zeugen und Gewann-Namen wie "Burg-
                 wald", "Burgwaldhöhe" oder "Burgschlag" auf ei-
                 ne ehemalige Burg auf diesem Felsen hin. Nahe
                 beim Felsen liegt der Burgbachwasserfall, im
                 Frühjahr stürzt er über 15 m tosend in die Tiefe,
                 im Sommer trocknet er oft ganz aus, und im Win-
                 ter glänzt er gelegentlich als bizarres Eiskunst-
                 werk. Der Wasserfall ist als Naturdenkmal ge-
                 schützt.

Glaswald-   Tief eingebettet zwischen mächtigen Tannen- und
see   Fichtenwäldern liegt bei der Siedlung Glaswald,
                 in der getreu ihrem Namen bis ins 17. Jh. Glas ge-
                 blasen wurde, der Glaswaldsee. Der 14 m tiefe,
                 fast kreisrunde Karsee (siehe Glossar) liegt 839

Glaswaldsee

Tour 6

m hoch und steht heute unter Naturschutz. Warnung an alle einsamen Wandersmänner: Am Seeufer lustwandelt bisweilen eine Nixe, die mit ihrer berückenden Schönheit und ihren bezaubernden Gesängen schon so manchen Knaben betört hat. Ihr Werben bringt Verderben, wer sich von ihr locken läßt, verschwindet alsbald in den Fluten des Sees. Zur Nixe führen Wanderwege aus allen Richtungen, Gehfaule fahren bis zum Wanderparkplatz im hinteren Glaswald, von dort ist es nur noch ungefähr 1 km bis zum See.

Kastelstein

Vom nördlichen Ortsausgang von Bad Rippoldsau erreicht man über den Naturlehrpfad in Richtung Kniebis den Kastelstein. Die Menschen gaben ihm seinen Namen, weil sie in dem Felsen die Reste eines römischen Kastells sahen. Das pilzförmige, ca. 5 x 10 x 3 m große Felsengebilde erregte schon früh das Interesse der Öffentlichkeit, ein Schild erinnert an den Besuch der Königlichen Hoheiten, Großherzog *Friedrich von Baden* und Großherzogin *Luise,* im Sommer 1858.

Bad Peterstal-Griesbach

Vorwahl: 07806	**PLZ:** 77740
Einw.: 3300	**Höhe:** 400-1000 m

Überblick

"Es hat gesund Leut herumb, so sehr alt werden, daß sie 105 und 110 Jahr erreychen, so man dem Wasser, das sie trinken, zuschreibet. Es haben beyde Sawerbrunnen, nämlich der Grießbacher und Petersthaler, in Krafft und Eygenschaft zu trücknen, zu wärmen, zu treiben, zu eröffnen und zu reinigen. Kommen zu Hülff dem Zipperlein und der Gliedsucht, machen Lust zu Essen, verzehren all Fäulniß und reinigen das Geblüt."

Wie einst *Mathäus Merian* im Jahr 1643, kommen die Leute auch heute nicht wegen der Sehenswürdigkeiten des Ortes, die gibt es nämlich nicht, und auch nicht wegen der gesunden Luft – beide Orte liegen an der gut befahrenen Bundesstraße 28 Ulm – Straßburg – sondern sie kommen wegen der **Kohlensäurequellen,** die vor allem bei Herz- und Kreislaufbeschwerden, bei Rheuma, Frauenleiden und Erschöpfungszuständen helfen. Die so segensreichen Wässerchen werden von vier einheimischen Betrieben in Flaschen abgefüllt und als Mineralquelle oder Sprudel in alle Welt versandt.

Im **Winter** ist der Ort ein guter Ausgangspunkt zu den Liften und Loipen rundum (siehe auch "Skiarena Schwarzwaldhochstraße"). Und wer wie weiland Merian "Lust zu Essen" bekommt, der geht ins *Dollenberg,* eine weithin bekannte Renommieradresse badischer Gastlichkeit.

Info
●*Kurverwaltung,* Schwarzwaldstr. 11, im Ortsteil Bad Peterstal, 77740 Bad Peterstal-Griesbach, Tel. (07806) 7933, Fax 1040

Unterkunft mit Gastronomie
●*Kur- und Sporthotel Dollenberg***,* Bad Griesbach, Tel. 780, Fax 1272, ÜF 82-170 DM (komfortables Haus in wunderschöner Hang- und Einzellage)

Unterkunft
●*Kur-, Ferien- und Sporthotel Faißt,* Am Eckenacker 5, Bad Peterstal, Tel. 522+8216, Fax 590, ÜF 55-75 DM (Schwarzwaldhaus in bilderbuchschöner Schwarzwaldlandschaft; für Gesellige)
●*Pension Drei Tannen,* Insel 7, Bad Peterstal, Tel. 466, ÜF 38-42 DM (zentral und doch ruhig)
●*Kurcamping Traiermühle,* Bad Peterstal, Tel. 8064 (nahe der Bundesstraße, 2 km vom Ort, Restaurant, Chemietoilettenentsorgung)

Gastronomie
●*Gasthof Herbstwasen*,* Wilde Rench 68, ca. 3 km außerhalb von Bad Griesbach, Tel. 627, Fax 1382, Mi. geschl., ÜF 40-72 DM (großartige Aussicht; große Vesperkarte, im Herbst Wildgerichte)

Aktivitäten
●*Angeln:* Forelle in der Rench, Angelkarten bei: *Hubert Treyer KG,* Tel. (07806) 1065
●*Baden:* Hallenbewegungsbad, Fachkrankenhaus, Schwarzwaldstr. 40, Bad Peterstal, Tel. 9860, Fax 986101. Mineralbewegungsbad Kurklinik St. Anna, Kniebisstr. 46, Bad Griesbach, Tel. 770, Fax 77180. Beheiztes Freibad, Schwimmbadstr. 10, Bad Peterstal, Tel. 7950, Fax 1040
●*Brauchtum:* Fronleichnam (farbenfrohe Blumenteppiche und viele Trachten). Patronatsfest St. Peter und Paul Ende

Tour 6

213

Juni/Anfang Juli (Trachten). Großer Zapfenstreich der historischen Feuerwehr im August

●*Fahrradverleih:* *Rainer´s Shop,* Schwarzwaldstr. 3, Tel. 474

●*Museum:* Taglöhner- und Brennerei-Museum, neben dem Bahnhof Bad Griesbach, Tel. 522 oder 8216, Fax 590. Geöffnet: jeden Freitag ab 15.00 Uhr

Winter-sport

●*Rodelbahnen:* Freiersberg (500 m Länge), Palmsring (350 m Länge), Schanzenplatz (600 m Länge), Dollenberg (1000 m Länge)

●*Lifte:* Lamm (940 m hoch, 400 m lang, 50 m Höhenunterschied), Abendwiese (940 m hoch, 300 m lang, 80 m Höhenunterschied), Waldhorn (940 m hoch, 180 m lang)

●*Loipen:* Freiersberger Loipen 1-4, 3 bis 19,3 km lang, 30 bis 200 m Höhenunterschied, für Anfänger bis geübte Läufer geeignet. Loipe Bad Griesbach 6,5-9,5 km lang, 800-900 m hoch, mittelschwer

●*Schanzen:* Jugendschanze (kritischer Punkt bei 28 m), Seniorenschanze (kritischer Punkt bei 58 m), Bühlhofschanze mit Flutlicht (kritischer Punkt bei 25 m)

●*Ski- und Rodelschlittenverleih:* *Skiwerkstätte Vogt,* Kniebisstr. 17, Tel. 346 und 543

●Weitere Möglichkeiten siehe *"Skiarena Schwarzwaldhochstraße"*

Wolfach

Vorwahl: 07834	**PLZ:** 77709
Einw.: 6150	**Höhe:** 250-860 m
Ortsteile: Kinzigtal (5-10 km),	
Kirnbach (2-8 km)	

Überblick

Ob Fischer, Bergmänner, Stahlarbeiter oder Flößer – oft leiden gerade die, die einem harten Beruf nachgehen, am meisten, wenn sie wegen neuer Technologien ausgemustert werden und zum überflüssigen Modell einer vergangenen Arbeitswelt mutieren.

> *"Jetzt flößen wir zum letztenmal*
> *Durch dieses schöne Wolfachtal*
> *Was lange unsre Freude war*
> *Ist wohl dahin auf immerdar",*

dichtete der Floßmeister *Melchior Vetter* am 26. April 1894 zur letzten Wolfachtalfahrt. Die *Holz-*

flößerei, die neben dem Bergbau jahrhundertelang für den beträchtlichen Wohlstand der Wolfacher sorgte, war allerdings nicht immer eine
"Freude", im Gegenteil, sie war hart und gefährlich. Moderne Wasserkraftwerke, neu entstandene Industriebetriebe und nicht zuletzt die Konkurrenz der Eisenbahn machten der Flößerei ein
Ende. Heute ist Wolfach ein beliebter Fremdenverkehrsort, der sich nicht zuletzt durch die Glasbläserei *Dorotheenhütte* einen Namen gemacht
hat.

**Sehens-
wertes**

Das heutige **Fürstenberger Schloß** zu Wolfach,
mit seiner 110 m langen Fassade, ist ein Bauwerk
des 17. Jh. Die Anfänge des Schlosses gehen auf
die Zeit um ca. 1180 zurück. Heute ist, neben
diversen Amtsstuben der Kreis- und Landes-
behörden, das Wolfacher **Heimatmuseum** darin untergebracht. Schwerpunkte der Ausstellung
sind neben der Flößerei der Bergbau, Brauchtum
(Fasnacht) und die Geschichte der Stadt Wolfach.

●Geöffnet Mai bis Sept. Di., Do., Sa. und So.
14.00-17.00 Uhr, So auch 10.00-12.00 Uhr. Im
Winter Do. 14.00-17.00, jeden ersten Sonntag
im Monat 14.00-17.00 Uhr.

In der spätgotischen **Laurentiuskirche** aus
dem Jahre 1515 lohnt eine Besichtigung der spät-
barocken Kanzel von 1530, auf der eine Ölberg-
gruppe dargestellt ist.

Die letzte Mund-Glasbläser-Hütte im Schwarzwald, in der tatsächlich noch gewerblich und
nicht nur für Touristen gearbeitet wird, ist ein beliebtes Ziel für Busausflüge und daher oft ziemlich
überlaufen. Dennoch lohnt ein Besuch der **Glasbläserei Dorotheenhütte;** es ist faszinierend,
den fast pantomimisch wirkenden eleganten Be-
wegungen des Schauglasbläsers zuzuschauen.
Wer will, darf sogar sein eigenes Glas blasen und
anschließend mit nach Hause nehmen. In der
nächsten Abteilung erhält das edle Bleiglas dann
seinen Schliff – spätestens hier wird einem klar,
warum Bleiglasarbeiten relativ teuer sind. Im an-

Tour 6

geschlossenen, ganzjährigen Weihnachtsmarkt kündigt schon der schnarchende Plastikweihnachtsmann am Eingang an, was einen da erwartet: ziemlich bunter, ziemlich konventioneller Weihnachtszierrat.

●Geöffnet Mo.-Fr. 9.00-15.30, Sa. 9.00-14.00 Uhr, Mai-Okt. auch So. 9.00-17.30 Uhr. Samstagmittag und So. kein Verkauf.

Brauchtum

Fasnachtsmuffel sollten Wolfach zur Fasnetzeit absolut meiden, denn dort herrscht spektakuläres **Narrentreiben** mit Bräuchen wie Kaffeetantenumzug (Do. und Sa. 14.00, Di. 13.00 Uhr), Alterweibermühle (alle fünf Jahre), Wohlauf-Narrenwecken am Rosenmontag morgen um 5.30 Uhr und Nasenzug am Fasnachtsdienstag mittag um 17.00 Uhr. Beim Wohlauf-Narrenwecken wird der "Wohlaufmann" in seinem rollenden Bett durchs Städtchen gefahren, begleitet von Hunderten von Narren in allerlei Nachtgewändern. Mit ihren Krachinstrumenten machen sie einen solch infernalischen Lärm, daß auch der letzte Schläfer weiß, daß nun Fasnacht ist.

Zum Abschluß am Aschermittwoch wird um 13.00 Uhr dann der **Geldbeutel gewaschen:** Zwanzig befrackte Männer marschieren im Gänsemarsch zur Klagemauer am Finanzamt. In der Hand tragen sie eine lange Bohnenstange, an der eine Bürste und ein leerer Geldbeutel befestigt sind. Das ganze Jammern stößt bei den Herren vom Finanzamt auf taube Ohren, die bedauernswerten Stockträger marschieren dann weiter zum Stadtbrunnen, um dort unter viel Geheule und Gejammer ihren Geldbeutel zu waschen. Zum Abschluß gibts dann ein Stockfischessen.

Info

●**Kur- und Verkehrsamt,** 77709 Wolfach, Tel. (07834) 97533 und 97534, Fax 97536

Unterkunft mit Gastronomie

●**Landidyll Hotel Hirschen***,** Schwarzwaldstr. 2, Oberwolfach, Tel. 366, Fax 6775, ÜF 55-75 DM (Sport- und Fitneßeinrichtungen)

●**Gasthof Adler*-***,** Wolfach/St. Roman, Tel. (07836) 342, Fax 7434, Mo. und Januar geschl., ÜF 60-72 DM (vornehm wirkendes Inneres, doch sind auch Wandersleut willkommen beim Vespergerichten bis hin zu gehobener Küche. Sauna, Solarium)

Unterkunft

●**Naturfreundehaus Sommerecke,** Kirnbach-Oberwolfach, Info: Tel. 6908, Fax 47985 (48 Pers., Zweibettzimmer bis 12-Bett-Lager, Zeltplatz, voll bewirtschaftet)

●**Campingplatz Zur Mühle** (terrassierter Platz an einem Steilhang, wintersportgeeignet, Einkaufsmöglichkeit, Restaurant)

Gastro- nomie	●**Höhengasthaus Moosenmättle***, Wolfach-Kirnbach, Tel. 783, Fax 47110, Mo. geschl. (Spezialität: österreichische Mehlspeisen) ●**Benzenhof***, Wolfach/St. Roman, Tel. 2197, geöffnet Sa., So. und feiertags ab 10.00 Uhr (Selbstgemachtes vom Brot, über die Wurst bis hin zum Schnaps. Warnung für Nordlichter: Bei den "Kutteln" handelt es sich um Innereien)
Aktivitäten	●**Mineraliensammeln:** auf den Abraumhalden der Grube "Clara" bei Oberwolfach (Sammelgenehmigung gegen eine Gebühr beim Werksbüro) ●**Töpferei:** *Töpferhof Hensellek,* Übelbachtal 16, Tel. 1025, Fax 47541 (alle nur erdenklichen Töpferwaren von der Käseglocke bis hin zur Tischplatte)
Winter- sport	●**Langlauf:** St.-Roman-Loipe, Stadtteil St. Roman (Info: Hotel Adler, siehe Unterkunft m. Gastr.). Moosenmättle-Loipe, Stadtteil Kirnbach (Info: Bergstüble, Tel. 1735)

Schiltach

Vorwahl: 07836	**PLZ:** 77761
Einw.: 4000	**Höhe:** 325-725 m
Ortsteile: Hinterlehengericht (3 km), Vorderlehengericht (3 km)	

Überblick Ein entzückendes kleines Städtchen, angesiedelt im imaginären Grenzgebiet zwischen schwäbisch-geschäftiger Betriebsamkeit und badisch-gemütlicher Geruhsamkeit. In der Idylle reiht sich ein Fachwerkhaus ans andere, verbunden durch die gepflasterten Treppengäßchen, die "Stäpfele"; die ganze **Altstadt** steht unter Denkmalschutz. Klar, soviel Schönheit lebt zum großen Teil vom Tourismus, aber nicht nur; in Schiltach werden neben Sanitär-, Meß- und Regeltechnik auch leckere Wurst- und Schinkenspezialitäten produziert.

Ein Blick auf die Landkarte zeigt eine Gemeinsamkeit der größeren Orte im Kinzigtal: Alle enden sie mit der Silbe *"-ach"*. Schiltach, Wolfach, Biberach, Hausach und alle anderen ach-Orte

Tour 6

zeigen die Nähe zu einem Gewässer an, denn die aus dem Althochdeutschen stammende Silbe bedeutet soviel wie "fließendes Wasser".

Wie in Wolfach bestimmte auch in Schiltach der Fluß Kinzig das Wirtschaftsleben vom späten Mittelalter bis zum Ende des letzten Jahrhunderts. Es war die *Flößerei,* die so lange Zeit den Menschen ihren Lebensunterhalt sicherte und erst mit Beginn der Industrialisierung, als neue Straßen gebaut wurden und die Eisenbahnstrecke Hausach – Freudenstadt fertiggestellt wurde, zum endgültigen Untergang verdammt war.

Sehenswertes

Von den drei Schiltacher Museen, dem *Schüttesägemuseum* (Flößerei im Kinzigtal, Sägetechnik, Rotgerberei), dem *Museum am Markt* (Stadtgeschichte, Arbeitswelt des 19. Jh., Hörspiel im schwäbischen Dialekt über eine Hexenverbrennung als Folge eines Stadtbrands im 16. Jh.) und dem *Apothekenmuseum,* ist das letze sicherlich das originellste. Die 1837 gegründete ehemalige Rats-Apotheke am Marktplatz wurde erst 1985 geschlossen und 1989 als Museum mit mittlerweile sieben Räumen wiedereröffnet. Wunderschön die Offizin in biedermeierlicher Wurzelholzausstattung, lehrreich die diversen Geräte zur Pillen- und Tinkturenherstellung, absolut skurril die Mittelchen wie das Tierheilmedikament "Sauwohl", das Geburts-Oel (für Geburten ohne Geburtshilfe und Nachgeburten), Tabak als Heilmittel (bei Gicht, Verstopfung und Krämpfen), und der Nasenformer (verbessert jede Nasenform, versagt nur bei der Knochenform). Absolut unerläßlich für jede Hausapotheke das Wunderpflaster gegen "Krämpfe, Zahnweh, rheumatische Schmerzen, Beissen an den Füssen, Rugenweh" und dergleichen Beschwerden mehr. Und das ausgestopfte Krokodil an der Wand zeigte gleich jedem an, daß hier wertvolle, fremdländische Heilmittel verkauft wurden.

● Öffnungszeiten der drei Museen: April bis Okt. Di.-So. 10.00-12.00 und 14.00-16.00 Uhr. Öff-

Im Apotheken-
museum

nungszeiten Winter: Schüttensägemuseum und
Museum am Markt unter Tel. 5875, Apothekenmuseum unter Tel. 360 und 1514.

Das Apothekenmuseum und – wie der Name
schon sagt – das Museum am Markt liegen beiderseits des steil ansteigenden, dreieckigen
Marktplatzes. Das **Rathaus** an der höchsten
Stelle des Marktplatzes stammt aus den Jahren
1592-94. Sein Zinnengiebel und seine Fassa-
denbemalung mögen zwar alt wirken, sind aber in
Wirklichkeit neueren Datums. Der Zinnengiebel
wurde 1900 eingefügt, die Malereien wurden
1942 angebracht. Entsprechend ist ihr Stil, die
Figuren sind Kraftgestalten, und das oberste Motiv zeigt mit flatternder Stadtfahne die beiden
"Schaffenden der Stirn und der Faust".

Tour 6

219

Brauch-
tum

Am **Silvestertag** eines jeden Jahres treffen sich um 20.30 Uhr am Marktplatz Hunderte von Bürgern, der Bürgermeister und der Pfarrer. Mit Laternen in der Hand geht es singend durch die Stadt zum evangelischen Pfarrhaus, wo der Pfarrer eine Ansprache hält, und wieder zurück zum Marktplatz, wo dann der Bürgermeister über das vergangene Jahr berichtet. Ganz eindrucksvoll ist dabei die Beleuchtung des Viertels, sie besteht nämlich wie früher nur aus Fackeln. Am Neujahrsmorgen dann kündigen zwei Nachtwächter das Neue Jahr an.

Info

● **Verkehrsamt,** Hauptstr. 5, 77761 Schiltach, Tel. (07836) 5850, Fax 5858

Unterkunft

● **Gasthof Zum weyßen Rössle**,** Schenkenzeller Str. 42, Tel. 387, Fax 7957, ÜF 65 DM (innen und außen rustikale Fachwerkgemütlichkeit; die Vorfahren der Wirtsleute waren Schiffer, Flößer und Wirte)
● **Campingplatz Schiltach,** Tel. 7289 (am Kinzigufer 500 m vom Ort, Restaurant, Einkaufsmöglichkeit, Hundeverbot, Chemietoilettenentsorgung)
● **Naturfreundehaus,** Schenkenzell, Info: Tel. (07423) 82732 (25 Pers., Zweibett- bis Vierbettzimmer + Schlafsäle, herrliche Aussicht ins Kinzigtal)

Gastro-
nomie

● **Pilsbar-Café Zum alten Fritz,** Hauptstr. 26 (eine der traditionsreichsten Schiltacher Wirtschaften. Der Urgroßvater reiste einst per Segelschiff bis nach Cincinnati und unterhielt nach seiner Rückkehr die Gäste mit seinen Reiseerlebnissen)

Aktivitäten

● **Angeln:** von April bis Oktober an bestimmten Teilabschnitten der Kinzig und der Reinerzau
● **Ausblick:** am schönsten vom "Häberlesberg"
● **Fahrradverleih:** am Bahnhof und beim Verkehrsamt; Kinzigtäler Radweg von Schiltach bis Kehl

Ausflugsziel

Kloster
Wittichen

Luitgard, die Gründerin des Kloster Wittichen nördlich von Schiltach, war schon als Kind recht eigen. Sie schnitt ihr Kleid vorn kurz ab, um hinten eine Schleppe daran setzen zu können, denn so seien auch die Engel ausstaffiert. In späteren Jahren dann ermahnte sie eine Stimme, ein Kloster für 34 Nonnen zu gründen, zur Erinnerung an die 34 Lebensjahre von Jesus. Das für die Klostergründung erforderliche Kapital bettelte *Luit-*

gard zusammen, nicht ohne unterwegs ein paar Räuber zum Christentum zu bekehren. Sie gründete ihr Kloster, hatte aber eines Tages, als sie gerade bei der Königin von Ungarn zu Tisch saß, die Vision, daß dieses gerade abbrenne. So war es auch, die Königin zeigte sich beeindruckt und stiftete ein neues Kloster. _Luitgard_ sorgte auch noch 300 Jahre nach ihrem Ableben für Merkwürdigkeiten: Als 1629 ihre Gruft geöffnet wurde, waren ihre Gebeine zu Staub zerfallen, ihr Gehirn aber vollständig erhalten geblieben – "das größte Wunder", das die Gelehrten der damaligen Zeit jemals gesehen hatten. In den Jahrhunderten nach _Luitgards_ Tod war das Klosterleben alles anderes als fromm. Im 16. und 17. Jahrhundert bezichtigte man die Nonnen aller nur denkbaren Ordensübertretungen, ihr Lebensziel war "Unarten über Tisch zu begehen, genug Wein zu trinken, morgens und abends heimliche Konferenzen zu halten". Auch wenn zur Strafe die Äbtissin _Barbara Stelzer_ lebendig eingemauert wurde, so ging doch das muntere Treiben über die Jahrhunderte hinweg so weiter, bis das Kloster 1803 endgültig aufgelöst wurde.

Der heutige verträumt-romantische Wallfahrtsflecken Wittichen läßt nichts mehr von der wüsten Vergangenheit erahnen; geblieben ist als Reliquie die Schädeldecke der Äbtissin _Luitgard_. Heute ist das Kloster eine Zufluchtsstätte für Migränekranke, die sich dort Linderung ihres Leidens erhoffen.

Nahe beim Kloster beginnt der 10 km lange geologische Lehrpfad, der verschiedene Mineralienfundstellen, aufgelassene Schutthalden und Erzgruben erschließt.

Tour 6

Alpirsbach

Vorwahl: 07444	**PLZ:** 72275
Einw.: 7000	**Höhe:** 400-800 m

Ortsteile: Ehlenbogen (1-7 km),
Peterzell (6 km), Reutin-Aischfeld (3-4 km),
Reinerzau (4-6 km), Römlinsdorf (7 km)

Überblick Über Geschmack läßt sich nun mal nicht streiten, die einen denken bei Alpirsbach an das Klosterbräu, die anderen an die Klosterkonzerte. Wie auch immer, ein Genuß ist beides. 1868 hieß es in einer Ortsbeschreibung: "Der schöne städtisch anmutende Ort ist von Gärten und Obstbäumen freundlich umgeben". Damals war Alpirsbach noch ein Dorf, das erst ein Jahr darauf, 1869, die Stadtrechte verliehen bekam. Geblieben ist die schöne Lage des Ortes, der heutzutage zu einem gut Teil vom florierenden Fremdenverkehr lebt.

Sehenswertes *Ego sum ostium dicit Dominus; per me si quis introierit, salvabitur* – "Ich bin die Tür, spricht der Herr, wer durch mich eingehet, wird durch mich errettet". Wenn das mal keine schöne Einladung ist. In diesem Fall gilt sie für die ***Alpirsbacher Klosterkirche (Münster)*** und steht über dem Westportal geschrieben. Dieses Portal zu passieren kann unter Umständen für manch einen zum Problem werden: Die Türen des Portals sind mit zwei außerordentlich schönen Löwenköpfen verziert, die bösen Geistern den Zutritt zur Kirche verwehren sollen. Die guten Geister aber, die in die Kirche und in die Klostergebäude gelangen, werden mit wunderschöner romanischer Kunst belohnt. Der Baubeginn der Klosterkirche ist urkundlich nicht belegt, fertiggestellt wurde sie wahrscheinlich im Jahre 1128. Der benediktinische Orden, der dieses Kloster erbaute, gehörte zu den "Reform-Orden", die den weltlichen Verstrickungen und Verflechtungen der damaligen

Kirche ein Ende setzen wollten. Entsprechend sind die Formen der Kirche: klar, streng und vollkommen frei von überflüssigem Zierrat. Alles hat seinen Sinn in diesem Gotteshaus: Die gezackte Mäanderlinie zu beiden Seiten des Langhauses etwa soll es optisch höher erscheinen lassen.

• Das Klostergebäude und der Kreuzgang können nur im Rahmen einer (hochinteressanten!) Führung besichtigt werden. Führungen April-Okt. tgl. 10.00, 11.00, 14.00, 15.00 und 16.00 Uhr. Im Winter letzte Führung um 15.00 Uhr, an allen Sonntagen des Jahres nur nachmittags. Die Klosterkirche kann auch ohne Führung besichtigt werden.

Seit dem Jahr 1952 ist der wunderschöne, spätgotische Kreuzgang alljährlich im Sommer stimmungsvoller Rahmen für die von weither besuchten **Kreuzgangkonzerte.** Termine und Reservierungen unter Tel. 614201 oder 2353.

Info

• **Kurverwaltung im Haus des Gastes,** 72275 Alpirsbach, Tel. (07444) 614281, Fax 614283

Unterkunft

• **Rössle**,** Aischbachstr. 5, Tel. 2281, Fax 2368, ÜF 55 DM

• **Campingplatz Adrion,** Alpirsbach-Ehlenbogen, Untere Mühle 1, Tel. 6321 (größtenteils schattenloses Wiesengelände neben der Straße, Restaurant)

• **Campingplatz Wolpert,** Alpirsbach-Ehlenbogen, Tel. 6313 (fast ebenes Wiesengelände in Tallage, 1,5 km vom Ort, Einkaufsmöglichkeit, Restaurant, Chemietoilettenentsorgung)

Unterkunft mit Gastronomie

• **Hotel Löwen-Post**,** neben der Klosterbrauerei, Tel. 2393, Di. geschl., ÜF 50-56 DM (rustikale Fachwerkhausgemütlichkeit, Spezialität: "Maultaschen")

• **Gasthof Schwanen-Post**,** gegenüber dem Kloster, Tel. 2205, Fax 6603, ÜF 55 DM (schmuckes Fachwerkhaus, innen Wohnstubengemütlichkeit. Badisch-schwäbische Küche, große Auswahl an Whisky-Sorten, pechschwarze Vollkornspaghetti als Beilage)

Aktivitäten

• **Angeln:** Forellen und Karpfen am Birkenweiher der Fischergemeinschaft Alpirsbach in Reinzerau, Tel. 2673

• **Glasbläserei:** Alpirsbacher Glasbläserei, Krähenbadstr. 3, Tel. 6009, Mo.-Fr. 9-17 Uhr, Sa. 10-16 Uhr

• **Radtour:** "Radltour" (Bahnfahrt Alpirsbach – Freudenstadt, Radltour Freudenstadt – Forbach)

Tour 6

● ***Museum:*** Museum für Stadtgeschichte, Ambrosius-Bla-rer-Platz 10 (aktuelle Öffnungszeiten bei der Kurverwaltung erfragen)

Winter-sport

● ***Langlauf:*** Skilanglaufloipen mit Anschluß an den Ski-fernwanderweg "Nördl. Schwarzwald"
● ***Lifte:*** drei Schlepplifte (zwei mit Flutlicht) in den Ortsteilen Ehlenbogen und Reinerzau, Schneetel. 614281
● ***Skiverleih:*** Schuhhaus Maser, Friedrich-Widmann-Str. 25, Tel. 2377 (Langlauf-Ski)

Triberger Wasserfälle, Tour 7

Tour 7

Entlang der Deutschen Uhrenstraße

Route	Triberg – Furtwangen – (über Vöhrenbach nach) Villingen-Schwenningen – Bad Dürrheim – Rottweil – Schramberg – Hornberg – Triberg
Beschrei-bung	Eine Tour, die vom (badischen) Herzen des Schwarzwaldes in seine östlichen, schon württembergisch-schwäbischen Ausläufer führt. Die Attraktionen dieser Strecke sind die Triberger Wasserfälle, das Uhrenmuseum in Furtwangen, eine Fahrt mit der Schwarzwaldbahn von Hornberg nach St. Georgen sowie in der Fasnachtszeit der Rottweiler Narrensprung.

Triberg

Vorwahl: 07722	**PLZ:** 78098
Einw.: 6000	**Höhe:** 600-1000 m
Ortsteile: Gremmelsbach (7 km), Nußbach (3 km)	

Überblick	Wer einen ruhigen Urlaub verbringen möchte, sollte einen großen Bogen um Triberg machen. Denn dort ist, zumindest im Sommer, der Bär los. Amerikaner, Japaner und andere **Touristen aus aller Welt** finden hier einen Ferienort wie aus dem Bilderbuch, und Souvenirjäger machen reiche Beute in den mit allem möglichen Bollenhut- und Kuckucksuhren-Fernostimport gut bestückten Andenkenläden. Seinen Ruf verdankt der Ort seinem Edel-Gourmet-und-Nächtigungstempel „Parkhotel Wehrle" und den Triberger Wasserfällen.
Sehens-wertes	1988 wurden die **Triberger Wasserfälle** mit dem Titel "Schönstes Naturwunder Deutschlands" gekrönt. Zu Recht, schon 1901 schwärmte der Autor *Wilhelm Jensen: "Die Waldszenerie umher ist außerordentlich schön. Unter hohen luftigen Baumkronen führt der vortreffliche, dicht beschattete, mit zahlreichen Ruhebänken versehene Weg die aufsteigende Wasserfallschlucht aufwärts. Überall*

quillt und rieselt es hervor, zerteilt und vereinigt sich wieder mit dem in der Mitte weißschäumenden Hauptstrom."

Die Wasserfälle sind aber nicht nur schön, sondern auch ausgesprochen gesund: Sie sollen eine wohltuende Wirkung auf alle haben, die an vegetativen Störungen des Nerven- und Herzkreislaufsystems, an Erkrankungen der Atemwege und an Bluthochdruck leiden. Grund dafür ist die gesunde Waldluft in Verbindung mit einer Ionisierung der Luft durch die Wasserturbulenzen. Das Wasser liefert die Gutach, die in einer Höhe von 1050 m aus dem Weißenbach und Schwarzenbach entsteht. Die Wassermassen stürzen 162 m tief zu Tale, dabei überwinden sie sieben Fallstufen aus Granitgestein.

Wer keine Linderung seiner Leiden bei den Wasserfällen gefunden hat, sollte es mal in der **Wallfahrtskirche Maria in der Tanne** versuchen. 1645 wusch sich hier der Triberger Schneider *Friedrich Schwab* in der Marienquelle und wurde vom Aussatz geheilt. Zum Dank stiftete er eine geschnitzte Marienstatue, die er in eine ausgehöhlte Tanne stellte. Der Soldat *Gabriel Maurer* gar versprach, in den Kapuzinerorden einzutreten, wenn er von seinen schon 22 Monate währenden Gliederschmerzen geheilt würde. Er wurde – und ging wie versprochen im Jahre 1696 ins Kloster. Das heutige barocke Gotteshaus wurde zu Beginn des 18. Jahrhunderts anstelle einer hölzernen Wallfahrtskapelle aus dem 17. Jh. erbaut. Wundersamerweise überstand die Madonna des *Friedrich Schwab* das lodernde Flammenmeer, das im Jahre 1694 Triberg zerstörte, und so kann sie heute noch in der Kirche bewundert und verehrt werden.

Das gut besuchte Triberger Heimatmuseum, das **Schwarzwaldmuseum,** wurde bereits in den 30er Jahren gegründet. Auf über 1000 Quadratmetern werden in 20 Abteilungen Ausstellungsstücke zu Themen wie Geologie, ortsansässige Feinmechanik, Malerei, Brauchtum oder Wintersport gezeigt. Besonders eindrucks-

Tour 7

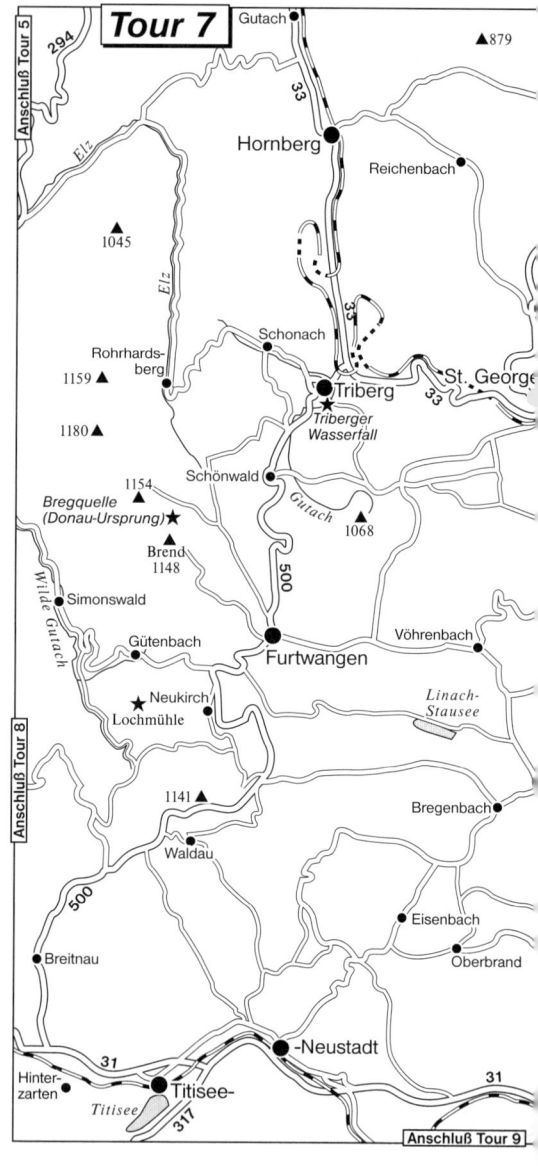

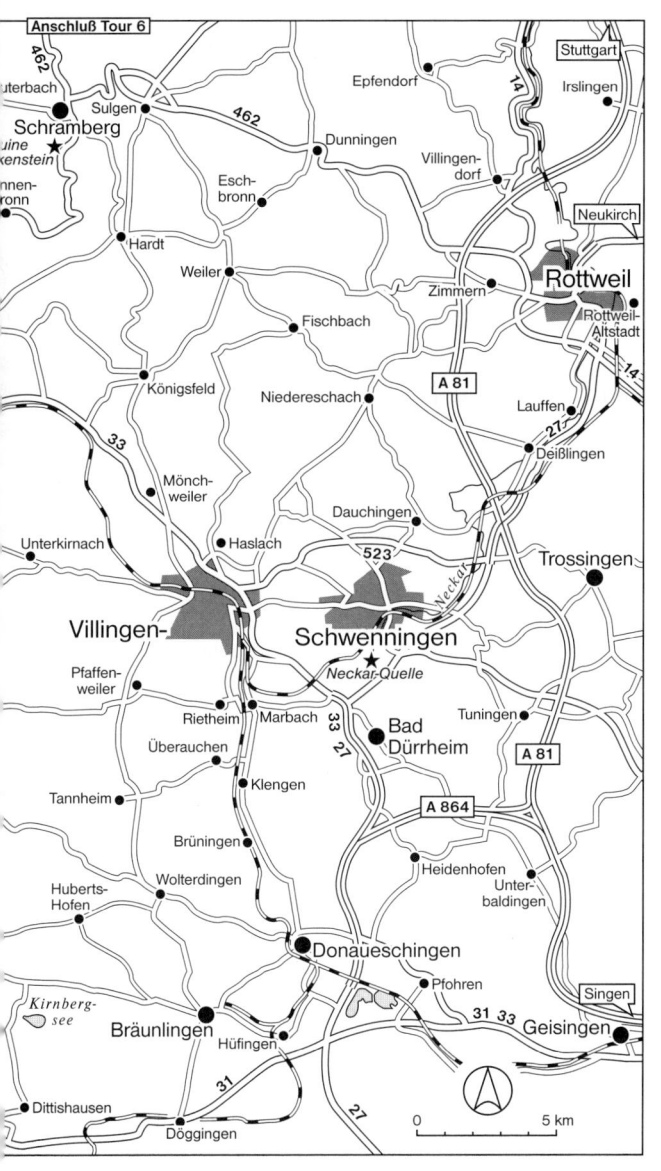

voll ist die Dokumentation des Baus der Schwarzwaldbahn – eine grandiose Ingenieurleistung –
mit einem Modell der berühmten Doppelschleife
der Tunnelstrecke sowie originalen Stellwerken
und Signalen. Eine Einrichtung der letzten Jahre
ist der "Saba-Raum", der die Entwicklung der
Rundfunkgeräte aufzeigt. Alles in allem ist das
Museum eine optisch und akustisch hervor-
ragend aufgemachte Dokumentation Schwarzwälder Erfindergeistes.
●Geöffnet Mai bis Sept. tgl. 9.00-18.00 Uhr, Okt.
bis April tgl. 10.00-12.00 Uhr und 14.00-17.00
Uhr. 15. Nov. bis 15. Dez. geschlossen.

Info
●*Kurverwaltung Triberg,* Postfach, 78093 Triberg, Telefon (07722) 953230-231, Fax 953236

Unterkunft
●*Hotel Tannenhof,* Im Hoflehen 65, Telefon 86020,
Fax 1027, ÜF 70-90 DM (ruhig gelegene Hotelapparte-
ments; Sauna, Solarium)
●*Jugendherberge,* Rohrbacherstr. 35, Telefon 4110,
Fax 6662 (auf einem Bergrücken in 840 m Höhe am Stadt-
rand gelegen)

**Unterkunft
mit
Gastro-
nomie**
●*Parkhotel Wehrle***,* Gartenstr. 24, Telefon 86020,
Fax 860290, ÜF 89-105 DM (sehr, sehr renommiert,
Forellenspezialitäten)
●*Landgasthof Berghof,* Leutschenbach 2, Gremmels-
bach, Tel. 6873, Fax 7498, ÜF 30-50 DM (auf 850 m
Höhe ruhig am Waldesrand gelegen; rustikales Restaurant
im ehemaligen Heustock)

Aktivitäten
●*Angeln:* Forelle und Karpfen im Prisenbach, Mosenbach
und in der Gutach, Angelscheine bei der Kurverwaltung
●*Einkaufen:* Hubert Herr, Hauptstr. 8, Tel. 4268, Verkauf
Mo. bis Fr. 8.00-12.00 und 13.30-17.00 Uhr (günstige
nostalgische Uhren wie Kuckucks- und Musikuhren)
●*Museum:* Schwarzwaldmuseum (siehe Sehenswertes)
●*Radverleih:* Trans-Alp, Hauptstr. 6, Tel. 221120. Sport-
Hör, Grubweg 1, Schonach, Tel. 1512

**Winter-
sport**
●*Rodeln:* Hochwaldrodelbahn (1200 m), abends be-
leuchtet
●*Rodel- und Skiverleih:* Schuh- und Sporthaus Rapp,
Schulstr. 2, Tel. 4214 (im Winter auch am Sonntag von
9.30-12.00 Uhr)
●*Schneetelefon:* Tel. 6033 und 860831
●*Skisprungschanze:* in Schonach

Ausflugsziel

Schonach Nordwestlich von Triberg steht in Schonach die
größte ***Kuckucksuhr*** der Welt, die sogar Eingang ins Guinnessbuch der Rekorde gefunden
hat. Das Uhrwerk ist 3,60 m lang, 3,10 m hoch
und 1 m tief, das Häuschen drumherum ist 7 m
breit, 7 m lang und 6,50 m hoch. Täglich 9.00-
12.00 und 13.00-18.00 Uhr kann man zuschau-
en, wie der Kuckuck in der Kuckucksuhr
Kuckuck macht.

●***Gastronomie:*** *Gasthaus zum Karlstein*,* Rensberg 9,
Tel. 21480 (das heimelige Bauernhaus erreicht man ab der
Straße von Schonach nach Rohrhardsberg, wenige hundert Meter hinter dem Ortsende nach rechts abbiegen und
der Beschilderung auf 5 km folgen)

Der Kuckuck und sein Bahnhäusle

Ein Schwarzwälder Uhrmacher fand im Wald einen jungen Kuckuck, der aus dem Nest gefallen war. Er nahm
ihn mit nach Hause und pflegte ihn in seiner Werkstatt
gesund. Der Kuckuck hatte sich so an das Schlagen
der Uhren gewöhnt, daß er sich auf eine Uhr setzte und
jedesmal genauso oft Kuckuck machte, wie die Uhr die
Stunde schlug. Der Uhrmacher war angetan – und
schnitzte die erste Kuckucksuhr. Soweit die Version für
Romantiker, die Version für Techniker sagt ganz profan, daß es kaum einen Vogel gibt, dessen Ruf nur aus
zwei Tönen besteht und darüber hinaus noch harmonisch klingt. Meist wohnt der Kuckuck in einer Uhr, die
aussieht wie ein Bahnhäusle.

Der Erbauer der Schwarz-
waldbahn, Ingenieur *Robert
Gerwig,* veranstaltete 1850
einen Wettbewerb für das
schönste Kuckucksuhren-
gehäuse. Ein Karlsruher
Architekturprofessor gewann
den Wettbewerb, er hatte
sich ganz einfach an die
Form der Bahnwärterhäus-
chen der badischen Staats-
bahnen gehalten.

Furtwangen

Vorwahl: 07723	**PLZ:** 78120
Einw.: 10.000	**Höhe:** 850-1150 m
Ortsteile: Neukirch (2 km)	

Überblick

Man kann es nicht beweisen, aber auch nicht widerlegen: Im Jahre 1640 soll hier die erste Schwarzwalduhr die Stunde geschlagen haben. Lange Zeit waren in der höchstgelegenen Stadt Baden-Württembergs das ***Uhrmachergewerbe*** und die Feinmechanik der wichtigste Erwerbszweig. Das klimatisch eher ungünstig in einer weiten Talmulde des Hochschwarzwaldes gelegene Furtwangen ist heute wegen seines Uhrenmuseums ein beliebtes Ausflugsziel.

Sehenswertes

So ziemlich alles, was sich der Mensch hat einfallen lassen, um die verrinnende Zeit in den Griff zu bekommen, ist im ***Deutschen Uhrenmuseum*** ausgestellt: von einem Modell von Stonehenge über Sonnenuhren und einem Astrolabium bis hin zu einer chinesischen Feueruhr. Letztere besteht aus einem Drachenkörper, auf dem ein Räucherstäbchen liegt. Quer über das Räucherstäbchen sind in regelmäßigen Abständen Fäden mit Kugeln an den Enden gehängt. Wenn nun das Räucherstäbchen herunterbrennt, fallen die Kugeln scheppernd nach und nach in die Drachenschale. Man muß sich eben zu helfen wissen. Zu denken gibt auch die Tatsache, daß die Uhren vor wenigen Jahrhunderten nur einen Stundenzeiger besaßen und daß der Wecker erst im 19. Jahrhundert erfunden wurde.
●Gerwigstr. 11, Telefon 920-177 oder 920-0, Fax 920-610. Öffnungszeiten: April bis Okt. tgl. 9-17 Uhr, Nov. bis März tgl. 10-17 Uhr.

Info

●***Verkehrsamt Furtwangen,*** Marktplatz 4, 78120 Furtwangen, Tel. (07723) 939111, Fax 939199

Unterkunft   ●*Hotel Gasthof Ochsen**,* Marktplatz 9, Tel. 93116, Fax 931166, ÜF 58-60 DM (Stadtmitte, hauseigene Mountainbikes)
●*Zum goldenen Raben,* Rabenstr. 7, Tel. 7397, Fax 5695, ÜF 28-42 DM ("Silencehotel", abgeschieden auf 1083 m Höhe auf dem Weg zum Brend gelegen, ideal für Wanderer und Skifahrer)
●*"Michelhof",* Linach 9, Ortsteil Linach, Tel. 7420, ÜF 45 DM (Schwarzwaldhaus in Postkartenidylle, Campingplatz)
●*Naturfreundehaus,* Auf dem Brend, Tel. 803 (direkt am Westweg Pforzheim – Basel gelegen)

Gastro-   ●*Hotel Kussenhof,* Kussenhofstr. 43, Tel. 7760, Mo. ge-
nomie   schl., ÜF 38-40 DM (ruhiger Gasthof mit Schwarzwälder Küche)

Aktivitäten   ●*Angeln:* Bach- und Regenbogenforelle in der Breg und im Schönenbach
●*Fahrradverleih: Zweiradhaus Fehrenbach,* Rabenstr. 8, Tel. 7835. *Bike Ranch Wilfried Straub,* Josef-Zähringer-Str. 12 b, Tel. 4804

Winter-   ●*Lifte:* Am Stollenwald (mit Flutlicht), Tel. 1833. Auf dem
sport   Brend, Tel. 7170. Am Staatsberg (mit Flutlicht), Tel. 7301
●*Langlauf:* Loipenzentrum Martinskapelle (5, 10, 15 km, zwei mit Flutlicht), Anschluß an den Fernskiwanderweg Schonach – Belchen. Langlaufspur Neukirch (5, 10, 15 km)
●*Skischule: Gerlinde Spath,* Am Stollenwald 4, Tel. 7372
●*Skispringen:* Kohlhepp-Sprungschanze, Mattensprung-schanze)
●*Skiverleih: Ski-Wehrle,* Raben 8, Tel. 7505. *Ski-Muckle,* Hinterbreg 9a, Tel. 2292

Ausflugs- und Wanderziele

Westlich von Furtwangen erstreckt sich entlang der Wilden Gutach das enge, weltabgeschiedene **Wildgutachtal** und dann das weite und liebliche **Simonswäldertal.**

Hexen-   "Es steht eine Mühle im Schwarzwälder Tal", ge-
lochmühle   meint ist damit die Hexenlochmühle im Wildgut-achtal südwestlich von Furtwangen. Dieses Ur-bild aller Schwarzwaldmühlen klappert – aller-dings nur für die Optik – tief unten im Tal vor sich hin. Die Mühle aus dem Jahre 1825 ist nun schon seit 1839 in der vierten Generation in Familienbesitz der *Trenkles.* In der Mühle werden

Tour 7

233

Hexen-
lochmühle

alle nur erdenklichen Schwarzwaldsouvenirs von
der Kuckucksuhr bis hin zum Beerenwein verkauft.
●Hexenlochstr. 13+14, Tel. (07723) 7322, Fax
(07669) 1441.

Balzer
Herrgott
Um das leidende, aus einer beeindruckenden
Buche herausragende Christushaupt, den "Balzer Hergott", ranken sich viele Sagen und Geschichten. Die einen sagen, Hugenotten hätten
ihn auf der Flucht aus Frankreich am steilen Hang
liegengelassen. Andere sagen, es seien Royali-
sten gewesen, die während der französischen
Revolution aus Frankreich geflohen seien. Und
irgendwo ist zu lesen, daß er um 1800 herum auf-
grund eines Gelübdes von einem Bauern namens
Balzer aus der Glashütte abgestellt worden sei.

Balzer Herrgott

Dieser Bauer sei dann ausgewandert. Daß aber der an der Buche abgestellte Herrgott zusammen mit dem Stamm in die Höhe gewachsen sein soll, ist unwahrscheinlich, denn ein Baum wächst am Stamm in die Breite und am oberen Stamm in die Höhe. Seit 1986 bleibt das Herrgottshaupt so, wie es heute ist: Die Rinde um sein Antlitz wurde freigelegt und versiegelt.

●ab Gütenbach oder Neukirch über den Oberfallengrund ins Tal der Wilden Gutach, dann der Beschilderung folgen (ca. 45 Minuten).

Brend/ Donauquelle

Ca. 6 km nordwestlich von Furtwangen bietet der Aussichtsturm des 1148 m hohen Brend bei gutem Wetter Ausblicke bis hin zu den Vogesen und den Schweizer Alpen. Ca. 2 km nördlich davon erreicht man die Quelle der Breg; nach jahrhundertelangem Streit zwischen Furtwangen und Donaueschingen wurde 1971 endgültig bestätigt, daß sie die "richtige" Donauquelle ist. Von hier aus bis zur Mündung der Donau ins Schwarze Meer sind es genau 2888 km. Nahe der Quelle steht die romanische **St. Martinskapelle** mit einer sehenswerten Madonna und einer geschnitzten Figur des St. Martin.

●*Gastronomie: Berggasthof Zum Brendturm,* Tel. 7385, Fax 4905 (direkt beim Turm, neben gutbürgerlicher Küche auch Vollwertgerichte, köstlicher Salat); *Gasthaus Martinskapelle,* Tel. 7887, Montagnachmittag und Di. geschl. (stattlicher ehemaliger Hof aus dem 15. Jh., 100 m von der Donauquelle entfernt, Selbstbedienung)

Tour 7

235

Villingen-Schwenningen

Überblick Die einen sind katholisch, die anderen evangelisch; die einen sind Badener, die anderen Württemberger; die einen haben eine reiche kulturelle Vergangenheit, die anderen erlebten erst mit der Industrialisierung einen Aufschwung. Und doch wurde, was so ungleich ist, zusammengefügt. Bei der baden-württembergischen Gemeindereform wurde 1972 aus dem badischen Villingen und dem württembergischen Schwenningen der Doppelort, der übrigens beim "Umwelt-Report 94" der Zeitschrift FOCUS den ersten Preis gewann. Unter 105 Städten mit über 80.000 Einwohnern ging Villingen-Schwenningen als Sieger in den Disziplinen saubere Luft, klares Wasser und Natur hervor. Noch heute sind Villingen und Schwenningen allerdings *zwei geographisch klar getrennte Orte.*

Aus dem ehemals protestantischen Bauerndorf **Schwenningen** wurde durch die Uhrenfabrikation ab 1765 eine lebhafte Industriestadt, die Anfang dieses Jahrhunderts als "größte Uhrenstadt der Welt" galt. Heute kommen zur Uhrenherstellung *(Kienzle)* noch Textilindustrie, Maschinenfabriken und Betriebe der Elektronik und Feinmechanik dazu.

Ganz anders **Villingen:** Der schon 817 urkundlich als "ad Filingas" erwähnte und 1218 zur Reichsstadt erklärte Ort war so gut befestigt, daß er sogar Angriffen im Zweiten Weltkrieg standhalten konnte. Im Stadtkern sind zahlreiche denkmalgeschützte historische Gebäude erhalten geblieben.

Villingen

| **Vorwahl:** 07721 | **Höhe:** 695-973 m |

Sehens-
wertes

Begonnen wurde das ***Münster Unserer Lieben***
Frau im 12. Jh. im romanischen Stil; nach dem
Stadtbrand von 1271 wurde unter anderem der
Chor im gotischen Stil wiederaufgebaut. Blick-
fang des Münsters sind die beiden verschieden-
artigen Türme aus dem 15. und 16. Jahrhundert.
Im 17. Jh. wurde die Kirche barockisiert. Sehenswert im Inneren sind das wunderwirkende Näge-
lin-Kruzifix aus dem 14. Jh. in der rechten Turm-
kapelle sowie die kunstvolle spätgotische Kanzel,
gestützt von den Konsolfiguren "Ecce Homo",
Dolorosa und Johannes. Am Aufgang trotzt der
"Villinger Simson", der angeblich Ketten sprengen, Mauern durchbrechen und Stadttore aus
den Angeln heben konnte.

Das ***Alte Rathaus*** am Münsterplatz zeigt einen
schönen spätgotischen Staffelgiebel. Das 1306
erstmals urkundlich erwähnte und 1534 im Stil
der Renaissance umgestaltete Gebäude beherbergt heute die Villinger ***Altertümersammlung.***
Gezeigt werden Stücke aus dem Münsterschatz.
Schwerpunkt der Sammlung sind kunsthand-
werkliche Gegenstände der Zünfte, wie etwa
der Schreinerei, der Zinngießerei und der Schlos-
serei.

●Geöffnet Di. und Mi. 10.00-12.00, Do. und Sa.
14.00-17.00, So. 13.00-17.00 Uhr.

Südlich vom Münsterplatz erinnert der ***Rad-***
macherbrunnen an die gewonnene Wette eines
Wagners: Er hatte 1562 an einem Tag ein Rad
angefertigt und dieses bis nach Rottweil (ca.
20 km) und zurück getrieben. Diese Wette
scheint damals modern gewesen zu sein, denn in
Brünn in der Tchechischen Republik erinnert ein
Wagenrad an genau dieselbe Wette.

In der Rietgasse, die von der Rietstraße ab-
zweigt, liegt das ehemalige Franziskanerkloster

Tour 7

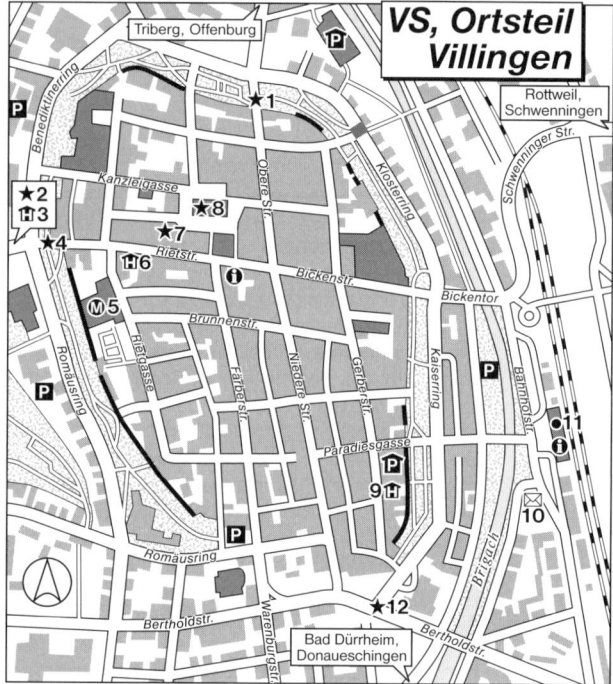

★	1	Obertor/Ratskeller
★	2	Kurgebiet
🏨	3	Hotel Bosse
★	4	Riettor
Ⓜ	5	Franziskanermuseum
🏨	6	Hotel Am Franziskaner
★	7	Altes Rathaus
★	8	Münster
🏨	9	Hotel Diegner
✉	10	Post
●	11	Bahnhof
★	12	Am Niederen Tor

mit Klostergebäuden und Kirche. Heute ist darin
das *Franziskanermuseum* mit verschiedenen
Sammlungskomplexen untergebracht. Die
"Schwarzwaldsammlung" geht auf eine Pri-
vatsammlung zurück und ist hochinteressant.
9000 (!) Objekte sind im Inventarverzeichnis ausgewiesen, ausgestellt ist alles, was irgendwie mit
dem Schwarzwald zu tun hat. Besonders sehenswert sind die historischen Originalräume aus dem
Schwarzwald, z.B. eine Wirtsstube aus dem

Jahre 1799, eine Jägerstube und eine Schwarzwälder Küche. Die Abteilung "Sakarale Kunst"
zeigt Exponate vom Mittelalter bis zum Rokoko;
die Sammlung "Magdalenenberg" zeigt Fundstücke des hallsteinzeitlichen Grabhügels Magdalenenberg südlich von Villingen (siehe Ausflugsziel).
●Geöffnet Di.-Sa. 14.00-17.00, Mi.-Fr. 10.00-
12.00, So. und Feiertag 13.00-17.00 Uhr.

Info ●*Verkehrsamt Kur- und Bad GmbH,* Rietstr. 8, 78050
Villingen, Tel. (07721) 822340, Fax 822347

Unterkunft ●*Hotel Am Franziskaner,* Rietstr. 27, Tel. 2970, Fax
297520, ÜF 82-117 DM (In der Altstadt. Zimmer für Nicht-
raucher und Allergiker)
●*Hotel Diegner,* Romäusring 3/1, Tel. 92770, Fax
927722, ÜF 60-65 DM
●*Hotel-Kurcafé Bosse,* Oberförster-Ganter-Str. 9-11, Tel.
58011, Fax 58013, ÜF 75-90 DM (familiär; ruhig am
Waldesrand gelegen)
●*Jugendherberge,* St.-Georgener-Str. 36, Tel. 54149,
Fax 52616 (am nordwestlichen Stadtrand nahe am Wald
gelegen)

Gastro- ●*Ratskeller**,* Im oberen Tor, Tel. 51134, Fax 51113
nomie (großer Biergarten, Ritteressen ab 10 Personen)

Aktivitäten ●*Angeln:* Forelle, Hecht und Barsch in der Donau, Bri-
gach, Eschach, im Neckar und in der Kirnach sowie im
Krebsgrabenweiher und im Fischweiher, Angelkarten bei
der Zoohandlung *Flohr,* Engelstr. 39, Tel. (07720) 33528
●*Ballonfahrten: Richard Böhlin,* Brigachtal-Kirchdorf,
Tel. 22266
●*Führungen:* Ab dem Verkehrsamt Mi. 15.00 und Sa.
10.00 Uhr Stadtführung, Di. 15.00 und So. 10.00 Uhr
Führung "Wehranlagen und Belagerungen" mit Besichti-
gung des Kaiserturms
●*Geführte Radwanderungen:* Mai bis Okt. jeden Sonn-
tag um 14.00 Uhr ab Bahnhof

Ausflugsziel

Magdale- Südlich von Villingen wurde auf dem 769 m ho-
nenberg hen Magdalenenberg der größte hallsteinzeitliche
Grabhügel Europas entdeckt. Neben dem 1890
ausgeraubt aufgefundenen Hauptgrab wurden

Tour 7

hier in den Jahren 1970-73 126 Nachbestattungen mit über 2000 Beigaben entdeckt. Die Funde sind heute im Villinger "Franziskanermuseum" ausgestellt.

Schwenningen

Vorwahl: 07720	*Höhe:* 660-770 m

Sehenswertes

Fast Fehlanzeige, wenn es nicht da die drei Museen gäbe. Das Museumsgebäude des *Heimat- und Uhrenmuseums* entstand 1697 als Bauernhof, diente dann über 150 Jahre lang als Lehrerhaus und von 1873 bis 1921 als Kneipe. Vier Bereiche sind zu sehen: die ortsgeschichtliche Abteilung mit Dokumenten zu mehr als tausend Jahren Schwenninger Geschichte, archäologische Funde, Nachbildungen einer römischen und einer alemannischen Stube sowie schwäbische Bauernmöbel vom Dreißigjährigen Krieg bis zur Mitte des 19. Jh. und natürlich eine Uhrenausstellung mit Uhrmacherwerkstatt.

●Kronenstr. 16, Tel. 822371, Öffnungszeiten: Di. bis Fr. 10.00-12.00, Di. und Do. 14.00-17.00 Uhr, jeden ersten und dritten So. im Monat 14.00-17.00 Uhr. An Feiertagen geschlossen.

Die Stempeluhr am Eingang, in die Besucher beim Betreten und Verlassen des *Uhrenindustriemusems* ihres Eintrittskarte stecken können, zeigt gleich an, wo es thematisch hingeht: in die maschinelle Welt der Uhrenproduktion. In der ehemaligen Württembergischen Uhrenfabrik, die 1984 den Betrieb einstellte, sind viele historische Fabrikationsmaschinen wie Stanzen, Fräsen und andere Arbeitsgeräte ausgestellt. Auf Texttafeln wird über Lohn, Streik, Arbeitsschutz, Aussperrung sowie über die Entwicklung der Uhrenindustrie im Schwarzwald informiert. Alle ausgestellten Maschinen sind noch voll funktionsfähig. Ein Museum für Technik-Nostalgiker.

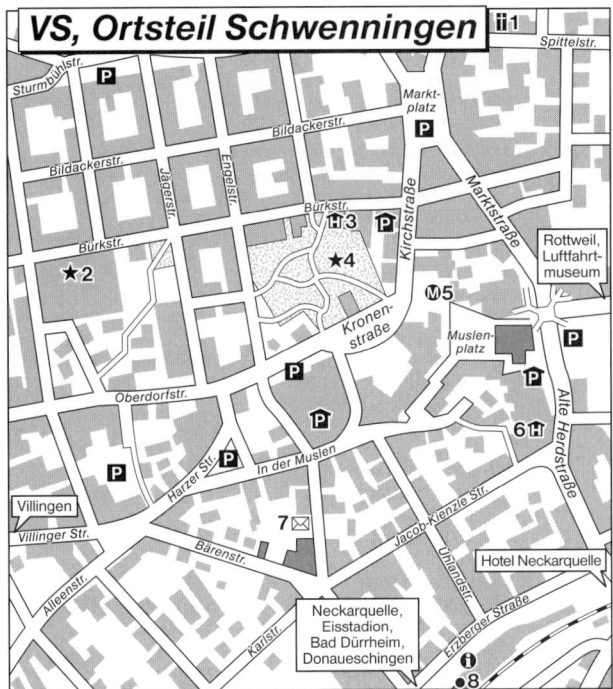

VS, Ortsteil Schwenningen

ii	1	Dreifaltigkeitskirche	Ⓜ 5	Heimat- und Uhrenmuseum
★	2	Württ. Uhrenfabrik	🏛 6	Central Hotel
🏛	3	Hotel Ochsen	⊠ 7	Post
★	4	Mauthepark	● 8	Bahnhof

●Bürkstr. 39, Tel. 38044. Geöffnet Mi.-Sa. 10.00-12.00 und 14.00-18.00 Uhr. Sonn- und feiertags 10.00-18.00 Uhr.

Seit 1992 sind am östlichen Stadtrand von Schwenningen im *Internationalen Luftfahrtmuseum* Oldtimer und moderne Flugzeuge ausgestellt, unter anderem eine "Mig 15", eine "Canderra B" und ein "Starfighter". Star der Ausstellung ist aber sicherlich die "Antonow 2", die mit 18 m Spannweite und 5 m Höhe als der größte Doppeldecker der Welt gilt.

●Öffnungszeiten: tgl. 9.00-19.00 Uhr.

Tour 7

Info
- *Verkehrsamt Kur- und Bad GmbH,* am Bahnhof, 78054 Schwenningen, Tel. (07720) 821208/09, Fax 821207
- *Führungen* Neckarquelle/Schwenninger Moos: Mai bis Sept. Mi. 16.30 Uhr ab Verkehrsamt

Unterkunft mit Gastronomie
- *Schlenker's Hotel Ochsen**-***,* Bürkstr. 59, Tel. 8390, Fr. geschl., Fax 839639, ÜF 63-87 DM
- *Hotel Neckarquelle**-***,* Wannenstr. 5, So. geschl., Tel. 5782, Fax 64426, ÜF 60-70 DM

Unterkunft
- *Central-Hotel,* Alte Herdstr. 12-14, Tel. 380036, Fax 33629, ÜF 53-75 DM

Aktivitäten
- *Fabrikverkauf: Kienzle Uhrenfabriken GmbH,* Eichendorffstr. 29, Tel. 399450, Verkauf Mo. und Mi. 14.00-16.00 Uhr, Di. und Do. 14.00-16.30 Uhr, Fr. 8.30-12.30 Uhr (günstige Uhren)
- *Führungen:* Stadtführung mit Besichtigung des Heimat- und Uhrenmuseums jeden Donnerstag um 15.00 Uhr ab dem Verkehrsamt
- *Rundflüge:* Flug zum Feldberg oder zum Hohenzollern, Flugdauer jeweils ca. 45 Minuten, Maschine à 2 Personen: 160 DM, Maschine à 3 Personen: 180 DM. Tel. 5823. Eine Besonderheit sind die Rundflüge mit nostalgischen Flugzeugen, die die Besitzer vom „Internationalen Luftfahrtmuseum" veranstalten. Rundflug pro Person ca. 85 DM, Tel. 66302.

Wintersport
- *Eislauf, Eisstockschießen und Curling:* Eisstadion Schwenningen, Mooswäldleweg 9, Tel. 62880. Sept. bis Anfang April tgl. geöffnet
- *Eislaufkurse:* zur Weihnachtszeit und an Fastnacht, Anmeldung beim Verkehrsamt

Ausflugsziel

Schwenninger Moos

Wo heute der südliche Stadtrand von Schwenningen ist, verblieben nach dem Ende der letzten Eiszeit mehrere kleine Seen. Im Laufe der folgenden Jahrtausende erwärmte sich das Klima langsam, die sich stets ausdehnende Ufervegetation führte zur Verlandung der Seen. Vor etwa 7000 Jahren waren die offenen Wasserflächen verschwunden, an ihrer Stelle begann sich ein Hochmoor zu bilden. Als in den Jahren 1748 bis 1948 in diesem Hochmoorgebiet Torf gestochen wurde, entstand eine Wasserfläche, die heute mit ihren Birken-, Erlen- und Kiefernbeständen den Reiz des Naturschutzgebietes Schwenninger Moos ausmacht. Hier entspringt der Neckar. Günstigster Ausgangspunkt für den ca. 3,5 km langen Rundweg durch das Moor ist der Parkplatz des Sportgeländes nördlich des Moors. Das Verkehrsamt bietet auch Führungen an (siehe dort).

Bad Dürrheim

> **Vorwahl:** 07726   **PLZ:** 78073
> **Einw.:** 11.700   **Höhe:** 700-940 m
> **Ortsteile:** Biesingen (5 km), Hochemmingen (3 km), Unter- u. Oberbaldingen (9 km), Öfingen (8 km), Sunthausen (6 km)

Überblick   Wo die bewaldeten Hänge des Schwarzwaldes langsam in die sonnige Hügellandschaft der Baar-Hochebene übergehen, liegt das einzige Sole-Heilbad des Schwarzwaldes. Bad Dürrheim wurde 889 erstmals als "Durroheim" erwähnt und 1974, nach der Eingemeindung umliegender Dörfer, zur Stadt erhoben. Seine Entwicklung verdankt es im wesentlichen dem Salz. 1821 wurde im Auftrag der badischen Regierung nach Salz gebohrt, 1851 richtete man dann die ersten Badezellen ein, und 1879 wurde Dürrheim Kindersolbad. 1921 schließlich wurde Dürrheim der Titel "Bad" verliehen. Heute zählt der Ort, der sich nebenbei auch noch mit dem seltenen Prädikat "heilklimatisch" schmücken darf, zu einem der meistbesuchten Kurorte Baden-Württembergs. Die aus einer Tiefe von 125-150 m kommende Sole hilft bei Erkrankungen der Atemwege, Herz- und Kreislaufbeschwerden und bei Wirbelsäulen- und Gelenkleiden.

Sehens-   Herzstück der Landesgartenschau 1994 war der
wertes   ***Kurpark "Luisengarten",*** der für dieses Ereignis kräftig aufgepeppt wurde mit Dauereinrich-

Tour 7

tungen wie Rosengarten, Naturheilgarten, Garten der Sinne, Spiellandschaft und den Kunstobjekten "Salzquell", "Salztor" und "Salzpfeiler". Ein Spaziergang durch den Kurpark führt auch zu den Bad Dürrheimer Hauptattraktionen, dem Solemar und dem Narrenschopf.

"Das schönste Meer hat alles unter einem Dach", werben die Bad Dürrheimer für ihr 1987 eröffnetes Solebad **Solemar**. An sonnigen Tagen läßt die glitzernde Wasseroberfläche unter der kühn geschwungenen Holzdecke wirklich karibische Gefühle aufkommen, die Einrichtungen sind vielfältig: elf Becken, Quellsprudler, Wasserfall, Sprudelbänke, Massagedüsen, Kreisströmung, Solegrotte und ein Sonnenstudio.

●Öffnungszeiten: Badebereich täglich 9.00-22.00 Uhr, Sauna an Werktagen 12.00-22.00 Uhr, Sa., So. und feiertags 9.00-22.00 Uhr.

Nomen est Omen: Im Schopf ist bei den Alemannen all das untergebracht, was man irgendwann einmal im Jahr braucht. Im Bad Dürrheimer **Narrenschopf,** einer Art Rieseniglu, sind das über 400 Häser (Kostüme) aus 71 Narrenorten im südlichen Baden-Württemberg und in der alemannischen Schweiz. Hansele, Pflumeschlucker, Pestmännle, Narros und Hexen geben sich im größten Narrenmuseum Deutschlands ein Stelldichein. Wer Glück hat und Interesse zeigt, bekommt eine engagierte, kostenlose Führung in alemannischer Sprache vom Hüter aller Narren.

●Geöffnet werktags 14.00-17.00 Uhr, an Sonn- und Feiertagen 10.00-17.00 Uhr.

Info   ●*Kur- und Bäder GmbH,* 78073 Bad Dürrheim, Tel. (07726) 666295, zum Nulltarif tgl. 9.00-20.00 Uhr Tel. (0130) 6670, Fax 666301

Unterkunft ●*Kurpension Brigitte,* Von Langsdorff-Weg 7, Tel. 7600, ÜF 60-80 DM (ruhig am Waldesrand gelegen)
●*Haus Baden,* Kapfstr. 6, Tel. 1640, Fax 266, ÜF 51–75 DM (gemütlich eingerichtet)
●*Camping: Kurcamping Sunthauser-See,* Tel. (07706) 712

Aktivitäten
- **Angeln:** Karpfen, Forelle, Schleie, Rotauge und Aal im Sunthauser See, Info unter Tel. (07706) 438. Badesee Sunthausen.
- **Ballonfahren:** *Richard Bölling,* St. Gallus-Str. 25, 78086 Brigachtal, Tel. (07721) 222-66. Startzeiten Mo. bis Fr. ab 18.00 Uhr und Sa. und So. ab 7.30 Uhr, 1 Stunde ca. - 295 DM pro Person.
- **Drachenfliegen und Gleitsegeln:** Schulung und Passagierflüge, *Flugschule H. Hils,* Karlstr. 51, Tel. 1244, Fax 4441.
- **Museen:** Tier- und Jagdmuseum im Haus des Gastes mit mehreren 100 Ausstellungsstücken von zum Teil selten gewordenen Tieren aus aller Welt. Geöffnet Mi. 15.00-17.00 und sonn- und feiertags 14.30-17.00 Uhr.

**Winter-
sport**
- **Langlauf:** Übungsloipe (5 km) Wittmanstal-Loipe (7 und 12 km) bei der Realschule am Salinensee, Waldcafé-Loipe am Waldcafé (5 km), Osterberg-Loipe beim Sportplatz in Öfingen (5 und 10 km)
- **Ski- und Schlittenverleih:** im Haus des Gastes

Rottweil

Vorwahl: 0741	**PLZ:** 78628
Einw.: 23.400	**Höhe:** 507-745 m

Überblick   Der **Rottweiler** ist von muskulösem und kräftigem Äußeren und von kluger, ausdauernder und behäbiger Gemütsart. Er stammt aus dem Mittelalter, als man Hunde mit solchen Eigenschaften zum Schutz der großen Schaf- und Rinderherden zwischen Elsaß und Neckarland brauchte. Weil aber keiner von den vierbeinigen Bewerbern so recht geeignet für diese Aufgabe war, züchteten sich die Rottweiler Metzger – die oft zugleich auch Viehhändler waren – ihren eigenen Hund und kreuzten einen Bullenbeißer mit einem Bauernhund.

Rottweil war jahrhundertelang nicht nur Zentrum des Viehhandels, wichtige Wirtschaftszweige waren auch das Schmiedehandwerk, die Tuchmacherei, die Pulverproduktion und die Buchdruckerei. In der "ältesten Stadt Baden-

Tour 7

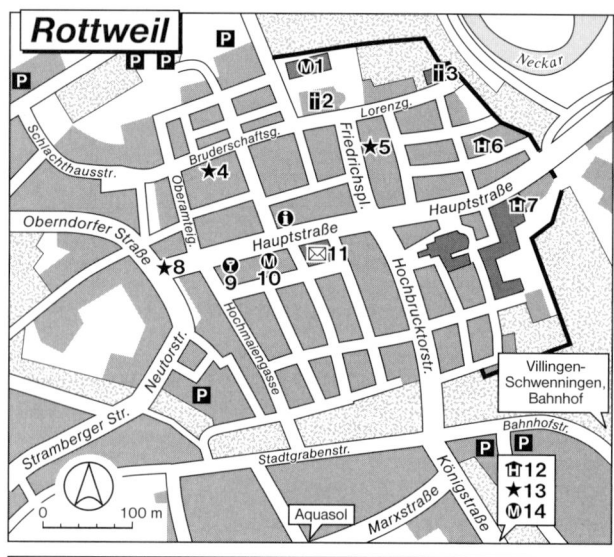

Ⓜ	1	Dominikanermuseum
ⅱ	2	Dominikanerkirche
ⅱ	3	Lorenzkapelle
★	4	Heilig-Kreuz-Münster
★	5	Forum Kunst
🏠	6	Jugendherberge
🏠	7	Hotel zum Sternen
★	8	Schwarzes Tor
❸	9	Café Armleder
Ⓜ	10	Stadtmuseum
✉	11	Post
🏠	12	Hotel Bären (ca. 2 km)
★	13	Römerbad (ca. 1km)
Ⓜ	14	Salinenmuseum (ca.3km)

Würtembergs" sind Siedlungsspuren schon aus der Jungsteinzeit um 2000 v. Chr. nachweisbar. Im Jahre 73 n. Chr. errichteten die Römer einen Militärstützpunkt im heutigen Stadtteil "Rottweil-Altstadt", der sich zu einer Siedlung mit dem Namen *Arae Flaviae* entwickelte. Die Staufer verlegten noch vor 1200 n. Chr. die Stadt nach Norden, die sie dann nach dem "Zähringer Muster" errichteten. Kennzeichen für das "Zähringer Muster" ist ein Straßenkreuz aus zwei Hauptstraßen, das vier Quadranten bildet. Die Gassen in den Quadranten verlaufen parallel zu den Hauptstraßen. Im Jahre 1463 trat Rottweil der Schweizer Eidgenossenschaft bei, der es bis 1802 angehörte.

**Brauch-
tum**

Man muß es erlebt haben, wenn der schier unendliche Strom von fast 3000 **Rottweiler Narren** am Faschingsmontag Punkt acht Uhr durch das Schwarze Tor der Rottweiler Altstadt quillt (weitere Termine: Faschingsdienstag 8.00 und 14.00 Uhr) und die ganze Altstadt in ein wogendes schellenklingendes Meer von Maskenträgern verwandelt. Komplette Rottweiler Narrenfamilien machen mit, vom Kleinkind bis hin zum kaum noch gehfähigen Senioren, alle Altersklassen sind dabei – selbstverständlich ausgestattet mit der Narren-TÜV-Plakette, denn die Rottweiler gehörten einstmals zu Schwaben, und dort herrscht Ordnung. Mittelpunkt des Narrensprungs ist das "Bennerrössle", das sich mit Peitschenhieben durch das Schwarze Tor, quer durch die Altstadt und zurück treiben läßt. Die Treiber möchten ihm die Gänsefedern vom Kopf schlagen, das Rössle versucht das durch wilde Bocksprünge zu verhindern. Denn wenn es alle Federn verliert, muß der Mann im Gaulskostüm hinterher im Wirtshaus die Zeche bezahlen. Insgesamt nehmen neun "Rössle" mit je zwei Treibern am Narrensprung teil.

Andere Rottweiler Narren sind: Der Federahannes, mit Sprungstange, gebleckten Zähnen und weitem Federmantel; das Gschell (mit freundlicher Larve, bunt bemaltem Narrenkleid und schweren Schellenriemen die wichtigste Figur der Rottweiler Fasnet), das Biß (ähnlich wie das Gschell, aber etwas jünger und nur mit einem Fuchsschwanz auf der Haube und mit gebleckten Zähnen), der Schantle (aus den einst "obszönen Vermummern" wurden vornehm zurückhaltende, freundliche Herren mit Biedermeierschirmchen), der Guller (mit Hahnenleib, steht in Zusammenhang mit Fruchtbarkeitsbrauchtum).

Tour 7

**Sehens-
wertes**

Die größte Sehenswürdigkeit ist zweifellos die **Altstadt** an sich. Entlang des Straßenkreuzes Hauptstr./Hochbrücktorstr./Friedensplatz verlaufen malerische Häuserfronten, die durch ihre Farben und verzierten Erker beliebte Fotomotive sind. Die Erker sind alle unterschiedlich verziert, mit Ornamenten, Zunftzeichen, Tieren und Wappen. Ein weiteres Rottweiler Fotomotiv sind die "Stechschilder", kunstvoll geschmiedete Wirtshausschilder, die seit 1560 für Gasthäuser vorgeschrieben waren. Heute schmücken sie nicht nur Gasthäuser, sondern auch Gewerbebetriebe.

Damit es den Römern im kalten, harten Schwarzwald nicht gar so schlecht ging, richteten sie ihren Soldaten in Baden-Baden, Badenweiler und in Rottweil Bäder ein. Das 45 x 42 m große **Römberbad** beim heutigen Stadtfriedhof (Ecke Römer-/Königstraße) wurde vermutlich unter Kaiser *Trajan* um 110 n. Chr. errichtet (Freilichtmuseum – immer geöffnet).

Das aus 570.000 Steinchen und Glasstückchen bestehende Orpheus-Mosaik sowie Gegenstände aus allen Lebensbereichen einer römischen Kleinstadt sind im **Dominikanermuseum** ausgestellt
●am Kriegsdamm, Tel. 7862, Di.-So. 10.00-13.00 und 14.00-17.00 Uhr.

Das Rottweiler **Stadtmuseum** ist im Herderschen Haus untergebracht. *(Bartholomäus Herder,* 1774-1839, war der Gründer des katholischen Herder-Verlages.) Das Museum stellt schwerpunktmäßig Arbeit, Freizeit und Frömmigkeit im Rottweil des 18. und 19. Jahrhunderts aus. Wichtigstes Ausstellungsstück ist die Pürschgerichtskarte des *David Rötlin* aus dem Jahre 1564. Der junge Maler zeichnete für Verwaltungszwecke liebevoll seine Heimatstadt Rottweil mitsamt einigen ihrer Einwohner. Interessant die "zentralistische" Perspektive des Bildes: Um das Bild perspektivisch richtig zu sehen, müßte der Betrachter nicht vor dem Bild, sondern mitten im Bild stehen. Weiterhin sehenswert der Bundesbrief der Schweizerischen Eidgenossen-

schaft aus dem Jahre 1519 und das Fasnachts-
zimmer. Zur Weihnachtszeit ist die "Herrenkra-
mersche Krippe" aus dem 19. Jh. ausgestellt
●Hauptstr. 21, geöffnet Di.-Sa 10.00-12.00 Uhr
und 14.00-17.00 Uhr, So. 10.00-12.00 Uhr.

In der spätgotischen ehemaligen Friedhofs-
kirche **Lorenzkapelle** sind Steinfiguren des 14.
Jahrhunderts und ein Museum der Rottweiler
Steinmetzkunst zu sehen.
●geöffnet Di.-So. 14.00-17.00 Uhr.

Das wichtigste Gotteshaus Rottweils, das **Hei-
lig-Kreuz-Münster,** stammt in seinen Ursprüngen aus dem 12. Jh. Im 15. Jh. wurde die Kirche
im gotischen Stil umgebaut und im 17. Jh. barockisiert, um im 19. Jh. regotisiert zu werden.
Wer aufmerksam hinsieht, wird bemerken, daß
sich das Münster dem natürlichen Gefälle der
Stadt angleicht, es sind genau 1,40 m Höhendifferenz. Die immer kleiner werdenden Chorbögen
erzeugen einen Eindruck von Perspektivität. Besonders sehenswert sind das überlebensgroße
Kruzifix, das *Veit Stoß* zugeschrieben wird, der
Apostelaltar von *Cord Bogentrik* und die originellen
Zunftlaternen im hinteren Seitenschiff. Man ach-
te auch auf die Stuhlwangen der Bänke, jede unterscheidet sich von der anderen, unter anderem
gibt es die Narrenmutter zu sehen, die dem
Wickelkind die Narretei einflößt (linke Seite des
zweiten Blocks von vorne, rechte Reihe – gesehen vom Altar aus). Die "Rottweiler Madonna" auf
dem Seitenaltar soll laut eidlichen Aussagen von
immerhin 42 Zeugen im Jahre 1643 anläßlich der
französischen Belagerung den Blick zweimal ge-
wendet haben, die Belagerungssituation hat sich
damals für die Rottweiler verbessert, und die Madonna heißt seither "Wunder der Augenweide".

Info   ●**Städtisches Verkehrsbüro,** Hauptstr. 21, 78628 Rott-
            weil, Tel. (0741) 494280/81, Fax 494355

Unterkunft ●**Romantik Hotel Haus zum Sternen***,** Hauptstr. 60,
            Tel. 53300, Fax 533030, ÜF 93-110 (traditionsreich, mit
            gotischen Elementen im Innenausbau)

Tour 7

In tausend Teufels Namen –
Hexenprozesse im Schwarzwald

Ein dunkles Kapitel Rottweiler Geschichte: der Hexenwahn in Rottweil, das neben Eger, Passau und Wasserburg zu den Hochburgen der deutschen Hexenverfolgung gehörte. Der Nährboden war günstig: Im Ort war ein Kloster des Dominikanerordens, aus dem der berüchtigte *"Hexenhammer"* hervorgegangen war, und es gab in Rottweil, Sitz des Hofgerichts, sehr viele Juristen. Hier wurden mehr als 150 Menschen, meist Frauen, nach Hexenprozessen hingerichtet. Vom Ende des 15. Jahrhunderts bis ins 18. Jh. schufen *Leonardo da Vinci, Michelangelo, Riemenschneider, Dürer* und *Hans Baldung Grien* ihre unsterblichen Meisterwerke, forschten *Kopernikus,* und *Kepler,* brach *Kolumbus* nach Amerika auf – und starben zwischen drei und neun Millionen Frauen nach Hexenprozessen.

Den Glauben an Zauberer, Dämonen und weibliche Wesen, die fliegen konnten, gab es schon in mythischer Vorzeit. Die christliche Botschaft verkündete zwar den Sieg über die Macht des Teufels, die Angst vor ihm konnte sie aber nicht bannen. Als man begann, statt von vielen Teufeln nur von einem zu reden, als man immer mehr an Gottes Macht über die Erde glaubte – da wuchs auch der Glaube an die Macht des Teufels. Nicht zuletzt waren es die großen Pestepidemien, die diese Vorstellung nährten. Vorläufer der Hexenprozesse waren die Prozesse gegen Ketzer, also Personen oder Sekten, die sich in irgendeiner Form gegen die herrschende Meinung der Kirche stellten. Die großangelegte und systematisch betriebene Hexenverfolgung begann mit den deutschen Dominikanern *Heinrich Krämer* und *Jakob Sprenger* und deren heftigem Bedürfnis, "den Satan zu bekämpfen". Sie fanden nirgendwo Gehör, außer bei einem – beim Papst persönlich. 1487 erschien der dreibändige *"Hexenhammer",* ein abstruses Werk über Hexentaten und ihre Wirkungen und "über die Arten der Ausrottung oder wenigstens Bestrafung durch die gebührende Gerechtigkeit vor dem geistlichen oder weltlichen Gericht". Von nun an genügte die Denunziation anstelle der Anklage, im Beweisverfahren wurde die Folter angewendet. Es waren überwiegend Frauen, die angeklagt wurden, denn der Hexenhammer erklärte: „Das Wort femina nämlich kommt von fe – und minus; fe fides = Glauben, minus = weniger" weil sie immer geringeren Glauben hat ... also schlecht ist das Weib an Natur, da es schneller am Glauben zweifelt, auch schneller dem Glauben ableugnet, was die Grundlage für die Hexerei ist".

In Rottweil verursachten Männer der Kirche den Hexenwahn, Männer der Kirche beendeten ihn. Der Jesuit *Friedrich von Spee* schrieb 1631 den *"Cautio Criminalis",* eine wirksame Schrift gegen den Hexenaberglauben.

●**Hotel Bären**,** Hochmauren Str. 1, Tel. 22046, Fax 13016, Sa. und Sonntagabend geschl., ÜF 50-65 DM
●**Hotel Lamm,** Hauptstr. 45, Tel. 45015, Fax 44273, Mo. geschl., ÜF 39-65 DM
●**Jungendherberge Rottweil,** Lorenzgasse 8, Tel. 7664
●**Naturfreundehaus Jungbrunnen,** Rottweil-Feckenhausen, Info: Familie Pommeranz, Tel. 15300 (61 Pers., 2- bis 6-Bettzimmer und 2 Schlafsäle)

Gastro- Daß es in Rottweil heute eine schwäbische und eine badi-
nomie sche Küche gibt, verdanken wir der Gebietsreform von 1972. Bis dahin war das heute badische Rottweil württembergisch. Die Schweizer „Rösti" auf den Speisekarten hingegen sind eine Hinterlassenschaft der Eidgenossen.
●**Gourmet-Restaurant L'Ètoile***,** in der Villa Duttenhofer, Königstr. 1, Tel. 43105, Fax 4195, Mo. geschl.
●**Weinstube Grimm*,** Oberamteigasse 5, Tel. 6830, Fax 6454, sonn- und feiertags und Sa. abends geschlossen
●**Café Armleder*,** Hauptstr. 13, Tel. 7748, Fax 42810 (die Eiskarte soll die größte in Deutschland sein, leckere Kleinigkeiten für zwischendurch, freundliche Bedienung)

Aktivitäten ●**Angeln:** Forelle, Aal, Karpfen und Schleie im Neckar (Tel. 44641) und im Linsenbergweiher (Tel. 44641)
●**Aussichtstürme:** Hochturm (54 m, Schlüssel wochentags im Städt. Verkehrsbüro, am Wochenende im Café Schädle gegenüber), Wasserturm (47 m, geöffnet Mai bis Sept. bei schönem Wetter, So. 14.00-18.00 Uhr, Tel. 47257)
●**Baden:** Sole-Erlebnisbad "Aquasol" (Sole-Innen- und Außenbecken, Sole-Außeninhalatorium, Spaßbecken mit Großrutsche, römisch-irisches Dampfbad, Saunalandschaft), Brugger Str. 11, Tel. 12087, tgl. 10.00-22.00 Uhr geöffnet, Mo. ab 13.00 Uhr. Beheiztes Terrassen-Freibad, Stadionstr., Tel. 41527, geöffnet Mai/Juni/Sept. 9.00-20.00 Uhr, Juli/Aug. 9.00-20.30 Uhr.
●**Stadtführungen:** unter dem Motto "Viertele nach Vier" findet jeden Samstag von Mai bis Oktober um 14.30 Uhr die Stadtführung ab dem Verkehrsbüro statt, anschließend gemeinsames "Viertele"
●**Fahrradverleih:** *Alfred Kaiser GmbH,* Balinger Str. 9, Tel. 8919
●**Sportfliegen:** Motorflug- und Ultraleichtflugbetrieb, flugtechnische Ausbildung und Rundflüge; Flugplatz Rottweil-Zepfenhahn, Tel. (07427) 2350
●**Klettern:** *auqa monte Erlebnisreisen,* Tel. 7196 (Kletterhalle mit einer 12 m hohen, künstlich angelegten Kletterwand, die alle Schwierigkeitsgrade bietet)

Tour 7

Ausflugs- und Wanderziele

Saline

Im Primtal, südöstlich vom Stadtzentrum, hat sich von der 1824 errichteten, 1969 geschlossenen Saline (Anlage zur Gewinnung von Kochsalz) ein Bohrhaus erhalten. Vom Bohrhaus wurde Wasser in die Salzlagerstätten geleitet und das zu Sole gelöste Salz herausgepumpt. Im **Museum** sind Arbeitsgeräte, Dokumente zu Geschichte und Produkten der Rottweiler Saline zu sehen. Geöffnet Mai bis Sept. Mi./So. 14.30-17.00 Uhr.

Viereck-
schanzen

Bei Neukirch, ca. 1 km westlich des Vaihinger Hofes im Vaihinger Wald, liegen zwei Viereck-schanzen (siehe Glossar): das **Heidenstädtle** und die **Schanze.** Das "Heidenstädtle" (Waldabteilung 1 – Erlengraben) ist gut erhalten, aber im Unterholz verborgen, die "Schanze" (Waldabteilung Städtle) wird von einem Waldweg durchschnitten.

Schramberg

> **Vorwahl:** 07422   **PLZ:** 78713
> **Einw.:** 19.700   **Höhe:** 400-700 m
> **Ortsteile:** Schramberg-Tal,
> Heiligenbronn (9 km), Sulgen (5 km),
> Waldmössingen (13 km)

Überblick

Inmitten einer Talspinne, in der fünf Täler zusammentreffen, drängt sich unterhalb von steilen, bewaldeten Talseiten Schramberg, noch eine wichtige Stätte der **Schwarzwälder Uhrenindustrie.** Das hübsche, im Zentrum den Fußgängern reservierte, kleine Städtchen schmückt sich offiziell mit dem Titel „Fünftälerstadt" und inoffiziell mit dem Titel „Dreiburgenstadt"; für die Erhaltung und Instandsetzung ihrer drei Burgen haben viele Schramberger Bürger in der Vergangenheit unzählige Stunden ihrer Freizeit geopfert.

**Sehens-
wertes**

Auch wenn die an den Wänden des Schramberger **Stadtmuseums** tickenden Uhren – deren Prachtstück die über vier Meter hohe Junghanssche Kunstuhr aus dem Jahre 1990 ist – durchaus sehenswert sind, so ist doch die Geschichte hinter der Uhrenherstellung das eigentlich Interessante dieser Ausstellung. Da erfährt man viel über die Armut im Schramberg des 18. Jahrhunderts, als zu deren Eindämmung die Strohflechterei eingeführt wurde; da ist zu lesen über die aufkommende Industrialisierung in der Uhrenfabrikation, und da steht geschrieben von Absatzkrisen und Überproduktion. Daß die Lebensbedingungen vieler Schramberger nicht einfach waren, zeigt die Einführung von betriebseigenen Schwimmbädern in einer Uhrenfirma: Die Arbeiter, zu Hause ohne sanitäre Anlagen, mußten für ihre diffizile Arbeit erstmal ein Bad nehmen.

Die Uhr, die geht und steht

Der Schwarzwälder Philosoph *Martin Heidegger* hat über die Uhr nachgedacht, die "geht und steht", und herausgefunden, daß ein entscheidendes Charakteristikum des Daseins die "Zeitlichkeit als Einheit von Zukunft, Vergangenheit und Gegenwart" ist. Die Schramberger Firma *Junghans* hat ebenfalls nachgedacht, und herausgekommen ist eine Uhr, die "immer läuft und niemals falsch geht." Dieses Wunderwerk der Technik bezieht seine Energie ausschließlich aus dem Licht und steht in ständiger Funkverbindung mit der genauesten Uhr der Welt, der Cäsium-Zeitbasis in Braunschweig. Die garantiert die totale Präzision (Gangabweichung 1 Sekunde in 1 Million Jahren) und die automatische Zeitein- und umstellung auf Sommer- und Winterzeit sowie das ewige Datum. Fortschrittlich war die Firma *Junghans* schon seit ihrer Gründung: Als Mitte des vorigen Jahrhunderts viele Schwarzwälder Uhrmacher im Zuge der Auswanderung ihr Wissen mit nach Amerika nahmen und die Amerikaner dann in Massenproduktion hergestellte Uhren nach Deutschland exportierten, schickte *Junghans* seinerseits seinen Sohn nach Amerika, damit er amerikanisches Massenproduktions-Know-how lerne. Zurückgekehrt führte der Sohn, *Arthur Junghans,* amerikanische Produktionsmethoden ein und produzierte eine für damalige Verhältnisse sehr preisgünstige und präzise Uhr. Leicht war die Umstellung nicht: "Mir lief das Gerücht voraus, ich wollte alles ummodeln, Maschinen einführen und Arbeitshände entbehrlich machen", sollte *Arthur Junghans* später schreiben.

Tour 7

•Geöffnet Mai bis Mitte Sept. Di.-Fr. 10.00-12.00 und 14.00-18.00 Uhr, Mitte Sept. bis April Di.-Fr. 14.00-18.00 Uhr, ganzjährig Sa. und So. 10.00-12.00 und 14.00-17.00 Uhr, Tel. 29268

Der halbstündige, steile Fußmarsch auf den 18 m hohen Bergfried der **Burgruine Schilteck** gewährt einen herrlichen Ausblick.

Die südlich von Schramberg liegende **Burg-ruine Falkenstein** ist Schauplatz von *Ludwig Uhlands* Drama *"Ernst Herzog von Schwaben".* Die auf historischen Begebenheiten basierende Geschichte handelt vom Idealbild eines Freundes, der aus Freundestreue Gut und Leben opfert.

Die nordwestlich der Stadt auf dem 635 m hohen Schloßberg liegende **Burgruine Hohenschramberg** gehörte einst zu den größten Wehranlagen des Schwarzwaldes. Von der Burg, auch Nippenburg genannt, bietet sich ein herrlicher Ausblick auf Schramberg, wie es sich spinnennetzartig in seine Seitentäler zieht.

Brauch-tum

Am Rosenmontag, ab 13.00 Uhr, geht´s hoch her, besonders bei der berühmten **Da-Bach-Na-Fahrt.** 40 mit Narren bemannte Waschzuber treiben auf der Schiltach einen halben Kilometer den Bach hinunter. Die Waschzuberkapitäne überstehen die zuweilen eiskalte Fahrt nur deshalb, weil sie vor der Fahrt zwei Schnäpse trinken. Geboren wurde die "Schnapsidee" im Jahre 1936 während einer Stammtischrunde, die Belegschaft der Firma *Junghans* wollte dadurch mal für einen Tag vom Alltagstrott befreit werden.

Info

•**Stadt- und Bürgerinformation,** 78713 Schramberg, Tel. (07422) 29215, Fax 29209

Unterkunft mit Gastro-nomie

•**Parkhotel**-***,** in der klassizistischen Junghans-Villa im Stadtpark, Tel. 20818, Fax 21192, Sonntagabend und Mo. geschl., ÜF 67-79 DM (schönes, altes Gebäude, in großem Park ruhig gelegen; im Restaurant auch vegetarische Gerichte)
•**Hotel Bären**,** Marktstr. 7, Tel. 94060, Fax 9406100, ÜF 75-87 DM (in der Fußgängerzone; Straßenrestaurant, auch mit vegetarischer Küche)
•**Gasthof Waldeslust,** Lienberg 59, Sulgen, Tel. 8444, ÜF 65 DM

Gastro-nomie

•**Burgstüble,** Hohenschramberg Nr. 1, Tel. 7773, Mi. abends und Do. gesch. (regionale Küche)

Aktivitäten • *Angeln:* Forellen im Lauterbach, Angelkarte bei der Stadtinformation
• *Fahrradverleih:* beim "Radhaus", Am Hammergraben 1, Tel. 07422/25344
• *Segel- und Motorfliegen:* im Ortsteil Sulgen

Hornberg

Vorwahl: 07833	**PLZ:** 78132
Einw.: 4900	**Höhe:** 360-1000 m
Ortsteile: Reichenbach (3 km), Niederwasser (4 km)	

Überblick "Es geht aus wie das *Hornberger Schießen"* – für diejenigen, die die Story dazu noch nicht kennen, hier die Kurzform: Im 16. Jh. hatte sich hoher Besuch in Hornberg angesagt – der Herzog von Württemberg höchstpersönlich – und der sollte natürlich gebührend empfangen werden. Also wurden die Kanonen geputzt, um, wie seinerzeit üblich, den hohen Würdenträger mit einem kräftigen Salut zu begrüßen. Eine Staubwolke näherte sich, die Hornberger jubelten, die Kanonen donnerten. Was kam, war eine Viehherde. Wieder kam eine Staubwolke, wieder jubelten die Hornberger, und wieder krachten die Kanonen. Was kam, war die Dienerschaft des Herzogs. Und dann kam nochmals eine Staubwolke und inmitten dieser endlich der Herzog. Aber da hatten die Hornberger schon längst ihr Pulver verschossen. Aus diesem schönen "Viel-Lärm-um-nichts"-Stück haben sie das Beste gemacht; sie führen es alljährlich aufs neue in den Sommermonaten auf ihrer Freilichtbühne auf.

Hornberg zählt mit seinem Ortsteil Reichenbach neben Gutach und Kirnbach zu den drei Schwarzwaldgemeinden, die sich mit dem Titel "Heimat des Bollenhutes" schmücken dürfen.

Der Aufschwung zum vielbesuchten Fremdenverkehrsort begann schon in den Jahren 1869-73 mit dem Bau der grandiosen *Schwarzwaldbahn.* Damit war der Anschluß an das weltweite

Tour 7

Eisenbahnnetz erreicht, und Hornberg war zur Schnellzugstation geworden.

Sehens-
wertes

Das gewaltige **Viadukt,** über das die Schwarzwaldbahn von der einen Seite des engen Gutachtals auf die andere Seite rattert, prägt das Ortsbild. Das 150 m lange, aus sieben Bögen (von jeweils 14,5 Meter lichter Weite) bestehende Bauwerk ist so stabil, daß seine Granitquader sogar die Bombardements der Jagdbomber im Zweiten Weltkrieg überstanden.

Von dem ehemaligen Kirchlein ist heute nur noch der hochgotische Chor erhalten. Das Kirchenschiff der **Evangelischen Stadtkirche** in seiner jetzigen Form stammt aus dem Jahre 1600. Aus dieser Zeit sind auch die Fresken, die man nach Zweiten Weltkrieg unter dem Verputz wiederentdeckte. Sie zeigen Szenen aus dem Alten Testament: die Himmelsleiter in Jakobs Traum, Josef wird von seinen Brüdern aus dem Brunnen gezogen und verkauft, des Herrn Besuch bei Abraham (1. Mos. 18), die Opferung Isaaks und die Heimkehr des verlorenen Sohns.

Damit auch alle, die in den pilzreichen Wäldern um Hornberg ihrem Sammlertrieb frönen, den anschließenden Festschmaus heil überstehen, haben die Hornberger Deutschlands einzige Schule für Pilzkunde und Naturschutz eingerichtet, die **Schwarzwälder Pilzlehrschau** (siehe Aktivitäten).

Info

●**Städtisches Verkehrsamt,** 78132 Hornberg, Tel. (07833) 6072, 79333 und 79344, Fax 79329

Unterkunft
mit
Gastro-
nomie

●**Hotel Adler**,** Tel. 367 und 1011, Fax 548, Fr. geschl., ÜF 55 DM (Speziaität: Schwarzwaldforellen aus der Gutach)

●**Sporthotel Schöne Aussicht***,** Niedergießstr. 49, Hornberg-Niederwasser, Tel. 1490, Fax 1603, ÜF 72 DM (Traumhaft inmitten von Wiesen und Wäldern auf 971 m Höhe gelegen)

●**Schloß Hornberg**,** Auf dem Schloßberg 1, Tel. 6841, Fax 7231, Mo. und Di. geschl., ÜF 49-90 DM (wahrhaft in königlicher Lage mit Blick aufs Gutachtal, Burgruine in der Nähe, Kinderspielplatz)

Gastro-nomie
- **Wirtshaus Zum Felsen*,** Hauptstr. 44, Tel. 5656, Fax 6082, Mi. Ruhetag (Preiswertes und Vegetarisches, italienische Küche)
- **Café Auer,** Bahnhofstr. 16, Tel. 8036, Di. Ruhetag (köstliche süße "Kanonenkugeln" und Pilze aus Marzipan)

Aktivitäten
- **Angeln:** Forelle in der Niedergießbach, Karten bei der Kurverwaltung
- **Hornberger Schießen:** siehe Überblick, Termine beim Verkehrsamt
- **Naturlehrpfad:** ab Wanderparkplatz "Gesundbrunnen" über die Immelsbacher Höhe zum Gasthaus "Lamm" im stillen, kleinen Schwanenbachtal, 4 km Länge, 30 Lehrtafeln zur einheimischen Flora. Sehenswert am Ende des Pfades sind die bizarren **Igellochfelsen.**
- **Pilzberatung und Pilzlehrschau:** Werderstr. 17, Tel. 6300, Fax 8370, geöffnet vom 1. Juli bis 10. Oktober Mo. und Fr. 9.00-10.00, Sa.16.00-18.00 Uhr (pilzkundliche Informationen), Fr. 18.00-18.30 Uhr (kostenlose Pilzberatung)

Winter-sport
- **Loipen:** 3 Rundloipen von 3,7 bis 15 km Länge in Hornberg-Niederwasser beim Sporthotel "Schöne Aussicht", Anschluß an das Loipennetz von Schonach. Loipen I/II von 7,5/8,0 km Länge auf dem Fohrenbühl. Auf der Benzebene beim Windkapf: Loipe von 19 km nach Tennenbronn.
- **Skilift:** Auf dem Fohrenbühl (Flutlicht)

Tour 7

Tour 8

Von Freiburg übers Höllental ins Glottertal

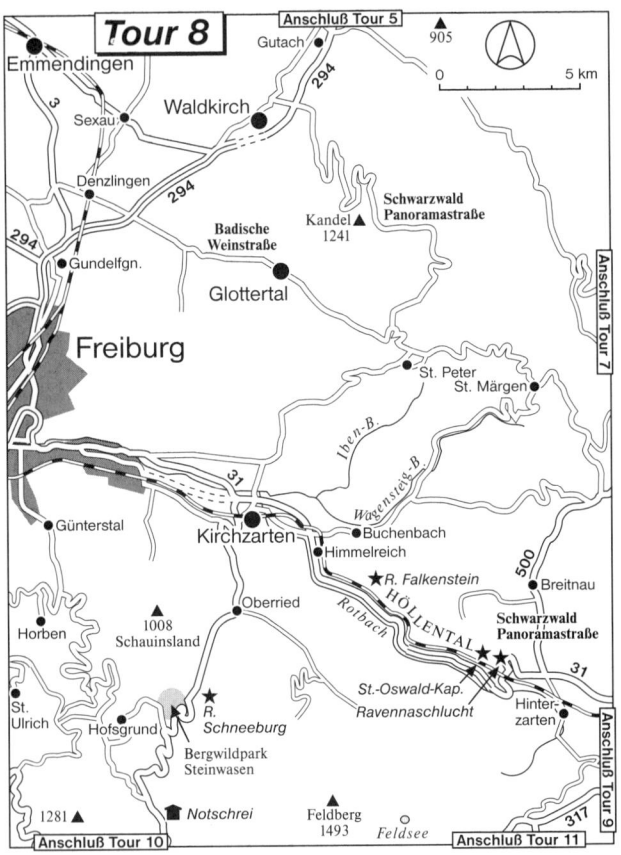

Route   Freiburg – (über den Schauinsland nach) Kirchzarten – (durchs Höllental nach) Hinterzarten – St. Peter – Glottertal – Freiburg

Beschreibung   Eine wunderschöne Großstadt (Freiburg), ein weiter Blick von oben (vom Schauinsland), vom lieblichen Himmelreich durchs wilde Höllental (bei Hinterzarten), eine Fahrt entlang der Schwarzwaldpanoramastraße (von Hinterzarten über St. Peter ins Glottertal) und ein Besuch der telegenen Schwarzwaldklinik (im Glottertal)

Freiburg

> **Vorwahl:** 0761
> **Einw.:** 195.000   **Höhe:** 196-1284 m

Überblick   In Freiburg könne man nicht erwachsen werden, ließ *Peter Schneider* seine Romanfigur Lenz vor 20 Jahren stöhnen, und ein ansonsten recht nüchterner Freund aus Kiel meinte verzückt, hier läge "Parfüm in der Luft". Als die Zeitschrift ELTERN vor einigen Jahren die familienfreundlichste Großstadt des Landes suchte, wurde Freiburg zum Sieger erkoren, denn die Stadt erfüllte alle Voraussetzungen: Sie hat viel städtisches Grün, eine verhältnismäßig intakte Umwelt, ausreichend Kindergartenplätze, ein gutes Angebot an Schulen, eine hohe Dichte an Kinder- und Frauenärzten, bezahlbare Mieten und eine gesunde Bevölkerungsstruktur. Darüber hinaus ist sie geprägt vom studentischen Leben einer Universitäts- und Bischofsstadt. Mit 195.000 Einwohnern ist sie nicht zu groß und nicht zu klein, ihr Klima ist eines der besten in ganz Deutschland, und sie ist von einer herrlichen Landschaft umgeben.

Bei aller Schönheit und Idylle: Die Freiburger – mit Unterstützung aufmüpfigen Studententums – sind mit einer gehörigen Portion alemannischer Dickschädeligkeit gesegnet. Schon 1368 kauften sie sich von den durch Fehden verarmten Grafen *von Urach* frei, um sich freiwillig dem Hause Habsburg zu unterstellen; in den siebziger Jahren unseres Jahrhunderts beteiligten sie sich erfolgreich am Widerstand gegen das Atomkraftwerk Wyhl, in den achtziger Jahren war die Hausbesetzerszene außerordentlich aktiv, und in den letzten Jahren widersetzten sie sich dem Bau einer pompösen Kultur- und Tagungsstätte am Bahnhof.

Sehenswertes

Es soll Zeitgenossen geben, die denken bei einer Stadtbesichtigung an eine staubtrockene Angelegenheit, doch die (täglich stattfindenden) *Freiburg-Führungen mit Münsterbesuch* geben einem eine Ahnung davon, was die Kirchen den Menschen im Mittelalter bedeuteten. Was die Menschen damals hofften und was sie fürchteten, all das ist noch heute an den Wänden ihrer Kirchen zu lesen.

Freiburger
Münster

Tour 8

Das **Freiburger Münster** ist ein Meisterwerk deutscher Gotik, sein Turm galt dem Schweizer Kunsthistoriker *Josef Burckhardt* als "schönster Turm der Christenheit". In der Bombennacht des 27. November 1944 überstand dieses filigrane Kunstwerk unbeschadet die gewaltigen Explosionsdruckwellen. Um 1200 im romanischen Stil begonnen, wurde die damalige Stadtpfarrkirche, heute zugleich auch Münster, schon nach 30 Jahren im dann "hochmodernen" gotischen Stil weitergebaut. Der Bau war Gemeinschaftsarbeit aller Freiburger, manch einer verpfändete sogar sein Haus dafür. Für die Innenausstattung wurde ein erstklassiger Künstler engagiert: *Hans Baldung Grien*, der das Hochaltarbild malte. Der geöffnete Altar zeigt auf der Mitteltafel die Krönung Mariens, auf den beiden Seitentafeln die zwölf Apostel, die wahrscheinlich Freiburger Bürger darstellen. In der Vorhalle ist das ganze Weltbild des Christentums dargestellt.

Das ganze Münster detailliert zu beschreiben würde ein eigenes Buch füllen. Hier sollen nur einige besonders menschliche und skurrile Darstellungen des Münsters genannt werden (Hier lohnt sich ein Fernglas!):

● In der Vorhalle auf der linken Seite schneuzt der **Nasentrompeter** seine Nase. Eine Mahnung an die Freiburger, ihr lautstarkes Nasenschneuzen gefälligst *vor* der Kirche zu verrichten.

● In der Vorhalle, gleich links neben dem Eingang, steht der **Fürst der Welt**, eine von vorne scheinheilige Jünglingsgestalt, dessen verwesender Rücken von Kröten, Schlangen und Molchen durchfressen ist. Und gleich neben ihm lächelt betörend die **Frau Welt**, die die Wollust darstellt.

● Die Damen auf der rechten Seite der Vorhalle sind die **Klugen Jungfrauen**; sie stellen die freien Künste des Mittelalters dar: die Rhetorik, die Dialektik, die Geometrie, die Musik, die Arithmetik und die Astronomie.

● Im Bogen über dem inneren Portal, im unteren Feld, findet man das Wahrzeichen Freiburgs, den **Betenden Teufel**. Er schlägt aber in Wirklichkeit die Hände über dem Kopf zusammen, weil auf der Waagschale des Erzengels Michael das Gute schwerer wiegt als das Böse.

● Oberhalb des südlichen Nebenportals, des **Lammportals,** ganz oben am rechten Pfeiler auf der linken Seite, soll

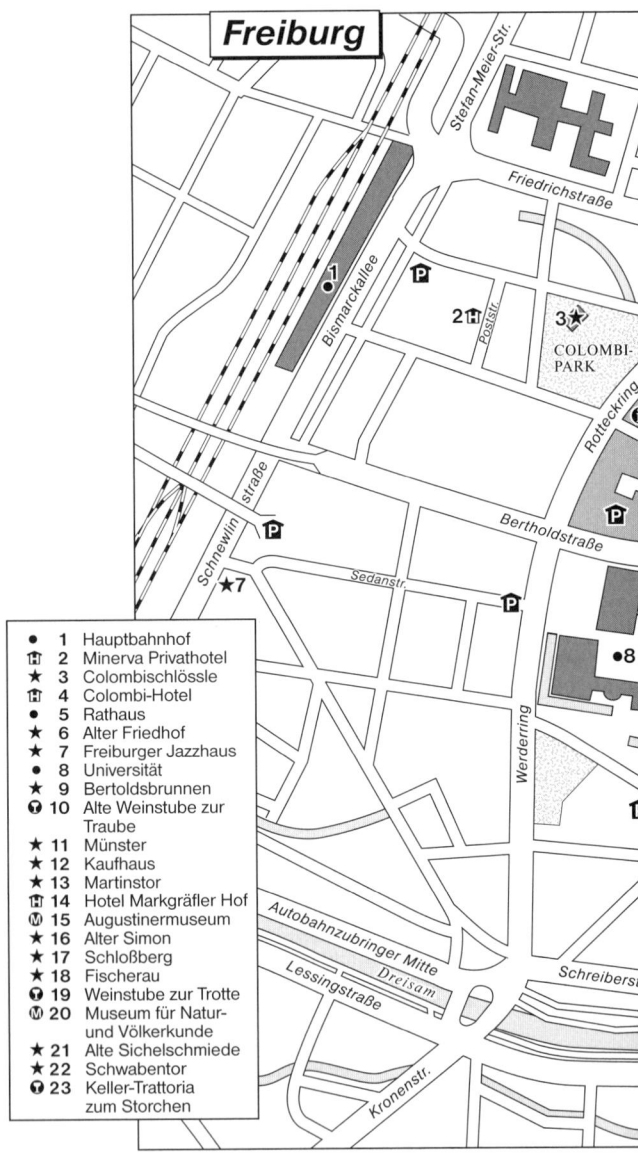

Freiburg

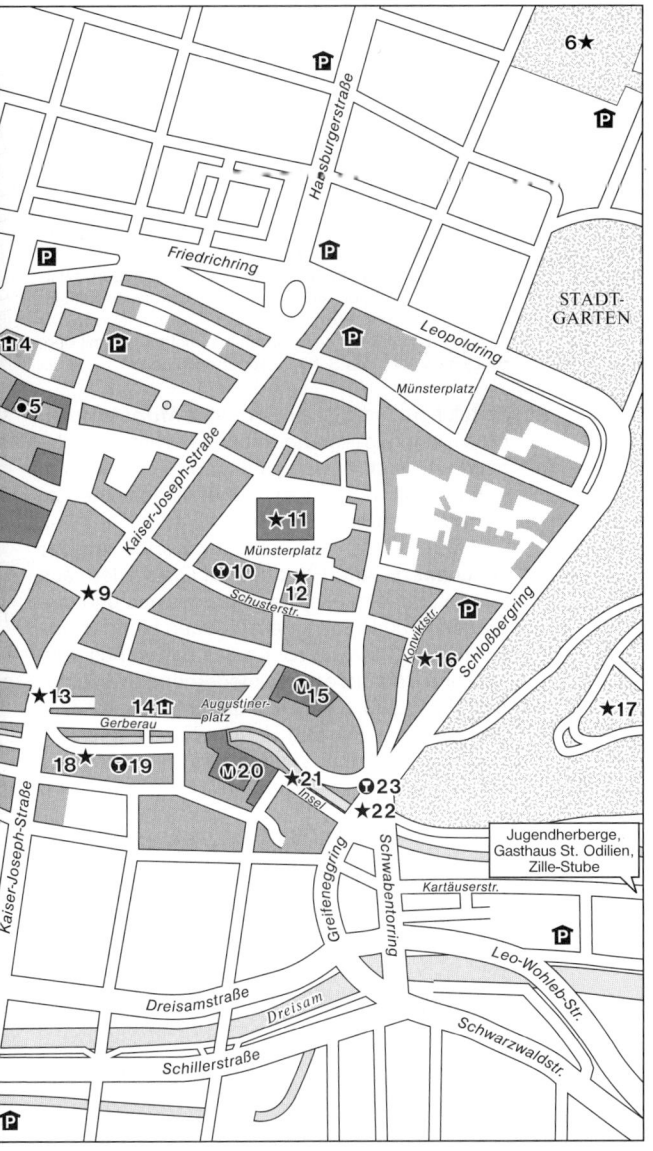

ein prachtvolles, entblößtes Hinterteil den Teufel abschrecken.

● Die beiden **Fenster** links neben der südlichen Vorhalle des Langhauses zeigen die ersten stümperhaften Versuche mit der neuen gotischen Kunst. Ab dem dritten Fenster wurde dann ein Könner beauftragt – wie man sieht.

● Die hauptsächlich von den **Zünften** gestifteten Fenster sind leicht an ihren Symbolen zu erkennen: das Fenster der Bäcker an der Brezel, das Fenster der Schuhmacher am Stiefel, das Küferfenster am Faß und das Fenster der Schneider an der Schere. Letztere nutzten ihr Münsterfenster als Werbefläche, auf der sie anhand kunstvoll gekleideter Damen ihr ganzes Können verkaufsfördernd darstellen konnten. Von Humor zeugt das Schmiedefenster (Symbol Hammer und Zange), wo der Ochse beinahe das Jesuskind gefressen hätte, wenn ihm nicht Josef mit dem Stock eins über den Schädel gegeben hätte.

Absolut großartig ist ein Blick vom **Münsterturm** in sein eigenes filigranes Innere und auf die malerische Altstadt. Allerdings führen auf den 116 m hohen Turm 328 Stufen, die für manch einen zu Schwindeltreppen werden.

Unweit vom Zentrum beim Stadtgarten liegt der sehenswerte **Alte Friedhof** mit Grabmälern aus der Zeit des Rokoko, des Klassizismus und des Biedermeier. Unter anderem liegen hier der Maler *Anselm Feuerbach* (Sohn des bayrischen Juristen und Begründers des modernen Strafrechts, *Paul Feuerbach*), ein Vorfahr der Zirkusfamilie *Knie* und *Viscomte Boniface de Mirabeau* begraben. Letzterer war der Bruder des Revolutionärs *Honoré Mirabeau. Boniface* selbst allerdings zog

Alter Friedhof – das Grab der Caroline Walter

das feudale Schlemmerleben der Revolution vor, sein stattlicher Bauch trug ihm den Beinamen *Le Tonneau*, das Faß, ein. Das bekannteste Grab ist das von *Caroline Walter*, einem malerisch auf dem steinernen Totenbett dahingestreckten Mädchen. Die in ihrem Todesjahr 1867 von ihrem Bräutigam begonnene Tradition, fast täglich frische Blumen auf ihr Grab zu legen, wird bis heute von Freiburger Bürgern weitergeführt.

Der quadratische Torturm des **Schwabentors** wurde zusammen mit der ersten Stadtmauer im 13. Jh. errichtet. Bis ins 18. Jh. hinein markierte er die Stadtgrenze Freiburgs. Durch das Schwabentor führte früher der Handelsweg von Freiburg über den Schwarzwald nach Schwaben. *Oskar Kokoschka* malte 1964 vom Schwabentor aus die Dächer Freiburgs. Auf die kleinliche Kritik, daß auf seinem Bild die Spitze des Freiburger Münsters nicht zu sehen sei, entgegnete er: "Die Münsterspitze kennt jeder, Eure Dächer dagegen fast niemand".

Eine Freiburger Besonderheit sind die vielen **Bächle** – ein insgesamt 14 km langes Netz von kleinen Wasserläufen neben dem Bürgersteig, die vermutlich im 12. Jh. entstanden. Im Mittelalter dienten sie der Brandbekämpfung und als Viehtränke.

Für die Sauberkeit dieser Bächle sorgte einst ein auf der Welt einmaliger Berufsstand, nämlich der des "Bächlesputzers".

Männliche Singles herhören: Wenn Sie aus Versehen in ein Bächle treten, werden Sie, so sagt man, eine Freiburgerin heiraten!

Einen Blick nach unten lohnt auch das **Gehwegpflaster** der größtenteils autofreien Innenstadt. Das besteht nämlich aus halbierten Rheinkieseln, stellt Zunftembleme, Gasthaus-Schilder und Wappenbilder dar und war außerordentlich teuer: 490 DM pro Quadratmeter.

Das bedeutendste Freiburger Museum, das **Augustinermuseum,** wurde 1920/23 im ehemaligen Kloster der Augustinereremiten eingerichtet. Die klösterlichen Räume bieten den idealen Rahmen für die mittelalterlichen Kunstschätze, die den Schwerpunkt der Sammlung ausmachen. Ausgestellt sind unter anderem kostbare goldene und silberne Gerätschaften aus Freiburger Kirchen und Klöstern, Meisterwerke der Plastik und Gemälde von *Hans Baldung Grien, Matthias Grünewald* und *Lukas Cranach*, weiterhin Originalskulpturen und farbige Glasgemälde aus dem Freiburger Münster. In der Abteilung Kunsthandwerk ist besonders die Sammlung *Silzer* mit künstlerisch gestaltetem Glas vom Historismus bis Art Déco bemerkenswert.

●Am Augustinerplatz, Tel. 202-2531.

Magische Ahnenfiguren, geheimnisvolle Masken und funktionelle Alltagsgegenstände: Das **Museum für Natur- und Völkerkunde** ist ein faszinierender Spaziergang durch außereuropäische Kulturen – von den alten Hochkulturen Ostasiens und Ägyptens über die indianischen Völker Amerikas und die Stämme Afrikas zu den Kulturen der Südsee und Australiens.

Colombischlössle

Tour 8

In der Naturkundeabteilung sind Sammlungen zu Geologie, Flora und Fauna des Schwarzwaldes, zum Thema "Biene" und unter UV-Licht fluoreszierende Edelsteine ausgestellt.

● Gerberau 32, Tel. 201-2566.

Inmitten des Colombiparks im 1859 im englisch-neugotischen Stil erbauten Colombischlössle werden im **Museum für Ur- und Frühgeschichte** die Epochen unserer Kulturgeschichte von der Altsteinzeit bis zum frühen Mittelalter zum Leben erweckt.

● Rotteckring 5, Tel. 201-2474.

● Die **Öffnungszeiten** der oben aufgeführten Museen sind alle identisch: Di.-Fr. 9.30 -17.00 und Sa./So. 10.30-17.00 Uhr.

Info

● **Freiburg-Information,** Rotteckring 14, 79098 Freiburg, an Sonn- und Feiertagen auch 10.00-12.00 Uhr geöffnet, Tel. (0761) 3689090, Fax 3689070

Unterkunft mit Gastronomie

● **Markgräfler Hof***,** Gerberau 22, Tel. 32540, Fax 37947, ÜF 90 DM (schönes Gebäude aus dem 15. Jh. in der Altstadt mit einem der besten Restaurants der Stadt)

● **Colombi-Hotel***,** Am Colombipark, Tel. 21060, Fax 31410, kein Ruhetag, ÜF 205-215 DM (Der Feinschmekkerpapst *Wolfram Siebeck* nennt es "ein Ziel für alle, die wissen, daß kulinarische Qualität gleich Lebensqualität ist").

● **Minerva Privathotel,** Poststr. 8, Tel. 202061, Fax 202062, ÜF 80-85 DM

● **Gasthaus Zur Tanne,** Altgasse 2, im ca. 10 km entfernten Freiburg-Opfingen, Tel. (07664) 1810, außerhalb der Spargelzeit Di. geschl., ÜF 38-75 DM (Gasthof aus dem 18. Jh., Mitte April bis Mitte Juni große Auswahl an Spargelgerichten)

Camping/ Jugendherbergen

● **Jugendherberge,** Kartäuserstr. 151, Tel. 67656, Fax 60367 (am Waldrand im Osten von Freiburg inmitten eines Landschaftsschutzgebietes gelegen)

● **Campingplatz Freiburg/St. Georgen,** Tel. 43181 (ebenes Wiesengelände in einem Obstgarten, Gaststätte, Einkaufsmöglichkeit, Chemietoilettenentsorgung)

● **Campingplatz Hirzberg,** Kartäuserstr. 99, Tel. 35054 (am Stadtrand, Einkaufsmöglichkeit, Restaurant, Chemietoilettenentsorgung)

● **Ferien- und Kurbad-Camping Möslepark,** Tel. 72938, Fax 77578 (leicht abfallendes Wiesengelände am Waldrand, Restaurant, Einkaufsmöglichkeit, Chemietoilettenentsorgung)

**Gastro-
nomie**

●*Alte Weinstube zur Traube****, Schusterstr. 17, Tel.
32190, So. und Mo. bis 18.00 Uhr geschl. (Gebäude aus
dem 14. Jh., intime Atmosphäre, nicht ganz billig. Sartre
und Kokoschka waren auch schon da. Und ein Amerikaner
schrieb ganz hingerissen ins Gästebuch: "Wunderschöne
Weine, fabelhaft fressen/in Freiburg ist es am besten/
Ich liebe die Traube, oh my/Daß ich wegfahren müssen/
ist eine Schweinerei!!")

●*Schloßbergrestaurant Dattler***, Tel. 31729, Di. geschl. (Aussichtsterrassen mit Rundumblick auf Freiburg!)

●*Enoteca Keller-Trattoria***, am Schwabentor (beste
italienische Küche in edel-schlichtem Ambiente)

●*Zum Storchen***, direkt am Schwabentor (Mischung zwischen Kneipe, Bistro; gemischtes Publikum, eine ideale
Erholungsinsel für eine Besichtigungspause)

●*Alte Sichelschmiede*-***, Insel 1, Tel. 35037, tgl. ab
18.00 Uhr, kein Ruhetag (urige, verwinkelte und gemüt-
liche ehemalige Sichelschmiede aus dem Jahre 1460,
überall mit liebevollen Details bis hin zum prachtvollen Spiegel auf dem Damenklo geschmückt. Kleine badische und
internationale Speisen. Im Sommer auch Terrasse.)

●*St. Otilien***, Kartäuserstr. 135, Tel. 63230 (beliebtes
Ausflugslokal bei der Otilien-Wallfahrtskapelle. Biergarten
mit Kinderspielplatz, teilweise Jugendstilinterieur)

Kneipen

●*Blue Monday,* Waldseestr. 86 (im Wald gelegene Blues-
kneipe mit Biergarten)

●*Weinstube Zur Trotte,* Fischerau 28, Tel. (0761)
30777+23836

●*Alter Simon,* Konviktstr. 43, Tel. (0761) 25173

●*Freiburger Jazzhaus,* Schnewlinstr. 1, Tel. (0761)
34973 (im alten Kellergewölbe wird Blues, Country, Dixie,
Folk, Funk, Rock, Salsa, Swing und Avantgarde für alle
Altersgruppen gespielt)

●*Harmonie,* Grünwälderstr. 16-18, Tel. (0761) 3866530.
Fünf Kinos und Gastlichkeit. Im Gewölbekeller "Die Tonne"
jeden Abend Jazz und Kabaret, jeden So. ab 10 Uhr Frühstücksbuffet und Brunch mit Live-Musik.

●*Zille-Stube*,* Kartäuserstr. 54, Tel. 37440, kein Ruhetag
(Kerzenlicht-Kellerknauste, köstliche Kleinigkeiten bis
nachts 1.00 Uhr, Fr. und Sa. Jazz- und Pianolivemusik)

Aktivitäten

●*Baden: Mineral- und Thermalbad Eugen-Keidel-Bad,* An
den Heilquellen 4. *Freibad Lorettobad,* Lorettostr. 51. *Strandbad* im Dreisamtal, Schwarzwaldstr. 195.

●*Ballonfahren: Firma Kiefer-Schilling,* Tel. (07602) 548

●*Stadtführungen:* "Gäßle, Bächle rund ums Münster",
Führung durch die Altstadt und das Münster im Winter zweimal wöchentlich, im Sommer täglich. Ausgangspunkt: Freiburg Information

●*Golf: Golfclub Tuniberg e.V.,* Grosser Brühl 1, 79112 Frei-
burg-Munzingen, Tel. (07664) 93060, Fax 95293 (Gäste

Tour 8

Freiburger
Markt

müssen Mitglied eines Golfclubs sein, am Wochenende nur
in Begleitung eines Club-Mitglieds; Schnupper-Kurse für
Golf-Interessierte)

● ***Fliegen:*** *Flugschule Gerhard Hölzenbein,* Erwinstr. 41 a,
Tel. 77568

● ***Klettern:*** Indoor-Wand bei *Multisport,*
Hans-Bunte-Str. 10 a, 79108 Freiburg, Tel. 56068

● ***Markt:*** Ein Fest für die Sinne ist der Bauernmarkt auf dem
Münsterplatz. Wer nicht gerade Vegetarier ist, sollte unbe-
dingt die "Rote" verzehren, eine Bratwurst mit Zwiebeln und
Senf – köstlich! Mo.-Sa. bis ca. 13.00 Uhr

● ***Markthalle:*** Ein basarähnliches, kulinarisches "Rund-
um-die-Welt-Schlemmerparadies" zwischen Martinsgäßle
und Grünwälderstraße am Martinstor.

Ausflugsziele

Schauins-
land

Nomen est omen: Vom beliebten Hausberg der
Freiburger, dem Schauinsland südlich von Freiburg, bietet sich tatsächlich ein herrlicher Ausblick aufs Rheintal und die jenseits des Rheins
liegenden Vogesen, bei gutem Wetter sogar bis
zur Schweizer Alpenkette. Ganz besonders
schön ist es im Spätherbst und im Winter, wenn
die Rheinebene unter einer dicken Nebeldecke
liegt, während die Höhe mit strahlendem Wetter
und um bis zu 10 Grad höheren Temperaturen als
in der Ebene lockt. Ein immer wieder beliebtes
Motiv bei Fotografen sind die vom Wind gebeug-
ten Weißbuchen auf dem Kamm, wenn sie sich
unter der winterlichen Schneelast bizarr biegen.
Auf den Berg führen Wanderwege, eine kurven-

reiche Straße – deren tückischer Verlauf besonders bei Motorradfahrern sehr beliebt ist – und
eine Seilbahn. Mit dem öffentlichen Nahverkehr
fährt man ab der Freiburger Innenstadt mit der
Straßenbahn nach Günterstal und von dort mit
dem Zubringerbus in Richtung Horben. Von dort
verkehrt die Schauinslandbahn, die 1930 als erste nach dem Umlaufsystem funktionierende
Personenseilbahn der Welt in Betrieb genommen
wurde. Laufender Betrieb: Okt. bis April 9.30-
17.00 Uhr, Mai bis Sept. 9.00-18.00 Uhr.

St. Ulrich Westlich vom Schauinsland liegt idyllisch St. Ulrich mit dem gleichnamigen Kloster. Die Anlage
wurde im 11. Jh. erbaut und 1806 säkularisiert,
die heutigen Bauten nach den Plänen von *Peter
Thumb* stammen aus den Jahren 1739-42. Von
außen wirkt die Klosterkirche schlicht, innen ist
sie üppig ausgestattet. Berühmt wurde das Kloster wegen seines romanischen sogenannten
Taufsteins, bei dem es sich vermutlich um eine
Brunnenschale handelt. Der Stein hat einen
Durchmesser von 2,59 m und ein Gewicht von
8 Tonnen. Um das Beckenrund sind die 12 Apostel und die 12 Propheten eingemeißelt. Das
Kunstwerk aus dem 12. Jh. soll ein Geschenk der
Mönche von Cluny sein.

Kirchzarten

Vorwahl: 07661	**PLZ:** 79199
Einw.: 8850	**Höhe:** 400-900 m

Überblick Der Ort selbst ist vollkommen unspektakulär, abgesehen von einigen Fachwerkhäusern. Auf-
sehenerregender sind da schon die Immobilien-
preise, die können sich durchaus mit Münchner
Verhältnissen messen. Kein Wunder, denn Kirchzarten liegt einfach ideal. Über den Kirchzartner
Dächern herrscht Ruhe, in westlicher Richtung

Tour 8

kommt man schnell nach Freiburg und ins Elsaß, nach Osten in die Wander- und Winterwelt des Schwarzwaldes.

Kirchzarten gilt als Hochburg des deutschen **Mountainbike-Sports:** In den letzten Jahren wurden dort bedeutende Mountainbike-Cross-country-Wettbewerbe und 1995 die Mountainbike-Weltmeisterschaften ausgetragen.

Info
- **Verkehrsamt,** Hauptstr. 24, 79199 Kirchzarten, Tel. (07661) 3939, Fax 39345

Unterkunft mit Gastronomie
- **Zum Rößle**,** Ortsteil Dietenbach, Tel. 2240, Mi. geschl., ÜF 45-60 DM (Innen wie außen traumhaft schöner, ruhig gelegener Gasthof in einem Haus aus dem Jahre 1750. Stilvoll-gemütlich. Im Sommer Biergarten mit Blick auf Schwarzwaldlandschaft – Idylle pur!)
- **Gasthof-Hotel Sonne**,** Hauptstr. 28, Tel. 62015 + 62016, Fax 7535, ÜF 26-63 DM

Camping
- **Campingplatz Kirchzarten,** Tel. 3939 (wunderschöner Platz mit altem Baumbestand neben dem Schwimmbad im Ort gelegen, beheiztes Freischwimmbecken, Tennis, Reiten, Fahrradverleih, Kinderanimation, Chemietoilettenentsorgung)

Gastronomie
- **Zum Hirschen*-**,** Hauptstr. 30, Tel. 4016, Di. geschl. (solide und gemütlich)
- **Zum Wilden Mann**,** Höllentalstr. 25, Tel. 4481, Fr. geschl. (liebevoll-gemütlich, seit 1826 im Familienbesitz. Gartenwirtschaft mit Kinderspielplatz)
- **Trotte*,** Hauptstr. 47, Tel. 7906, So., Mo. geschl. (uriger, verwinkelter Weinkeller, ausgesprochen freundliche Bedienung. Spezialität: Flammkuchen und köstlicher Käsesalat)
- **Café und Pilgergaststätte St. Laurentius**,** auf dem Giersberg, Tel. 5398, geschl. Mi. bis 18.00 Uhr und Fr. bis 15.00 Uhr (herrliche Aussicht aufs Dreisamtal, ausgefallene vegetarische Gerichte, ein Touch von In-Lokal, Rauchen während der Hauptmahlzeiten unerwünscht). Neben dem Lokal steht die 1738 erbaute Marienkapelle.

Aktivitäten
- **Angeln:** im Zastler- und im Osterbach, Angelkarten beim Verkehrsamt
- **Golf:** *Freiburger Golf- Club e.V.,* Krüttweg 1, Tel. 5569, Fax 62374 (Mitgliedschaft in einem Golfclub sowie Handicap-Nachweis erforderlich)
- Nur ca. 20 Autominuten von Kirchzarten liegen herrliche **Wintersportgebiete,** siehe Feldberg und Todtnauer Ferienland

Ausflugsziel

Bergwild-park Stein-wasen Südlich von Kirchzarten leben bei Oberried in einer Höhenlage von 700 bis 1000 Metern 400 Tiere verschiedenster Gattungen. Ein 3 km langer, stetig ansteigender Rundweg führt an den Gehegen vorbei.

Das Ganze kann auch von einem Sessellift begutachtet werden oder von der 800 m langen **Sommerrodelbahn,** auf der Ängstliche die Geschwindigkeit regulieren können. Tel. (07602) 1241.

●*Camping: Campingplatz Kirnermartres,* Oberried, Tel. (07661) 5073 (teilweise terrassiertes Gelände unter Obstbäumen, 500 m vom Ort, wintergeeignet, Chemietoilettenentsorgung)

Hinterzarten

Vorwahl: 07652	**PLZ:** 79856
Einw.: 2.300	**Höhe:** 850-1200 m

Überblick 1960 wurde er Olympiasieger und 1966 Weltmeister in der Nordischen Kombination, der Hinterzartener *Georg Thoma.* Geboren in den Nachkriegsjahren, mußte er bald mithelfen, seine fünf Geschwister durchzubringen. Zu seinem Glück, denn als Hütejunge auf einem einsamen Hof lernte er schon früh das Skifahren von seinem Brotgeber, einem ausgezeichneten Langläufer. In seinem Heimatort steht heute noch der **Wintersport** an vorderster Stelle. Vom Skilift über die Langlaufloipe bis hin zur Natureisbahn – alles ist da, was des Wintersportlers Herz begehrt.

Georg Thoma war es auch, der als einer der ersten das **Mountainbiking** in der Gegend populär machte. Heute lädt er mehrmals im Jahr zu "Mountainbike-Wochen rund um den Feldberg" ein. Soviel Schönheit, Action und Popularität hat allerdings auch seinen Preis: In Hinterzarten, wo schon öfters der eine oder andere Prominente gesichtet wurde, kann es schon mal vorkommen, daß man fast 10 DM für ein Kännchen Tee berappen muß. Aber auch hier bestätigen Ausnahmen die Regel.

Sehenswertes

Wahrzeichen des Ortes ist die in ihren Ursprüngen aus dem 15. Jh. stammende **Wallfahrtskirche.**

Östlich vom Ortskern, zu Fuß leicht zu erreichen, erstreckt sich das **Hinterzartner Hochmoor,** mit ca. 1500 m Länge der größte erhaltene Moorkomplex des Schwarzwaldes. Der Westteil des Moores ist durch Rund- und Querwege erschlossen, die nicht verlassen werden dürfen. Das wäre auch nicht ratsam, denn im Moor soll einmal ein Paar zusammengejochter Ochsen versunken sein, deren Joch nach Jahr und Tag im See an der Wutachbrücke wieder aufgefunden wurde.

Info

●**Tourist Information,** 79856 Hinterzarten, Tel. (07652) 120642, Fax 120649

Unterkunft mit Gastronomie

●**Parkhotel Adler***,** Adlerplatz 3, Tel. 1270, Fax 127717, ÜF 155-240 DM (Das Haus, dessen Gasthoftradition bis ins Jahr 1446 zurückreicht, gehört zu den führenden Hotels der Welt. Schon *Marie Antoinette* übernachtete hier, als sie von Wien nach Paris reiste, um den *Dauphin* zu heiraten)

●**Hotel-Restaurant-Café Heizmannshof**,** Bruderhalde 35, Tel. 1436, Fax 5468, ÜF 77-95 DM (gediegener Familienbetrieb, gute Küche)

●**Gasthof Pension Esche*,** Alpersbach 9, Tel. 211 und 1716, Fax 1270, Mo. bis Mi. geschl., ÜF 51-62 DM (idyllisch gelegen, Spezialität: Forellenmaultaschen)

Aktivitäten

●**Kanusport:** *Fa. Zwerger,* Freiburger Str. 31, Tel. 5494 und 5606, Fax 5404

●**Radverleih:** bei der Tourist Information und im Tenniszentrum, Tel. 1829

●**Pferdekutschen- und Schlittenfahrten:** Info über Kurverwaltung

Wintersport

●**Eislaufplatz:** 2000 qm Natureisbahn nahe *Hotel Thomahof*

●**Lifte:** *Georg-Thoma-Lift* (Flutlicht), 350 m Länge, 80 m Höhenunterschied. Windeckkopf-Lift (Flutlicht), 800 m

Länge, 200 m Höhenunterschied. *Familien-Lift Windeck* (Flutlicht), 700 m Länge, 100 m Höhenunterschied. Alle drei Lifte auf 1000 m Höhe.

●*Loipen: Fürsatz-Loipe,* 8,5 km Länge, Höhenunterschied 315 m, rote Markierung, Start: Rinken. *Rinken-Raimartihof-Loipe,* 8 km Länge, Höhenunterschied 140 m, rote Markierung, Start: Rinken. *Oberzartner Loipe* (Rundkurs), 12,5 km Länge, Höhenunterschied 165 m, rote Markierung, Start: Loipenzentrum beim Kurhaus. *Windeck-Loipe* (Rennstrecke, Skating-Loipe) Länge 5,5 km, Höhenunterschied 105 m, rote Markierung, Start: Loipenzentrum beim Kurhaus. *Rößle-Loipe* (Rundkurs), Länge 1,5 km, Höhenunterschied 20 m, blaue Markierung, Start: Fußgängerüberweg Lafette. *Winterhalden-Loipe* (Rundkurs), Länge 4 km, Höhenunterschied 10 m, blaue Markierung, Beginn: Sportplatzweg, Anschluß an die Loipen in Titisee. *Loipenzentrum* sowie *Zartenbach-Loipe* (Rundkurs, abends beleuchtet), Länge 1,5 km, Höhenunterschied 15 m, blaue Markierung, Start: Loipenzentrum beim Kurhaus. *Fernskiwanderweg Thurner – Hinterzarten* (Rundkurs, abends beleuchtet), Länge 1,5 km, Höhenunterschied 15 m, blaue Markierung, Start: Loipenzentrum beim Kurhaus. *Fernskiwanderweg zum Raimartihof/Schluchsee,* Länge 10 km/32 km, Höhenunterschied 235 m, rote Markierung, Start: Loipenzentrum beim Kurhaus. *Fernskiwanderweg zum Rinken/Belchen,* Länge 10,5 km/40 km, Höhenunterschied 315 m, rote Markierung.

Die Loipen mit der roten Markierung sind mittelschwer, die Loipen mit der blauen Markierung sind leicht zu befahren.

●*Rodelbahn:* 380 m lang, 40 m Höhenunterschied. Zugang über Kesslerbergweg

●*Rodelverleih: Sport Maurer,* Tel. 5963

●*Skischule: Langlauf- und Skiwanderschule Georg Thoma,* Tel. 5020. *Alpine Skischule Thoma* (Ski & Snowboard), Tel. 1701

●*Schneetelefon:* Tel. 5163

●*Skiverleih: Thoma Team Sport* (Abfahrts-Ski), Tel. 5858 + 1701. *Sporthaus Hug* (Langlaufski), Tel. 264. *Sport Maurer* (Langlaufski), Tel. 5963. *Langlaufschule Thoma,* Tel. 5020

●*Sprungschanzen:* Adlerschanze (Mattenschanze), kritischer Punkt 90 m, Rekord 99 m, Sprunglauf-Bundesleistungszentrum. Schüler-Mattenschanze beim Keßlerhang, kritischer Punkt 20 m, Rekord 27 m

●Höhepunkte im winterlichen Sportleben sind im Februar der *Interkontinental Cup nordische Kombination,* das *Schwarzwälder Ski-Marathon,* der *100-km-Rucksacklauf,* im Februar das *Hornschlittenrennen* und im August das *FIS-Grand-Prix-Sommer-Skispringen.*

Ausflugsziele

Heimat-
pfad

Alles, was rund um den Ort sehenswert ist, kann auf dem Hinterzartner Heimatpfad erwandert werden. Ausgangspunkt ist der Hinterzartner Bahnhofsparkplatz, Gesamtgehdauer ca. 5,5 Stunden. Es geht vorbei an einer **Schwarzwälder Klopfsäge,** der St.-Oswald-Kapelle (siehe unten), der **Glasbläserei** beim Hotel Sternen (Anlaufpunkt für viele Busausflüge, im Gästehaus war einstmals *Goethe* zu Gast), **Alte Steige** (erster Aufstieg durch das obere Höllental, einstiger Postweg von Paris nach Wien), Großjockenmühle, **Schindelmacherei** und einem Sieltrieb (mit Wasserkraft betriebene Holzwerkstätte).

Höllental

Was heute an Sommerwochenenden für manch einen Autofahrer zur Blechschlangenhölle werden kann, war einst für *Marie Antoinette* der Weg in ihre eigene Hölle. Am 4. Mai 1770 reiste sie mit 51 festlich geschmückten Kutschen durchs Höllental nach Frankreich, um den *Dauphin* zu heiraten. Ein prachtvoller Anfang für ein Ende auf dem Schafott. Bis in die Mitte des 17. Jh. galt das Höllental als unwegsam, erst im 18. Jahrhundert wurde das 9 km lange, enge Felsental durch einen "Güter- und Postweg" erschlossen, der dann eigens für *Marie Antoinette* nochmals verbessert wurde.

Am schönsten ist die Fahrt durchs Tal mit der **Höllentalbahn** (siehe Kapitel Eisenbahn).

An der engsten Stelle steht der **bronzene Hirsch,** der sich hier einst durch einen Sprung über die Schlucht vor seinen Verfolgern gerettet haben soll. Wenn man bedenkt, daß die Schlucht wegen der Straße mehrmals verbreitert wurde, ist das nicht ganz unwahrscheinlich.

Ravenna-
schlucht

Absolut lohnenswert ist eine Wanderung zur romantischen Ravennaschlucht. Von der B 31 zweigt eine Nebenstraße zum Hofgut Sternen und zur Glashütte ab. Ab dort sind es zum Wasserfall 0,7 km, zur Ravennaschlucht 1,7 km. Der

Pfad zur Schlucht führt über Brücken und Bretterböden hart am Fels entlang; bevor man zum großen 15 m hohen **Ravenna-Wasserfall** kommt, muß man noch eine hohe Holztreppe überwinden. Ca. 50 m vom Wasserfall entfernt steht die **Großjockenmühle,** die sonntags von Mai bis Oktober mit Wasserkraft betrieben wird.

● **Gastronomie/Unterkunft:** *Hofgut Sternen* ** , Höllsteig 76, 79874 Breitnau, Tel. (07652) 1082, Fax 1031, ÜF 69-89 DM (aufgepepptes Schwarzwaldhaus mit viel Bustourismus. Gemütlicher "Ravennakeller". Hier übernachteten schon *Johann Wolfgang von Goethe* und *Marie Antoinette*).
   Direkt beim Sternen liegt eine kleine **Glashütte,** in der man Mo., Di., Do., Fr. 10.00-12.00 Uhr und 14.00-16.00 Uhr und Mi. 10.00-12.00 Uhr bei der Glasherstellung zuschauen kann.

St.-Oswald- Bevor *Ritter von Falkenstein* 1147 zum zweiten
Kapelle Kreuzzug ins Morgenland aufbrach, stiftete er noch eine Kapelle, die er dem *Heiligen Oswald* weihte, dem 624 im Kampf um die Christianisierung gefallenen König von Northumbrien. Nur fünf Gehminuten vom Sternen entfernt liegt die Kapelle an der unteren Einmündung der alten Höllensteig-Straße in die B 31. Von außen kann

St. Oswald-
kapelle

Tour 8

man sich beim Blick ins Beinhaus – eines der wenigen der Gegend – angesichts der Knochen und Schädel gruseln, innen steht, wegen wiederholtem Einbruch, nur noch eine Kopie des schönen Schnitzaltars aus dem Jahre 1520 (den Schlüssel fürs Kirchlein muß man vorher an der Rezeption des Hotels Sternen abholen).

Burgruine Falkenstein

Fast senkrecht über der engsten Stelle des Höllentals lag einst die Burg Falkenstein, im Volksmund **Räuberschlößle** genannt. Vermutlich stammt sie schon aus alemannischer Zeit, erstmals erwähnt wurde sie aber erst im 12. Jahrhundert. Ihren Zweitnamen verdankt sie den Falkensteinern, die als Raubritter zwei Jahrhunderte lang Angst und Schrecken in der Umgebung verbreiteten und regelmäßig die Händler auf dem Weg durchs Höllental ausraubten. Zum Eklat kam es im Jahre 1389, als die Falkensteiner ein Kirchzartener Ehepaar auf die Burg verschleppten und dort die schwangere Frau anketteten. Die gebar alsbald ein totes Kind, worauf die Falkensteiner ihren Mann den Felsen hinabstürzten und die Frau freiließen. Laut den damaligen Verhörsakten erfuhr sie erst nach acht Tagen vom Tod ihres Mannes, den sie nach einiger Suche zerschmettert am Fuße des Felsens fand. Sie ging nach Freiburg und rief dort auf dem offenen Markt zum Rachefeldzug auf. Die Freiburger, des üblen Treibens schon lange überdrüssig, fackelten nicht lange und zerstörten die Burg bis auf ihre Grundmauern.

Burg Falkenstein ist nicht wegen ihrer kaum noch sichtbaren Überreste sehenswert, sondern wegen ihrer Lage, die in phantasiebegabten Ritterburgen-Gruselromantikern Bilder längst vergangener Zeiten entstehen läßt.

●Von Hinterzarten beim ersten Bauernhof nach dem "Hirschsprung" rechts parken, gegenüber einem Rastplatz auf der anderen Straßenseite. Hinter der Eisenbahnbrücke dem ersten, rechts steil ansteigenden Weg folgen, nach 5 Minuten ist man am Ziel.

St. Peter

Vorwahl: 07660	**PLZ:** 79274
Einw.: 2350	**Höhe:** 700-1200 m

Überblick Der Sage nach soll einer der Zähringer Herzöge Knaben geschlachtet haben und dann das Kloster St. Peter gegründet haben, um Buße zu tun. Geschichtlich erwiesen ist, daß tatsächlich ein Zähringer, Herzog *Berthold der II.*, das Kloster gründete, und sicher ist auch, daß er sich ein besonders schönes Fleckchen Erde dafür ausgesucht hatte. Wie aus einem Guß fügt sich in die schöne Landschaft das **Benediktinerkloster St. Peter** ein. Das 1073 gegründete Kloster erhielt Mitte des 18. Jahrhunderts sein heutiges Gesicht. Sein Prunkstück, die elegante Rokoko-Bibliothek, kann allerdings nur im Rahmen von Führungen besichtigt werden.

Info ●*Kurverwaltung,* 79274 St. Peter, Tel. (07660) 910224, Fax 910244

Camping ●*Campingplatz Steingrubenhof,* Tel. 210, Fax 1604 (teilterrassiertes Wiesengelände in Hanglange 1 km vom Ort, wintergeeignet, Chemietoilettenentsorgung)

Gastronomie ●*Sonne***,* Zähringer Str. 2, Tel. 203, Mo. ganztags und Di. bis 17.00 Uhr geschl. (mit einem Michelin-Stern preisgekrönte Küche)
●*Gaststätte Schuler**,* Sägendobel 14, Tel. 221, Do. geschl. (weithin bekannte Spezialität: die feine Kirschtorte mit viel Schnaps drin ...)
●*Gaststätte Bürgerstüble**,* Bürgerschaft 11, Tel. 272, Di., im Winter auch Mo. geschl. (gemütlich)

Aktivitäten ●*Angeln:* Saibling und Forelle in der Glotter, zusätzlich Karpfen und Weißfische im Kreuzhofweiher. Tageskarten in der Kurverwaltung erhältlich.
●*Fliegen: Gleitschirmschule Horizont Design,* Finkenherd 1, Tel. 1626, Fax 1627
●*Kutsch- und Schlittenfahrten: Ernst Heitzmann,* Glottertalstr. 22, Tel. 381
●*Musiktage St. Peter:* jedes Jahr im September, Programm und Karten (Vorbestellung empfiehlt sich) unter Tel. 910224

●*Orgelkonzerte:* in der Pfarrkirche St. Peter alljährlich Mitte Juli bis Mitte August

●*Musicosophia: Internationales Ausbildungszentrum für bewußtes Musikhören,* musikalische Vorkenntnisse nicht erforderlich, Tel. 581, Fax 1536

●*Skikurse: Alpine Berg- und Skischule Rambach,* Kandel, Tel. (07681) 8375 oder 9589. Langlaufkurse: über die Kurverwaltung

Tour 8

Ausflugsziele

Zweribachwasserfälle

Ein lohnendes Wanderziel nördlich von St. Peter. Zufahrt ab der Umgehungsstraße, von der aus man der Beschilderung "Schmittenbachtal" folgt, ca. 4 km bergauf zum Wanderparkplatz Potsdamer Platz fährt, dort parkt oder weiter vorbei am Gasthaus Plattenhof der Straße bis zum Ende folgt. Von da aus sind es dann 30 bis 40 Gehminuten zu den Wasserfällen inmitten einsamer Felsen. Der Weg ist steil und nicht gesichert, gutes Schuhwerk daher unbedingt erforderlich. Der Zweribach fällt in zwei großen Kaskaden herab, mitten im "unaufgeräumten" Wald; wenn dort ein Baum umfällt, dann bleibt er so liegen, denn das ganze Gebiet ist Bannwald.

●*Gastronomie: Plattenhof*,* Tel. 864, 15.5.-1.11. tgl., außer Mo. und Di., ab 17.00 Uhr geöffnet, 1. Nov. – 15.5. Fr., Sa. und So.(nach der Wanderung zu den Wasserfällen hat man sich sein Vesper in dieser urigen Bauernwirtschaft verdient – und im Sommer vielleicht ein Sonnenbad am kleinen Stausee "Plattensee" gleich nebenan)

Kandel

Von St. Peter führt die Schwarzwaldpanoramastraße auf den Kandel, den mit 1242 m höchsten Berg des mittleren Schwarzwaldes. Den mattenbedeckten, baumfreien Gipfel erreicht man vom Parkplatz an der Straße in wenigen Gehminuten.

Die Weideflächen auf dem Kandel galten schon seit alters her als ***Hexentanzplätze,*** im Mittelalter verquickte sich die Welt der Sagen auf unheilvolle Weise mit dem Wahn der Hexenverfolger. Um das Jahr 1618 wurden einige Frauen als Hexen angeklagt, eine Angeklagte sagte während des Prozesses aus:

"Wenn die Hexen auf dem Kandel zusammenkommen, so ist es eine große Festnacht; dann fliegen einige Hunderte von allen Seiten herbei, die meisten auf gesalbten Stöckchen, einzelne aber auch in Kutschen, die mit Schimmeln bespannt sind. Man hat auch Züge von vier Katzen und vor dem Wagen eine halbe Laterne gesehen."

Ein interessantes Detail aus der Neuzeit: Der sagenumwobene, einst markant aus dem Wald ragende **Kandelfelsen** nordöstlich unter dem Gipfelplateau existiert nicht mehr. Er stürzte – Geologen hatten schon lange davor gewarnt – 1982 ausgerechnet in der Walpurgisnacht in sich zusammen.

Heute fliegen keine Hexen mehr auf dem Kandel herum, sondern **Drachenflieger** von der eigens für sie angelegten Schanze.

●**Gastronomie:** *Berggasthaus Kandelhof,* Tel. 6751, kein Ruhetag (tolles Panorama, deftige Küche. Im Winter von Skifahrern überlaufen)

Glottertal

Vorwahl: 07684	**PLZ:** 79286
Einw.: 2700	**Höhe:** 300-1243 m

Überblick   Als es noch keine Seifenopern gab, war das Glottertal für seine Schönheit und für seine gute Gastronomie bekannt. Heute steht sein Name für die 1984 erstmals ausgestrahlte TV-Serie. Zu einer Zeit, als das Image des Schwarzwaldes empfindlich unter dem überall in der Presse präsenten "Waldsterben" zu leiden hatte, bescherte die Heile-Welt-Idylle der **"Schwarzwaldklinik"** dem Schwarzwald steigende Besucherzahlen, wie sie die beste Imagekampagne nicht hätte bewirken können. Das Waldsterben war vergessen, der Schwarzwald, dessen Unwegsamkeit die Menschen des Mittelalters fürchteten, bekam seinen Stempel "Hier leben glückliche Menschen in ei-

»Schwarzwald-
klinik«

ner harmonischen Landschaft" aufgedrückt.
Heute noch pilgern selbst ansonsten ziemlich ver-
nünftige Zeitgenossen zum Drehort der
"Schwarzwaldklinik", die im real existierenden
Alltag damals ganz profan "Rehabilitationszen-
trum der Landesversicherungsanstalt Württemberg" hieß und heute ein Rehazentrum für chro-
nisch kranke Kinder und Jugendliche ist. Die
Schwarzwaldklinik ist ab dem Ort Glottertal zu erreichen, der große Parkplatz ist mit dem Signet
"Schwarzwaldklinik" aus der Serie beschildert.
Selbstverständlich gibt es auch ein Andenken-
lädchen, und das erreicht man über, na was wohl,
die "Klaus-Jürgen-Wussow-Brücke".

Den Kummer, Professor Brinkmann nicht angetroffen zu haben, kann man bestens in der nur wenige hundert Meter entfernten **Winzergenossenschaft** ertränken. Sie produziert die Glotter-
taler Spezialität, einen Spätburgunder Weißherbst, und seit 1988 auch einen Sekt, der nach
dem Champagnerverfahren gewonnen wird.

Die Regisseure der TV-Serie trafen eine gute
Ortswahl: Die langgestreckte Ortschaft Glottertal
zieht sich entlang eines Tals mit sanften, kahlen
Bergrücken, steilen Schluchten und im Frühjahr
farbenprächtigen Blumenwiesen; dazwischen

stehen immer wieder einzelne große, schöne Schwarzwaldhöfe. Am Eingang des trichterförmigen Tales reiht sich Weinberg an Weinberg, die Reben reichen bis auf eine Höhe von 500 m und sind somit die höchstgelegenen Deutschlands. Aus ihnen wird der bekannte, samtige Spätburgunder Weißherbst "Roter Bur" gekeltert.

Info
●*Verkehrsamt,* 79286 Glottertal, Tel. (07684) 253 und 1001, Fax 1786

Unterkunft
●*Wisser´s Sonnenhof,* Schurhammerweg 7, Tel. 264, Fax 1093, ÜF 60-80 DM
●*Pension Faller,* Talstr. 9, Tel. 226, ÜF 45-65 DM

Gastro-nomie
●*Zum Adler***,* Talstr. 11, Tel. 1081, Di. geschl. (sehr renommierte, preisgekrönte, klassische Küche. Heimelige Kachelofen- und Holzbalkengemütlichkeit)
●*Dilger-/Mosthof*,* Am Kandelbächle 22a, im oberen Glottertal kurz vor dem Sägewerk beim Kandelbächle abbiegen, Tel. 1241, sonn- und feiertags und Nov. bis April geschl. (traditonsreicher Bauernhof, Spezialitäten: Speck, Wurst und "Moscht")

Aktivitäten
●*Angeln:* Forellen in der Glotter, Angelkarten beim Verkehrsamt (allerdings nur mit Kur- bzw. Gästekarte)

Steinerne Sitzgruppe, Postamt Hinterzarten

Tour 9

Vom Titisee über die Wutachschlucht nach Donaueschingen

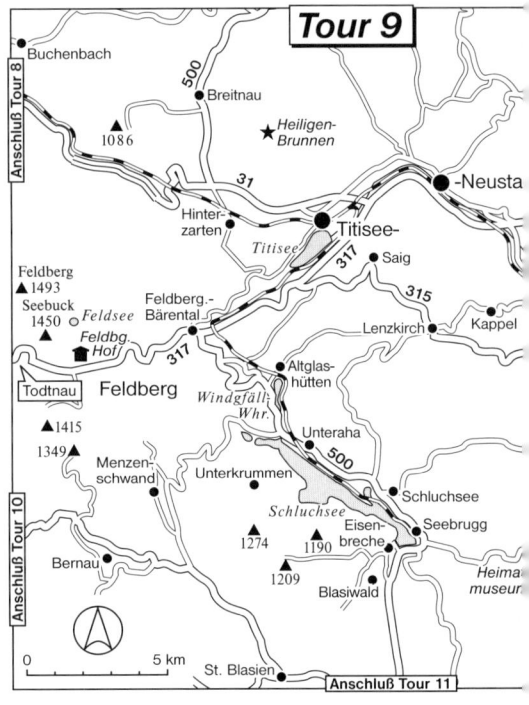

Route   Titisee-Neustadt – Feldberg – Schluchsee – Wut-
             achschlucht – Blumberg – Donaueschingen

Beschrei-   Zwei tiefe Seen (Titisee und Schluchsee), ein ho-
bung   her Berg (Feldberg), eine wildromantische
             Schlucht (Wutachschlucht), eine kurvenreiche
             Dampflokomotivenstrecke (Sauschwänzlebahn in
             Blumberg) und eine recht zweifelhafte Donau-
             quelle (Donaueschingen)

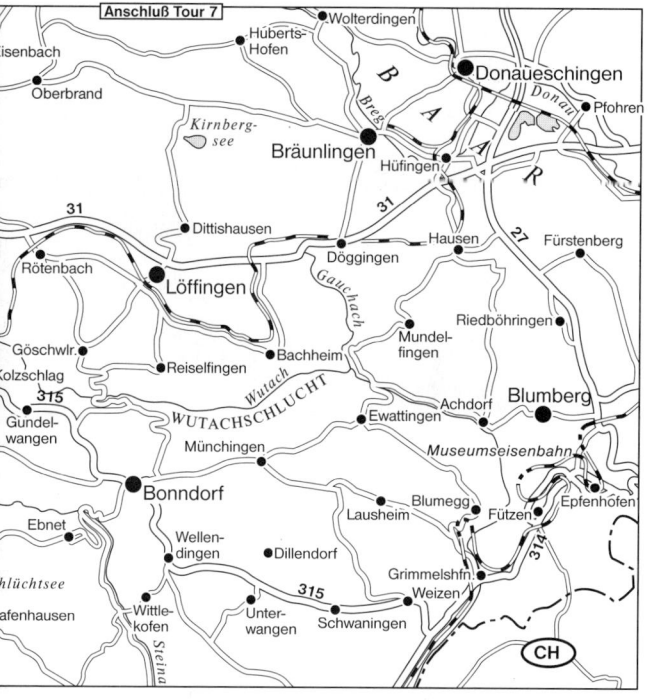

Titisee-Neustadt

> **Vorwahl:** 07651   **PLZ:** 79822
> **Einw.:** 11.000   **Höhe:** 800-1200 m
> **Ortsteile:** Langenordnach (2-10 km),
> Rudenberg (3-8 km), Schwärzen-
> bach (3-10 km), Waldau (10-12 km)

Überblick   Da, wo heute das klare Wasser des Titisees in der
Sonne glitzert, stand einst eine Stadt. Deren Bewohnern ging es so gut, daß sie in ihrem Übermut
die Brotlaibe aushöhlten und als Schuhe benutzten. Die Strafe für diesen Frevel ließ nicht lange
auf sich warten, die Stadt versank in den Fluten.
Heute noch soll man an einem ruhigen Tag die
Kirchturmglocken läuten hören.

287

Am Titisee

Zugegeben, Ruhe findet man am Titiseeufer
höchstens an trüben Wintertagen. Auf dem See,
der übrigens seinen Namen vom römischen Kaiser *Titus Flavius Vespasianus* haben soll, wird so
allerhand Touristisches wie **Bootsfahrten** mit
einer nachgebauten römischen Galeere bis hin
zu Elektroboottouren geboten. Trotzdem vermitteln gerade diese Bootsfahrten noch viel von der
Ruhe, die der See während seiner Entstehung in
der Eiszeit einmal gehabt haben muß.

Übrigens: Damals, vor langer Zeit, drohte der
Titisee das Höllental zu überfluten, doch ein altes
Zauberweib verstopfte die Öffnung mit ihrer
Nachthaube. Jedes Jahr aber vermodert ein Fa-
den der Haube, solange, bis sie verschwunden
ist …

Info

● *Kurverwaltung,* 79822 Titisee-Neustadt, Tel. (07651)
980421, Fax 980440

**Unterkunft
mit
Gastro-
nomie**

● *Treschers Schwarzwaldhotel***,* Seestr. 10, Titisee,
Tel. 5111, Fax 8116, ÜF 75-360
● *Gasthaus Heiligenbrunnen**,* Heiligenbrunnen, von
der B 500 nördlich von Titisee-Neustadt am Gasthaus
"Löwen" in Breitnau abbiegen, Tel. 381, Di. und Mo. ab
14.00 Uhr geschl., ÜF 32 DM (gutbürgerliches Ausflugslokal neben einer sagenumwobenen Kapelle)

Unterkunft ●*Hotel Maritim,* Seestr. 16, Tel. 8080, Fax 808603, ÜF 130-160 DM

●*Hotel Bären**,* Neustädter Str. 35, Tel. 8060, Fax 80664, ÜF 62-90 DM

●*Jugendherberge Rudenberg,* Rudenberg 6, Tel. 7360, Fax 4299 (am Stadtrand von Neustadt gelegen)

●*Jugendherberge Veltishof,* Bruderhalde 27, Tel. (07652) 238, Fax 756 (an der "Bruderhalde" südwestlich des Stadtteils Titisee gelegen)

●*Campingplatz Bühlhof,* Tel. 1606 (sehr guter Platz, teilweise terrassiertes Wiesengelände oberhalb des Titisees 1 km vom Ort, wintergeeignet, Einkaufsmöglichkeit, Restaurant, Chemietoilettenentsorgung)

●*Terrassencamping Sandbank,* Tel. 8243, 8166 (am Waldrand 2 km vom Ort, Motorradfahrer nicht akzeptiert, Chemietoilettenentsorgung)

Tour 9

Aktivitäten ●*Angeln:* Hecht, Zander, Barsch, Döbel und Schleie im Titisee, Angelkarten beim Bootsverleih und in Treschers Schwarzwaldhotel

●*Einkaufen:* Fabrikverkauf bei *Novila Wäschefabrik GmbH,* Freiburger Str. 15, gegenüber *Autohaus Kirner,* Tel. 1086, Verkauf Mo. bis Do. 9.00-12.00 Uhr und 13.30-16.30 Uhr, Fr. 9.00-12.00 Uhr (Underwear, Sportswear und Nachtwäsche 30% unterm Ladenpreis); *Offenbacher Lederwaren,* am Titisee hinter der Milchbar-Vesperstube (schöne und preisgünstige Lederwaren aus Betriebsauflösungen, Überproduktion etc.)

●*Bootsfahren:* Ruderboote, Tretboote und Elektroboote am See sowie Schiffsrundfahrten, *Bootsverleih Winterhalder,* Tel. 8214 und 88099

●*Museum: Neustädter Heimatstuben,* Neustadt, Scherlenstr. 31, Tel. 206124, geöffnet 15. Mai. – 30. Sept. Mo.-Fr. 14.00-17.00 Uhr, Sa. 10.00-12.00 Uhr, 1. Okt. – 14. Mai Do. 14.00-17.00 Uhr, So. 10.00-12.00 Uhr (von der Uhrmacherwerkstatt bis hin zur Bauernküche)

●*Radverleih: Sporthaus Ski-Hirt,* Am Postplatz, Neustadt, Tel. 7494, Fax 7311. *Drubba´s Bootsvermietung,* Seestr. 37, Titisee, Tel. 981200

●*Segeln: Segelclub "Flotte Jolle" e.V.,* Titiseestr. 71, Tel. 5221

●*Surfschule und Brettverleih: Manis Surfschule* unterhalb des *Maritim-Titisee-Hotel,* Tel. 85801

Wintersport ●*Eisstockschießen:* auf dem Titisee und auf dem Stadtweiher in Neustadt (Eisstöcke bei der Kurverwaltung)

●*Lifte: Schneeberg-Lift I/II* in Waldau, Länge 300/600 m, Höhenunterschied 80/120 m. *Ahorn-Lift* in Schwärzenbach, Länge 240 m, Höhenunterschied 40 m. *Baby-Lift* mit Märchenpiste bei den Schneebergliften/Waldau

●*Loipen rund um Titisee-Neustadt:*

Name der Loipe	Start/Ziel	Länge in km	Höhen- lage in m	Schwierig- keitsgrad
Reichen- bachspur	Brandbächle nördl. von Neustadt (Anschluß:Panoramaspur Hochebene)	5	850-1033	leicht – mittel
Panoramaspur- Hochebene	Hochebene beim Hochebenehof (Anschluß nach Neustadt über Reichenbachspur)	14	1050–1130	mittelschwer
Mooswaldspur (die ersten 3 km Nachtloipe.)	Strandbad Titisee (Anschluß: Winterhalden-Loipe und dann an den Fernskiwanderweg Hinterzarten – Schluchsee	9	850–900	leicht
Fürsatz- bzw. Spriegelsbachspur (Skating)	Parkplatz Hotel Waldlust (Anschluß über Heiligenbrunnen an Fern- -skiwanderweg Schonach – Belchen, über Fürsatzhöhe Anschluß an Thurnerspur	11	850–1000	mittelschwer bis schwer
Rundloipe Waldau	Ortsmitte Waldau (Anschluß an Fernskiwanderweg Schonach – Belchen, Langenordnachspur und Jostalspur)	5	860-1000	mittelschwer
Langenord- nachspur	Kreiskrankenhaus (über Waldnau an Fernskiwanderweg Schonach - Belchen)	10	850-1000	leicht bis mittelschwer
Jostalspur	Parkplatz Jostal- Schildwende (Schonach - Belchen, Waldau-Rundspur und weiter in die Langenordnachspur)	9,5	850-1055	mittelschwer bis schwer
Feuerbergspur "Sonnenloipe"	Kreiskrankenhaus oder Parkplatz Hotel Waldlust (Langenordnachspur, Jostalspur und Spriegelsbachspur)	3	860-880	leicht
Rudenbergspur	Max-Engelsmann- Hütte (Panoramaspur Hochebene)	4	1020-1050	leicht bis mittelschwer
Glasbergspur	Titisee-Hotel oder Saigertalbrücke in Neustadt	6,5 km	850-880 m	leicht bis mittelschwer

●**Natureislaufplätze:** Eisweiher im Titiseer Mooswald, Eisstadion am Hermeshof in Titisee, Eisweiher in Neustadt, Natureisfläche auf dem Titisee
●**Schlitten- und Rodelverleih:** *Ski-Hirt* in Neustadt, Tel. 7494, *Top + Fit,* Titisee, Tel. 8575
●**Skibus:** kostenloser Bustransfer ins Skigebiet Feldberg in Verbindung mit gültiger Liftkarte
●**Skischule:** *Skischule Hochschwarzwald,* Tel. 7494
●**Sprungschanzen:** Hochfirstschanze (größte Naturschanze Deutschlands). Große Schanze: kritischer Punkt 113 m, Rekord 166 m. Mittlere Schanze: kritischer Punkt 50 m, Rekord 60 m. Matten-Jugendschanze: kritischer Punkt 25 m, Rekord 30 m

Tour 9

Feldberg

Vorwahl: 07655	**PLZ:** 79868
Einw.: 2000	**Höhe:** 900-1500 m
Ortsteile: Feldberg-Ort, Altglashütten-Neuglashütten (8 km), Bärental (3,5 km)	

Überblick

Mit seinen 1493 m ist er der **höchste Gipfel des Schwarzwaldes** und dank seiner guten Aussicht und den hervorragenden Wintersportmöglichkeiten ein sehr gut besuchter Ausflugsberg. Über die B 317 fährt man zu den Parkplätzen beim Hotel Feldberger Hof, von wo aus ganzjährig ein Sessellift zum 1448 m hohen Seebuck und im Winter weitere Lifte hochfahren. Auf der Nordostseite, unterhalb vom Bismarck-Denkmal, liegt der Feldsee. Zum eigentlichen, 1493 m hohen Feldberggipfel führt dann ein bequemer Fußweg. Bei schönem Wetter wird man mit einem herrlichen Rundblick bis hin zu Eiger, Jungfrau und Montblanc belohnt.

Natürlich bleiben bei den Besuchermassen die Umweltschäden nicht aus. Seit 1989 gibt es den **Feldberg-Ranger,** der mit freiwilligen Helfern das 42 qkm große Naturschutzgebiet betreut und überwacht. Mehrmals wöchentlich erläutert er bei einer geführten Wanderung die naturkundlichen Schätze und schärft den Blick für die Probleme.

Wegweiser
in Feldberg

Der Tourismus, der heute die Schönheit des Feldberges bedroht, trug einst zu dessen Erhaltung bei. 1957 wurden im Feldberggebiet Uranspuren gefunden, die Experten-Analyse stellte hier das größte **Natururanvorkommen** in Europa fest. Goldgräberstimmung kam auf. Nur die selten harmonische Allianz aller Parteien verhinderte den Uranabbau: Auf 250.000 Übernachtungen pro Jahr wollte man denn doch nicht verzichten.

Info

●*Tourist-Information,* 79868 Feldberg, Tel. (07676) 250 und (07655) 8019, Fax (07655) 80143. Feldberg bietet ein reichhaltiges Ferienprogramm und viele familienfreundliche Gastgeber.

Unterkunft

●*Hotel Adler**,* Akzent-Hotel, Feldbergstr. 4, Bärental, Tel. 1242, Fax 1228, ÜF 65-100 DM
●*Pension Schlehdorn,* Am Sommerberg, Altglashütten, Tel. 364, Fax 1320, ÜF 45-75 DM
●*Naturfreundehaus Feldberg,* nahe Feldberger Hof, Tel. (07676) 336 (53 Pers., Zwei- bis Sechsbettzimmer)
●*Jugendherberge Feldberg Hebelhof,* Paßhöhe 14, Tel. (07676) 22, Fax 1232 (in 1234 m Höhe auf der Feldbergpaßhöhe gelegen)
●*Jugendherberge Turnerheim,* Altglashütten, Tel. (07655) 206, Fax 1627 (am Ortsrand von Feldberg-Altglashütten gelegen, gute Wintersportmöglichkeiten)

Gastro-nomie

- ***Raimartihof**,*** Seestr. 2, Tel. 226, bis 19.00 Uhr geöffnet, Di. geschl. (nahe beim Feldsee, großer Biergarten unter Bäumen, die urige Wirtschaft ist nur zu Fuß erreichbar, Spezialität: hausgemachter Bibbeleskäs)

Aktivitäten

- ***Angeln:*** Forelle, Saibling, Hecht, Barsch, Karpfen und Schleie im Windgfällweiher, Angelkarten beim Bootsverleih erhältlich
- ***Baden:*** im Feldsee (kleiner Kiesstrand, klares Wasser; ca. 20 Gehminuten ab Parkplatz Seebuck). Hallenbad mit Sauna: in Feldberg-Ort, Tel. (07672) 222
- ***Fahrradverleih:*** *Mountainbike-Zentrum,* Benzenweg 3, Feldberg-Falkau, Tel. (07655) 623, *Mountainbikeverleih,* Bahnhof Bärental, Tel. (07655) 322
- ***Gleitschirmfliegen:*** *air power-Gleitschirmschule,* Beim Steinernen Kreuz, 79798 Jestetten, Tel. (07745) 308, Fax 477

Winter-sport

- Die Region um den Feldberg gilt als das älteste Skigebiet Deutschlands, vom 1863 errichteten Gasthaus Feldberger Hof verbreitete sich der Skisport in ganz Deutschland. Mit der Karte des ***Liftverbundes Feldberg*** (Gemeinden Altglashütten, Fahl, Feldberg, Menzenschwand/St. Blasien, Todtnauberg, Muggenbrunn, Grafenmatt-Zeller, Seebuck-Sesselbach) kann man 26 Lifte benutzen und unter 36 präparierten Abfahrten mit einer Gesamtlänge von 50 km wählen. Die SBG-Lift-Busse fahren kostenlos in die Skizentren. Das Gebiet gilt von Anfang Dezember bis Ende April als schneesicher.
- ***Info:*** Tourist-Information Feldberg, Tel. (07676) 250, Feldberg-Altglashütten, Tel. (07655) 8019, Kurverwaltung Todtnauberg, Tel. (07671) 649+375, Kurverwaltung Menzenschwand, Tel. (07655) 876+273.
- ***Skitelefon:*** (07676) 1214
- ***Feldberg/Altglashütten:*** 1 Lift, 1 Übungslift, 3 Abfahrten mit insgesamt 5 km Länge für Anfänger und Fortgeschrittene; Skischule, Tel. (07655) 623
- ***Feldberg-Ort:*** 1 Doppelsessellift, 2 Skilifte, 2 zusätzliche Übungslifte, 5 Abfahrten von leicht bis mittelschwer mit insgesamt 4,2 km Länge, Kinderskiparadies; *Skischule Feldberg,* Tel. (07676) 229+422, *Skischule Weyler,* Tel. (07676) 229+422
- ***Fahl:*** 4 Lifte, 7 Abfahrten mit insgesamt 15 km Länge. Die Wiesenquellen-Abfahrt ist mit etwas über 3 km Länge eine der längsten Abfahrten im Schwarzwald, sie eignet sich besonders für Familienabfahrten. Tiefschneefahrer finden im Ahornbühl ideale Voraussetzungen. *Skischule Todtnau-Fahl,* Tel. (07671) 1394
- ***Menzenschwand/St. Blasien:*** 7 Lifte, 9 Abfahrten mit insgesamt 8 km Länge. Die Grafenmatte ist für Anfänger geeignet, der Zellerhang mehr für Fortgeschrittene.

Tour 9

●**Muggenbrunn:** 6 Lifte und Abfahrten mit verschiedenen Schwierigkeitsgraden. *Skischule Franz Bernauer,* Tel. (07671) 493. *Menzenschwander Skischule,* Tel. (07675) 1345

●**Todtnauberg:** 5 Lifte, Abfahrten mit insgesamt 12 km Länge. Skikarusell durch Verbindungsabfahrten. Lifttrips mit Abfahrten von 30-40 km Länge möglich, die längste zusammenhängende Abfahrt überwindet eine Distanz von 8 km Länge. *Skischule Todtnauberg,* Tel. (07671) 1433

Am Anfang war die Glashütte

Der Schwarzwald besteht in der Hauptsache aus Graniten und Gneisen; vor allem im Norden wird dieses Grundgebirge von Buntsandsteinschichten bedeckt. Das hat den Nachteil, daß aus diesen Gesteinen keine guten Böden entstehen, sondern saure Wiesen und Böden für Nadelbäume. Diesen Nachteil verwandelten die Schwarzwälder in einen Vorteil: Sie gründeten Glashütten und nutzten den damals natürlichen Reichtum an Holz. Die älteste nachweisbare Glashütte stammt aus dem Jahr 1218. Die Herstellung von Glas verbraucht immens viel Holz: In früheren Zeiten wurden für ein Kilogramm Glas zwei Kubikmeter Holz, später dann immerhin noch die Hälfte benötigt. Ca. 95% der Holzmenge wurden für die Herstellung von Pottasche verwendet, die restlichen 5% für das Feuern der Schmelzöfen. Für die Pottasche wurde das Holz verbrannt, aus der zurückbleibenden Asche und aus Wasser wurde dann eine Lauge angesetzt, die anschließend durch Eindampfen und Brennen in den sogenannten "Potten", also in großen Töpfen, in die für die Glasherstellung benötigte Pottasche umgewandelt wurde.

Als der Schwarzwald noch nicht erschlossen war, war es unmöglich, das Holz zu den Glashütten zu transportieren. Folglich gründete man Glashütten dort, wo es Holz gab: mitten im Wald. Die Hütten waren dort so lange in Betrieb, bis das umliegende Holz gerodet war. Wenn dann der Transport zur Glashütte zu aufwendig wurde, wurde sie einfach in ein anderes Gebiet verlegt. Auf den zurückbleibenden, gerodeten Flächen wurden oft Siedlungen gegründet. Wie schon der Name andeutet, ging auch Altglashütten aus solch einer Glashütte hervor.

Der Niedergang der Schwarzwälder Glashütten begann im 19. Jh. mit der industriellen Revolution und dem wachsenden Wettbewerb europäischer Glashütten.

Schluchsee

Vorwahl: 07656	**PLZ:** 79857
Einw.: 2600	**Höhe:** 930-1300 m

Ortsteile: Faulenfürst (3 km),
Fischbach (2,5 km), Schönenbach (6 km),
Blasiwald (5 km)

Tour 9

Überblick   Wie an kaum einem anderen Ort zeigt der
Schwarzwald hier am Schluchsee seine zwei Ge-
sichter: sein lebhaftes Sommergesicht, wenn der
Tourismus blüht und alle nur erdenklichen Som-
mersonnenfreuden wie Surfen, Bootsfahren,
Segeln, Schwimmen, Wandern und Schlendern
angesagt sind – und auf der anderen Seite sein
fast schon schwermütiges Wintergesicht, wenn
sich nur vereinzelte Skifahrer und unerschrocke-
ne Wanderer in die Wälder rings um den Schluchsee verirren. Alles ist dann beschaulicher, ruhiger
und ganz in sich gekehrt.

Am schönsten ist, sommers wie winters, die An-
fahrt aus Richtung Freiburg mit der **Dreiseenbahn** vorbei an Titisee, Windgfällweiher und
Schluchsee, noch ganz nostalgisch wirken die
drei Bahnhöfe Aha, Schluchsee und die Endstation Seebrugg. Der Schluchsee und der
gleichnamige Ort mit seinen verstreuten Ortsteilen begannen ihre Karriere zum Fremdenver-
kehrszentrum im 19. Jh., als die ersten Sommer-
frischler und Sportangler zu dem für seinen
Fischreichtum bekannten See kamen. Damals
war der Gletscherzungensee, ein Relikt der letzten Eiszeit, noch sehr viel kleiner. Erst im Jahre
1932 erreichte er durch den Bau der 35 m hohen
Staumauer seinen heutigen Umfang (7,5 km Länge und bis zu 1,5 km Breite).

Sehens-   Klassische Sehenswürdigkeiten gibt es am
wertes   Schluchsee keine, aber westlich der Staumauer
beim Weiler Eisenbreche verstecken sich im
Wald zwei **keltische Steinkreise,** die es dort an
und für sich gar nicht geben dürfte. Denn laut der

Keltische
Steinkreise

offiziellen Geschichtsschreibung siedelten sich
die Kelten nur am Rande und nicht in der Mitte
des Schwarzwaldes an. Die Steinkreise bei
Eisenbreche wurden nach Schätzungen schon
um das Jahr 725 v. Chr. errichtet; sie werden als
Symbol der Ewigkeit gedeutet. Sie sind leicht zu
finden: ab dem Gasthaus Eisenbrech dem Teer-
sträßchen in Richtung Staumauer folgen, nach
einigen hundert Metern in einen unscheinbaren
Waldweg links abbiegen. Bald stößt man auf
einen abgerundeten Felsbrocken zur linken Seite, danach sieht man dann schon die Reste der
beiden Steinkreise.

Info   ●*Kurverwaltung,* 79859 Schluchsee, Tel. (07656) 7732
und 7733, Fax 7759

Unterkunft   ●*Hetzel-Hotel Hochschwarzwald,* Am Riesenbühl,
Schluchsee, Tel. 700, Fax 70323, ÜF 175-238 DM
(Unterkunft, Unterhaltung, Fitneß, Schönheit, Kinderpro-
gramme – das Hotel läßt keine Wünsche offen)
●*Seehotel Schloß Hubertus,* Ortsteil Seebrugg, Tel.
524, Fax 261, Di. geschl., ÜF 59-69 DM (1887 erbautes,
denkmalgeschütztes ehemaliges Jagdschloß direkt am
See; im Winter verwunschen-schön)
●*Pension Gebele,* Im Wiesengrund 20, Schluchsee,
Tel. 310, ÜF 30-44 DM (ruhig, am Wald gelegen)
●*Jugendherberge Schluchsee,* Im Wolfsgrund 28,
Tel. 329, Fax 9237 (auf einer bewaldeten Landzunge direkt
am Schluchsee)
●*Jugendherberge Schluchsee-Seebrugg,* Haus 9,
Tel. 494, Fax 1889 (am südlichen Ende des Sees)
●*Campingplatz Wolfsgrund,* Tel. 7739 (oberhalb des
Sees in Südhanglage, fast schattenlos, wintergeeignet,
Chemietoilettenentsorgung)

Gastro-
nomie

- **Restaurant-Hotel Auerhahn*-*****, direkt an der B 500, Schluchsee-Aha, Tel. 542, Fax 9270, kein Ruhetag, ÜF 60-90 DM (Mövenpick-Erlebnis-Gastronomie, Spezialität: eidgenössische Küche mit knusprigen Röstis in allen Varianten; Fisch- und Winzerbuffets)
- **Pension-Café Tanneneck***, Eisenbreche 8, Ortsteil Blasiwald, Tel. 456, Fax 1702 (familiär; kleine Gaststube mit viel Nippes, herrliche Salate und viel Vegetarisches)
- **Unterkrummenhof***, Schluchsee-Aha, kürzester Zugang ab Parkplatz Unteraha, ab dort ca. 3 km Fußweg, Tel. 1506, bis 18.00 Uhr geöffnet, Mo. geschl. (malerischer alter Schwarzwaldhof mit Streichelzoo)

Aktivitäten

- **Angeln:** Hecht, Zander, Forelle, Barsch, Aal und Felche im Schluchsee, im Dresselbach, Fischbach und in der Schwarzach, Angelkarten bei der Kurverwaltung
- **Bootsverleih:** beim Strandbad, im Wolfsgrund und bei der Staumauer
- **Radverleih:** *Tankstelle Rebmann*, Freiburgerstr., an der B 500, Tel. 1027
- **See-Rundfahrten:** ab Strandbad-Schluchsee zu jeder vollen Stunde 10.00-17.00 Uhr, Anlegestellen Aha, Staumauer, Seebrugg
- **Segelbootverleih:** *A. Schlachter* in der Wolfsgrundbucht, Tel. 4485 (A-Schein muß vorgelegt werden)
- **Surf- und Segelschule:** *E. Pohl,* Aha, Tel. 366 (auch Segelboot- und Surfbrettverleih), *Manis Surfschule* im *Hetzel-Hotel,* Tel. 700
- **Tauchen:** *Tauchschule M. Lang,* Tel. (07551) 4485 (der Schluchsee gilt als schönes Tauchrevier)

Winter-
sport

- **Langlauf:** *Fischbacher Spur* (Rundkurs), Länge 8 km, mittelschwer, gelbe Markierung, Start: Pension Mattenhof, Unterfischbach oder Ortsmitte Schluchsee. *Skispur Schluchsee,* Länge 10 km, mittelschwer, orange Markierung, Start: Berghotel "Mühle" in Schluchsee oder Faulenfürst. Diese beiden Loipen können als Skiwanderweg Schluchsee – Faulenfürst – Hinterhäuser – Fischbach verbunden werden (23 km). *Aeulemer Kreuz-Loipe* (Rundkurs), Länge 9,2 km, mittelschwer, hellgrüne Markierung, Start: Aeulemer Kreuz. Schönenbacher Spur, Länge 7 km, mittelschwer, violette Markierung, Start: Ortsmitte Schönenbach. *Fernskiwanderweg Hinterzarten - Schluchsee,* Länge 32 km, hellrote Markierung, schwer, hohe Schneesicherheit, Start: Kurhaus Hinterzarten
- **Ski-Lifte:** *Lift Aeule* (150 m lang, 30 m Höhenunterschied), *Lift Fischbach* (600 m lang, 130 m Höhenunterschied), *Baby-Lift Schluchsee* (120 m lang, 20 m Höhenunterschied)
- **Skischule:** *Langlaufschule Schmidle,* Tel. 702900. *Skischule Fischbach,* Tel. 278

Tour 9

Heimat-
museum
Hüsli –
Wohnhaus des
"Professor
Brinkmanns"

Ausflugsziel

Grafen-
hausen

Ohne es zu wissen, haben viele das "Hüsli" schon gesehen: In der TV- Serie "Schwarzwaldklinik" war es das idyllische Wohnhaus des edlen Halbgotts in Weiß, Professor Brinkmann. Jedenfalls ist das **Heimatmuseum Hüsli** nicht das, was es zu sein scheint: das typische Schwarzwaldhaus.

Errichtet wurde es in den Jahren 1911/12 für die Berliner Konzertsängerin *Helene Siegfried,* die sich in den Schwarzwald verliebte und sich dieses Haus als Ferien- und Alterssitz bauen ließ. Es ist das Traumschwarzwaldhaus aller Nichtschwarzwälder. Außen herum ein Bauerngarten, innen kleine, verwinkelte Räume mit allem, was dazugehört: Kachelofen, Eckbank, eine Küche mit altem Kochgerät, ein kuscheliger Alkoven und Schlafzimmer mit Himmelbetten. Als *Helene Siegfried* seinerzeit über die Dörfer reiste und den Bauern im Austausch für eine alte Holzdecke oder einen Bauernschrank neuwertigen Ersatz anbot, wurde sie schlichtweg für verrückt erklärt. Als 1984 die "Schwarzwaldklinik" zum erstenmal ausgestrahlt wurde, kamen bis zu 1800 Besucher täglich. Einer Besucherin allerdings konnte das Hüsli nicht das bieten, was sie suchte: das Bett von Professor Brinkmann, in dem er seinen Sohn zeugte. Das stand ganz weit oben im Norden, im ZDF-Studio in Hamburg.

Tour 9

Heimat-
museum
Hüsli

●Öffnungszeiten: Di.-Sa. 9.30-12.00 Uhr und
13.30-17.30 Uhr. Sonn- und Feiertage (außer
Nov. und Dez.) 13.30-17.30 Uhr., Mo. geschl.

●*Info: Kurverwaltung Grafenhausen,* 79863 Grafenhausen,
Tel. (07748) 52041, Fax 52042 (der Ort gehört zu den Sie-
gern im Wettbewerb "Ferien für die Familie")
●***Unterkunft mit Gastronomie:*** *Hotel Tannenmühle,* Tan-
nenmühlenweg 6, Tel. 215, Fax 1226, Di. geschl., ÜF 45-
60 DM (Forellenspezialitäten; großer Streichelzoo mit
vielen Tieren); *Campingplatz Schwarzwälder Speck-Hüsli,*
Tel. 392 (Terrassenplatz im Wald, 4 km vom Ort, wintergeeignet, Einkaufsmöglichkeit, Restaurant, Chemietoilettenentsorgung)

Wutachschlucht

Länge: ca. 30 km   *Tiefe:* bis zu 200 m
Pflanzenarten: ca. 2500

Sie ist jung, sie ist schön, sie ist wild, und sie hat viele Liebhaber – und genau das ist ihr Problem. Die canyonartige Wutachschlucht ist Jahr für Jahr das bevorzugte Ziel von Gruppen- und Volkswanderungen. Seit 1989 ist das **Naturschutzgebiet Wutach-Gauchachschlucht** nur noch für Wandergruppen von bis zu 50 Personen zugelassen. Und das tat not, denn die einzigartige Tier- und Pflanzenwelt braucht ihre Ruhe. Hier gedeihen 1200 Arten von Farn- und Blütenpflanzen und etwa 10.000 verschiedene Wirbel-, Glieder- und Weichtiere.

Die **Wutach** verläßt als Seebach den Feldsee, fließt dann als sanfte Gutach aus dem Titisee und wird mit der Einmündung der Haslach zur wilden Wutach. Sie gilt als Musterbeispiel einer natürlichen Flußablenkung in Verbindung mit einer Verschiebung der Wasserscheide zwischen Donau und Rhein. Dieser Prozeß war vor rund 20.000 Jahren abgeschlossen, damit gilt die Wutach als einer der jüngsten Flüsse der Erde.

Eine schöne **Wanderstrecke** führt von Kappel-Gutachbrücke bis zur Wutachmühle (ca. 6-8 Stunden), doch Vorsicht, noch immer ist das Gestein in Bewegung, Bergstürze und Hangrutsche an den schroffen Schluchtwänden bereiten den Wegwarten Jahr für Jahr aufs neue Kopfzerbrechen.

Info

- **Tourist-Informationszentrum,** 79848 Bonndorf, Tel. (07703) 7606, Fax 7507

Camping

- **Wutachschluchtcamping,** Wutach-Ewattingen, Tel. (07709) 226 und 1378 (am Dorfrand neben dem Hallenbad, wintergeeignet, Chemietoilettenentsorgung)

Unterkunft
mit
Gastro-
nomie

●***Gasthof Sommerau**,*** westlich von Bonndorf im oberen Steinatal, Tel. 670, Fax 1541, Mo. und Di. geschl., ÜF
50-55 DM (über 450 Jahre alter Gasthof. Preisgekrönt für
seine aus traditionellen und modernen Bauelementen be-
stehenden Gebäude. Alle Zutaten aus eigener Zucht oder
eigenem Anbau)
●***Gasthaus-Pension Roggenbacher*-**,*** im oberen
Steinatal, an der L 159, Tel. 563, Fax 8816, ÜF 38-48DM
●***Höhengasthof Roggenbacher,*** Bonndorf-Glashütte,
Tel. (07653) 1663, Fax 9219, ÜF 46-52 DM (auf 1000 m
Höhe auf einem Hochplateau gelegen)

Tour 9

Blumberg

Vorwahl: 07702   **PLZ:** 78176
Einw.: 10.000   **Höhe:** 538-916 m
Ortsteile: Achdorf/Aselfingen (4 km),
Epfenhofen (4 km)

Überblick

In Blumberg nach einer richtigen Stadtmitte zu
suchen wäre zwecklos, denn es gibt keine. Aus
dem einst verschlafenen 800-Seelen-Dörfchen
sollte im Dritten Reich eine Bergbaustadt für
12.000 Menschen werden. Für die Aufrüstung
brauchte man Doggererz, das hier schon in früheren Jahrhunderten abgebaut wurde. Für die ar-
beitslosen Bergleute aus dem Ruhrgebiet, aus
Ostpreußen und von der Saar, die hier in aller Eile
angesiedelt wurden, entstanden bis 1940 1100
neue Wohnungen in einförmigen Reihenhaus-
siedlungen. Der Erzabbau wurde bereits 1942
wieder aufgegeben, die Eroberungsfeldzüge hatten neue Abbaugebiete in Lothringen, Norwegen
und der UdSSR eingebracht. An diesen für Blumberg kurzen, aber wichtigen Zeitabschnitt seiner
Geschichte erinnern heute nur noch die eigen-
artig sterilen Stadtteile und Straßennamen wie
"Doggererweg" oder "Bergmannstraße". Für
Geomorphologen interessant ist die Tatsache,
daß der Ort im breiten Hochtal der pleistozänen
Feldberg-Donau liegt, die westlich der Stadt vom
Rheinzufluß Wutach buchstäblich geköpft wurde.

**Sehens-
und
Erlebens-
wertes**

Wenn die Schweizer nicht so neutral wären, gäbe es die *Sauschwänzlebahn* nicht, und das wäre ausgesprochen schade. Nichts gegen klimatisierte Intercity-Züge, richtig Eisenbahn fahren kann man aber doch nur mit so einer alten Dampfeisenbahn. Deutsche Ingenieure bauten von 1887 bis 1890 diese 25 Kilometer lange Strecke, die von Blumberg nach Weizen verkehrt. Die Eidgenossen hätten nie und nimmer zugelassen, daß durch ihr Gebiet Krupp-Kanonen ins vom Deutschen Reich annektierte Elsaß befördert werden. Auf deutschem Gebiet aber war auf einer Luftliniendistanz von 9,6 km eine Höhendifferenz von 231 m zu bewältigen, die Steigung durfte nicht mehr als 1% betragen, damit die Strecke noch von schweren Militärzügen befahren werden konnte. Lösung des Problems war umständliche Streckenführung über vier große Talbrücken und durch sechs Tunnel. Ihren Namen verdankt die Bahn ihrem großen Kreiskehrtunnel, dessen Form einem Ringelschwanz ähnelt. Mangels Rentabilität wurde der reguläre Eisenbahnbetrieb 1976 eingestellt. Dem vehementen Einsatz von Eisenbahnfreunden ist es zu verdanken, daß die Bahn nicht abgerissen, sondern 1977 als Museumseisenbahn in Betrieb genommen wurde.

●Die Sauschwänzlebahn verkehrt von Mai bis in die erste Oktoberwoche an den meisten Wochenenden zweimal täglich (10.15 und 14.00 Uhr ab Zollhaus-Blumberg nach Weizen, hin und zurück 2 Stunden Fahrt, 30 Minuten Pause in Weizen). Der Fahrkartenschalter ist eine Stunde vor der Abfahrtszeit geöffnet. Da die Verpflegung weder in Weizen noch auf der Bahn selbst – trotz bewirtschaftetem Buffetwagen – besonders üppig ist, empfiehlt es sich, Reiseproviant mitzunehmen. Eben genauso, wie man das früher bei Bahnfahrten gemacht hat.

Info

●*Verkehrsamt Blumberg,* Hauptstr. 97, 78176 Blumberg, Tel. (07702) 5128, Fax 5155

Unterkunft ●*Hotel Löwen***, Kommentalstr. 8, Blumberg-Epfen-
mit hofen, Tel. 2119, Fax 3903, ÜF 45 DM
Gastro- ●*Gasthaus Scheffelende,* Lindenstr. 8, Blumberg-Ach-
nomie dorf, Tel. 2441, ÜF 40 DM

Donaueschingen

Tour 9

> **Vorwahl:** 0771   **PLZ:** 78166
> **Einw.:** 20.000   **Höhe:** 680-820 m
> **Ortsteile:** Aufen (1 km), Aasen (6 km),
> Hubertshofen (8 km), Pfohren (5 km),
> Wolterdingen (6 km)

Überblick   Donaueschingen kann sich auf den römischen
Schriftsteller *Plinius den Älteren* berufen, der in
seiner Naturgeschichte sagte: "Die Donau entspringt in Germanien auf den Höhen des Adnoba-
Gebirges gegenüber Rauricum, einer Stadt Gal-
liens". Furtwangen hingegen stützt sich auf ein
Gutachten der Technischen Universität München, demzufolge der längste und wasserreich-
ste Quellfluß als Ursprungsfluß angesehen werden muß. Bei der Donau ist das die 48,5 km lange Breg, die doppelt soviel Wasser führt wie die
42,6 km lange Brigach. Und die Breg entspringt
nun mal bei Furtwangen. "Brigach und Breg bringen die Donau zuweg" – wie auch immer, Donaueschingen prunkt auf jeden Fall mit einer
kreisrunden, 1870 eingefaßten **Donauquelle** im
Schloßpark. Da steht geschrieben "Über dem
Meere 678 m, bis zum Meere 2840 km". Eine
Marmorgruppe zeigt die Mutter Baar als Symbol
für die Landschaft Baar, die der jungen Donau
den Weg nach Osten weist. Übrigens, zum Streit
über den Donauursprung hat das "Hohe Grob-
günstige Narrengericht" zu Stock 1983 entschieden: "Der Streit ist eigentlich zu schön, um
ihn jemals zu beenden."
    Die 1921 gegründeten, alljährlich im Oktober
stattfindenden **Donaueschinger Musiktage** für
zeitgenössische Tonkunst sind weit über die

303

★ 1	Donau-Halle	★ 5	Schloß
🏛 2	Hotel Linde	⊠ 6	Post
★ 3	Fürstlich-Fürstenbergische	● 7	Bahnhof
	Sammlungen	★ 8	Fürstlich-Fürstenbergischer
★ 4	"Donauquelle"		Park

Landesgrenzen hinaus ein Begriff. Die Veranstaltungen glänzen mit Namen wie *Karlheinz Stockhausen, Boris Blacher* und *Luigi Nono.*

Sehens- Die (etwas kunterbunte) **Fürstenbergsamm-**
wertes **lung** im Karlsbau bietet nicht nur Exponate zur Vor-, Früh- und Heimatgeschichte, sondern auch eine Gemäldegalerie altdeutscher Meister mit Werken von *Matthias Grünewald, Hans Holbein dem Älteren* und *Lucas Cranach* sowie ein Faksimile der berühmten Handschrift C des Nibelungenliedes.
●Geöffnet 9.00-12.00 und 13.30-17.00 Uhr, (Mo. und Nov. geschlossen)

Tour 9

Donauquelle

Info
- *Städtisches Verkehrsamt,* Karlstr. 58, 78166 Donaueschingen, Tel. (0771) 857221, Fax 857228

Unterkunft mit Gastronomie
- *Zur Linde**,* Karlstr. 18, Tel. 83180, Fax 831840, Fr. und Sa. geschl., ÜF 70-83 DM
- *Zum Schützen**,* Josefstr. 2, Tel. 5085, Fax 14303, Do. geschl., ÜF 68 DM

Camping
- *Riedsee-Campingplatz* (Wiesengelände an einem Baggersee, wintergeeignet, Restaurant, Einkaufsmöglichkeit, Sauna, Windsurfing-Schule, Tennis, Chemietoilettenentsorgung)

Aktivitäten
- *Angeln:* in der Donau und in der Brigach, Angelkarten bei der Spar- und Kreditbank
- *Golf:* 18-Loch-Golfplatz des *Land- und Golf-Club Oeschberghof,* Tel.84525, (Herren 6570 bzw. 6175 m, Damen 5783 bzw. 5410 m, Par 74/72)
- *Fabrikverkauf: Dotex Wirkwaren GmbH,* Dürrheimerstraße 39, Tel. 83120, Di. und Mi. 14.00-18.00 Uhr, Do. bis Sa. 9.00-12.00 Uhr (Bekleidungs- und Dekostoffe)

Ausflugsziel

Hüfingen
Ca. 3 km südlich von Donaueschingen sind in Hüfingen **Römische Badruinen** aus den Jahren 69-79 n. Chr. zu sehen. Sie gelten als eine der besterhaltenen römischen Badruinen im europäischen Raum.
- Geöffnet: So. 14.00-17.00 Uhr oder nach Voranmeldung unter Tel. (0771) 60090

Tour 10

Markgräfler Land

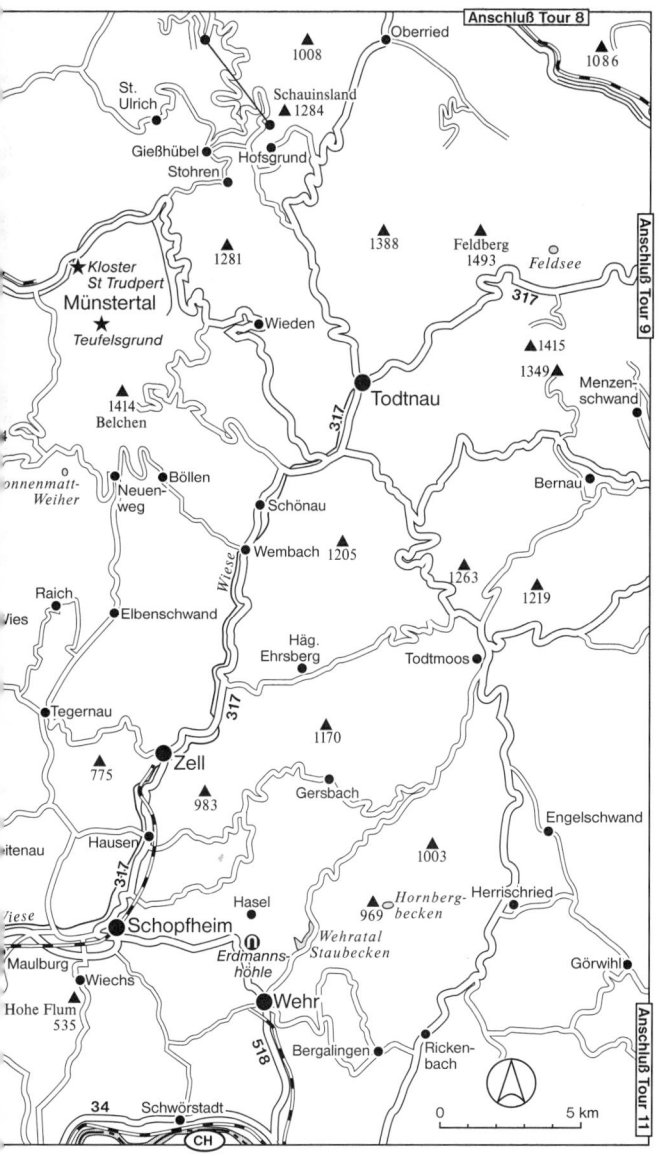

Oberried

St. Ulrich

Schauinsland ▲1284

Gießhübel ● Hofsgrund

Stohren

▲1008

▲1086

★ Kloster St Trudpert

Münstertal

★ Teufelsgrund

▲1281

▲1388

Feldberg 1493

Feldsee

Wieden

▲1415

1349

Menzenschwand

Todtnau

317

▲1414 Belchen

onnenmatt-Weiher

Neuenweg

● Böllen

Schönau

Wembach ▲1205

▲1263

▲1219

Bernau ●

Raich

Wiese

● Elbenschwand

Häg. Ehrsberg

Todtmoos ●

Tegernau

317

Zell

▲775

▲983

▲1170

Gersbach

Engelschwand

itenau

Hausen

▲1003

Hornberg-becken

Herrischried

iese

Schopfheim

Hasel

▲969

Wehratal Staubecken

Maulburg

Wiechs

Erdmanns-höhle

Görwihl

Hohe Flum 535

Wehr

Bergalingen

Rickenbach

518

34

Schwörstadt

CH

0   5 km

Route	Bad Krozingen – Staufen – Münstertal – Schopfheim – Lörrach – Kandern – (Abstecher nach) Bad Bellingen – Badenweiler – Sulzburg – Bad Krozingen
Beschreibung	Ein teuflisches Hotelzimmer (im Badischen Löwen in Staufen), ein teuflisches Bergwerk (Teufelsgrund im Münstertal), ein himmlischer Berg (der Belchen, die "erste Station von der Erde zum Himmel"), die einzige Tropfsteinhöhle des Schwarzwaldes (die Erdmannshöhle bei Schopfheim), ein weltberühmtes Thermalbad (Badenweiler) und ein jüdischer Friedhof (in Sulzburg) – diese Fahrt führt durch das Markgräflerland, hineingebettet zwischen die Berge des Schwarzwaldes und die Rheinebene.

Bad Krozingen

Vorwahl: 07633   **PLZ:** 79189
Einw.: 13.400   **Höhe:** 233 m
Ortsteile: Biengen (2 km), Hausen (5 km), Schlatt (2 km), Tunsel-Schmidhofen (3 km)

Überblick	"Wenn's wenigstens Jauche für die Felder wäre …!", dann hätte man ja noch etwas damit anfangen können. Aber was die Krozinger im Jahre 1911 bei Ölbohrungen fanden, war zuerst eine herbe Enttäuschung: Es war nur Wasser. Das allerdings hatte es in sich; das kohlensäurehaltige, 33 Grad warme Wasser wirkt wohltuend bei Herz-, Kreislauf-, Rheuma- und Bandscheibenerkrankungen. Bad Krozingen liegt inmitten des Reblandes und vermittelt eine wunderbar badische "Numme-nit-huddle-Atmosphäre" (= "Immer mit der Ruhe").
Sehenswertes	Das im 16. Jahrhundert vom Kloster St. Blasien erbaute Bad Krozinger ***Schloß*** ist heute in Privatbesitz. Seit 1973 befindet sich hier eine ***Samm-***

lung historischer Tasteninstrumente aus vier Jahrhunderten. Orgelpositiv, Regal, Spinett, Clavichorde, kostbare Hammerflügel und andere historische Instrumente werden hier im gobelingeschmückten Schloßsaal regelmäßig bei den **Bad Krozinger Schloßkonzerten** zum Leben erweckt. Da die Konzerte meist ausverkauft sind, empfiehlt sich dringend eine vorherige Kartenreservierung bei der Kurverwaltung. Außerhalb der Konzerte können die Instrumente jeden Donnerstag von 16.00 bis 17.00 Uhr besichtigt werden.

Die **Glöcklehofkapelle** (eigentlich St.-Ulrichs-Kapelle), die der Glöcklehof beherbergt, gilt als kunsthistorisches Kleinod: Ihre 1936 freigelegten Fresken, die vermutlich aus dem 9. bis 10. Jahrhundert stammen, zeigen den segnenden Christus, die opfernden Brüder Kain und Abel, das Gastmahl des Herodes und die Enthauptung Johannes des Täufers. Die Kapelle ist jederzeit zugänglich.

Tour 10

Info
●**Kur- und Bäderverwaltung Bad Krozingen GmbH,** Herbert-Hellmann-Allee 12, 79189 Bad Krozingen, Tel. (07633) 40080, Fax 150105

Unterkunft
●**Hotel Bären,** In den Mühlenmatten 3, Tel. 91180, Fax 911855, ÜF 55-70 DM (modern-elegant)
●**Pension Daheim,** Blauenstr. 6, Tel. 3561, Fax 3073, ÜF 48-62 DM (ruhige Lage; Zimmer mit Kühlschrank)
●**Gästehaus Sparenberg,** Blauenstr. 9, Tel. 3577, ÜF 40-42 DM (das Gebäude diente seit 1685 als Zehnthof)

Gastro-nomie
●**Hotel-Landgasthof Adler**,** Staufener Str. 82, Tel. 3107, Mo. geschl., ÜF 60 DM (mit urigem Biergarten)

Aktivitäten
●**Baden:** Mineral-Thermalhallen- und freibad, April-Okt. Mo.-Fr. 7.30-22.00 Uhr, Sa. So. und feiertags 7.30-20.00 Uhr. Nov.-März Mo.-Fr. 8.30-22.00 Uhr, Sa., So. und feiertags 8.30-20.00 Uhr (Wasserfall, Sprudelgrotte, Strömungskanal etc., die Neugestaltung des Bades mit zwei weiteren Thermalhallen und großzügigem Wandelgang wurde im Dez. 1995 abgeschlossen)
●**Golf:** Golfclub *Tuniberg* im 6 km entfernten Munzingen, Tel. (07664) 93060

Staufen

Vorwahl: 07633	**PLZ:** 79219
Einw.: 7000	**Höhe:** 280-720 m

Überblick
Teuflisch, teuflisch: In Staufen, im Badischen Löwen in Zimmer Nr. 5 im dritten Stock, soll im Jahre 1539 der oberste Teufel, Mephistopheles, dem *Doktor Faustus* eigenhändig das Genick gebrochen und seine arme Seele "der ewigen Verdammnis überantwortet" haben. Der Ort dieses Geschehens existiert noch heute, mitten im malerischen, vom Durchgangsverkehr befreiten Ortskern von Staufen. Teuflisch auch das berühmte "Chriesewässerli", das **Kirschwasser** von Schladerer, das höllisch gut schmeckt, hier hergestellt und in alle Welt versandt wird.

Sehenswertes
Man übersieht sie leicht: die einzige noch erhaltene Gußstahlbrücke Deutschlands, die 1871 nach einer Hochwasserkatastrophe installierte **Neumagenbrücke.** Sie steht heute unter Denkmalschutz.

An der Straße ins Münstertal liegt das **Keramikmuseum.** Gezeigt wird die Entwicklung des Hafnerhandwerks (in Süddeutschland, Österreich und der Schweiz übliche Bezeichnung für die Töpferei) und der Kunstkeramik der letzten 100 Jahre. Mittelpunkt des Museums sind eine Hafnerwerkstatt mit Tongrube, Töpferscheibe und zwei Holzbrennöfen. Der auf Produktion ausgerichtete Betrieb wandelte sich in den siebziger Jahren zur künstlerischen Experimentierwerkstatt mit Verkaufsraum.

●Geöffnet Mi. bis So. 14.00-17.00 Uhr.

Auf einem rebenbewachsenen "stauf" (aus dem Germanischen: Becher, auch: spitzer, kegelförmiger Berg) thront malerisch die mittelalterliche **Burg Staufen** über dem Städtchen. Zur 375 m ü.d.M. gelegenen Burg führt ein bequemer Spazierweg hinauf. Einer der Burgherren, der sogenannte *Kuchenhänsle,* galt einst als Plage seiner

Burg von
Staufen

Tour 10

Untertanen. Er ließ sie häufig vor den Pflug span-
nen und derart bis nach Altbreisach ackern,
Sonn- und Feiertage ignorierte er, zur Beichte
und Kommunion ging er grundsätzlich nicht. Als
er dann eines Tages obendrein eine junge Frau
verführen wollte, wurde er von deren Bräutigam
mit der Axt erschlagen. Seither sagt man, daß der
Kuchenhänsle, stets von einer Meute Jagdhunde
umgeben, rund um die Burg Staufen spukt.
   Alljährlich im Juli finden die **Staufener Musik-
wochen** statt.

Info   ●*Verkehrsamt,* 79219 Staufen, Tel. (07633) 80536,
Fax 50593.

Unterkunft   ●*Camping Belchenblick* (sehr guter Platz, 1 km vom
Ort, Chemietoilettenentsorgung)
●*Zum Löwen,* siehe Gastronomie
●*Die Krone,* siehe Gastronomie

Gastro-   ●*Hotel-Gasthaus Zum Löwen***,* Hauptstr. 47, Tel.
nomie   7078, ÜF 73 DM (Die Geschichte des "teuflischen" Ortes
an der Hauswand ist ein beliebtes Fotomotiv. Ansonsten
alles andere als billig!)
●*Gasthaus Die Krone,* Hauptstr. 30, Tel. 5840, Fax
82903, Fr. und Sa. geschl., ÜF 30-35 DM (Gemütlich,
Spezialität: hausgemachter Schwartenmagen)
●*Restaurant Käsestube**,* im alten Zunfthof, 18.00-
23.00 Uhr täglich geöffnet (Käsespezialitäten wie Fondue
oder Raclette; klein und schnuckelig mit Wohnzimmer-
atmosphäre)

- **Café Decker,** an der Neumagenbrücke, Tel. 5316, Fax 500378 (ein weithin bekannter Kuchentraum und leckere, hausgemachte Mitbringsel: die "Staufener Pflastersteine" und die "Staufener Tannenzapfen")
- **Gasthof St. Gotthardhof*,** Bötzenstr. 29, Tel. 7420, Mo. und Di. geschl., von Staufen in Richtung Ehrenstetten nach etwa 500 m auf der rechten Seite beim kleinen Schild "Rothof" abbiegen (herrliche Aussicht, große, gut besuchte Gartenwirtschaft, badische Köstlichkeiten wie Bibbeleskäs und Zwiebelkuchen)
- **Berggaststätte Kohlerhof*,** Ehrenkirchen-Ehrenstetten, Tel. 245, aus Richtung Freiburg und Hexental kommend kurz vor der Ortseinfahrt links beim Schild "Kohlerhof" abbiegen, dann 8 km über kurvige Waldwege (herrlicher Ausblick, köstliche Bratkartoffeln)

Aktivitäten ● **Radverleih:** *Fahrrad-Shop W. Kaufmehl,* Großmattenstraße 10, Tel. 50496

Doktor Faustus

Der Historiker *Johann Faust* wurde 1480 in Knittlingen geboren und trieb sich als Scharlatan in ganz Deutschland herum. Er fand viel Anerkennung als "Halbgott aus Heidelberg", aber noch mehr Ablehnung als "Kurpfuscher". Als er 1539 im Badischen Löwen weilte, soll eine feurige Lohe aus dem Schornstein gefahren, der Raum von teuflischem Schwefelgestank erfüllt und das Gesicht des *Johann Faust* geschwärzt gewesen sein. Die Umstände seines Todes waren Anlaß zu der Sage, daß ihn der Teufel nach Ablauf eines 24jährigen Pakts auf grausame Weise umgebracht habe. In Wirklichkeit fand vermutlich eine Explosion statt, als *Faust* versuchte, im Auftrag der hochverschuldeten Staufener Stadtverwaltung Gold zu machen. Das Schicksal des *Dr. Faustus* hat im Laufe der folgenden Jahrhunderte bedeutende Dichter wie *Christopher Marlowe, Gotthold Ephraim Lessing, Heinrich Heine* und *Thomas Mann* inspiriert, wobei *"Goethes Faust"* als eines der größten Werke der Weltliteratur hervorragt.

Übrigens, Mephistopheles soll seinen Fußabdruck in der obersten Stufe im Treppenturm des Staufener Rathauses hinterlassen haben – wo er heute noch zu sehen ist.

Münstertal

Vorwahl: 07636	**PLZ:** 79244
Einw.: 4950	**Höhe:** 400-1400 m

Überblick   Wiesen, Weiden und Wald prägen das liebliche, 6 km lange Münstertal, überragt vom mächtigen Massiv des Belchen. Über 160 alte Schwarzwaldhöfe, eine bekannt gute Küche und nur wenige Nebeltage im Jahr machen das Tal mit seinen beiden Ortsteilen Ober- und Untermünstertal zu einem beliebten Urlaubsgebiet.

Sehenswertes   Im Jahre 604 kam der Ire *St. Trudpert* von Rom, um die heidnischen Alemannen vom christlichen Glauben zu überzeugen. Drei Jahre waren dem strengen Einsiedler beschieden, bis er von zwei unzufriedenen Knechten mit der Axt erschlagen wurde. *St. Trudpert* wurde zum Märtyrer erklärt, und seine Einsiedelei entwickelte sich zur Keimzelle der Besiedlung nicht nur des Münstertals, sondern auch des gesamten südwestlichen Hochschwarzwaldes. Die Geschichte des **Klosters St. Trudpert** ist äußerst wechselhaft, die heutige Anlage stammt aus den Jahren 1738-1749. Wenn auch äußerlich ein markantes Zeichen in der Landschaft, so ist doch die Kirche im Inneren eher enttäuschend. Sie ist zwar im barocken Stil ausgestaltet, barocke Lebensfreude und -fülle aber strahlt sie nicht aus, sie wirkt eher kalt und fast schon puritanisch.

Vermutlich wurde schon im 8. Jh. im Münstertal Bergbau betrieben, der erste gesicherte Nachweis stammt aus dem Jahr 953 n. Chr. Bis zum Dreißigjährigen Krieg wurde im **Schaubergwerk Teufelsgrund** Silber abgebaut, zu Beginn des 18. Jh. ließ das Kloster St. Trudpert wieder einige Gruben öffnen, um für Rüstungszwecke Blei und Kupfererz zu fördern. Die dritte Periode, während der Flußspat abgebaut wurde, war von 1942 bis 1958. Dann wurde die Grube wegen Unrentabilität geschlossen. Die unteren

Bergamtsiegel

(seitlich) Tour 10

Stollenanlagen sind heute mit Wasser gefüllt und dienen der Gemeinde Münstertal zur Deckung des Trinkwasserbedarfs zu Spitzenzeiten. Nach einer ca. 10minütigen Dia-Ton-Show über die Geschichte des Münstertaler Bergbaus kann man heute den ca. 500 m langen "Schindlerstollen" begehen, der im hinteren Teil gerade so wirkt, als sei er erst gestern geschlossen worden. Ein kleiner Seitenarm des Stollens beherbergt heute eine kleine Asthma-Therapiestation. Die wohltuende Wirkung des spezifischen Klimas von stillgelegten Bergwerken wurde erst vor einigen Jahren entdeckt, als Asthmakranke sich in Bergwerksstollen aufhielten und spontan eine Verbesserung ihrer Atemfunktion verspürten. Außerhalb des Besucherbergwerks sorgt eine urige kleine Kneipe für Linderung bei Hunger und Durst.

●Geöffnet Mitte Juni bis Mitte Sept. tgl. 14-17.00 Uhr. April bis Mitte Juni und Mitte Sept. bis 31. Okt. Di., Do., Sa. und So. 14.00-17.00 Uhr. Nov. Sa. und So. 14.00-17.00 Uhr. Tel. 1450.

In einem Seitental des unteren Münstertals setzt einer der letzten Köhler des Schwarzwaldes drei- bis viermal im Jahr einen **Kohlenmeiler** und steckt ihn in Brand.

Info

●**Kurverwaltung,** 79244 Münstertal, Tel. (07636) 70730 und 70740, Fax 70748

Camping

●**Campingplatz Münstertal,** Tel. 353, Fax 7448 (500 m vom Ortsrand, vom ADAC als mustergültig bewertet. Hallenbad, Einkaufsmöglichkeit, Restaurant, Chemietoilettenentsorgung)

Unterkunft mit Gastronomie

●**Romantik Hotel Spielweg***,** Obertal, Tel. 7090, Fax 70966, Mo. und Di. geschl., ÜF 85-230 DM (Mitten im Grünen gelegen. Hallenbad, Sauna, Solarium, Tennis)
●**Historische Gaststätte Linde**,** Krumlinden 13, Tel. 447, Fax 1632, Mo. geschl., ÜF 60-85 DM (urgemütliche Gastwirtschaft nahe beim Kloster St. Trudpert; die Zimmer nach hinten raus sind recht ruhig)
●**Zähringer Hof,** Stohren 10, Tel. (07602) 256, Fax 685, ab Montagmittag und Di. geschl., ÜF 65-87 DM (Einsam an der Westflanke des Schauinsland gelegen mit Blick aufs Rheintal und die Vogesen. Gute, preisgünstige offene Weine vom Kaiserstuhl und Markgräflerland)

Gastro-nomie

- **Gasthaus Gießhübel*,** am Gießhübel zwischen Münstertal und Schauinsland, Tel. 225, Mo. geschl. (recht preiswerte Vesperwirtschaft mit Aussicht. Beliebt bei Wanderern, Montainbikern und Motorradfahrern)
- **Kälbelescheuer*,** Münsterhalten 24, ab dem unteren Münstertal ausgeschildert, Tel 305, Mo. Ruhetag (ehemalige Sennhütte, Herzhaftes und köstliche Kuchen)

Aktivitäten

- **Angeln:** Forelle im Muldenbach, Angelkarten bei der Kurverwaltung
- **Bergbaugeologischer Wanderweg:** Teilstrecken von 5 und 12 km
- **Einkaufen:** *Gubor Schokoladenfabrik GmbH,* Dietzelbachstraße, Tel. 70090, Verkauf Mi. 14.00-17.00 Uhr (preisgünstige Pralinen und Schokolade)
- **Fliegen:** *Skymaster, Walter Wagner´s Flugsportteam,* Hof 57, Tel. 1676, Fax 77957
- **Museum:** *Bienenkunde-Museum,* Spielweg, Tel. 70730 und 881. Geöffnet ganzjährig Mi., Sa. und So. 14.00-17.00 Uhr (das europaweit größte Bienenmuseum zeigt – mit lebenden Bienen – die faszinierende Welt von Königinnen, faulen Drohnen und fleißigen Arbeiterinnen; angeschlossen ein Heimatkundebereich zur Geschichte des Münstertals)
- **Radverleih:** *Zweirad-Pfefferle* an der BP-Tankstelle, Tel. 286
- **Skilifte:** Tabelle siehe Todtnau
- **Skischule und -verleih:** *Sport Link,* Tel. 311

Tour 10

Ausflugsziel

Belchen

"Es ist wahr, daß die erste Station von der Erde zum Himmel auf dem Belchen ist", schrieb enthusiastisch der Dichter *Johann Peter Hebel,* der sogar auf dem Belchen beerdigt sein wollte. Über den Ursprung des Namens "Belchen" gibt es eine interessante Theorie: Jeweils zur Tag- und Nachtgleiche am Frühjahrs- und Herbstanfang geht die Sonne, vom Belchen in den Vogesen aus betrachtet, direkt über dem Schwarzwälder Belchen auf und, wiederum von diesem aus gesehen, über dem Belchen in den Vogesen unter. Am kürzesten Tag des Jahres hingegen geht die Sonne von den Vogesen aus über dem Belchen im Jura auf. "Belchen" soll sich daher vom keltischen Sonnengott *Belenos* ableiten. Es könnte sein, daß die einzelnen Belchen-Berge den Kelten als natürliche Geländemarken für astronomische Berechnungen gedient haben. *Johann Peter Hebel* und seinen Freunden hingegen diente der Berg als Kultort ihres "Belchismus". Sie erhoben dabei den Belchen zum Sitz und Altar des in der griechischen Mythologie beheimateten Meeresgreises *Proteus,* dem sie den Rang eines Gottes verliehen. *Hebel* selbst nannte sich nach dem griechischen Philosophen *Parmenides* Parmendeus, sein Freund nannte sich nach dem griechischen Philosophen *Zenon* Zenoides.

Schönheit und Aussicht auf jeden Fall sind grandios: Bei klarem Wetter reicht der Blick im Süden bis zum Schweizer Jura und weiter zur Alpenkette, im Norden nach Freiburg und zum Feldberg, und im Westen bis zu den Vogesen mit dem dortigen Großen Belchen. Am spektakulärsten ist die Aussicht an den Oktobertagen, an denen die Ebene von Nebel bedeckt ist und die Bergspitzen wie Inseln aus dem Nebelmeer hervorragen.

Soviel Schönheit zieht natürlich viele Menschen und damit viele Probleme an. Trittschäden, Autoabgase, Abfälle und Abwässer haben der empfindlichen Fauna derart zugesetzt und die Erosion dermaßen begünstigt, daß der Belchen seit 1990 an Sonn- und Feiertagen für den Autoverkehr gesperrt wurde und nur zu Fuß oder mit im Pendelverkehr fahrenden Nahverkehrsbussen erreicht werden kann.

●*Jugendherberge:* Jh *Belchen Wieden,* Oberwieden 16, Tel. (07673) 538, Fax 504 (in 1170 m Höhe zwischen den Schwarzwaldbergen Belchen, Feldberg und Schauinsland gelegen)
●*Gastronomie:* Wiedener *Eck**,* Oberwieden 15, 76965 Wieden, Tel. (07673) 1006, Fax 1009, Di. geschl., ÜF 55-90 DM (Hallenbad, Sauna); *Berghaus Belchen,* Tel. 281, Mo. geschl. (viel los, gutbürgerliche Küche, Selbstbedienung)
●*Loipen:* östlich unterhalb des Belchen (Zufahrten aus dem Wiesen- und dem Münstertal sowie vom Notschrei und Schauinsland) schneesichere Strecken in 1000 bis 1260 m Höhe. *Kostloipe* und *Försterspur* (7,5 km), *Hohtannspur* (1,5 km Länge, Flutlicht). *Rund-Skiwanderweg Rollspitz* (12 km), *Stuhlsebenespur* (7,5 km)
●*Skilifte:* siehe Todtnau

**Viereck-
und Stern-
schanze**

Südlich des Belchen, auf der Paßhöhe zwischen Neuenweg und Böllen, liegen zwei Schanzen, die wie Landschaftskunst anmuten. Angelegt wurden sie schon im 17./18. Jahrhundert als Teil der Verteidigungslinie gegen die Franzosen. Besonders sehenswert ist die Sternschanze, die aussieht wie mit einer Kuchenform in die Wiese gedrückt.

Nonnenmattweiher: siehe Badenweiler

Schopfheim

> **Vorwahl:** 07622   **PLZ:** 79650
> **Einw.:** 17.500   **Höhe:** 375-1170 m
> **Ortsteile:** Raitbach-Schweigmatt (6-8 km),
> Wiechs (2 km), Hasel (6 km),
> Gersbach (10 km)

Tour 10

Überblick

Auch wenn, rein "oberflächlich" gesehen, das kleine **Gewerbestädtchen** Schopfheim (Textil- und Holzindustrie, Maschinenbau) durchaus seine Reize hat – in den siebziger Jahren wurde die Schopfheimer Altstadt recht liebevoll herausgeputzt – so ist doch die Schopfheimer Unterwelt weitaus interessanter.

Im Gegensatz zum Granituntergrund des übrigen Schwarzwaldes besteht diese aus porösem Kalkstein, der Schopfheim gleich zwei Attraktionen beschert hat: den Eichener See und die einzige Tropfsteinhöhle des Schwarzwaldes, die Erdmannshöhle (siehe Ausflugsziele).

**Brauch-
tum**

Jedes Jahr im Mai die internationalen **Orgeltage.** Alljährlich zu Ostern wird im Ortsteil Hasel das **Eierlaufen** gefeiert, ein Fruchtbarkeitsritual aus vorchristlicher Zeit.

Info

●**Städtisches Verkehrsbüro,** Am Marktplatz, 79641 Schopfheim, Tel. (07622) 396116, Fax 396178

Unterkunft

●**Hotel Krone Landgasthof*-**,** Am Rain 6, Schopfheim-Wiechs, Tel. 39940, Fax 399420, ÜF 55-70 DM (Hallenbad, üppiges Frühstücksbuffet, große Terrasse, familiär)

●**Naturfreundehaus Gersbacher Hörnle,** Schopfheim-Gersbach, Tel. (07620) 238 (48 Pers., Zweibett- bis Sechsbettzimmer)

Gastro-nomie

●**Berggasthof Auerhahn**,** Schlechtbach 4, Gersbach, Tel. 228, Mi. ab 15.00 Uhr und Do. geschl. (Speisekarte für alle Geschmacksrichtungen, große und kleine Portionen. Möbel mit Bauernmalerei)
●**Hotel-Restaurant Mühle zu Gersbach,** Zum Bühl 4, Tel. 225 und 371, Di. und Mi. bis 15.00 Uhr geschl. (saisonale Küche der Region)
●**Sonne**,** Wallstr. 1, Tel. 8348, Sonntagnachmittag bis Di. 17.30 Uhr geschl., ÜF 54 DM (rustikale Ausstattung, regionale Küche)
●**Berghaus Hohe Flunn*,** am Ortsausgang von Schopfheim-Wiechs zweigt 2 km vor Nordschwaben rechts der ausgeschilderte Weg ab, Tel. 2782, Fax 64794, Do. und Fr. Ruhetag im Gasthaus (eidgenössisch beeinflußte Speisekarte, z.B. als "Chämifeger" bezeichnete geräucherte Bauernwürste, Tiergehege vor dem Haus)

Aktivitäten

●**Angeln:** Forelle und Weißfische in der Wiese, Angelkarten im Rathaus
●**Fahrradverleih:** in Schopfheim beim *Radsport Bächle,* Hauptstr. 125, Tel. 670090, in Schopfheim-Gersbach beim Verkehrsbüro, Tel. (07620) 227
●**Musem:** *Museum der Stadt,* Wallstr. 10, Tel. 63750, Mi. und Sa. 14.00-17.00 Uhr, So. 10.00-12.00 Uhr und 14.00-17.00 Uhr (bürgerliche Wohnkultur des 18./19. Jahrhunderts, Grabtafeln einstiger Schopfheimer Bürger aus dem Mittelalter, kleine Schlittenkunde, Schneiderwerkstatt)

Winter sport

●**Lifte:** in Schopfheim-Gersbach *Bergbrunnenlift* (700 m Länge, 150 m Höhenunterschied) sowie *Babylift, Hägilift* (350 m Länge, 80 m Höhenunterschied), Tel. (07620) 262; beide Lifte mit Flutlicht. *Schlechtbachlift* (300 m Länge, 50 m Höhenunterschied), Tel. (07621) 52331
●**Loipen:** in Schopfheim-Gersbach gespurte Loipen, 7–12 km lang mit Anschluß an das Todtmooser Loipennetz (12 km), Tel. (07620) 227. Neuenweg: *Nonnenmattweiher-Loipe* ca. 16 km lang, Einstieg beim Wanderparkplatz "Kreuzweg" an der Landstraße zwischen Neuenweg und Badenweiler. Wies-Stockmatt: *Gleichen-* und *Meierkopfloipe,* 7 bzw. 9 km Länge, Ausgangspunkt beim Waldparkplatz "Lipple" an der Landstraße Wies – Badenweiler, Tel. (07629) 911013

Ausflugs- und Wanderziele

Hausen

Im ca. 4 km nördlich von Schopfheim gelegenen Hausen ist der Mundartdicher *Johann Peter Hebel* aufgewachsen. Jedes Jahr am 10. Mai wird das **Hebelfest** gefeiert. Heute ist in seinem Heimathaus das **Dorfmuseum** untergebracht.

●Geöffnet So. 10.00-12.00 Uhr, Tel. (07622) 2029.

Tour 10

**Johann Peter Hebel:
"Das Leben freudig leben!"**

Johann Peter Hebels (1760-1826) dichterisches Werk ist seiner Heimat und ihren Bewohnern gewidmet, die er zwar poetisch, aber ohne Sentimentalität beschrieb. Um beides möglichst genau darzustellen, dichtete er teilweise im alemannischen Dialekt. Berühmt wurden seine "alemannischen Gedichte", seine den Südschwarzwald und dessen bäuerlich-ländliche Lebensweise verklärende Dichtkunst wurde von *Goethe, Jean Paul* und *Martin Heidegger* hochgeschätzt, letzterer schrieb über Hebels Sprache: "Die Sprache ins Einfache steigern: das heißt, alles in den milden Glanz des ruhig klingenden Wortes verwandeln. Dieses veredelnde Sagen kennzeichnet das Dichtertum J. P. Hebels". *Johann Peter Hebels* eigenes, kurzes und bündiges Lebensmotto: "S'Lebe freudig verbruche! Trüble esse, Neue trinke, Chestene brote!" ("Das Leben freudig leben! Trauben essen, Neuen Wein trinken, Kastanien braten!") Recht hat er!

**Erd-
manns-
höhle**

Westlich von Schopfheim bei Wehr liegt die Erdmannshöhle. Sie heißt so, weil darin die **Erd-
männli und Erdwiebli** wohnen. Diese fleißigen
Fabelwesen erledigten einst, wenn die Bewohner
der umliegenden Dörfer in der Kirche waren, deren Arbeit im Hause und auf dem Feld. Sie konnten nur eines nicht leiden: wenn man sie verfolgte. Einige vorwitzige Haseler Buben verstreuten
eines Tages Asche auf dem Boden, um heraus-
zufinden, ob die Männlein wirklich Gänsefüße
hätten. Die schlauen Zwerge aber erkannten die
Absicht und riefen voll Zorn: "Wie ist der
Menschheit Undank groß". Seither müssen die
Haseler ihre Arbeit selber machen.

Die schon im Jahre 1754 entdeckte Erdmannshöhle ist mit dem Auto oder ab Wehr auf einem
halbstündigen Spaziergang entlang eines Natur-
lehrpfades zu erreichen. Die **Tropfsteinhöhle**
ist auf einer Länge von 560 m begehbar. Phantasievoll bezeichnete Stalagmiten und Stalaktiten
säumen den Weg: Irrgarten, Tempel, Märchen-
reich und Rittersaal.

●Führungen: April und Mai Mo.-Fr. 13.00-17.00,
Sa., So. 9.00-12.00, 13.00-17.00 Uhr. Juni-
Aug. tgl. 8.00-12.00, 13.00-17.00 Uhr, Sept.
und Okt. Sa, So. 9.00-12.00 Uhr, 13.00-17.00
Uhr, letzte Führung 11.30 und 16.30 Uhr.

●**Gastronomie:** *Landgasthof Erdmannshöhle**-****. Hauptstr. 14, Tel. (07762) 9752, Fax 9643, kein Ruhetag, ÜF 55-
56 DM (gemütlicher Landgasthof mit Kinderspielplatz und
abendlicher Kinderbetreuung. Gourmet- und Vegetarier-
küche)

**Eichener
See**

Unweit der Erdmannshöhle liegt auf dem Dinkel-
berg ein ganz launischer See: Mal ist er da, und
mal ist er nicht da. Im Jahre 1772 sorgte der Eichener See zum erstenmal für Schlagzeilen, als
fünf Menschen darin ertranken. Der seit damals
bekannte See entsteht durch das Zutagetreten
von Grundwasser in einer Doline. Durch lange
Regenzeiten oder durch die Schneeschmelze
führen die unterirdischen Bäche Hochwasser,
das die Abflüsse nicht mehr zu fassen vermögen

und das dann durch die Kalkschichten an die Oberfläche sprudelt. Der Wasserspiegel steigt bei Austritt pro Tag um etwa 8-14 cm, der höchste Wasserstand ist nach 1-4 Wochen erreicht. Der See kann bis zu 3 Meter tief werden und besteht bis zu mehreren Wochen.

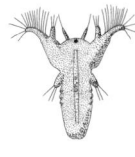

In dieser europaweit einzigartigen Lebenswelt hat sich ein ebenfalls einzigartiges Lebewesen entwickelt: der etwa 2 cm lange weißliche *Tanymastix Lacunae*, eine **Krebsart,** die man beim genauen Hinschauen vom Uferrand aus erkennen kann. Das Weibchen kann bis zu 17.000 Eier legen, die mindestens 4 Tage, aber auch einige Jahre im Trockenen liegen müssen bzw. können. Wenn nun das Wasser wieder erscheint, entwickelt sich aus den Eiern der Tanymastix-Nachwuchs.

Tour 10

Vogelpark Wiesental

Inmitten des Weitnauer Berglandes nordwestlich von Schopfheim zwitschern hier auf über 100.000 qm 300 verschiedene Arten von Vögeln aus aller Welt, unter anderem in einem sehr schönen Tropenhaus. Der Park mit Grillplatz, Gartenwirtschaft und Abenteuerspielplatz ist ideal für einen verspielten und vertrödelten Familienausflug.

●Vogelpark Wiesental, 79585 Steinen-Hofen westlich von Schopfheim, Tel. (07627) 7420, Fax 55680. Von Mitte März bis Ende Oktober täglich 9.00-18.00 Uhr geöffnet.

Ruine Bärenfels

Auf der Ruine Bärenfels westlich von Schopfheim spukt der Geist des Ritters *Kuno*. Der Ritter mit feuerrotem Haar und außergewöhnlich boshaftem Wesen lebte im 13. Jh. auf der Burg. Seiner nervtötenden Art verdankte er den Beinamen "Lütplager" (Leuteplager). Heute spukt er in Form einer roten Katze umher, stets umgeben von einem Pulk von kläffenden Hunden. Wenn des Nachts in Wehr Katzen heulen und Hunde jaulen, dann heißt es bei den Einwohnern der Stadt: *"Kuno* rührt sich wieder".

Lörrach

> **Vorwahl:** 07621
> **Einw.:** 44.000   **Höhe:** 272-555 m
> **Ortsteile:** Brombach (3 km),
> Haagen (5 km), Hauingen (6 km)

Überblick   Lörrach ist **wirtschaftliches und kulturelles** Zentrum Oberbadens. Dessen mittlerweile fast weltweit bekannte Repräsentantin grast als "Lila Milkakuh" durch die Medien. Die "zartesten Versuchungen" werden hier bei der Firmengruppe Jacob Suchard hergestellt. Lörrach im Dreiländereck Deutschland – Schweiz – Frankreich ist mit seinem modernen Stadtkern eine **beliebte Einkaufsstadt** für das schwyzerdytsch-elsässisch-alemannische Umland.

Info   ●**Städtisches Verkehrsbüro,** Bahnhofsplatz 6, 79537 Lörrach, Tel. (07621) 415620, Fax 217

Unterkunft   ●**Inzinger Wasserschloß** (siehe Gastronomie)
●**Hotel Villa Alben,** Hünerbergweg 26, Tel. 2066 und 84766, Fax 43280, ÜF 70-80 DM (ruhig in großem Park gelegen; stilvoll mit Kaminhalle)
●**Jugendherberge,** Steinenweg 40, Tel. 47040, Fax 8136 (am Waldrand zwischen den Stadtteilen Lörrach-Stetten und Lörrach-Salzert gelegen)
●**Campingplatz im Grütt,** Tel. 82588 (1,5 km vom Ort, Einkaufsmöglichkeit, Restaurant, Chemietoilettenentsorgung)

Gastro-   ●**Inzinger Wasserschloß***,** Inzingen, 6 km südöstlich
nomie   von Lörrach, Tel. 47057, Fax 13555, Di. und Mi. geschl., ÜF 90 DM (Nouvelle Cuisine im erlesenen Rahmen eines historischen Wasserschlosses aus dem 16. Jh.)
●**Rechberger Hof**,** Lörrach-Hauingen, in Hauingen an der Ampel beim Ausstattungsgeschäft *Renk* links abbiegen, Tel. 53369, Mi. geschl. (Ausflugslokal, Spezialität: Wurstsalat und Leberli mit Rösti und Käsespätzle)

Aktivitäten   ●**Fabrikverkauf:** *Manufaktur Koechlin Baumgartner & Cie. AG;* Herrenstr., 79539 Lörrach, Tel. 4130, Verkauf: Mo. bis Fr. 9.30-11.30 Uhr und 12.30-17.00 Uhr (Stoffe und Bekleidung rund um den häuslichen Bereich bis zu 40% - billiger)

●**Museum:** *Museum am Burghof* (umfangreiche Sammlung zu Religion, Wirtschafts- und Sozialgeschichte und was ein Heimatmuseum sonst so zeigt), Basler Str. 143, Tel. 415-613, geöffnet Mi. bis Sa. 14.00-17.00, So. 11.00-13.00 und 14.00-17.00 Uhr.

Ausflugsziele

Burgruine Rötteln
4 km nördlich von Lörrach erhebt sich auf einer Anhöhe die gewaltige Burgruine Rötteln. 1259 erstmals erwähnt, wurde sie 1356 durch das große Erdbeben von Basel zum Einsturz gebracht, in den Folgejahren wiederaufgebaut und 1678 von den Franzosen endgültig zerstört. *Johann Peter Hebel* schreibt in seinem alemannischen Gedicht "Die Wiese" von "Fürste und schö-

Tour 10

ni fürstigli Fraue, Heere und Heere-Gesind", die einst dort gewohnt haben sollen. *Hebels* Atmosphäre von einst "jetz isch alles still (…) Wildi Tuube nischte dört uf moosige Bäume" hat sich mittlerweile in eine Sonntagsnachmittagsausflugsstimmung gewandelt. Damit auch keiner den Abort mit dem Brotkeller und den Rittersaal mit der Zisterne verwechselt, wurde alles fein säuberlich numeriert.

Eine schauerliche Geschichte rankt sich um dieses Burgenungetüm: Als eines Tages der Lieblingshund des Schloßherrn starb, ließ dieser den Knecht von seinen anderen Hunden zerfleischen. Dessen Frau, die "Hexe von Binzen", stieß nach dem Tod ihres Mannes einen gräßlichen Fluch auf die Burg und ihren Herrn aus – worauf der Bräutigam des Schloßfräuleins alsbald tot von seinem Pferd stürzte und die Burg von Feinden erobert wurde.

●Geöffnet ganzjährig 10.00-18.00 Uhr, Führungen unter Tel. 56494.

Isteiner Klotz

Nordwestlich von Efringen-Kirchen liegt der Isteiner Klotz, ein aus Weißjurakalken aufgebauter, 92 m steil abfallender Felsen, der noch heute durch viele Reiseführer als landschaftlich beeindruckender Markstein herumgeistert. Vor der Rheinkorrektur durch Tulla lag er direkt am Fluß – aber diese Zeiten sind schon lange vorbei. Auch befanden sich noch nicht die Produktionsanlagen der Isteiner Kalkwerke direkt am Felsen.

Blansingen

Die dem Hl. Petrus geweihte **Kirche** von Blansingen wurde 1173 erstmals erwähnt, die Wandmalereien stammen aus dem ersten Drittel des 15. Jh. Ihr Vorhandensein verdanken wir der Tatsache, daß das fürstliche Stift St. Blasien den flehentlichen Bitten der Kirchengemeinde, die ein "trauriges und widerstrebendes" Bild abgebende Kirche doch bitte zu erneuern, nicht nachgekommen ist. Unter den herrlichen Wandmalereien beeindruckt besonders das Fresko, das die Hölle als einen weit aufgerissenen Schlund zeigt.

Kirche von
Blansingen –
Kreuzigungs-
szene

Tour 10

Inmitten des zähnefletschenden Mundes stehen Männlein und Weiblein, Päpste und Mönche und schaun mit starren Augen in den Kirchenraum. Mittendrin der gefesselte Teufel mit drei Gesichtern an Kopf, Bauch und Hinterbein. Unter dem Chorbogen sind die törichten und die klugen Jungfrauen dargestellt. Der Blansinger Künstler war sicherlich sehr religiös, aber wohl kaum ein Meister seines Fachs. In der Kreuzigungsszene begutachtet Christus freundlich interessiert seine Peiniger, die ihn gerade ans Kreuz nageln. Vermutlich ist es gerade diese mangelnde Professionalität, die die Kirche so menschlich und damit sehenswert macht.

Weil am Rhein

In Weil am Rhein, fast unmittelbar an Lörrach angrenzend, verspricht das **Laguna Badeland** karibische Gefühle. Inmitten einer künstlichen Tropenlandschaft branden Wellen ans Beckenufer, sprudeln Kaskaden, spritzen Wasserkanonen und lockt eine 65 m lange Hallenwasserrutschbahn.

●Sportplatz 1, Tel. (07621) 70071.

Genauso futuristisch-funktional wie das Museumsgebäude sind auch die Ausstellungsstücke im Weiler **Vitra Design Museum:** Über 1200 Stuhlklassiker nach Modellen großer Architekturmeister wie *Thonet, Henry van der Velde* und *Le Corbusier* sind hier zu bewundern.

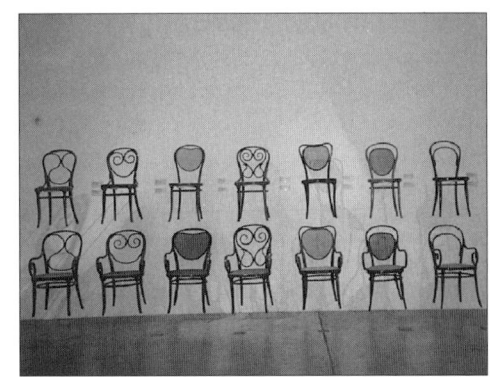

Vitra Design
Museum

● Charles-Eames-Str. 1, geöffnet Di. bis Fr. 14.00-18.00 Uhr, Sa. und So. 13.00-17.00 Uhr.

● ***Aktivitäten:*** *Fabrikverkauf:* BIG STAR-JEANS, Factory Outlet, Blauenstr. 1, Tel. (07621) 791814, Verkauf Mo., Di., Fr. 9.30-18.15 Uhr, Do. 9.30-20.00 Uhr, Sa. 9.30-17.00 Uhr (Shirts and Jeans and Boots, Reste und 2. Wahl bis zu 50% günstiger)

Kandern

Vorwahl: 07626	**PLZ:** 79400
Einw.: 7000	**Höhe:** 346-1200 m

Überblick Mitten im Markgräflerland liegt das "badische Nizza", wie es der poetisch veranlagte Arzt *Adolf Kußmaul* im 19. Jahrhundert nannte. Tatsächlich liegt das von Bergen umgebene, behagliche Städtchen im abendlichen Licht oft wie verzaubert da. Seinen heutigen Ruhm allerdings verdankt Kandern seinen köstlichen **Brezeln** und seinen **Tonwaren.**

Aus Kandern stammt **Johann August Sutter** (1803-1880), dessen atemberaubenden Aufstieg und Fall *Stefan Zweig* in seinem Buch *"Stern-*

stunden der Menschheit" verewigt hat. *Sutter* war im Jahre 1834 nach Amerika ausgewandert und hatte durch Pelzhandel ein riesiges Vermögen gemacht. Er wurde zum Besitzer der Ländereien "San Franzisco". Als dort eines Tages Gold gefunden wurde, begann ein Goldrausch, seine Angestellten verließen ihn, um Gold zu suchen, Landwirtschaft und Gewerbe standen still. *Sutter* ging vor Gericht und bekam nach vielen Jahren Recht zugesprochen. Da aber war er längst dem Wahnsinn verfallen. Und so endet *Stefan Zweigs* Geschichte über die Gründung von San Franzisco: "Niemand hat Sutters Erbe bislang angefordert, kein Nachfahr hat seinen Anspruch angemeldet. Noch immer steht San Franzisco, steht ein ganzes Land auf fremdem Boden."

Tour 10

Info
●*Städtisches Verkehrsamt,* 79400 Kandern, Tel. (07626) 89960

Unterkunft
●*Zur Weserei***,* Hauptstr. 70, Tel. 445, Fax 6581, Mo. und Dienstagnachmittag geschl, ÜF 45-86 DM
●*Villa Umbach,* Bahnhofstr., Kandern-Riedlingen, Tel. 8800, Fax 8848, Di. und Mittwochnachmittag geschl., ÜF 35-65 DM
●*Jugendherberge Platzhof,* Auf der Scheideck, Tel. 484 (westlich von Kandern in 500 m Höhe nahe der "Scheideck", Ponyhof mit Reitmöglichkeit)
●*Terrassen-Camping Kandern,* Tel. 7874 (am Waldrand oberhalb des Schwimmbades, Restaurant, Einkaufsmöglichkeit, Chemietoilettenentsorgung)

Aktivitäten
●*Angeln:* Forelle und Karpfen in der Kander und im Fischweiher, Angelkarten beim Verkehrsamt
●*Einkaufen: MEDIMA Angora Textilverkauf,* Im Käppele 24, Tel. 7004, Verkauf Mo. 13.30-17.30, Di., Do. und Fr. 9.00-12.00 und 13.30-17.30, Mi. 9.00-12.00 Uhr, Nov. und Dez. Sa. 9.00-12.00 Uhr (ca. 30% unter Verkaufspreis, kuschelige Angorawäsche)
●*Golf: Golfclub Markgräflerland Kandern e.V.,* Feuerbacher Str. 29, Tel. 1043, Fax 1433 (Handicap-Nachweis erforderlich)
●*Museum: Heimat- und Keramikmuseum,* Ziegelstraße, Tel. 899-60, geöffnet April bis Okt. Mi 15.00-17.30 Uhr und So 10.00-12.30 Uhr
●*Museumsbahn: Historischer Dampfzug Chanderli,* Fahrstrecke zwischen Kandern und Haltingen. Info: Tel. 8681, 89960

Ausflugsziel

Schloß
Bürgeln

"Z'Bürgeln uf der Höh, nai was cha me seh! Oh, wie wechsele Berg un Tal, Land un Wasser überall, z´Bürgeln uf der Höh." Womit *Johann Peter Hebel* schon das Wichtigste gesagt hätte. Schloß Bürgeln, 8 km nördlich von Kandern gelegen, bietet nicht nur einen schönen Ausblick, sondern auch ein hübsches, mit Rokokomöbeln ausgestattetes Inneres. Auf der Aussichtsterrasse des Schloßrestaurants kann man sich *Hebels* Dicherworte nochmals so richtig auf der Zunge zergehen lassen.

●Schloßführungen tgl. (außer Di.) um 11.00, 14.00, 15.00, 16.00 und 17.00 Uhr.

Bad Bellingen

Vorwahl: 07635	***PLZ:*** 79415
Einw.: 3100	***Höhe:*** 225-385 m
Ortsteile: Hertingen (4 km),	
Rheinweiler (3 km)	

Überblick

Die Zeiten, als die ersten Bad Bellinger Kurgäste im Ortstümpel kurten und braungefärbt dem kupferhaltigen Wasser entstiegen, sind noch nicht so lange her. Damals im Jahre 1956 suchte man eigentlich nicht nach schnödem Wasser, sondern nach dem heißbegehrten Erdöl. Was man fand, war heiß und heilsam und im Laufe der Jahre auch noch gewinnbringend. Die ersten Kurgäste badeten noch in einem alten Weinbottich und zogen sich hinter Schilfmatten um; 1967 eröffneten dann die Bad Bellinger ihr erstes Hallen-Bewegungsbad. Die Metamorphose zum modernen Kurort hat Bad Bellingen glücklicherweise noch nicht ganz abgeschlossen, denn noch immer existiert der alte, noch recht dörfliche Ortsteil erhöht über dem Dorfgestade. Zu Fuß gehen muß keiner – von den Kuranlagen unten schwebt ein Lift ins obere Dorf.

**Sehens-
wertes**

Wer im Bad Bellinger Ortsteil Bamlach im **Bädermuseum** war, weiß die heutigen Bäder mit all
ihren Annehmlichkeiten erst so richtig zu schät-
zen. Und ein bißchen schlauer ist man auch.
Oder wissen Sie, wie Römer in der Region geba-
det haben? Wo und wie im Mittelalter zur Ader ge-
lassen und geschröpft wurde? Warum im 17.
Jahrhundert Menschen "beyderley" Geschlechts
stundenlang gemeinsam im Bad saßen? Wo im
19. Jh. die besten "Freßbädle" gestanden haben? Wo die Konfessionsgrenze zwischen katholischen und evangelischen Dörfern verlief? All
diese Fragen werden im Bädermuseum beant-
wortet.

•Bad Bellingen-Bamlach, Weinstr. 25, Tel. 425
und 3190, mittwochs und sonntags von 14.00 bis
17.00 Uhr.

Tour 10

Die Bad Bellinger Traubenkur

Schon im Hochmittelalter war in der Region um
Bad Bellingen der Weinanbau stark verbreitet,
damals allerdings besaßen noch die Klöster und
Adligen den größten Teil der Reben. Im Jahre 1150
erließ das Benediktinerkloster Muri die älteste bekannte Rebordnung, die besagte, daß die Reb-
bauern ein Sechstel des Traubenmostes behalten
durften.

Die Gutedeltraube, die schon seit 200 Jahren
um Bad Bellingen angebaut wird, kommt ursprünglich aus der Oase Fayun südlich von Kairo
und wurde dort als Kurmittel entdeckt. Ihr Wein ist
frisch und leicht und von mäßigem Alkoholgehalt.
Die Gutedeltraube ist die einzige Traubensorte
Deutschlands, die zur Kur geeignet ist. Zur Zeit der
Traubenlese im Herbst bietet Bad Bellingen jeden
Morgen frisch geschnittene Trauben zur Kur an.
Therapiert werden damit Vitaminmangelbeschwer-
den, Schwächezustände nach schweren Krankheiten und chronische Verstopfung. Das Ganze
nennt sich "Umstimmungstherapie". Wer nicht zur
Kur da ist, der trinkt einfach die Trauben in Form
eines Gutedelweins – eben eine Umstimmungs-
therapie der flüssigen Art.

Info   ●*Bad- und Kurverwaltung GmbH,* 79415 Bad Bellingen, Tel. (07635) 8080, Fax 808290

Unterkunft   ●*Hebelhof**,* Bellingerstr. 5, Hertingen, Tel. 1001, Fax
mit   3322, Do. geschl., ÜF 70-95 DM (mit Sauna, Solarium und
Gastro-   Fitneßraum. Gartenlokal)
nomie   *Landgasthof Schwanen***,* Rheinstr. 50, Tel. 1314, Fax
2331, ÜF 56-66 DM

Aktivitäten   ●*Angeln:* Weißfische, Hecht, Aal, Barbe, Zander und
Karpfen im Rhein, Angelkarten im Rathaus
●*Baden:* Thermalbad im Kurhaus, für Gäste ohne Kur-
karte tgl. ab 10.00 bis 21.00 Uhr (Mo., Mi., Fr.) oder 22.00
Uhr (Di., Do.) geöffnet. Sa., So. und Fei. bis 19.00 Uhr.

Badenweiler

Vorwahl: 07632	**PLZ:** 79410
Einw.: 3500	**Höhe:** 360-580 m
Ortsteile: Lipburg/Sehringen (2 km), Schweighof (2 km)	

Überblick   Der schwäbische Dichterarzt *Justinus Kerner*
(1786-1862) nannte Badenweiler "ein Stück Ita-
liens auf deutschem Grund". Im Markgräflerland
gelegen, gehört der **Kurort** Badenweiler zu den
wärmsten Gegenden des Schwarzwaldes. Im
Kurpark gedeiht eine üppige, fast mediterrane
Vegetation mit Zedern, Pinien, Lorbeerbäumen,
indischen Roßkastanien und schönen Mammut-
bäumen. Der Ort weiß sich seinen gepflegt-mon-
dänen Nimbus gut zu erhalten. Nichtkurende Ta-
gestouristen müssen einen kleinen Fußmarsch
zum Ortskern absolvieren, denn ihr Auto hat im
Sommer auf den Parkplätzen am Ortsrand zu
bleiben. Als Überbleibsel aus rauheren, längst
vergangenen Zeiten trutzt über allem die Ruine
der im 11. Jahrhundert von den Herzögen von
Zähringen erbauten und 1678 von den Franzosen
zerstörten Burg.

Sehens- **wertes**	Das **Römische Bad** im Osten des Kurparks wurde 75 n. Chr. vermutlich von Kaiser *Vespasian* erbaut und geriet unter den Alemannen in Vergessenheit, erst 1784 wurde es durch Zufall wiederentdeckt. Eine Besonderheit der Ruine ist die Aufteilung in zwei völlig symmetrische Hälften, vermutlich badeten Männer und Frauen getrennt voneinander. Die Ruine, die als am besten erhaltenes römisches Badehaus in Deutschland gilt, ist zwar eingezäunt, kann aber von außen oder im Rahmen von Führungen besichtigt werden.

Die römischen Badruinen können auch ganz gemütlich von den Liegezonen der **Cassiopeia-Therme** begutachtet werden. Das altehrwürdige, 1875 im klassizistischen Stil erbaute Markgrafenbad wurde in den letzten Jahren renoviert und erweitert; herausgekommen ist eine hoch gewölbte, rot-weiße Kuppel, die im abendlichen Lichterglanz so eindrucksvoll aussieht, daß am modern-kubischen, schwarzen Empfangsschalter so manch einen die Schwellenangst überfallen könnte. Innen bietet die alte Therme modernsten Badekomfort: Thermalbewegungsbad mit Strömungskanal, Massagedüsen, Quelltöpfen, Liegeflächen und Badegrotten; Kuppel- und Marmorbad; der Durchgang durchs Römisch-Irische Dampfbad dauert nach alter Tradition ca. 2,5 Stunden.

●Geöffnet: Thermalbewegungsbad, Mo.-Fr. 9.00-21.00 Uhr, Sa./So. und an Feiertagen 9.00-19.00 Uhr. Sauna, Mo. Herren, Mi. Damen, gemischt Di., Do. und Fr. Römisch-Irisches Dampfbad (gemischt) Mo.-Fr. 10.00-21.00 Uhr, Sa./So. und Feiertage 10.00-19.00 Uhr.

Info	●**Kur- und Touristik GmbH Badenweiler,** Ernst-Eisenlohr-Str. 4, 79410 Badenweiler, Tel. (07632) 72110 (zum Nulltarif: Tel. 0130/843331), Fax 72170
Unterkunft	●**Hotel Römerbad*******, Schloßplatz 1, Tel. 700, ÜF 190-240 DM (das Hotel gehört zu den führenden der Welt, in der Bar waren schon *Friedrich Nietzsche, Thomas Mann* und *Andy Warhol* zu Gast) ●**Hotel Daheim am Park,** Römerstr. 8, Tel. 7580, Fax 758276, ÜF 113-143 DM (Tropengarten, direkt am Kurpark, Leihfahrräder, Hallenbad, Sauna, Solarium)

Tour 10

●*Gardenhotel Eckerlin/Ganter,* Römerstr. 2, Tel. 8320, Fax 832299, ÜF 65-105 DM (Sehr stilvoll, am Kurpark gelegen. Hallenbad, Sauna, Solarium)
●*Haus Burkart,* Ernst-Eisenlohr-Str. 10, Tel. 330, Fax 6505, ÜF 60-65 DM (nahe dem Kurpark, nur 14 Zimmer)

Gastro-nomie

●*Uli´s Schlemmerstuben im Club-Hotel Eberhardt-Burghardt**,* Waldweg 2-4, Tel. 8110 (gemütlich, Devise: "Vor dem Baden, nach dem Baden, Vitamine niemals schaden")
●*Markgräfler Winzerstube*,* Luisenstr. 6, Tel. 254, Mitte Dez. bis Anf. März geschl. (badische Weinstube, Vesper-Spezialitäten)
●*Confiserie-Café Behringer,* Zöllingerplatz 2, Tel. 5947, Mo. geschl. (plüschig-schönes Kaffeehaus)

Aktivitäten

●*Angeln:* Forelle und Seibling in der Klemmbach, Angelkarten bei der Kurverwaltung
●*Baden: Cassiopeia Therme* siehe Sehenswertes. Beheiztes Sport- und Freizeitbad mit Attraktionen wie Wildwasserkanal, Wasserrutschen, Massagedüsen und Mutter-Kindbereich, Tel. 1581
●*Forellenzucht: Forellenzucht Günther,* Badenweiler-Schweighof, Tel. 234 (Verkauf von in Buchen- und Wacholderrauch geräucherten Forellenfilets)
●*Gleitschirm-/Drachenfliegen:* Drachenfliegen am Hochblauen, Gleitschirmfliegen am Kreuzweg, Info: *Fritz Diringer,* Tel. 5003, Fax 5002. Schulungen: *Skymaster,* Tel. 8511
●*Golf:* bei Neuenburg-Chalampe (westlich von Badenweiler), französisch-deutscher Golfplatz, 18-Loch, Par und SSS 72, Länge 6134 m, Driving Range. Tel. (003389) 26076. Zufahrt von Badenweiler (14 km) über Autobahnzubringer zur Rheinbrücke bei Neuenburg. Clubmitgliedschaft mit Platzreife erforderlich.

Ausflugs- und Wanderziele

Nonnen-matt-weiher

Der auf einem ehemaligen Moor künstlich aufgestaute See, zu Füßen steiler Felswände, gehört mit seiner Hochmoorvegetation aus Wollgras, Farnen und Sonnentaurasen zu den botanischen Raritäten des Südschwarzwaldes. Die seit 1987 unter Naturschutz stehende Idylle ist auf der einen Seite des Sees ein künstlich angelegtes umtriebiges Bade- und Picknickparadies und auf der anderen Seite ein mehr oder weniger stilles Refugium für erholungssuchende Naturliebhaber.

Nonnen-
mattweiher

Tour 10

Und mittendrin schwimmt einsam die Torfinsel, ein botanisches Kleinod, das von keiner Seite betreten werden darf. Zwischen See und Parkplatz liegt eine kleine Hüttenwirtschaft. Seinen Namen soll der See den Nonnen verdanken, die einst auf dem Grunde des Sees ein Kloster bewohnten. Diese sündigen Damen sollen, um ihre Liebschaften zu vertuschen, ihren Pferden die Hufeisen verkehrt herum aufgezogen haben. Profanerweise allerdings stammt der Name des Sees vermutlich von der Nonnenmatt = Rinderweide ("Nunne" ist ein alemannisches Wort für ein weibliches Mastvieh).

Das Sträßchen, das östlich von Badenweiler ins Todtnauer Ferienland führt, wurde von jeglicher Erweiterung verschont und zwingt zum Langsamfahren durch die herrliche Landschaft ringsum. Nach ca. 15 km zweigt kurz vor Neuenweg ein Sträßchen in Richtung "Fischerhütte, Nonnenmattweiher" ab.

Blauen

8 km südöstlich von Badenweiler ragt der 1165 m hohe Blauen auf, vom Aussichtsturm genießt man einen Blick zu den Vogesen im Westen und zum Schweizer Jura und den Alpen im Süden. Nahezu legendär die Sicht auf das frühmorgendliche Nebelmeer im Rheintal.

●**Gastronomie:** *Gasthaus Hochblauen* *, unterhalb vom Gipfel, Tel. 388, Fax 6655, Mi. und Do. bis 18.00 Uhr geschl., ÜF 51-56 DM (schöner Ausblick, tagsüber Selbstbedienung)

Sulzburg

Vorwahl: 07634	**PLZ:** 79295
Einw.: 2500	**Höhe:** 375-1114 m
Ortsteile: Laufen (2 km)	

Überblick   Das alte Bergbau- und markgräfliche Residenz-
städtchen Sulzburg hat sich einen ländlichen
Charme bewahrt. Vom einst blühenden jüdischen
Gemeindeleben im Ort – im Jahre 1864 lebten
416 Juden (30% der Bevölkerung) in Sulzburg –
sind nur noch der Friedhof und die kürzlich reno-
vierte Synagoge erhalten geblieben.

Sehens-   Nordöstlich vom Marktplatz steht die 993 erst-
wertes   mals erwähnte, romanische **Kirche St. Cyria-
kus,** eine der ältesten Kirchen Süddeutschlands.
In der Krypta und an den Wänden am Aufgang
zum Altarraum sind noch Reste von Fresken aus
den Jahren 1510 bis 1520 zu sehen. Leider nur
noch in Konturen erhalten ist ein Fresko im Altarraum, das die sieben törichten Jungfrauen (siehe
Tiefenbronn bei Pforzheim) zeigt, wie sie gerade
die Treppe hinabsteigen.

Die ehemalige evangelische Kirche auf dem
Marktplatz beherbergt heute das Verkehrsamt
und das **Landesbergbaumuseum Baden-
Württemberg**. Der Sulzburger Silbererzbergbau
wurde schon vor über 950 Jahren in einer Urkunde erwähnt, er erreichte im 15. Jh. mit über
500 Beschäftigten seinen Höhepunkt, um dann
1835 wegen mangelnder Rentabilität aufgegeben zu werden. Im Museum werden die Berg-
baugeschichte und deren Auswirkungen auf
Kunst und Kultur gezeigt.

●Täglich, außer Mo., 14.00-17.00 Uhr geöffnet.

Beim Museum beginnt auch der 5 km lange
Bergbaugeschichtliche Wanderweg, der zu
ehemaligen Stollen und anderen bergbauge-
schichtlichen Plätzen führt.

In der Mühlbachstraße, im Volksmund einst "Judengässle" genannt, ist die **Jüdische Synago-ge** erhalten geblieben. Sie überstand, wenn auch schwer beschädigt, die Brandstiftungen und Zerstörungen der Nazizeit. Die 1823 im Weinbrennerstil erbaute Synagoge wurde nach dem Krieg als Lagerhalle, Stall und Kleinfabrik benutzt, und noch in den 70er Jahren unseres Jahrhunderts stand ein Abriß zur Debatte, bevor sie in den letzten Jahren doch noch restauriert wurde. Die Synagoge wird heute für Ausstellungen und andere kulturelle Veranstaltungen genutzt und ist für Besichtigungen am ersten und letzten Sonntag im Monat 16.00-18.00 Uhr geöffnet.

Südöstlich, taleinwärts in Richtung Bad Sulzburg liegt der **Jüdische Friedhof,** dessen Ursprünge sich bis ins 16. Jh. zurückverfolgen lassen. Für diejenigen, die nach dem Holocaust geboren wurden, verdeutlicht dieser Friedhof besser als jedes Geschichtsbuch, daß ein bei uns einst blühendes Gemeindeleben mit seiner Kultur ausgelöscht wurde. Auf dem mit Efeu und Moos überwachsenen Grabsteinen stehen kaum noch leserlich die verwitterten hebräischen Inschriften. Auf fast alle Grabsteine haben Besucher nach jüdischer Sitte Steine gelegt.

●Der Friedhof ist täglich geöffnet, außer am Sabbat (Samstag) und an jüdischen Feiertagen.

Tour 10

Der jüdische Friedhof von Sulzburg

"Kaum anzunehmen, daß der jüdische Friedhof in Sulzburg einmal mit einem Stern im Baedecker verzeichnet sein wird, obwohl er eine der ältesten israelitischen Begräbnisstätten ist und seit Mitte des siebzehnten Jahrhunderts urkundlich erwähnt wird.

Seit Generationen haben Juden hier in Sulzburg gelebt, Viehhändler, sie kannten jeden Bauern in der Umgebung, seinen Viehbestand, Weinhändler, sie fuhren schon im Sommer zu den Weinbergen, um die Ernte zu kaufen, Brotbäcker, sie holten das Wasser vom Brunnen, das man zum Anrühren des Teiges brauchte, Holz und Reisig aus dem Wald, um die richtige Backwärme im Ofen zu haben. Hausierer, die Tragekiepe auf dem Rücken mit allerlei Kleinkram bepackt: Schnürsenkeln, Nähgarn und Bändern, Kräutertee, Streichhölzern und Kerzen, Mäusefallen und Filzpantoffeln. Von Haus zu Haus zogen sie durch die Dörfer, meist waren sie sechs Tage unterwegs, um dann zum Sabbat zurückzukehren.

Fünf Rabbiner sind auf dem Sulzburger Friedhof bestattet. Auf ihren Grabsteinen, über den Inschriften, sind die Zeichen ihres Priestertums eingemeißelt: die segnenden Hände der Hohepriester in der typischen Haltung, die inneren Handflächen sind nebeneinander gestellt, die Daumen berühren sich, die übrigen Finger schweben darüber. Aber auch eine Hand mit der Kanne, die das Wappen der Leviten darstellt, die dem Priester bei der Reinigung der Hände halfen, ist in einigen Steinen eingraviert. Viele Steine krönt eine Rosette; auf Kindergräbern, mit nur halbhohen Steinen, sieht man das Halbrelief einer kleinen Rose.

Erst im Sommer 1973, nach fast fünfzig Jahren, sah ich den Sulzburger Friedhof wieder. Schon auf der letzten Wegstrecke verspürte ich Unbehagen. Durch die Bäume hindurch, Eschen, Erlen, Weiden, die den schmalen Sulzbach säumen, sah ich ein Heerlager von Autos und Wohnwagen. Dieser Anblick war bestürzend. Als ich die kleine Holzbrücke zum Friedhof hin überquerte, stand ich mitten auf einem Campingplatz. Schilder überall, in mindestens drei Sprachen, belehrten mich, was hier zu tun und zu lassen sei. Aber nirgends ein Hinweisschild auf den jüdischen Friedhof ..."

Soweit der deutsche Lyriker und Hörspielautor *Peter Huchel* im Jahre 1974 (siehe Literaturverzeichnis). Anm. d. Verf.: Die Situation von 1973 trifft auch heute noch im wesentlichen zu.

Tour 10

339

Brauch-tum
Ein eindrucksvolles Erlebnis ist in Sulzburg und im Sulz-bachtal die ***Burefasnet*** (Bauernfasnacht). Die findet statt, wenn andernorts schon wieder alle Masken und Fasnet-kostüme im Schrank verstaut sind, nämlich eine Woche nach der üblichen Fasnet. Am Sonntag um 14.11 Uhr zieht der historische Sulzbachtal-Narrenumzug durch das alte Tor in den Sulzburger Stadtkern ein. Bei Einbruch der Dun-kelheit endet die Fasnet mit dem schönsten Teil, dem "Schiibefier". Bei diesem "Scheibenfeuer" werden auf dem Bubenberg und am Waldrand von Sulzburg glühende Holz-scheiben, begleitet von Widmungssprüchen für eine alte oder neue Liebe, über eine Rampe in weitem Bogen ins Tal geschlagen.

Info
● ***Verkehrsamt,*** 79295 Sulzburg, Tel. (07634) 560040, Fax 560050

Unterkunft
● ***Waldhotel Bad Sulzburg,*** Badstr. 67, Tel. 8270, Fax 8212, ÜF 72-90 DM (wunderschön gelegenes, ruhiges Hotel, u.a. mit 28 Grad warmem Quellenhallenbad)
● ***Pension Haus am Wald,*** Schloßbergstr. 6, Tel. 8577, ÜF 35-55 DM
● ***Terrassen-Camping Alte Sägemühle,*** Tel. 8550 (1,5 km vom Ort beim jüdischen Friedhof, am rauschenden Bach, wintergeeignet, Chemietoilettenentsorgung)

Gastro-nomie
● ***Zum Hirschen***,*** Hauptstr. 69, Tel. 8208, Mo. und Di. geschl. (klein, aber fein; französisch inspirierte Edel-Küche)
● ***La Vigna***,*** Weinstr. 7, Laufen, Tel. 8014, So. und Mo. geschlossen (Edelitaliener)
● ***Winzerstube Drei Lilien**,*** Weinstr. 38, Laufen, Tel. 8327, Mi. und Do. geschl. (regionale Küche)

Aktivitäten
● ***Radverleih:*** im Verkehrsamt
● ***Weinproben:*** Winzergenossenschaft Laufen, Tel. 714 und 715, Fax 719, Mo.-Fr. 8.00-12.00 Uhr und 13.30-17.30 Uhr, Sa. 9.00-12.00 Uhr

Tour 11

Todtnauer Ferienland und Hotzenwald

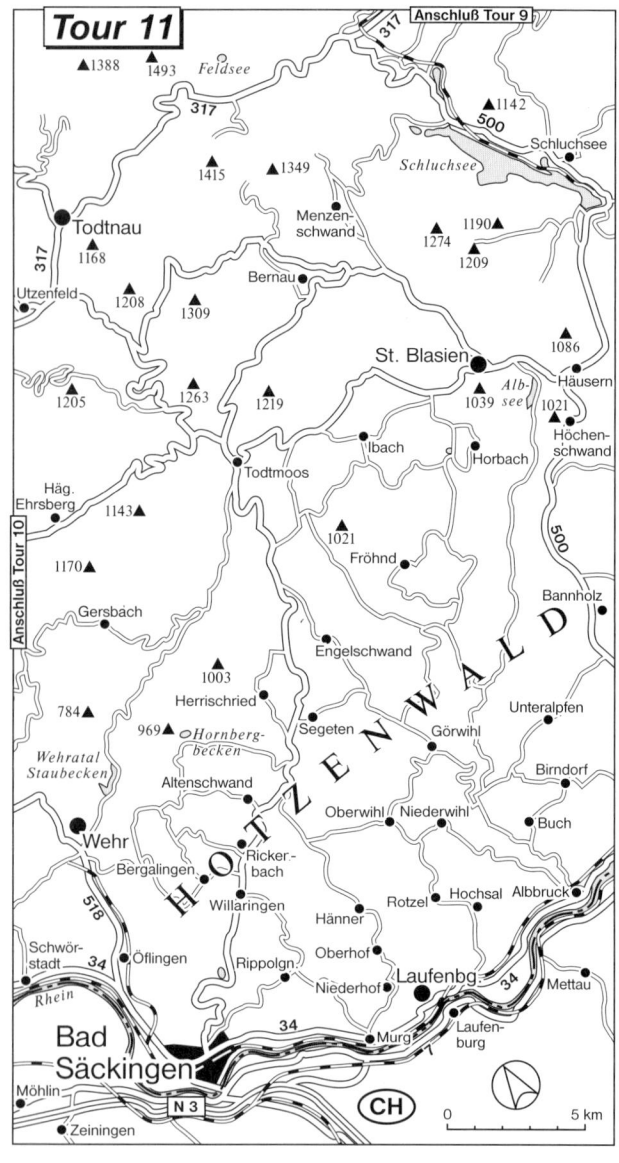

Route   Todtnauer Ferienland – Todtmoos – der Hotzenwald (zwischen) Todtmoos (und) Bad Säckingen
– St. Blasien – Todtnauer Ferienland

Beschrei-   Ein sommers wie winters herrliches Freizeitpara-
bung   dies (Todtnauer Ferienland), eine archaische Gegend mit einer von Ängsten und Nöten erzählen-
den Kirche (der Hotzenwald mit der Kirche von
Rickenbach), ein Trompeten- und ein Müllmuse-
um (in Bad Säckingen), ein monumentaler Dom
(in St. Blasien) – diese Tour führt vom Tourismus-
zentrum Todtnauer Ferienland in die Stille und
Einsamkeit des Hotzenwaldes

Todtnau

> **Vorwahl:** 07671   **PLZ:** 79674
> **Einw.:** 5100   **Höhe:** 600-1490 m
> **Ortsteile:** Todtnau (geographisches Zen-
> trum des Todtnauer Ferienlandes), Todtnau-
> berg (7 km), Muggenbrunn (5 km), Branden-
> berg-Pfahl (2-5 km), Präg-Herrenschwand (7
> und 14 km), Aftersteg (2 km), Geschwend (3
> km), Schlechtnau (1 km)

Tour 11

Überblick   *Doktor Tholus,* Ortsarzt von Todtnau, hatte große
Schwierigkeiten, in schneereichen Wintern zu
seinen Patienten zu gelangen. In jungen Jahren
war er als Schiffsarzt in Norwegen gewesen und
hatte dort gehört, daß der Polarforscher *Fridtjof
Nansen* Grönland auf Schneeschuhen durchquert
hatte. Diese praktische Erfindung ließ er sich im
Jahre 1888 auch schicken. Der Doktor kam mit
den Schuhen nicht zurecht und bat *Nansen*
höchstpersönlich um Hilfe. Der schickte 1891
die richtigen Schuhe; weil sie gar so praktisch
waren, wurden auch noch gleich die Postboten
damit ausgerüstet. Die Todtnauer gründeten den
ersten Skiclub Deutschlands, und *Nansen* wurde
Ehrenmitglied. Heute ist das **Todtnauer Ferien-**

land, wie die Region genannt wird, nicht nur ein beliebtes Wintersportgebiet, sondern auch ein landschaftlich besonders abwechslungsreiches Wandergebiet.

Veranstaltungen

Zur Unterhaltung ihrer Gäste haben sich die Todtnauberger zwei originelle Veranstaltungen einfallen lassen, die allerdings nur in Verbindung mit einem Aufenthalt vor Ort gebucht werden können. Beim Schwarzwälder **Speckseminar** wird in Begleitung eines gestrengen "Speck-Professors" gewandert, die Anatomie des Schweins gebüffelt, als praktische Übung Schweinespeck gegessen und anschließend der Magen mit "harter Medizin" neutralisiert. Eine ruhigere Angelegenheit ist das **Baumpflanzen** im "Kurgastwäldle", wo jeder Teilnehmer für seinen Baum ein Zertifikat mit Registriernummer erhält.

Sehenswertes

Der **Todtnauer Wasserfall,** auf der Karte meist als Hanglochwasserfall eingezeichnet, liegt unterhalb des Dorfes Todtnauberg. Über mehrere, insgesamt 94 m hohe Felsklippen stürzt er wildromantisch ins Wiesental hinunter.

Info

- *Kurverwaltung Todtnau,* 79674 Todtnau, Tel. (07671) 375, Fax 99634 (die Gemeinden des Todtnauer Ferienlandes geben einen gemeinsamen Prospekt heraus)

Unterkunft mit Gastronomie

Todtnau

- *Berggasthaus Gisiboden*,* Todtnau-Gschwend, in der Ortsmitte links die Gisibodenstr. 7 km bergauf fahren, Tel. 8545, Do. Ruhetag (bei großem Andrang – Busunternehmen kommen gerne hierher – etwas unfreundlicher Service, ansonsten tolle Küche, z.B. selbstgebackene Kuchen, Käsesalat, strammer Max)
- *Gasthaus Hochkopfhaus,* auf dem Weißkopfsattel an der Verbindungsstraße von Todtnau nach Todtmoos, Tel. 437 (kinderfreundliches Haus, auch Übernachtung)

Todtnauberg

- *Kur- und Sporthotel Mangler**,* Ennerbachstr. 28, Tel. 639, Fax 8693, kein Ruhetag, ÜF 85-95 DM (Ein persönlich geführtes Haus. Zu empfehlen: Schlemmerpfanne "Sporthotel", hausgemachte Kuchen und die vegetarischen Gerichte)
- *Hotel Sonnenalm,* Hornweg 21, Tel. 1800, Fax 9212, ÜF 58-75 DM (neuerbaut, ruhige Südhanglage mit Aussicht)
- *Jugendherberge Todtnauberg Fleinerhaus,* Radschwertstr. 12, Tel. (07671) 275, Fax 721 (in 1150 m Höhe mit Blick auf die Alpenkette gelegen)

Todtnau-Präg

- *Landhaus Sonnenhof*-**,* Hochkopfstr. 1, Tel. 538, Fax 1765, ÜF 58 DM (klein und heimelig)
- *Berggasthaus Präger Böden,* zwischen Bernau und Präg links der Beschilderung "Präger Böden" folgen, Tel. 517, Mo. Ruhetag (Schwarzwaldtypisches und Saisonalgerichte; Spezialität: Alpkäse und Heidelbeerwein)

Muggenbrunn

- *Berggasthof Café Fideli´s Bühl,* im Ortszentrum beim "Grünen Baum" abzweigen, Tel. 1241, Di. geschl. (helles, modernes Gasthaus, viel Hausgemachtes)
- *Hasenhorn-Hütte,* Tel. 521, Mo. Ruhetag. Gelegen auf 1000 m Höhe, erreichbar mit dem Hasenhorn-Lift ab Todtnau-Talstation (zünftige, hübsch dekorierte Stube. Leckere Kleinigkeiten wie Käse-Ananas-Salat, Hartkäse mit Cornflakeskruste und Knoblauchsauce)
- *Campingplatz Hochschwarzwald,* Tel. 1288 (wintergeeignet, eigener Skilift, Einkaufsmöglichkeit, Restaurant, Chemietoilettenentsorgung)

Fahl

- *Gasthof Lawine**,* Tel. (07676) 355, Fax 366, Do. geschl., ÜF 50-60 DM (Haus im Schwarzwaldstil am Fuße des Belchen; 300 m von den Fahler Liften)

Tour 11

Lifteverbund Südschwarzwald

Ortschaft	Liftname	Länge/m	Höhendiff./m
Aftersteg	Langmatt	565	162
Belchen	Kaltwasser	300	150
Breitnau/Turner	Wirbstein	450	100
	Turner	750	150
Feldberg/Ort	Sesselbahn	875	150
	Seebuck I+II	635	120
	Baby-Lift I+II	150	30
Altglashütten	Schwarzenbach	650	135
Bärental	Bärental	340	80
Falkau	Haslachtal	220	50
Freiburg	Schauinslandbahn -	3600	750
Hinterzarten	Windeckkopf	900	200
	Familienlift	700	95
	Georg-Thoma-Lift	350	75
Muggenbrunn	Franzosenberg	650	170
	Winkel I+II	800	150
	Köpflelift	350	125
	Wasen I+II	550	80
	Baby-Lift	200	30
Notschrei	Notschrei I+II	480	101
Oberried Hofsgr.	Rotlache	900	230
	Poche	500	120
	Rosshang	500	120
	Anfänger-Lift I	200	50
	Anfänger-Lift II	180	40
St. Blasien	Grafenmatt	990	140
Feldberg-Ort	Zeller I	650	135
	Zeller II	610	110
	Zeiger	550	90

Ortschaft	Liftname	Länge/m	Höhendiff./m
Menzenschwand	Mösle	605	177
	Rehbach	295	36
	Schwinbach	700	180
Haldenlifte	Haldenköpfle	500	80
	Haldenköpfle I+II	400	60
Todtmoos	Prägerlift	500	180
	Herrenschwand	750	120
	Hochkopf I	500	200
	Hochkopf II	500	150
	Kirchberg	450	120
	Todtmoos Weg-	400	140
	Schweinlekopflift	400	130
Todtnau	Sesselbahn Hasenhorn	970	370
Todtnau-Fahl	Ahornbühl	1480	435
	Hebelwiese	900	190
	Silberwiese I+II	920	245
Todtnauberg	Radschert	510	125
	Baby-Lift		
	Stübenwasen	980	250
	Kapellen	500	125
	Gipfel	600	
	Skischule	450	70
	Scheuermatt	540	145
Münstertal-Wied.	Rollpsitz	950	260
	Wied!

ereck | 400 | 150 |
	Warbachlift	200	80
	Scheuermattlift	300	100
	Heidstein	1300	370
	Neuhof	800	220
	Eichbühl	400	120
	Weiherkopf I	750	300
	Weiherkopf II	350	150
	Hohtannlift	500	150

50 Lifte und Seilbahnen von Anfänger- bis zu Weltcup-Pisten können im Südschwarzwald mit einer Liftekarte (Punkteblock) benutzt werden.

Tour 11

Aktivitäten

- ●*Angeln:* Forelle in der Wiese (Todtnau), im Schönenbach (Todtnauberg) und im Langenbach (Muggenbrunn); Angelkarten jeweils bei der Kurverwaltung
- ●*Klettern: Vertikal Reisen,* Tel. 8300 und 8304, Fax 8937 (Kletterkurse, Canyoning). *Kletterfreunde Todtnau e.V.,* Tel. 375 (selbst hergerichteter Kletterfelsen in Todtnau). *Sporthaus Lehr,* Friedrichstr. 7, Todtnau, Tel. 317
- ●*Glasbläserhof: Glasbläserhof Todtnau-Aftersteg,* Tel. 8050, tgl. 9.00-18.00 Uhr geöffnet
- ●*Sessellift:* Todtnau (600 m) – Hasenhorn (1065 m) tgl. 10.00-17.00 Uhr
- ●*Radverleih: Fahrrad Lädele,* Freiburgerstr. 10, Todtnau, Tel. 1290. *Rad-Sport Gerspacher,* Meinrad-Thoma-Str. 2, Todtnau, Tel. 893

Wintersport

- ●*Loipen:* nördlich von Todtnau am "Notschrei". Landschaftlich großartige Strecken in 1100 bis 1385 m Höhe. *Stübenwasenspur* (24 km), *Schauinslandspur* (18 km), *Leuchtspur* (5 km, gegen Gebühr). Diese drei Loipen zählen zu den schönsten Langlaufstrecken Deutschlands.
- ●*Rodeln:* vom Hasenhorn auf 1158 m nach Todtnau (die 3,5 km lange Bahn ist die längste gewalzte Rodelbahn Deutschlands)

Todtmoos

Vorwahl: 07674	**PLZ:** 79682
Einw.: 2300	**Höhe:** 700-1263 m
Ortsteile: Strick (2 km)	

Überblick

Dem Leutpriester *Dietrich von Rickenbach* erschien im Jahre 1255 die Gottesmutter. Sie befahl ihm, eine Tanne auf dem Schönbühl zu fällen, denn diese soll für die giftigen Dämpfe über dem Waldsumpf "Totes Moos" verantwortlich gewesen sein. Wie befohlen, so getan: Die Tanne wurde gefällt, die Dämpfe verschwanden, und der Priester errichtete zum Dank eine kleine Kapelle mit Marienbild, worauf sich dann im folgenden Jahrhundert Todtmoos zu einem Wallfahrtsort entwickelte. Von giftigen Dämpfen kann heute nicht mehr die Rede sein, zum touristisch umtriebigen, heilklimatischen Kurort Todtmoos pilgern nicht nur Marienwallfahrer, sondern auch Erholungssuchende und Wintersportler.

Info   ●*Tourist-Information,* Wehratalstr. 19, 79682 Todtmoos,
                   Tel. (07674) 90600, Fax 906025

Unterkunft   ●*Gasthof Rössle,* Kapellenweg 2, Strick, Tel. 90660,
mit   Fax 8838, Di. geschl., ÜF 73-85 DM (im Jahre 1670 als
Gastro-   Gasthof und Pferdewechselstation erbaut, seither in Fami-
nomie   lienbesitz, Spezialität: Schwarzwälder Schinken)
                   ●*Hotel-Restaurant Löwen,* Hauptstr. 23, Tel. 505,
                   Fax 507, ÜF 50-70 DM

Aktivitäten   ●*Angeln:* Forelle im Rüttebach, Angelkarten bei der Kur-
                   verwaltung
                   ●*Radverleih:* bei der Tourist-Information
                   ●*Lifte:* siehe Todtnau, Tabelle Lifteverbund Südschwarz-
                   wald
                   ●*Skischule:* Tel. 8214 oder 8290

Der Hotzenwald

Überblick   Von Todtmoos bis nach Bad Säckingen erstreckt
                sich zwischen den schluchtartigen Tälern von
                Wehra und Murg der westliche Hotzenwald in
                einer Höhenlage zwischen 700 und 1050 m
                ü.d.M. Es ist eine noch heute einsam anmuten-
                de, herbe Landschaft ohne Städte, deren Be-
                wohner in hoch gelegenen, weit verstreuten Sied-
                lungen leben. Wenn im Spätherbst und im Vor-
                frühling die Täler im Nebel versinken, ragt der
                Hotzenwald – eines des sonnenscheinreichsten
                Gebiete Südwestdeutschlands – wie eine Insel
                aus dem Nebelmeer heraus.

Die Bauern, die einst den Hotzenwald *(Hotzen
= grobes Tuch aus Schafwolle),* den Südschwarzwald zwischen Säckingen und Waldshut,
urbar machten, besaßen zum Ausgleich für ihre
harten Lebens- und Arbeitsbedingungen besondere Rechte und Privilegien. Ihre Freiheit und
Selbstverwaltung legten sie schon 1433 urkundlich fest:

*"Wir, die Einigungsmeister und das ganze Land vor und hinter
Hag mitsammt den Tälern Todtnau und Schönau tun kund und
zu wissen: Da jeweils einig Gewohnheit und altes Herkommen
bei uns gewesen, in allen Dingen einig zusammen z halten (...)
so haben wir uns neuerdings vereint, verpflichtet und verbunden,*

Tour 11

349

daß Alle auf dem Wald hinfür in allen Sachen mit Tun und mit Lassen, sonderlich in Kriegen und Feindschafte, eins zusammen sein und gehören wollen wie vorher."

Die Freiheitsliebe der Hotzen gipfelte im 18. Jh. in den Salpetereraufständen (siehe Geschichte des Schwarzwaldes), als ihnen der Klerus von St. Blasien ihre Rechte empfindlich beschneiden wollte.

Die größte Sehenswürdigkeit des Hotzenwaldes ist seine Landschaft, und die erschließt sich am besten auf Wanderwegen oder auf den kleinen Sträßchen abseits der Hauptstraße.

Sehens- Der noch bis vor zwei Jahrzehnten bewohnte
wertes ***Klausenhof in Großherrischwand*** aus dem Jahre 1424 sollte zu den Vogtsbauernhöfen versetzt werden, blieb dann doch an Ort und Stelle. Heute ist er ein Heimatmuseum. Einrichtung und Ausstattung des Klausenhofes zeigen, daß der Besitzer im Gegensatz zum Vogtsbauern in Gutach alles andere als wohlhabend war.
●Geöffnet Di., Mi. und Sa. 14.00-17.00 Uhr, So. 13.00-18.00 Uhr.

In ***Rickenbach,*** südlich von Herrischried, steht eine äußerlich einfache ***Dorfkirche,*** deren Inneres aufsehenerregend ist. Die Wände hinter dem Altar zeigen etwa ein Atomkraftwerk und die Glasfenster U-Bahnen, Ampeln und einen Campingplatz. Die in den Jahren 1838-41 erbaute Kirche wurde von 1971 bis 1986 vollkommen restauriert und sah danach wie eine Wartehalle aus. Bunte Glasfenster und farbige Gemälde an den Wänden, das gab es nicht mehr. Die Rickenbacher aber wollten wieder was fürs Auge in ihrer Kirche. Der Karlsruher Künstler *Emil Wachter* machte sich ans Werk und stellte an Wänden und Glasfenstern den Szenen aus der Bibel Szenen aus der Neuzeit gegenüber; zum Beispiel beim Turmbau zu Babel, wo er Unternehmer, Gewerkschaftsbosse, Emanzen, Gastarbeiter, Karriere und Medien-Macht darstellte. Auch wer sich nicht für Kirchenkunst interessiert, wird von diesem Werk beeindruckt sein.

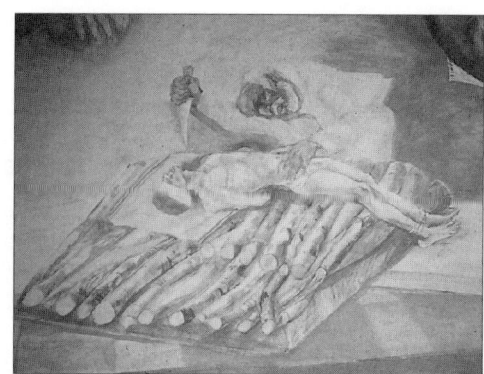

Pfarrkirche
Rickenbach,
Hotzenwald

Info
- **Kurverwaltung Herrischried,** Hauptstr. 28, 79737 Herrischried, Tel. (07764) 920040, Fax 920049
- **Verkehrsamt,** 79734 Rickenbach, Tel. (07765) 920017, Fax 656

Unterkunft mit Gastronomie
- **Alemannenhof Hotel Engel**-**,** Hauptstr. 6, Rickenbach, Tel. 92010, Fax 920188, ÜF 75-90 DM (herrliches Salatbuffet; Sauna, Solarium; Streichelzoo für Kinder)
- **Hotel-Restaurant Zum Salpeterer,** Altenschwand, Rickenbach, Tel. 368, Fax 8398, ÜF 51-58 DM (ruhige Lage mit schöner Aussicht. Spezialitäten: Fondue, vegetarische Kost, Vesper)

Aktivitäten
- **Golf:** 18-Loch-Golfanlage, Rickenbach, Tel. 777 oder 920017 (Par 70, ca. 6000 m, anspruchsvoller Platz mit Höhenunterschieden im Gelände bis zu 50 m)

Tour 11

Bad Säckingen

Vorwahl: 07761	**PLZ:** 79713
Einw.: 16.000	**Höhe:** 292-600 m
Ortsteile: Harpolingen (7 km),	
Rippolingen (5 km), Wallbach (3 km)	

Überblick Von Bad Säckingen, das mit gleich zwei originellen Museen aufwarten kann, dem Trompetenmuseum und dem "Kleinen Museum aus dem Müll", braucht man nur wenige hundert Meter nach

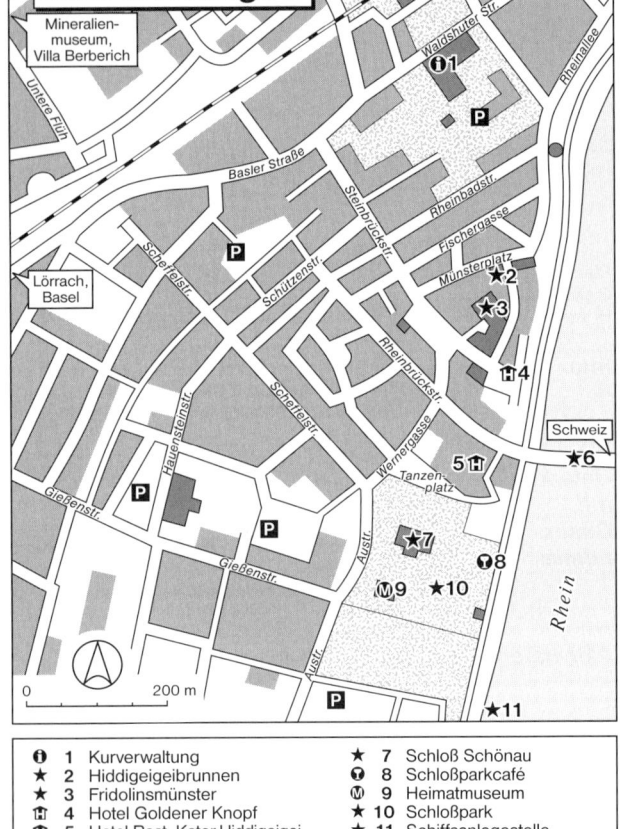

❶	1	Kurverwaltung	★ 7	Schloß Schönau
★	2	Hiddigeigeibrunnen	❼ 8	Schloßparkcafé
★	3	Fridolinsmünster	Ⓜ 9	Heimatmuseum
⌂	4	Hotel Goldener Knopf	★ 10	Schloßpark
⌂	5	Hotel-Rest. Kater Hiddigeigei	★ 11	Schiffsanlegestelle
★	6	Holzbrücke		

Süden über die alte Holzbrücke zu gehen, und schon steht man in der Schweiz, in Richtung Norden umgibt einen der Hotzenwald. Das Städtchen selbst lohnt durchaus einen Rundgang, nicht nur wegen der Lage am Rhein, sondern auch wegen seiner romantischen Altstadt, die als Musterbeispiel einer gelungenen Sanierung gilt.

**Sehens-
wertes**

Die Geschichte des armen Trompeters (siehe Exkurs) spielt im Schloß Schönau, im Volksmund kurz *"Trompeterschlößle"* genannt, wo heute die wertvollste Trompetensammlung der Welt untergebracht ist. Weiterhin sind im Schlößle eine umfangreiche Uhrensammlung und das Hochrhein-Museum mit seltenen Funden aus der Vor- und Frühgeschichte zu besichtigen.
●Tel. 51311, geöffnet Di., Do., So. 14.00-17.00 Uhr.

Der Trompeter von Säckingen

Als *Viktor von Scheffel* in den Jahren 1850 bis 1851 als Amtsrevisor in Säckingen arbeitete, kam ihm die legendäre Liebesgeschichte des Bürgersohns *Franz Werner Kirchhofer* zu der Adligen *Maria Ursula von Schönau* zu Ohren. Selbst schwer von Liebeskummer geplagt, ging *von Scheffel* nach Italien, um Maler zu werden. Auf Capri schrieb er sich seine Sehnsucht nach der Geliebten und der Heimat in der volkstümlich-romantischen Verserzählung *"Der Trompeter von Säckingen"* von der Seele. In dem rührenden Herz-Schmerz-Stück geht es um die Liebe des adligen Fräuleins zum armen, bürgerlichen Trompeter. Soviel Standesunterschied ist natürlich nicht akzeptabel, das Fräulein wird an den kaiserlichen Hof nach Wien geschickt, der Trompeter folgt ihr und wird Domkapellmeister zu Wien. Ende gut, alles gut, der Trompeter wird geadelt, und die beiden können heiraten. Vom wirklichen *Franz Werner Kirchhofer* und seiner Frau kündet heute noch ein Grabstein an der Außenwand des Münsterchores, dessen Inschrift an das "in gegenseitiger Liebe unvergleichliche" Paar erinnert.

Tour 11

Beim Schloßpark führt die berühmte *Holzbrücke* über den Rhein ins benachbarte Stein im Schweizer Kanton Aargau. Die Brücke aus dem Jahre 1571 ist mit ihren 200 m die längste gedeckte Holzbrücke Europas.
●Offizielle Zeiten des Grenzübergangs: täglich 8.30-12.30 Uhr und 13.30-18.30 Uhr).

Unweit der Brücke ragt das doppeltürmige **Fridolinsmünster** auf. Die gotische Basilika aus dem 13./14. Jh. brannte 1678 ab und wurde im 17. Jh. im Barockstil wiederaufgebaut. Die Deckengemälde zeigen Stationen aus dem Leben des *Hl. Fridolin,* der hier im 7. Jh. eine Missionszelle gründete. Hinter dem Münster krümmt auf einem modernen Brunnen *Viktor von Scheffels* "epischer Charakterkater" *Hiddigeigei* aus dem "Trompeter" seinen Katzenbuckel.

"Unser kleines Museum aus dem Müll"

Im Stadtteil Wallbach steht das **"Kleine Museum aus dem Müll".** Gut 20 Jahre ist es her, daß *Erich Thomann,* wie jeden Tag, mit seiner Planierraupe über die Mülldeponie Lachen-Graben ratterte, als ihn aus dem Müll ein kleiner, arg zerzauster Teddybär anstarrte. *Erich Thomann* brachte es nicht übers Herz, den kleinen Bären zusammenzufahren. Dieser Teddybär war es, der *Erich Thomann* zum Sammler werden ließ und im Laufe der Jahre seine ganze Familie mit ihm. Vom Nähfaden über diverse Lorgnons, eine dreibeinige "Miele Extra Waschmaschine", ein Grammophon, handgewebte Nachthemden, Ohrlochstecher, Schmuck, Sattlerwerkzeug, diverse Bücher und jede Menge Hakenkreuze bis hin zum Schmuck – zu vielen Themenbereichen könnte die Familie eine eigene Abteilung machen, so zahlreich sind die Ausstellungsstücke. *Erich Thomann* oder seine Frau *Agnes* führen nicht durchs

Museum, sie unterhalten durchs Museum. Von Zwischenboden zu Zwischenboden der hölzernen Scheune, von einem Fundstück zum anderen, werden nicht nur bei Frau *Thomann* Erinnerungen wach, sondern auch bei ihren Besuchern, bei denen nostalgische Gefühle hochkommen bei seinerzeit hochmodernen Vierfarbkulis, Strickliesseln, Stickrahmen, Fleischwölfen – altbekannt aus der Kindheit und doch vergessen. Auch wenn das kostbarste Stück der Sammlung

eine Bibel aus dem Jahre 1743 ist, so lieben doch die *Thomanns* alle Stücke gleichermaßen, sie wollen kein einziges Ausstellungsstück mehr missen. ●Hauptstr. 162, Bad Säckingen-Wallbach, Tel. 4325, ganzjährig geöffnet Do. 15.00-17.00 Uhr und So. 14.00-17.00 Uhr.

Info   ●**Kurverwaltung Bad Säckingen,** Waldshuter Str. 20, 79713 Bad Säckingen, Tel. (07761) 51316, Fax 51330.

Unterkunft   ●**Hotel Goldener Knopf,** Rathausplatz 9, Tel. 5650, Fax 565444, ÜF 70-90 DM (am Rheinufer gelegenes, historisches Haus, in dem schon *Viktor von Scheffel* nächtigte)
●**Hotel Hirsch,** Schaffhauser Str. 64, Tel. 50255, ÜF 45-60 DM (familiär)

Unterkunft ●**Hotel Kater Hiddigeigei**,** Tanzenplatz 1, Tel. 4055-
mit   56, Fax 1066, Mi. geschl., ÜF 65 DM (badische und süd-
Gastro-   afrikanische Spezialitäten; der Koch arbeitete lange in
nomie   Namibia)

**Gastro-
nomie**

- ●*Fuchshöhle****, Münsterplatz 24, Tel. 7313, So. und Mo. geschl. (wunderschön bemaltes Haus aus dem 17. Jh.)
- ●*Schloßpark-Café,* im Schloßpark, Tel. 48961, Mai-Sept. tgl. bis ca. 20.30 Uhr, bei Regen geschl. (auf der Freiterrasse unter Kastanienbäumen mit Blick auf den gemächlich dahingleitenden Rhein und die alte Holzbrücke vor sich hin träumen … herrlich!)
- ●*Café-Restaurant Bergsee*,* Bergseestr. 93, im Winter Di. geschl. (am Ufer des Bergsees gelegen)

Aktivitäten

- ●*Angeln:* Hecht, Aal, Schleie, Barsch, Forelle, Karpfen, Brachse, Döbel und Rotauge im Rhein, Angelkarten beim Liegenschaftsamt, Scheffelstr. 3, Tel. 55060. Hecht, Karpfen, Schleie, Zander und Forelle im Bergsee, Angelkarten bei *"Zum Sportfischer",* Hauensteinstr. 26, Tel. 8020
- ●*Baden:* Thermal-Mineral-Schwimmbäder im Kurmittelhaus, Tel. 56080, Mo.-Fr. 9.00-22.00 Uhr, Sa. + So. 9.00-20.00 Uhr. Unbeheiztes Waldbad, Eggbergstr., Tel. 7499, Mitte Mai bis Mitte Sept. tgl. 10.00-19.00 Uhr
- ●*Fabrikverkauf: SEIBA Weberei und Strickerei,* Ballyweg 5, Tel. 55000, Verkauf Di., Do., Fr. 14.00-17.00 Uhr (Web- und Strickstoffe 30-40% unter Ladenpreis)
- ●*Grenzübertritt in die Schweiz:* Fußgänger und Radfahrer auf der Holzbrücke in der Altstadt, Autofahrer über die Fridolinsbrücke
- ●*Museen: Trompetenmuseum* und *Unser kleines Museum aus dem Müll* siehe Sehenswertes. *Mineralien-Museum* Villa-Berberich, Parkstr. 1, Tel. 7478, Sa., So. 15.00-17.00 Uhr
- ●*Rheinfahrten:* mit den Fahrgastschiffen "Trompeter" (ab dem Schloßpark flußabwärts nach Schwörstadt, So., Di.. und Do. 14.30 Uhr; ab Ostern bis Oktober), "Hochrheinpionier" (ab Obersäckingen flußaufwärts über Murg und Laufenburg nach Hauenstein, sonn- und feiertags 14.00 Uhr, 1.5.-15.9.)

Heidenstein

Ausflugsziel

**Schwör-
stadt**

Nordwestlich von Bad Säckingen, in Schwörstadt in der Römerstr. 22 (nahe bei der Ortseinfahrt, von Dossenbach kommend), steht der viertausend Jahre alte **Heidenstein.** Er ist der Rest einer Grabanlage aus der Übergangszeit von der jüngeren Steinzeit zur Bronzezeit. Bei Grabungen wurden dort Reste von 19 Skeletten gefunden, in Rückenlage mit dem Gesicht nach oben, der aufgehenden Sonne zugewandt. Der Stein wiegt 60 Zentner, ist 3,30 m hoch und an der Basis 3,40 m breit. Über das rätselhafte Loch in der Mitte des Steins haben die Archäologen ihre eigene Theorie: Nach dem Glauben der Steinzeitmenschen sollen die Seelen der Verstorbenen durch dieses Loch das Grab verlassen haben.

St. Blasien

Tour 11

Vorwahl: 07672	**PLZ:** 79837
Einw.: 4200	**Höhe:** 760-1300 m
Ortsteile: Albtal (8 km), Menzenschwand (8 km)	

Überblick

Das Ortsbild des kleinen umtriebigen Kneipp- und heilklimatischen Kurorts wird ganz und gar vom Dom des Klosters St. Blasien beherrscht, letzterem verdankt der Ort auch seine Gründung. Von hier aus ging einst die Besiedelung der ganzen Gegend aus, noch heute ist St. Blasien der Mittelpunkt des relativ dünn besiedelten Umlandes.

**Sehens-
wertes**

Wer von Macht kündende Monumente liebt, der wird vom **Dom in St. Blasien** sicherlich begeistert sein. Inmitten des tief eingeschnittenen und waldreichen Tals der oberen Alb erhebt sich die drittgrößte Kuppelkirche Europas, deren erster Anblick den Deutschlandreisenden *Friedrich*

Nicolai anno 1781 ziemlich bewegte: "Erstaunen und Bewunderung ergreift den Wanderer (...) wenn plötzlich das große majestätische Gebäude dasteht. Der Eindruck ist unbeschreiblich, in dieser rauhen Gegend ein so weitläufiges, so wohl geordnetes Gebäude zu erblicken". Gegründet wurde die Abtei im 9. Jahrhundert von Einsiedlern, die vom Kloster Rheinau Reliquien des heiligen *Blasius* (dem Schutzpatron gegen Halsweh, er hatte einem Knaben eine Gräte aus dem Hals gebetet) erhalten hatten und fortan das Kloster nach ihm benannten. Ritter *Reginbert von Seldenbürgen,* ein Feldherr aus dem Heer von *Kaiser Otto I.,* war beeindruckt und investierte fortan in die fromme Einsiedelei. Ihm folgten viele Männer aus den vornehmsten Geschlechtern, die sich hier zur Erringung ihres Seelenheils niederließen und ihren Besitz dem Kloster überschrieben. Die adligen Klosterbrüder waren sich für keine Arbeit zu fein: *Ritter Arnold von Uehlingen* hütete die Schweine, *Lambert von Fahrnau* diente als Packträger und *Ulrich von Sulz* als Ofenheizer, der nebenher jede Nacht fünf Stunden zum Schluchsee lief, um fangfrische Fische für die Mönchstafel herbeizuschaffen. Auf solche Weise gewann das Kloster zunehmend an Macht und Besitz. Zwischen 1322 und 1768 wurde das Kloster von einer Katastrophe nach der anderen – Brand, Sprengung, Pest und Plünderung – heimgesucht, 1768 legte ein erneutes Feuer den Bau mit seiner wertvollen Bibliothek in Schutt und Asche. Mit dem Wiederaufbau wurde sofort begonnen, es entstand die heutige Kuppelkirche im frühklassizistischen Stil. Der neue Dom diente allerdings nur 25 Jahre als Kirche, schon 1806 wurde das Kloster im Zuge der Säkularisierung aufgelöst. In den Folgejahren wurden in den Klostergebäuden nacheinander eine mechanische Fabrik, eine Gewehrfabrik und eine Baumwollspinnerei eingerichtet. Seit 1947 ist auf dem Klostergelände ein renommiertes Jesuiten-Internat untergebracht, in dem auch der frühere CDU-Generalsekretär *Heiner Geißler* zur Schule ging.

Zurückblickend sagte er heute über seine vierjährige Lehrzeit bei den Jesuiten: "Ich hatte keinen Sex, ich hatte keinen Alkohol, keine Zigaretten. Dafür habe ich Disziplin und Gehorsam gelernt".

Die Geschichte von St. Blasien ist eine Geschichte von Extremen, von großem Geist, großer Macht und von großem sozialem Engagement, aber auch von Herrschsucht, Verschwendung und Unterdrückung. Hier flammten die blutigen Salpetereraufstände auf (siehe Geschichte des Schwarzwaldes), aber hier gründete auch Fürstabt *Martin II.* im 18. Jh. ein Altersheim und eine Sparkasse für die Armen, eine soziale Pioniertat für damalige Zeiten.

St. Blasien,
Haus Schmidt

Tour 11

Der Sage nach: St. Blasiens Reichtum

Zu einem Mann, welcher im Kloster St. Blasien Stroh schnitt, kam eines Nachmittags der Fürstabt mit zwei seiner Mönche. Beim Anblick des vielen geschnittenen Strohs sprach der Fürst: "So viel Stroh dies auch ist, so haben wir doch noch mehr Gold und Silber". Der Mann erlaubte sich, dies zu bezweifeln, worauf die drei sagten, sie wollten ihm die Schätze zeigen, seine Augen verbanden, und ihn, wie er merkte, durch einen unterirdischen Gang führten, der unter einem rauschenden Wasser hinwegging. Als ihm die Binde abgenommen wurde, befand er sich in einem Gewölbe, worin Gold und Silber, gemünzt und in Stangen, klafterweis, aufgesetzt war. Die Geistlichen vergönnten ihm, sich soviel Silber zu nehmen, wie er mit beiden Händen fassen konnte, verbanden ihm dann wieder die Augen und führten ihn ins Kloster zurück.

Tatsächlich hatte St. Blasien so viele Besitzungen, daß seine Mönche, wenn sie nach Rom reisten, jede Nacht in ihrem Eigentum einkehren konnten.

Info
- *Kurverwaltung,* 79837 St. Blasien, Tel. (07675) 41430, Fax 41438

Unterkunft
- *Pension Glatt,* Klingnauer Str. 2, Tel. 2668, ÜF 35-55 DM
- *Jugendherberge* im Ortsteil Menzenschwand, Vorderdorfstr. 10, Tel. (07675) 326, Fax 1435 (malerischer, ehemaliger Bauernhof an der Straße von St. Blasien nach Menzenschwand)

Unterkunft mit Gastronomie
- *Gasthof Waldeck**,* Vorderdorfstr. 74, Menzenschwand, Tel. 272, Mo. geschl., Fax 1476, ÜF 30-55 DM
- *Sonnenhof**,* Vorderdorfstr. 58, Tel. 501, Fax 504, Di. geschl., ÜF 70-90 DM

Aktivitäten
- *Angeln:* Forellen in der Alb und im Albsee, Angelkarten bei der Kurverwaltung
- *Radverleih:* in der Tourist-Information
- *Lifte und Loipen:* siehe Feldberg und Todtnau, Tabelle Lifteverbund Südschwarzwald

Anhang

Glossar

(kulinarische Fachausdrücke siehe unter Schlemmerparadies Schwarzwald)

Alemannen Zu den Westgermanen gehörender Volksstamm, dessen Name "Alle Männer" bedeutet.

Apsis Halbrunder, mit einer Viertelkugel überwölbter Raum, an der Längs- oder Schmalseite von Kirchen oder Thermenanlagen.

Basilika Drei- oder mehrschiffige Hallenkirche mit breitem und hohem Mittelschiff.

Bildstock Ein häufig an Wegen aufgestelltes Stein- oder Holzmal mit gemalten oder plastischen religiösen Darstellungen, häufig mit Inschriften. Im Gegensatz zum bayrischen Marterl nimmt der Bildstock nicht auf einen Unglücksfall Bezug.

Blockmeere Im mittleren und nördlichen Schwarzwald öfter anzutreffende mit Steinblöcken übersäte Berghänge. Ihre lange Zeit ungeklärte Entstehung bot Anlaß zu vielen Sagen. Durch den steten Wechsel zwischen Gefrieren und Auftauen während der Eiszeiten zerfiel der Buntsandstein in große Blöcke. Auf dem gefrorenen Untergrund rutschten die Blöcke den Hang hinab.

Chor Erhöhtes Ende des Kirchenschiffs, in dem der Altar steht und der ursprünglich den Geistlichen und dem Chor vorbehalten war.

Epitaph An den Innen- oder Außenwänden von Kirchen angebrachte Gedenktafeln für Verstorbene, oft versehen mit deren Portrait.

Fachwerk Bei den Römern und im Mittelalter übliche Bauweise, bei der die Räume (Fächer) zwischen den Balken des tragenden Holzskeletts mit Lehm, Steinen oder Holz ausgefacht werden.

Fresken Wandmalerei auf dem frischen, feuchten Verputz. Ab dem 14./15. Jh. in christlichen Kirchen eingeführt, um den lese- und schreibunkundigen Menschen die Worte der Bibel zu veranschaulichen.

Karseen Während der letzten Eiszeit entstandene Bergseen, die der Gletscher aus den Felsen herausgefräst hat.

Schleifen   Im Zusammenhang mit Burgen bedeutet schleifen abreißen, zerstören.

Granit   Festes, körniges, magmatisches Tiefengestein. Hauptbestandteile: Quarz, Feldspat und Glimmer.

Schanzen   Im Schwarzwald erstmals im 15. Jahrhundert und letztmals im 18. Jahrhundert angelegte Verteidigungswälle, die oft an Stellen früherer Ringwälle aus der keltisch-alemannischen Zeit errichtet wurden (siehe auch Viereckschanzen).

Straußen-   Kaiser *Karl der Große* verfügte anno 800 in seinem Erlaß
wirtschaften   *Capitulare de Villis vel Curtis imperatoris,* daß Weinbauern einen Teil ihres Weins direkt einschenken dürfen. In allen Straußenwirtschaften darf daher nur eigener Wein ausgeschenkt werden, es dürfen nicht mehr als 40 Sitzplätze vorhanden sein, und die Speisen müssen einfach sein, um den Gasthäusern keine Konkurrenz zu machen. Je nach Region heißen die Straußenwirtschaften auch Besen-, Rädle- oder Heckenwirtschaften.

Therme   Römisches Bad. Bei den Römern dienten die Bäder nicht nur der Körperpflege, sondern auch als gesellschaftliches Zentrum zum Freunde treffen, Lesen oder Neuigkeiten austauschen. Mindestens einmal täglich, meist gegen Abend, war ein Badbesuch angesagt.

Viereck-   Seit dem 19. Jh. erforschte, quadratische oder rechtecki-
schanze   ge Erdwälle im Gelände, denen zunächst eine militärische Funktion zugeordnet wurde. Seit den dreißiger Jahren unseres Jahrhunderts werden sie eher als Heiligtümer gedeutet. Die über ganz Mitteleuropa verstreuten Anlagen (allein Baden-Württemberg hat über 100 Viereckschanzen!) weisen über die Form hinaus einige Gemeinsamkeiten auf: In der Regel haben sie ein Tor nach Westen, Süden und Osten, nie aber eines nach Norden. Innerhalb der Anlage liegen oft sogenannte Umgangstempel und größere Brandstellen, die auf die kultische Bedeutung der Orte hinweisen.

Wollsack-   Die Verwitterung der Gesteine setzt, besonders bei Gra-
verwitterung   nit, an der Oberfläche und in den Gesteinsklüften an. Dort verwittert der Stein zur Grus, der später heraus- und weggespült wird. Mit der Zeit entstehen oft wollsack- oder matratzenförmige Gesteinsblöcke, die nach der Abtragung des Erdreichs zutage treten.

Literaturhinweise

Geschichte

● *Stadte-Lauber, Annalena:* **Kelten,** Heyne Stichwort, München, 1995.

Kurzer, leicht verständlich geschriebener und preiswerter Überblick über das rätselhafte Volk der Kelten.

● *Hecht, Ingeborg:* **In Tausend Teufels Namen,** Rombach Verlag, Freiburg im Breisgau, 1977.

Über den Hexenwahn am Oberrhein, direkt beim Verlag erhältlich.

● *Rehs, Michael, Haager, Hans-Joachim:* **Wurzeln in fremder Erde,** DRW-Verlag, Stuttgart, 1984.

Bildband über die Geschichte der südwestdeutschen Auswanderer nach Amerika.

Sagen, Mythen, Kulte

● *Diederichs, Ulf und Hinze, Christa (Hrsg.):* **Alemannische Sagen,** Ullstein, Frankfurt/M., 1987.

● *Landspurg, Adolphe:* **Orte der Kraft, Schwarzwald und Vogesen,** Edition DNA, Straßburg, 1994.

Orte der Kraft: Dolmen, Menhire, Grabhügel, Schalenfelsen und Felsenreihen. Der Autor, Vorsitzender des Vereins der Elsässischen Radiästhesisten hat zusammen mit Geologen, Historikern und Ethnologen "Orte der Kraft" im Schwarzwald und in den Vogesen aufgesucht und beschrieben. Teilweise sehr schöne Aufnahmen.

● *Graichen, Gisela:* **Das Kultplatzbuch,** Hoffmann und Kampe Verlag, Hamburg, 1988.

Hochinteressanter Führer in Taschenbuchform zu "alten Opferplätzen, Heiligtümern und Kultstätten in Deutschland".

Von Menschen und Geschichten

Alle unten aufgeführten Bücher stehen in Zusammenhang mit dem Schwarzwald und vermögen das zu bewirken, was das Wichtigste ist beim Reisen: der Phantasie und der Seele Nahrung zu geben.

Schwarzwald allgemein:

● *Twain, Mark:* **Bummel durch Europa,** detebe Klassiker, Zürich, 1990.

(siehe auch Ottenhöfen und Rastatt)

● *Bender, Hans und Oberhauser, Fred (Hrsg.):* **Schwarzwald und Oberrhein,** insel taschenbuch.

Ein literarischer Führer mit Textauszügen von Hemingway bis Goethe.

Achern:

● *Brecht, Walter:* **Unser Leben in Augsburg damals,** Insel-Verlag.

Der Bruder *Bertolt Brechts* erzählt amüsant auf einigen Seiten über Kindertage in Achern und das Leben der Acherner Bürger um 1910, wie sie sonntags beim Frühstück im Hotel Adler saßen, liberal über die Welt allgemein sprachen und kleinlich über den sonntäglichen Kirchgang ihrer Frauen wachten.

Baden-Baden:
● *Dostojewski, Fjodor:* **Der Spieler.**
Der spielsüchtige *Dostojewski* hielt sich gerne und oft in Baden-Baden auf und verspielte hier Hab und Gut.

Bad Wildbad, Ortsteil Calmbach:
● *Hauff, Wilhelm:* **Das kalte Herz.**
Die Hauptgestalten dieser Erzählung, der "Holländer Michel" und der "Kohlenmunkpeter", sollen wirklich gelebt haben und Calmbacher gewesen sein.

Badenweiler:
● *Wohmann, Gabriele:* **Frühherbst in Badenweiler,** Serie Piper, München, 1994.
Von der Midlifecrisis geplagter Musiker zur Kur in Badenweiler.

Bollschweil/Staufen:
● *Kaschnitz, Marie Luise:* **Beschreibung eines Dorfes.**

Elzach/Prechtal:
● *Hemingway, Ernest:* **"49 Depeschen",** Deutsche Gastwirte.
(siehe "Elzach")

Kandern:
● *Zweig, Stefan:* **Sternstunden der Menschheit, Die Entdeckung Eldorados.**

Karlsruhe:
● *Möller, Jens Martin:* **Mythos einer Sonnenstadt,** Dingfelder Verlag, Andechs, 1995.
Wer etwas mit den Begriffen geomantisch, atlantisch und kosmologisch anfangen kann und wer bereit ist, wie *Jens Möller* Gemeinsamkeiten des Muschel-Symbols von SHELL, da Vincis "Abendmahl" und dem Karlsruher Straßenfächer (neun Strahlen, acht Segmente und sieben innere Strahlen) zu sehen – der müht sich gerne durch dieses schwierig zu lesende, aber interessante Buch hindurch.

Sasbachwalden:
● *Hansjacob, Heinrich:* **Aus kranken Tagen.**

Villingen-Schwenningen:
● *Huby, Felix:* **Bienzle und das Narrenspiel,** Rowohlt Taschenbuchverlag.
Spannender Krimi mit Lokalkolorit.

Anhang

Calw, Kloster Maulbronn:
- *Hesse, Hermann:* **Narziß und Goldmund,** suhrkamp taschenbuch.
  (siehe "Kloster Maulbronn")

Muggensturm bei Rastatt:
- *Wimmer, Maria:* **Die Kindheit auf dem Lande,** rororo.
  Die 1944 geborene Autorin erzählt von der Macht der katholischen Kirche, vom Fahrschülerdasein und von einem Dorf am Übergang vom "Jeder kennt Jeden" zur Kleinstadt.

Oberkirch:
- *Grimmelshausen, Hans Jakob Christoffel von:* **Simplicissimus.**
  (siehe "Oberkirch")

Pforzheim:
- *Mehle, Ferdinand:* **Der Kriminalfall Kaspar Hauser,** Morstadt Verlag, Kehl, 1994.
  (siehe "Pforzheim")

Wolfach:
- *Lapp, Horst:* **Heimat – Deine Sünder.**
  Der Prophet, der seine unbequemen Jugenderinnerungen schilderte, galt wenig im eigenen Land.

Staufen:
- *Goethe, Johann Wolfgang von:* **Faust.**
  (siehe Staufen)

Bildbände
- **Das große Buch vom Schwarzwald,** Theiss Verlag.
  Wunderschöner Bildband und hervorragendes Sachbuch in einem; eine der besten und umfassendsten Publikationen über den Schwarzwald.
- **Schwarzwald** ADAC Special.
  Erfrischend subjektiv geschrieben.

Natur und Freizeit
- **Leichter Wandern,** je ein Ringordner Schwarzwald Nord, Mitte und Süd, Verlagshaus Elster, Bühl-Moos, 1993.
  Je Ordner ca. 45 Wandertouren mit Kartenausschnitten, Beschreibungen und Infos zu den Sehenswürdigkeiten auf dem Weg. Die Blätter können herausgenommen werden. Insgesamt ein hervorragendes Konzept.
- **Rundwanderungen Nordschwarzwald, Mittelschwarzwald und Südschwarzwald,** Schillinger Verlag, Freiburg, 1995.
  3 Broschüren mit Tips für Eintageswanderungen, pro Broschüre 16-18 Touren von einfach bis anspruchsvoll.
- **Kompass Wanderführer,** Deutscher Wanderverlag, Stuttgart.

Je ein Band Schwarzwald-Nord und Süd; präzise und zuverlässige Routenbeschreibungen mit Plänen.

●*Bike Touren,* je ein Band Schwarzwald Nord und Süd, Delius Klasing Verlag.

Ein- und mehrtägige Rundkurse und Touren; Angabe von Streckenprofilen, Tourenchecks, Kilometerangaben; Kartenausschnitte.

●*Radwanderkarten-Set,* ADAC Baden-Württemberg.

Zwei Radwanderkartensets, bestehend aus 10 Einzelkarten für Nord- und 11 Einzelkarten für Süd-Schwarzwald.

●*Meyers Naturführer,* je ein Band Nord- und ein Band Südschwarzwald, Meyers Lexikonverlag.

Detaillierte Sachinformationen zu landschaftlichen Sehenswürdigkeiten.

Wander-
karten

●Sehr gut zum Wandern geeignet sind die Karten des Baden-Württembergischen *Landesvermessungsamtes,* die in Zusammenarbeit mit dem *Schwarzwaldverein* herausgegeben werden. Der Schwarzwald ist auf neun Blättern im Maßstab 1:50.000 abgebildet (Von Nord nach Süd Blattnummern F1-F9).

Quellenhinweise

Folgende Zitate drucken wir mit freundlicher Genehmigung der jeweiligen Verlage:

Seite 20:
aus: Große Badener, Deutsche Verlags-Anstalt, Stuttgart, 1994

Seiten 169 und 190:
aus: Twain, Mark: Bummel durch Europa, Aufbau-Verlag Berlin und Weimar, 1963

Seite 195:
aus: Hemingway, Ernest: 49 Depeschen, deutsch von Ernst Schnabel, Rowohlt Verlag, Reinbek 1969

Seite 339:
aus: Huchel, Peter: Materialien, stm 2048, Suhrkamp Verlag, Frankfurt, 1986

Anhang

Kauderwelsch?
Kauderwelsch!

Die **Sprachführer der Reihe Kauderwelsch** helfen dem Reisenden, wirklich zu sprechen und die Leute zu verstehen. Wie wird das gemacht?

● Die **Grammatik** wird in einfacher Sprache so weit erklärt, daß es möglich wird, ohne viel Paukerei mit dem Sprechen zu beginnen, wenn auch nicht gerade druckreif.

● Alle Beispielsätze werden doppelt ins Deutsche übertragen: zum einen **Wort-für-Wort,** zum anderen in "ordentliches" Hochdeutsch. So wird das fremde Sprachsystem sehr gut durchschaubar. Ohne eine Wort-für-Wort-Übersetzung ist es so gut wie unmöglich, einzelne Wörter in einem Satz auszutauschen.

● Die **Autorinnen und Autoren** der Reihe sind Globetrotter, die die Sprache im Lande gelernt haben. Sie wissen daher genau, wie und was die Leute auf der Straße sprechen. Deren Ausdrucksweise ist häufig viel einfacher und direkter als z.B. die Sprache der Literatur. Außer der Sprache vermitteln die Autoren Verhaltenstips und erklären Besonderheiten des Landes.

● **Jeder Band** hat 96 bis 160 Seiten. Zu jedem Titel ist eine begleitende **Tonband-Kassette** (60 Min) erhältlich. Buch und Kassette kosten jeweils DM 14,80.

● **Kauderwelsch-Sprachführer gibt es für über 70 Sprachen in mehr als 100 Bänden**, z.B.:

**Schwiizertüütsch -
das Deutsch
der Eidgenossen**
Band 71, 128 Seiten,
ISBN 3–89416-261-9

Französisch – Wort für Wort
Band 40, 144 Seiten,
ISBN 3-89416-012-8

Thai – Wort für Wort
Band 19, 160 Seiten,
ISBN 3-89416-294-5

REISE KNOW-HOW Verlag
Peter Rump GmbH, Bielefeld

REISE KNOW-HOW

REISE KNOW-HOW Bücher werden von Autoren geschrieben, die Freude am Reisen haben und viel persönliche Erfahrung einbringen. Sie helfen dem Leser, die eigene Reise bewußt zu gestalten und zu genießen. Wichtig ist uns, daß der Inhalt nicht nur im reisepraktischen Teil „Hand und Fuß" hat, sondern daß er in angemessener Weise auf Land und Leute eingeht. Die Reihe REISE KNOW-HOW soll dazu beitragen, Menschen anderer Kulturkreise näher zu kommen, ihre Eigenarten und ihre Probleme besser zu verstehen. Wir achten darauf, daß jeder einzelne Band gemeinsam gesetzten Qualitätsmerkmalen entspricht. Um in einer Welt rascher Veränderungen laufend aktualisieren zu können, drucken wir bewußt kleine Auflagen.

SACHBÜCHER:

Die Sachbücher vermitteln KNOW-HOW rund ums Reisen: Wie bereite ich eine Motorrad- oder Fahrradtour vor? Welche goldenen Regeln helfen mir, unterwegs gesund zu bleiben? Wie komme ich zu besseren Reisefotos? Wie sollte eine Sahara-Tour vorbereitet werden? In der Sachbuchreihe von REISE KNOW-HOW geben erfahrene Vielreiser Antworten auf diese Fragen und helfen mit praktischen, auch für Laien verständlichen Anleitungen bei der Reiseplanung.

Welt

Achtung Touristen
DM 16,80   ISBN 3-922376-32-0
Äqua-Tour (RAD & BIKE)
DM 28,80   ISBN 3-929920-12-3
Auto(fern)reisen
DM 34,80   ISBN 3-921497-17-5
Die Welt im Sucher
DM 24,80   ISBN 3-9800975-2-8
Fahrrad-Weltführer
DM 44,80   ISBN 3-9800975-8-7
Motorradreisen
DM 34,80   ISBN 3-921497-20-5
Um-Welt-Reise (REISE STORY)
DM 22,80   ISBN 3-9800975-4-4
Wo es keinen Arzt gibt
DM 26,80   ISBN 3-89416-035-7

REISE STORY:

Reise-Erlebnisse für nachdenkliche Genießer bringen die Berichte der REISE KNOW-HOW REISE STORY. Sensibel und spannend führen sie durch die fremden Kulturbereiche und bieten zugleich Sachinformationen. Sie sind eine Hilfe bei der Reiseplanung und ein Lesevergnügen für jeden Fernwehgeplagten.

STADTFÜHRER:

Die Bücher der Reihe REISE KNOW-HOW CITY führen in bewährter Qualität durch die Metropolen der Welt. Neben den ausführlichen praktischen Informationen über Hotels, Restaurants, Shopping und Kneipen findet der Leser auch alles Wissenswerte über Sehenswürdigkeiten, Kultur und „Subkultur" sowie Adressen und Termine, die besonders für Geschäftsreisende wichtig sind.

Europa

Amsterdam
DM 26,80   ISBN 3-89416-231-7
Baltikum – Estl./Lettl./Litauen
DM 39,80   ISBN 3-89416-196-5
Bretagne
DM 39,80   ISBN 3-89416-175-2
Budapest
DM 26,80   ISBN 3-89416-212-0
Bulgarien
DM 39,80   ISBN 3-89416-220-1
England, der Süden
DM 36,80   ISBN 3-89416-224-4
Estland
DM 26,80   ISBN 3-89416-215-5
Gran Canaria
DM 36,80   ISBN 3-927554-24-3
Großbritannien
DM 39,80   ISBN 3-89416-617-7
Hollands Nordseeinseln
DM 24,80   ISBN 3-89416-619-3
Irland-Handbuch
DM 36,80   ISBN 3-89416-194-9
Island
DM 39,80   ISBN 3-921497-35-3
Lettland
DM 26,80   ISBN 3-89416-216-3
Litauen mit Kaliningrad
DM 29,80   ISBN 3-89416-169-8
London
DM 26,80   ISBN 3-89416-199-x
Madrid
DM 26,80   ISBN 3-89416-201-5
Mallorca
DM 29,80   ISBN 3-927554-17-0
Mallorca für Eltern und Kinder
DM 24,80   ISBN 3-927554-15-4
Oxford
DM 26,80   ISBN 3-89416-211-2
Paris
DM 26,80   ISBN 3-89416-200-7
Polen: Ostseeküste/Masuren
DM 36,80   ISBN 3-89416-613-4
Prag
DM 26,80   ISBN 3-89416-204-X
Provence
DM 36,80   ISBN 3-89416-609-6
Pyrenäen
DM 36,80   ISBN 3-89416-610-X
Rom
DM 26,80   ISBN 3-89416-203-1
Schottland-Handbuch
DM 36,80   ISBN 3-89416-179-5

Anhang

P R O G R A M M Ü B E R S I C H T

Europa

Skandinavien – der Norden
DM 36,80   ISBN 3-89416-191-4
Südtirol/Dolomiten
DM 36,80   ISBN 3-89416-612-6
Tschechien
DM 36,80   ISBN 3-89416-600-2
Ungarn
DM 32,80   ISBN 3-89416-188-4
Warschau/Krakau
DM 26,80   ISBN 3-89416-209-0
Wien
DM 26,80   ISBN 3-89416-213-9

Deutschland

Berlin mit Potsdam
DM 26,80   ISBN 3-89416-226-0
Frankfurt/Main
DM 24,80   ISBN 3-89416-207-4
Mecklenburg/Vorp. Binnenland
DM 19,80   ISBN 3-89416-615-0
München
DM 24,80   ISBN 3-89416-208-2
Nordfriesische Inseln
DM 19,80   ISBN 3-89416-601-0
Nordseeinseln
DM 29,80   ISBN 3-89416-197-3
Nordseeküste Niedersachsens
DM 24,80   ISBN 3-89416-603-7
Ostdeutschland individuell
DM 32,80   ISBN 3-921838-12-6
Ostfriesische Inseln
DM 19,80   ISBN 3-89416-602-9
Ostharz mit Kyffhäuser
DM 19,80   ISBN 3-89416-228-7
Oberlausitz/Zittauer Gebirge
DM 24,80   ISBN 3-89416-165-5
Ostseeküste/ Mecklenburg
DM 19,80   ISBN 3-89416-184-1
Rügen/Usedom
DM 19,80   ISBN 3-89416-190-6
Freistaat Sachsen
DM 26,80   ISBN 3-89416-177-9
Schwarzwald
DM 24,80   ISBN 3-89416-611-8
Land Thüringen
DM 24,80   ISBN 3-89416-189-2
**Wasserwandern
Mecklenburg/Brandenburg**
DM 24,80   ISBN 3-89416-221-X
Westharz mit Brocken
DM 19,80   ISBN 3-89416-227-9

Afrika

Afrikanische Reise
(REISE STORY)
DM 26,80   ISBN 3-921497-91-4
Bikeabenteuer Afrika
(RAD & BIKE)
DM 28,80   ISBN 3-929920-15-8
Durch Afrika
DM 56,80   ISBN 3-921497-11-6
Ägypten individuell
DM 36,80   ISBN 3-921838-10-X
Tonführer Ägypten: Kairo
DM 32,00   ISBN 3-921838-91-6
Tonführer Ägypten: Luxor, Theben
DM 29,80   ISBN 3-921838-90-8
**Agadir, Marrakech und
der Süden Marokkos**
DM 32,80   ISBN 3-921497-72-8
Kairo, Luxor, Assuan
DM 26,80   ISBN 3-921838-08-8
Kamerun
DM 39,80   ISBN 3-921497-32-9
Kenya
DM 39,80   ISBN 3-921497-45-0
Libyen
DM 39,80   ISBN 3-921497-05-1
**Madagaskar, Seychellen,
Mauritius, Réunion, Komoren**
DM 39,80   ISBN 3-921497-62-0
Marokko
DM 44,80   ISBN 3-921497-81-7
Nigeria – hinter den Kulissen
(REISE STORY)
DM 26,80   ISBN 3-921497-30-2
Tunesien
DM 44,80   ISBN 3-921497-74-4
Tunesiens Ferienzentren
DM 29,80   ISBN 3-921497-76-0
Westafrika
DM 49,80   ISBN 3-921497-02-7
Die Wolken der Wüste
(REISE STORY)
DM 24,80   ISBN 3-89416-150-7
Zimbabwe
DM 39,80   ISBN 3-921497-26-4

Asien

Bali & Lombok mit Java
DM 39,80   ISBN 3-89416-604-5
Bangkok
DM 26,80   ISBN 3-89416-205-8
China Manual
DM 44,80   ISBN 3-89416-167-1
China, der Norden
DM 39,80   ISBN 3-89416-229-5
Indien, der Norden
DM 44,80   ISBN 3-89416-223-6
Reisen mit Kindern in Indonesien
DM 26,80   ISBN 3-922376-95-9
Israel und Jordanien
DM 36,80   ISBN 3-921838-14-2
Jemen
DM 39,80   ISBN 3-921497-09-4
Kambodscha
DM 29,80   ISBN 3-89416-219-8
Komodo/Flores/Sumbawa
DM 36,80   ISBN 3-89416-060-8
Ladakh und Zanskar
DM 36,80   ISBN 3-89416-176-0
Laos
DM 29,80   ISBN 3-89416-218-x
**Malaysia & Singapur mit
Sabah & Sarawak**
DM 39,80   ISBN 3-89416-178-7
Myanmar (Burma)
DM 32,80   ISBN 3-9800464-4-3
Nepal-Handbuch
DM 36,80   ISBN 3-89416-193-0
Phuket (Thailand)
DM 29,80   ISBN 3-89416-182-5
Saigon und der Süden Vietnams
DM 32,80   ISBN 3-89416-607-X
Singapur
DM 26,80   ISBN 3-89416-210-4
Sri Lanka
DM 39,80   ISBN 3-89416-170-1
Sulawesi (Celebes)
DM 36,80   ISBN 3-89416-172-8
Taiwan
DM 39,80   ISBN 3-89416-614-2
Thailand Handbuch
DM 36,80   ISBN 3-89416-171-X
Tokyo
DM 36,80   ISBN 3-89416-206-6
Vereinigte Arabische Emirate
DM 39,80   ISBN 3-921497-22-1
Vietnam-Handbuch
DM 39,80   ISBN 3-89416-620-7

REISE KNOW-HOW

PROGRAMMÜBERSICHT

Ozeanien

Neuseeland Campingführer
DM 24,80   ISBN 3-921497-92-2
Neuseeland (REISE STORY)
DM 24,80   ISBN 3-921497-15-9
Bikebuch Neuseeland
(RAD & BIKE)
DM 36,80   ISBN 3-929920-16-6

RAD & BIKE:

REISE KNOW-HOW RAD & BIKE sind Radführer von lohnenswerten Reiseländern bzw. Radreise-Stories von außergewöhnlichen Radtouren durch außereuropäische Länder und Kontinente. Die Autoren sind entweder bekannte Biketouren-Profis oder „Newcomer", die mit ihrem Bike in kaum bekannte Länder und Regionen vorstießen. Wer immer eine Fern-Biketour plant - oder nur davon träumt - kommt an unseren RAD & BIKE-Bänden nicht vorbei!

Amerika

Atlanta & New Orleans
DM 28,80   ISBN 3-89416-230-9
Durch den Westen der USA
DM 39,80   ISBN 3-927554-20-0
Durch die USA mit Flugzeug und Mietwagen
DM 39,80   ISBN 3-927554-10-3
Amerika von unten (REISE STORY)
DM 22,80   ISBN 3-9800975-5-2
„Und jetzt fehlt nur noch John Wayne..." (REISE STORY)
DM 22,80   ISBN 3-927554-18-9
USA/Canada (RAD & BIKE)
DM 46,80   ISBN 3-929920-17-4
USA/Canada
DM 44,80   ISBN 3-927554-19-7
Canada Ost/USA NO
DM 39,80   ISBN 3-927554-22-7
Durch Canadas Westen m. Alaska
DM 36,80   ISBN 3-927554-03-0
Hawaii
DM 36,80   ISBN 3-89416-860-9
Argentinien/Uruguay/Paraguay
DM 44,80   ISBN 3-921497-51-8
Costa Rica
DM 36,80   ISBN 3-89416-166-3
Ecuador/Galapagos
DM 39,80   ISBN 3-921497-55-8
Guatemala
DM 36,80   ISBN 3-89416-214-7
Honduras
DM 36,80   ISBN 3-89416-608-8
Mexiko
DM 36,80   ISBN 3-9800975-6-0
Panama
DM 36,80   ISBN 3-89416-225-2
Peru/Bolivien
DM 36,80 ISBN 3-3929920-20-4
Radabenteuer Panamericana
(RAD & BIKE)
DM 28,80   ISBN 3-929920-13-1
Traumstraße Panamerikana
(REISE STORY)
DM 24,00   ISBN 3-9800975-3-6
Trinidad & Tobago
Barbados, St Lucia, Grenada, St. Vincent & die Grenadinen
DM 36,80   ISBN 3-89416-174-4
Venezuela
DM 39,80   ISBN 3-921497-40-x

P R O G R A M M Ü B E R S I C H T

Strand und Watt

Urlaubshandbücher für Sonnenanbeter, Wattwanderer, Nordseeliebhaber und Leute, die einfach nur ausspannen wollen. Hunderte von Adressen, detaillierte Tips, verläßliche, praktische Angaben: Urlaubshandbücher von REISE KNOW-HOW

Deutschlands Nordseeinseln
26 Eilande, 480 Seiten, 35 Karten und Pläne, durchgehend illustriert, DM 29.80
ISBN 3-89416-197-3

Nordfriesische Inseln
15 Eilande, 288 Seiten, 22 Karten und Pläne, durchgehend illustriert, DM 19.80
ISBN 3-89416-601-0

Ostfriesische Inseln
8 Eilande, 288 Seiten, 17 Karten und Pläne, durchgehend illustriert, DM 19.80
ISBN 3-89416-602-9

Hollands Nordseeinseln
5 Eilande, 264 Seiten, 22 Karten und Pläne, durchgehend illustriert, DM 24.80
ISBN 3-89416-619-3

Nordseeküste Niedersachsens
288 Seiten, 15 Karten und Pläne, durchgehend illustriert, DM 24.80, ISBN 3-89416-603-7

Wald und Wiese

Urlaubshandbücher für
Wanderfreunde,
Kulturinteressierte,
Naturliebhaber und Leute,
die einfach ausspannen wol-
len. Hunderte von Adressen,
detaillierte Tips, verläßliche,
praktische Angaben:
Urlaubshandbücher von
REISE KNOW-HOW

Ostharz mit Kyffhäuser
336 Seiten, 20 Karten und
Pläne, durchgehend illustriert,
ISBN 3-89416-228-7,
DM 19.80

Westharz mit Brocken
312 Seiten, 24 Karten und
Pläne, durchgehend illustriert,
ISBN 3-89416-227-9,
DM 19.80

Land Thüringen
528 Seiten, 42 Karten und
Pläne, durchgehend illustriert,
ISBN 3-89416-189-2,
DM 24.80

Freistaat Sachsen
550 Seiten, 38 Karten und
Pläne, durchgehend illustriert,
ISBN 3-89416-177-9,
DM 26.80

Oberlausitz und Zittau-
er Gebirge
408 Seiten, 20 Karten und
Pläne, durchgehend illustriert,
ISBN 3-89416-165-5,
DM 24.80

Anhang

Wasser und Sand

Urlaubshandbücher für
Wasserwanderer, Strandfans,
Inselstürmer, Ostseeliebhaber
und Leute, die einfach nur
ausspannen wollen. Hunderte
von Adressen, detaillierte Tips,
verläßliche, praktische Angaben:
Urlaubshandbücher von
REISE KNOW-HOW

Ostseeküste Mecklenburg-Vorpommerns
312 Seiten, 13 Karten und
Pläne, durchgehend illustriert,
DM 19.80
ISBN 3-89416-197-3

Rügen & Usedom
384 Seiten, 25 Karten und
Pläne, durchgehend illustriert,
DM 19.80
ISBN 3-89416-190-6

Wasserwandern in Mecklenburg und Brandenburg
20 Routen, 288 Seiten,
22 Karten und Pläne, durchgehend illustriert, DM 24.80
ISBN 3-89416-221-x

Mecklenburg-Vorpommern: Binnenland
340 Seiten, 22 Karten und
Pläne, durchgehend illustriert,
DM 24.80
ISBN 3-89416-619-3

Deutsche Metropolen

Cityhandbücher für Entdecker.
Hunderte von Adressen, detaillierte Tips, verläßliche, praktische Angaben zu allem, was der Städteurlauber braucht: Restaurants, Hotels, Sehenswertes, Stadtverkehr, Rundgänge, Shoppingtips und -tricks. Cityguides von REISE KNOW-HOW

Berlin und Potsdam
360 Seiten, 16 Karten und Pläne, durchgehend illustriert,
DM 26.80
ISBN 3-89416-226-0

Stadt München
408 Seiten, 15 Karten und Pläne, durchgehend illustriert,
DM 24.80
ISBN 3-89416-208-2

Frankfurt Main
mit Spezialinfos für Messebesucher
258 Seiten, 10 Karten und Pläne, durchgehend illustriert,
DM 24.80
ISBN 3-89416-207-4

Anhang

Register

Anhang

Anhang

H i l f e !

Dieses Reisehandbuch ist gespickt mit unzähligen Adressen, Preisen, Tips und Infos. Nur vor Ort kann überprüft werden, was noch stimmt, was sich verändert hat, ob Preise gestiegen oder gefallen sind, ob ein Hotel, ein Restaurant immer noch empfehlenswert ist oder nicht mehr, ob ein Ziel noch oder jetzt erreichbar ist, ob es eine Alternative gibt usw.

Die Autorin dieses Buches ist zwar stetig unterwegs und versucht, alle zwei Jahre eine komplette Aktualisierung zu erstellen, aber auf die Mithilfe von Reisenden kann sie nicht verzichten.

Darum: Schreiben Sie uns, was sich geändert hat, was besser sein könnte, was gestrichen bzw. ergänzt werden soll. Nur so bleibt dieses Buch immer aktuell und zuverlässig. Die besten und hilfreichsten Zuschriften belohnt der Verlag mit einem Freiexemplar der nächsten Auflage. Schreiben Sie direkt an:

Reise Know-How Verlag Peter Rump GmbH, Hauptstr. 198, D-33647 Bielefeld.

Danke!

Die Autorin

Cornelia Ziegler, Jahrgang 1959, ist in der oberrheinischen Tiefebene aufgewachsen und lebt heute in München. Nach Jahren des Recherchierens und Schreibens in und über Griechonland arbeitete sie als Leiterin eines Schwarzwälder Fremdenverkehrsamtes. Heute fährt sie so oft es geht mit Familie und Freunden in den Schwarzwald und entdeckt dort immer wieder Neues und Unbekanntes.

Die Autorin dankt allen, die sie durch den Schwarzwald und dieses Buch hindurch begleitet haben. Eine wertvolle Hilfe waren auch die Schwarzwälder Fremdenverkehrsämter, der Badener Verein München sowie die Archive der Süddeutschen Zeitung, der ZEIT und der Badischen Neuesten Nachrichten.

Anhang

Kartenverzeichnis

★	Sehenswürdigkeit
❶	Touristen-Information
🏨	Hotel
🏠	Ausflugsgaststätte
🍴	Restaurant
🍷	Weinstube, Kneipe
⊘	Apotheke
✉	Post
Ⓜ	Museum
▲	Gipfel
⛪	Kirche
▦	Fußgängerzone